西安翻译学院 2021 年教材建设基金资助出版

中外学前教育简史

● 主　编　庞钊珺
● 副主编　苍向荣　庞小佳

西南交通大学出版社
·成　都·

图书在版编目（CIP）数据

中外学前教育简史 / 庞钊珺主编. —成都：西南交通大学出版社，2022.2
ISBN 978-7-5643-8390-9

Ⅰ. ①中… Ⅱ. ①庞… Ⅲ. ①学前教育 – 教育史 – 世界 – 高等学校 – 教材 Ⅳ. ①G619.1

中国版本图书馆 CIP 数据核字（2021）第 231480 号

Zhongwai Xueqian Jiaoyu Jianshi
中外学前教育简史

主编　庞钊珺

责任编辑　梁　红
封面设计　原谋书装

出版发行　西南交通大学出版社
（四川省成都市金牛区二环路北一段 111 号
西南交通大学创新大厦 21 楼）
邮政编码　610031
发行部电话　028-87600564　028-87600533
网址　http://www.xnjdcbs.com
印刷　四川森林印务有限责任公司

成品尺寸　185 mm × 260 mm
印张　16.75
字数　386 千
版次　2022 年 2 月第 1 版
印次　2022 年 2 月第 1 次
书号　ISBN 978-7-5643-8390-9
定价　48.00 元

课件咨询电话：028-81435775

前言

鉴于学前教育在整个教育体系中的基础作用，近年来，随着国家对学前教育师资力量的培养愈发重视，学前教育专业在全国各大院校发展迅速，招生人数逐年增加。学前教育专业的迅速发展对相应的学前教育课程设置和教材质量提出了更高的要求。

学前教育简史是教育史的一个重要分支，也是学前教育专业的主要课程之一。本课程旨在使学生通过对古今中外学前教育史的学习，初步了解学前教育事业发展的历程及教育家的学前教育思想，为学习学前教育基本理论打下基础。通过学习学前教育简史，学生不仅可以了解古往今来学前教育的曲折历程，汲取优良经验，还可以避免重走弯路。

本书介绍了中外古代、近代、现代的学前教育状况和学前教育思想。

本书拟授课 72 学时，具体学时分配建议如下：

内容	学时
第一章　中国古代学前教育	4
第二章　中国古代学前教育思想	4
第三章　中国近代学前教育	6
第四章　中国近代学前教育思想	6
第五章　中国现代学前教育	4
第六章　中国现代学前教育思想	6
第七章　外国古代学前教育	4
第八章　外国古代学前教育思想	6
第九章　外国近代学前教育	8
第十章　外国近代学前教育思想	8
第十一章　外国现代学前教育	8
第十二章　外国现代学前教育思想	8
总学时	72

本书编写力求体现以下特色：

（1）尊重史实，客观公正。在叙述古今中外各历史阶段学前教育的发展过程时，站在历史发展全局的角度，根据史实进行实事求是的分析和评论，避免偏见和历史局限性。

（2）将实践与理论相结合。古今中外有许多著名的教育家在实践和理论方面都做出了卓有成效的探索和研究，为学前教育学科的建立和发展奠定了坚实的基础。教材充分肯定了其实践贡献，同时专门介绍了其理论成果。

（3）内容完整，脉络清晰，重点突出。学前教育的历史存在于人类社会发展的历史中，其过程漫长而曲折，涉及的人物、历史事件、经济社会发展状况、宗教、观念、习俗、政策、法规纷繁复杂。基于此，编者经过研讨，精心梳理，在漫漫历史长河中选取学前教育这一主线，整理出与学前教育相关的主要过程、发展状况、重要思想论著以及相关法律法规，并经过筛选和整合使其形成一个完整的体系。

本书由庞钊珺任主编，苍向荣、庞小佳任副主编，具体编写分工如下：第四章、第十章与第十一章由苍向荣编写，第六章、第七章、第九章、第十二章由庞钊珺编写，第一章、第二章、第三章、第五章、第八章由庞小佳编写。全书由庞钊珺负责统稿。

在编写本书的过程中，编者参考和借鉴了大量前辈的研究成果，再次向所有作者表示诚挚的谢意！本书是集体努力的结果，由于编者水平有限，书中疏漏之处在所难免，恳请广大读者批评指正，以利于我们进一步改进。

编　者

2021 年 10 月

目 录

上 编 中国学前教育简史

第一章 中国古代学前教育 …… 003

第一节 中国原始社会的学前教育 …… 003

第二节 中国奴隶社会的学前教育 …… 006

第三节 中国封建社会的学前教育 …… 010

第二章 中国古代学前教育思想 …… 021

第一节 贾谊的早期教育思想 …… 021

第二节 颜之推的家庭教育思想 …… 024

第三节 朱熹的儿童教育思想 …… 029

第四节 王守仁的儿童教育思想 …… 032

第三章 中国近代学前教育 …… 037

第一节 清末学前教育机构的产生与教育实践 …… 037

第二节 民国时期的学前教育 …… 045

第三节 党在新民主主义革命时期的学前教育 …… 051

第四章 中国近代学前教育思想 …… 058

第一节 蔡元培的学前教育思想 …… 058

第二节 陶行知的学前教育思想 …… 062

第五章 中国现代学前教育 …… 068

第一节 中华人民共和国成立初期的学前教育 …… 068

第二节 改革开放以来的学前教育 …… 075

第六章 中国现代学前教育思想 …… 083

第一节 张雪门的学前教育思想 …… 083

第二节 陈鹤琴的学前教育思想 …… 090

第三节 张宗麟的学前教育思想 …… 102

下 编 外国学前教育简史

第七章 外国古代学前教育 …… 111

第一节 古代东方国家的学前教育 …… 111

第二节　古代西方国家的学前教育 …… 116
第三节　西欧中世纪的学前教育 …… 120
第四节　文艺复兴时期欧洲的学前教育 …… 123

第八章　外国古代学前教育思想 …… 128
第一节　柏拉图的学前教育思想 …… 128
第二节　亚里士多德的学前教育思想 …… 132
第三节　昆体良的学前教育思想 …… 135

第九章　外国近代学前教育 …… 142
第一节　德国近代学前教育 …… 142
第二节　英国近代学前教育 …… 145
第三节　法国近代学前教育 …… 151
第四节　美国近代学前教育 …… 155
第五节　俄国近代学前教育 …… 159
第六节　日本近代学前教育 …… 163

第十章　外国近代学前教育思想 …… 169
第一节　夸美纽斯的学前教育思想 …… 169
第二节　洛克的学前教育思想 …… 177
第三节　卢梭的学前教育思想 …… 182
第四节　裴斯泰洛齐的学前教育思想 …… 187
第五节　福禄培尔的学前教育思想 …… 192
第六节　欧文的学前教育思想 …… 199

第十一章　外国现代学前教育 …… 204
第一节　英国现代学前教育 …… 204
第二节　法国现代学前教育 …… 211
第三节　德国现代学前教育 …… 215
第四节　美国现代学前教育 …… 219
第五节　苏联/俄罗斯现代学前教育 …… 224
第六节　日本现代学前教育 …… 233

第十二章　外国现代学前教育思想 …… 239
第一节　杜威的学前教育思想 …… 239
第二节　蒙台梭利的学前教育思想 …… 243
第三节　马卡连柯的学前教育思想 …… 252
第四节　皮亚杰的学前教育思想 …… 256

参考文献 …… 262

上编

中国学前教育简史

第一章　中国古代学前教育

学习目标

1. 了解原始社会儿童社会公育的实施形式和教育内容。
2. 掌握原始社会学前教育的特点。
3. 了解奴隶社会学前教育和宫廷学前教育的内容。
4. 掌握奴隶社会学前教育的特点。
5. 了解封建社会学前家庭教育的目的和内容。
6. 掌握封建社会学前教育的特点。

本章主要介绍原始社会、奴隶社会和封建社会学前教育的基本形式、教育内容及特点。原始社会实施公养公教的教育形式；奴隶社会出现了宫廷教育并开始注重胎教，学前教育与学校教育已有了较明确的年龄划分；封建社会重视学前教育，打破了过去奴隶主贵族垄断学前教育的局面，学前教育成为普通平民家庭教育的重要组成部分。

第一节　中国原始社会的学前教育

学前教育是相对于学校教育而言的，从广义上说，凡以学前儿童为对象的教育活动均属学前教育范畴；从狭义上说，学前教育是指在专门的学前教育场所进行的教育活动，即在托儿所、幼儿园及其他社会性的幼教机构中所进行的教育活动，又称“学前社会教育”。在原始社会，学校尚未产生，自然也不可能有学前教育，但是这并不意味着此时没有对儿童实施教育，在原始社会中一直存在着以社会公育形式进行的儿童教育。

我国的原始社会，从原始人群开始，经过母系氏族公社、父系氏族公社，约到公元前 21 世纪的夏王朝建立时止，历时 100 多万年。经科学测定，我国 170 万年前的元谋人、70 万年前的蓝田人、60 万年前的北京猿人都处于原始人群时期。以北京猿人为例，他们已经能把石头打制成多种石器，已经懂得用火。为抵御洪水、毒蛇、猛兽的袭击，他们十几个人甚至几十个人结成群体，集体进行生产劳动，集体教育子女。约 10 万年前到二三万年前，中国的原始社会发展到母系氏族公社时期。这一时期的教育活动比较明显地反映出原始社会教育的状况。子书《管子》描绘当时的社会现状：“古者未有君臣上下之别，未有夫妇妃匹之合，兽处群居，以力相争。于是智者诈愚，强者凌弱，老幼孤独不得其所。”这是对古老社会的一种描述。人与自然界面临着十分残酷的生物竞争，个体只有依靠群体的力量，才能克服复杂自然环境带来的险恶竞争而维持生命，继续生存。这就要求人与人之间结成伙伴，形成一定的联系。有了人类就有了社会的存在。当时的人类虽处于最初的原始社会形态，但无论这种社会多么蒙昧和野蛮，他都需要教育为物质生产和人的再生产服务。因此，在原始人群的生活中，教育活动普遍存在。

一、原始社会儿童社会公育的实施

（一）社会公育的产生

在原始社会，由于社会资料公有，没有阶级、没有家庭，所有的成员在以血缘关系为纽带组成的一定集团内，在平等互助的基础上进行着集体的生产与生活活动。因此，对儿童的教育是由整个原始人群或氏族部落共同承担的。对儿童实施公育成为原始社会儿童教育的基本形式，即公养公育。

《礼记·礼运》记载：“大道之行也，天下为公。选贤与能，讲信修睦。故人不独亲其亲，不独子其子，是老有所终，壮有所用，幼有所长，鳏、寡、孤、独、废疾者皆有所养。男有分，女有归。货恶其弃于地也，不必藏于己；力恶其不出于身也，不必为己。是故谋闭而不兴，盗窃乱贼而不做，故外户而不闭，是谓大同。”它反映了当时并不注重父母与子女的关系，是对远古时期社会与儿童教育形式的追忆与描述，即“大同之世，人不独子其子”。

（二）社会公育的内容

1. 生活和劳动教育

原始社会对儿童实施公育，其教育内容均与儿童今后将要参加的集团内共同的生产与生活密切相关。长辈将简单劳动工具的制造、取火的技术、渔猎的经验、采集和农作物栽培的经验，以及原始手工业如捻麻线以制衣和造土、调土以制陶器等技术传授给后代，使他们从小就爱劳动，会劳动。比如，北京猿人教孩子制造石器，告诉孩子要选择坚硬的石料，敲击刃口、锥尖，使普通的大石块变成可以袭击野兽的尖锐、锋利的石器。大人还教孩子用火，给孩子讲解火的用处、取火和保存火种的办法。

2. 思想教育

思想教育主要包括道德教育和宗教教育。对于儿童，从小就要让他们懂得不能损人利己，不能侵犯氏族公共利益，否则就要受到公众的谴责；教育他们要尊敬长辈，听从指导，照顾老人，爱护幼小，团结互助。大人带孩子进行集体采集，告诉孩子要勇敢地同毒蛇、猛兽及各种自然灾害做斗争，只有这样才能保证生存。氏族公社时期，原始宗教活动普遍存在，主要有自然崇拜、图腾崇拜、鬼魂崇拜、祖先崇拜、巫术占卜等形式。在这些活动中，儿童接受原始宗教的熏陶。

3. 审美意识教育

《尚书·舜典》记载：“帝曰：‘夔！命汝典乐，教稺子（稺，亦作稚，幼儿；稺子，泛指小儿）。’夔曰：‘於！予击石拊石，百兽率舞。’”歌舞反映了当时人们生活的各个方面，在与成人同舞的过程中，儿童不但能学到简单的歌词、曲调、舞蹈动作，既调节了精神，又能学到生产、生活知识，它还是形象化的、儿童喜欢的军事、体育训练。

4. 军事教育

当时环境恶劣，所有的成员都要参与对自然的斗争，儿童要接受艰苦环境的磨炼，所以长辈要对孩子进行体格训练。因为部落之间有争斗，所以孩子从小就要接受军事训练，五六岁的男孩要学用弓箭、木枪，七八岁的男孩要练习骑马、遛马等。

二、原始社会后期儿童公育机构的产生

原始社会后期，大约在五帝时期（约前 3076—前 2029），我国进入了部落联盟和军事民主制阶段，这时产生了名为“庠”的教育机构。据史籍记载，庠是虞舜时代的学校名称，如《三礼义宗》说“虞氏之学名庠”。但从严格意义上讲，庠只能说是学校的雏形，是原始社会养老和实施儿童公育的机构或场所。

庠这种机构的形成是经过一定过程的。庠的原义是养羊的地方。《礼记·明堂位》记载：“米廪，有虞氏之庠也。”这里的“庠”由家畜饲养场所变成了粮食仓库。《孟子》中有言：“庠者，养也。”《说文解字》中曰：“庠，礼官养老。”《礼记·王制》记载：“有虞氏养国老于上庠，养庶老于下庠。”这里的“庠”已经由粮食仓库演变成养育孩子的场所。

三、原始社会学前教育的特点

1. 教育无社会性和阶段性

原始社会没有私有制，没有阶级压迫与剥削，这就决定了原始社会的教育是没有阶级性的。不管什么人都有享受教育的平等权利，即每个社会成员都可以受到平等的教育。原始社会是用平等的精神教育青少年一代的，即教育的内容充分体现了平等互助、团结友爱的精神。因此，原始社会的教育除在年龄及社会分工方面有所不同外，没有任何差别，人人平等。

2. 教育为生产劳动服务

当时的社会生产力发展水平很低，人们为了满足最低限度的物质生活，不得不把全部精力用在生产劳动上。因此，生产活动几乎成为原始社会唯一的活动。这就决定了原始社会的教育只能为生产劳动服务，围绕生产劳动进行，也就是说，教育活动与社会劳动融为一体。

3. 教育手段是言传身教

原始社会对儿童的教育，主要是通过口耳相传以及在实践活动中结合实际的示范和模仿来进行的。生产、生活经验的传授，公共生活规范的培养，都是通过口耳相传，并结合实际动作的示范和模仿，在有关实践活动中传授的。尽管原始社会后期出现了歌谣、谚语等传递间接经验的形式，但言传身教仍是当时最主要的教育手段。

4. 教育活动没有专职教育者和专门场所

原始群落的老人是原始社会儿童教育工作的主要承担者，体现了“长者为师”。教育还没有从生产和生活中分化出来，采取随时随地、分散进行的教育形式。由于生产力发展水平低下、科学文化知识落后，原始社会的教育仅仅处于一种萌芽状态。这一时期的教育既没有专门的教师和专门的机构，也没有文字和书本。

第二节　中国奴隶社会的学前教育

从夏朝开始，我国进入奴隶社会。夏朝（约公元前 2070—公元前 1600），是奴隶制形成的初期，也是第一个奴隶制国家。商朝（约公元前 1600—公元前 1046），是奴隶制发展的时期。西周（公元前 1046—公元前 771），是奴隶制全盛的时期。春秋（公元前 770 年—公元前 476 年），是奴隶制逐渐走向瓦解的时期。在社会发展的这一历史阶段，由于生产力的发展和国家机构的建立以及文字的出现，学校开始产生。随着学校教育的产生，与此相对应的学前教育开始出现。

一、奴隶社会学前教育概况

夏部落的首领禹为废除禅让制创造了条件，他的儿子启则建立了世袭的、中国历史上第一个奴隶制王朝——夏朝。

商朝文字的成熟化，不仅使知识的记录和积累成为可能，还为知识的积累和传播突破时空的限制提供了基本的条件，从而为正规的、专业化的学校教育的确立奠定了基础。

西周是中国奴隶制鼎盛的历史时期。西周的教育制度已远较夏、商两代发达和成熟。中央官学分为小学和大学两级，地方官学有闾塾、党庠、州序和乡校。这些学校在入学年龄、教育对象、教师任职、教育内容、教学活动及考核与奖惩等方面都有较严格的管理，表现出一定的目的性、计划性和科学性。然而，由于“学在官府”，官师合一，教师并未成为专门的职业，说明其教育发展的程度还比较低，尚未达到教育专业化的水平。

春秋时期是中国奴隶制逐渐走向瓦解并向封建制转变的重大历史变革时期。大规模开垦使私田成为可能，私田的增多使私门富于公室，导致政治权利的下移，甚至造成“政逮于大夫”和“陪臣执国命”的局面。经济与政治的重大变革必然在文化教育上引起相应反应，“学在官府”既然不能适应时代的要求，学术下移和教育下移就已不可避免。“天子失官”意味着“学”走出官府而下移民间，使私学的产生成为可能。

纵观整个奴隶社会，学前教育系统性增强，制订了专门的学前教育计划。但在古代，学前教育计划仍然没有形成严格地按年龄分期与知识深浅分阶段的学校教育体系。另外，奴隶社会出现了私有制和阶级，学前教育由原始社会的公育转变为各亲其子。

二、学前家庭教育计划

公元前 11 世纪，当时人们已经能够按照婴幼儿的年龄大小来循序渐进、有条不紊地实施学前教育计划。《礼记・内则》记载：“子能食食，教以右手。能言，男为女俞。男鞶革，女鞶丝。六年，教之数与方名。七年，男女不同席，不共食。八年，出入门户及即席，必后长者，始教之让。九年，教之数日。十年，出就外傅，居宿于外，学书计。”这是一个比较系统的家庭教育计划。《礼记・内则》中记载的学前教育计划作为我国教育史上最早的关于学前教育的记录，不仅是当时学前教育发展的一个标志，而且对后来的封建社会学前教育的实施产生了一定的影响。

三、宫廷学前教育

（一）宫廷学前教育的重要意义

在古代君主专制制度的统治下，君主是天下唯一的主宰者，有“普天之下，莫非王土；率土之滨，莫非王臣”之说。君主的意志就是最高的法令，臣民必须服从。在这种情况下，君主本人的素质是决定国计民生的首要因素。在一个“明主”的统治下，可以出现“太平盛世”的繁荣昌盛局面；相反，一个暴君或昏君，则可能导致政治腐败、民不聊生甚至国家灭亡。因此，古代的儒学者，在提倡以德治国的宗旨下，尤其重视君主教育，特别是君主接班人——太子的教育。在这种情形下，由朝廷派人加强对未来王权继承人进行早期的学前教育，使其德行趋向完善，就成为至关重要的大事。由此可见，加强宫廷学前教育具有政治与教育的双重意义。

（二）保傅制度

保傅制度指朝廷内设有专门的师官、保官、傅官以对君主、太子进行教谕的制度。

贾谊在《新书・保傅》一文中说：“古之王者，太子初生，故举以礼……故自为赤子，而教固已行矣。昔者周成王幼，在襁褓之中，召公为太保，周公为太傅，太公为太师。保，保其身体；傅，傅之德义；师，道之教训。三公之职也。于是为置三少，皆上大夫也，曰少保、少傅、少师，是与太子燕也。”这就是说，继胎教之后，太子一出生即受礼的熏陶。各种保傅之官在太子还在襁褓之时就任命了，且有明确的分工。保，负责太子身体保育工作；傅，负责太子道德培养工作；师，负责太子知识教育工作。这三个方面分工合作，全面负责太子的教育和培养，可见西周宫廷对于太子的教育是颇有计划的。

保傅之官因承担教育培养太子的重任，所以选拔和任命极为慎重。周成王的“三公”，即“召公”“周公”“太公”，都是历史上有名的贤臣。后代选拔保傅之官，也都注重在“天下之端士、孝悌、博闻有术者”中选拔。保傅既授以重托，就要对太子的行为全面负责。贾谊认为西周之所以国运长久，正是因为君主有良好的保傅之官进行辅佐。如周成王，前有周公“导之道”，左有太公“辅之善”，右有史佚“承之遗忘”，在这些正人君子的教育培养之下，因而“虚无失什，而举无过事”，即思虑和行为均可以避免失误和过错。

保傅之官的职责并不仅限于太子幼年阶段，更主要的任务在于太子的青少年、成人阶段，甚至于在太子即位之后仍有扶持、劝诫、教诲的重要任务。西周时代保傅之官既辅佐君主，又兼教谕太子。秦汉以后，则专为太子另设师、傅、保的正副官职，而与君主的“三公”“三少”分开。保傅之官地位显贵，尤其是“三公”，官居极品，位在丞相之上。由此可见，保傅制度的传统对整个古代的君主教育起了相当大的作用。为太子选师保傅，选左右，就是为了使太子通过师保傅的教育、影响而潜移默化，成为言行端正、道德高尚、有统治法术的人。所以，《魏书·李彪传》说：“训导正则太子正，太子正则皇家庆，皇家庆则人幸甚矣。”

拓展阅读

伊尹放太甲

伊尹为商汤之右相，名挚，是商汤至太甲时期商朝的一位元老。太甲，商汤之孙。伊尹在商汤灭夏中立下了不朽功勋，商朝建立后，商汤以伊尹为卿士，料理商朝政务。商汤的长子太丁死在商汤之前，商汤死后，按照兄终弟及制，由太丁的弟弟外丙、仲壬先后继任商王。但是，外丙、仲壬继位不久就死去。伊尹只好立太丁长子太甲为王。商初连丧三王，政治出现危机。伊尹受商汤重托，深感任重道远，他把振兴商朝的希望寄托在太甲身上。

然而太甲为王三年，不修德政，昏暗暴虐，破坏了商汤法制。伊尹十分忧虑，多次规劝，太甲根本听不进去。为使太甲成为有作为的君主，伊尹断然采取措施：在商汤墓所在地桐建了一座宫室，称为“桐宫”。他把太甲送入桐宫反省。桐宫地处商汤墓地，气氛庄严肃穆，除了守墓人，寻常人不得进入。在这样的环境里，太甲见到的是祖父的陵墓，想到的是祖父艰苦创业、替天行道的功绩，读的是伊尹专为他写的教材《伊训》《肆命》《殂后》，其中，《伊训》是伊尹对他的告诫，《肆命》是教他怎样理政，《殂后》是商汤的法律制度。太甲面对祖父之墓，缅怀祖父功绩，对照自己的劣行，日日想，夜夜思，终于意识到自己错误的根源和被放逐的原因，从迷途中觉醒过来。他一边读书，一边打扫陵墓，日久天长，逐渐变成了另外一个人：行动谨慎、言语谦逊、思想沉稳、勤劳不息。在太甲闭门思过期间，伊尹代他行政，日理万机，还不断了解他的情况，抽空来桐宫看望。转眼间，时间过了三年，太甲已经悔过自新，重新做人。

伊尹见放逐太甲的目的已经达到，于是亲自到桐宫迎接，恢复太甲王位，自己退为臣。太甲二次即位，勤修德政，以身作则，诸侯归服，百姓安宁。

伊尹特作《太甲训》三篇褒奖太甲。太甲终成为有为之君，为后来的中兴局面打下了基础。伊尹连辅商初数王，既为帝师，又代帝王行政，功高盖世，前无古人。伊尹死后，商王沃丁以天子之礼葬之。

（三）“备三母”制度

在后宫中挑选适宜的女子来承担保育和教导太子的生活事宜，也有专设之职，这就是“备三母”制。

据《礼记·内则》记载，西周国君世子（太子）出生之后，就要从后宫妃妾之中挑选“其宽裕、慈惠、温良、恭敬、慎而寡言者，使为子师，其次为慈母，其次为保姆，皆居子室。他人无事不往。”据郑玄解释，“三母”均陪同世子居住在专门的宫室中，承担培育世子、管理生活的全部事务，他人无事不往。郑玄认为，《礼记·内则》中已表明，世子九岁之前的教育皆由子师、慈母、保姆担任。

除“三母”之外，还要从大夫之妾或士之妻中选择乳母以哺育世子。被选中的乳母，一般都得离开自己的丈夫，不能与丈夫同居，因为同居会使乳量减少，不能满足乳儿吃奶的需要。乳母哺育世子至三岁断奶，然后出宫，国君要给予厚赏、封赠，有的被封为君、夫人，其待遇十分优厚。

宫廷中择“三母”教养世子的做法也影响到士大夫家庭，只是规格逐次下降。据郑玄注曰，士大夫家“但以庶母为慈母，而兼子师、保姆之事”。庶母即父之诸妾，兼“三母”之职而不再分工。士以下的家庭，则“妻自养其子”。如同胎教一样，中国古代也重视“乳母之教”的重要性。清代张伯行辑《小学集解》说：“凡生男女，自赤子以至长大，皆当随时教训，而教从母始，乳母之教所系尤切。”张伯行认为乳母是否贤德，关系甚大，因此古代对选择乳母十分谨慎，他提出古人选择乳母的原则是宽、裕、慈、惠、温、良、恭、敬等，这实际上是《礼记·内则》所述的择“三母”的标准，即将“备三母”的目的和要求集于乳母之身，这也对西周宫廷教育产生了深远影响。

四、早期胎教的实施

中国是世界上最早提出胎教的国家。在两千多年前的《黄帝内经》中，就有关于“胎教”的论述。《大戴礼记·保傅》对于胎教更做出了明确规定：“古者胎教，王后腹之七月，而就宴室。太史持铜而御户左太宰持斗而御户右。比及三月者，王后所求声音非礼乐，则太师瑟而称不习；所求滋味者非正味，则太宰倚斗而言曰：不敢以待王太子。”据《史记》记载，中国古代第一个对孩子进行胎教的是周文王的母亲太任，效果似乎很好。文王的孙子周成王也接受过胎教，长大后智力超常。周朝就是这样用胎教的方法来培养一代代的理想接班人。早期的胎教虽然大多数是针对君主而言的，但也有普遍的意义。

五、奴隶社会学前儿童教育的特点

奴隶社会是我国古代学前教育的奠基时期，这一时期的学前教育有以下几个特点。

（1）由于家庭的出现，原始社会的儿童社会公育已经消失，而代之以家庭承担教育学前儿童的任务。

（2）由于奴隶主贵族居于统治地位，垄断着受教育的权利，因而儿童的学前教育也仅限于在奴隶主贵族的家庭中实施。

（3）学前教育与学校教育已有较明确的年龄划分。

（4）对幼儿实施的学前教育不仅有着鲜明的阶段性，而且已经注意到随着儿童年龄的增长制订相应的学前教育计划。

（5）奴隶社会的最高统治者对学前教育尤为重视，不仅建立了针对君主教育的保傅教育制度与乳保教育制度，还提出了实施胎教的要求。

第三节　中国封建社会的学前教育

春秋末年，中国开始进入封建社会。由于奴隶制度的瓦解，新兴地主阶级登上政治舞台，士阶层的壮大、私学的大兴，扩大了教育对象，使得更多的人掌握了原来为贵族所垄断的文化与道德等方面的知识，为更多的家庭实施学前教育提供了可能，因此，儿童的学前教育也得到进一步的发展。

一、封建社会的学前家庭教育

在封建社会，家庭是社会的基本细胞，是子女与社会最早的接触点，也是我国古代儿童接受学前教育的场所。

（一）封建社会学前家庭教育的目的

1. 为培养统治人才服务

在封建社会，历代统治者多重视教育，设立学校，他们的目的主要在于通过学校教育为封建社会培养“建国君民”的统治人才。在我国古代最早的一本教育学著作《学记》中曾经说过：“君子如欲化民为俗，其必由学乎……是故古之王者建国军民，教学为先。”汉代太学的设立也能够说明这一点。太学是封建社会一种重要的官学机构，它的设立动机是汉武帝接受当时著名的教育家董仲舒“养士之大者，莫大乎太学；太学者，贤士之所关也，教化之本源也”的主张，造就官僚后备军。隋唐以后，由于科举制度的影响，学校日渐成为科举的附庸，但其最终的目的仍然是为了培养统治人才。

学前教育是学校教育的基础，其目的自然与学校教育的目的一致，都是为培养封建社会需要的统治人才服务的，因此封建社会的许多家庭在实施学前教育的过程中，长辈们常以“学而优则仕”的思想教育儿童，以日后加官晋爵的知识启蒙儿童。同时，统治者亦非常重视学前家庭教育，使其为封建教育的重要组成部分和造就官僚后备军人才教育的开始。

2. 齐家治国的基础

《礼记·大学》中说：“古之欲明明德于天下者，先治其国；欲治其国者，先齐其家；

欲齐其家者，先修其身……心正而后身修，身修而后家齐，家齐而后国治，国治而后天下平。”“其家不可教，而能教人者，无之。”孔子说：“居家理，故治可移于官。”可见，古人十分重视家庭教育，并把它作为今后出仕、治国安邦的基础。同时，由于“天下之事，莫不有其初。家之立教，在子生之初”，故家庭对幼童的学前教育，是家庭教育的基本内容与起点。从这个意义上讲，为日后能够齐家治国奠定基础，是学前家庭教育的目的之一。

3. 光耀门楣

如果说齐家治国是政治家为古代学前教育家庭教育制定的终极目标，那么光耀门楣则是普通家庭实施学前教育的实质动机与最切近实际的目的。将个体的光荣与家庭的荣耀联系起来，根源于中国社会的特点。中国历来注重血缘关系，历代统治者制定法律，惩罚罪犯，都不只限于个人，总要牵连整个家族，所谓“一人当灾，全家遭殃”。正是个体与家庭间这种休戚相关、荣辱与共的关系，使得学前家庭教育在封建社会显得格外重要。家中长辈都视子女为私有财产，希望通过家教早日使子孙成才，以达到振兴家业、光宗耀祖的目的，同时，子孙们亦以身许家，把光耀门楣作为自己的奋斗目标和报答父母养育之恩的最好方式。

（二）学前家庭教育的内容

纵观我国两千多年的封建社会时期的学前家庭教育，其教育内容主要包括思想品德教育、生活常规教育、文化知识教育、身体保健教育等方面。

1. 思想品德教育

孔子说：“行有余力，则以学文。”这句话的意思是说，在品行、德行修养有余力时才可以学习文化知识。以品德为先，不仅是数千年封建社会学校教育、社会教育的主旨，而且也是学前家庭教育的“纲领”。汉时王修曾教育自己的儿子：“未必读书，并学做人。”南宋教育家朱熹亦说：“自小便教之以德，较之以尚德不尚力之事。”在家庭中对幼儿进行思想品德教育，主要是使儿童形成初步的道德观念，养成良好的行为习惯。这种德教内容主要包括以下几个方面。

（1）孝悌。

《吕氏春秋·孝行》中说：“夫孝，三皇五帝之本务。”可见，注重孝道在我国有着悠久的历史。西周以后，孝悌之道更是成为古代道德的根本。因此在封建社会中，培养幼儿的孝悌观念就成为学前家庭的首要任务。

对幼儿进行“孝”的教育，主要是要求幼儿从小养成不违背父母意志，服从父母绝对权威的习惯。如清代学者李毓秀在其所著《弟子规》中曾说：“父母呼，应勿缓；父母命，行勿懒；父母教，须敬听；父母责，须顺承。”北宋史学家司马光在《居家杂仪》中指出：“凡诸卑幼，事无大小，无得专行，必咨禀于家长。”这些要求均是为了突出父母的绝对权威。

对幼儿进行“孝”的教育，还要求幼儿自小养成敬奉双亲的习惯。《孝经·纪孝行》

中说："孝子之事亲也，居则致其敬，养则致其乐。"意思是说，孝子的事亲之道，主要是平时对父母的态度应恭敬，不得懈怠，尽己之能侍奉父母并使其得到快乐。《礼记·曲礼》中要求儿子对父母应做到"冬温而夏凊，昏定而晨省"，即冬天应使父母温暖而不受寒，夏天应使父母凉爽而不受热，晚上要为父母铺好床，早晨要向父母请安。东汉时的黄香可以说是实行这种孝行的典范。"香九龄，能温席。"意思是 9 岁的黄香对父亲非常孝顺，寒冬时用自己的身体为父亲暖被窝。因此，他被列为古代二十四孝代表之一，成为封建社会儿童学习的榜样。

注意从小培养儿童孝顺双亲的品德，是我国古代尊老孝亲传统道德意识的体现，同时，以此作为儿童道德意识形成的起步，亦符合儿童道德形成的规律。当然，封建社会的"孝"，旨在强化对皇权的"忠"，而且这种"忠""孝"是不问是非的"愚忠""愚孝"，完全扼杀了儿童的个性与自由，成为制造奴性和奴才的渊薮，这是我们应当批判的。

如果说"孝"是用以维系纵的家庭关系，占主导地位，那么"悌"则是用以强化横的家庭关系，居辅助地位。对幼儿进行"悌"的教育，主要是要求孩童自幼兄弟友爱，为兄者爱护弟弟，为弟者敬爱兄长。据说东汉时大文学家孔融 4 岁时就能把大的梨子给兄长吃，而自己取小的。这则"孔融让梨"的故事在封建社会曾广为流传，并在学前家庭教育中作为"悌"教育的典型事例而屡被引用。

家庭教育中强调悌德的培养，目的是使兄弟和睦，家族兴旺，个人日后能在社会上立身。三国时期向朗曾告诫其子说："贫非人患，惟和为贵。""九族和则动得所求，静得所安。"北齐教育家颜之推则明确指出："兄弟者，分形连气之人也……二亲既殁，兄弟相顾，当如形之与影，声之于响。"如果兄弟阋墙，则子侄亦不相爱，当有外祸来临之时，还会有何人援手相助？

（2）崇俭。

在封建社会中，父辈创下的家业，小辈坐享其成，难知其中的艰辛。"由俭入奢易，由奢入俭难。"如果不使自己的子弟养成俭朴的生活习惯，他们就有可能成为败家之子，这也是许多家庭重视对儿童进行崇俭教育的一个重要原因。

为使幼儿树立崇俭的观念，封建社会中的一些有识之士在家庭中经常教导儿童俭朴是一种美德，奢侈则是最大的罪恶，如宋代文学家陆游在《放翁家训》中曾告诫后辈："天下之事，常成于困约，而败于奢靡。"他认为生活的清贫、俭朴常促人奋进、成才，而专尚奢侈则会使人堕入深渊。明末清初的朱柏庐在其家教名篇《朱子家训》中曾要求子女："一粥一饭，当思来之不易；半丝半缕，恒念物力维艰。"

为了培养儿童俭朴的生活习惯，对于幼儿的饮食与衣着，古人主张不能过于讲究，如《礼记·曲礼》中曾规定："童子不衣裘裳。"这不仅是其过暖不利于儿童发育，更主要的是因其华贵不利于儿童养成崇俭的习性。清代的唐彪对此说得很明白："童子幼年，不可衣之罗绮裘裳，恐启其奢侈之心，长大不能改也。"

（3）诚信。

诚信，就是诚实无欺。明人李贽说："夫童心者，真心也。"幼儿的天性纯洁美好，"绝假纯真"，然而由于不正确的影响或幼儿自身因自夸或惧过之故，有时也会说谎，这是日后欺诈之心生长的萌芽，长此以往，其"童心"将逐渐失却，"若失却童心。便失却真心；失却真心，便失却真人；人而非真，全不复有初矣。”要保护此诚实无欺的“童心”，使之不失，长辈首先应该从正面进行教育。由于幼儿年幼无知，难辨是非，长辈应以自身诚实的行为来引导幼儿，《礼记·曲礼》中说：“幼子常视毋诳。”意思是说：“常示之以不可欺诳，所以习其诚。”春秋时期的曾参在这一方面为人们做出了榜样。据《韩非子·外储说左上》中记载：有一天，曾参的妻子要上街去买东西，小儿哭嚷着也要跟妈妈一同去。曾妻便哄孩子说：“你留在家里，妈妈回来杀猪给你吃。”等到妻子购货回家后，曾参便要捉猪杀之，其妻赶快制止他说：“我刚才只不过和孩子说着玩罢了，你怎么真的要杀猪？”曾参则说服妻子：“小孩是不能欺骗的。小孩年幼无知，只会学父母的样子，听父母的教诲。如今你说话不算数，哄骗孩子，实际上是在教孩子说谎。为母者欺骗了孩子，其子便会觉得母亲的话不可信，以后再对他进行教育，就不会有效果了。”最后，曾参还是把猪杀了。

一旦小孩由于某种原因说了谎，父母就应该及时训诫，予以纠正，以杜绝此类事情的再度出现。宋代邵博在《闻见后录》中曾记载史学家司马光儿时的一件事：小司马光有一次剥核桃吃，但不会剥皮，其姐要帮助他，他执意不肯。后来一婢女帮他用热水把核桃烫一下后，很容易便剥去了皮。等姐姐再来时，见他已将核桃皮剥去，便问他是谁帮她剥的，司马光回答是自己所为。恰好父亲在旁边目睹了此事的经过，听到司马光的回答便厉声训斥：“你怎么敢胡说？”司马光从此再也不敢说谎了。

（4）为善。

善，在封建社会主要是指合乎道义、合乎礼仪的事。古代学前家庭教育中非常注意使幼儿养成行善去恶的观念，经常教育幼儿除在家孝顺父母、敬爱兄长外，在外凡是合乎道义的利人之事都应为之。由于孩童年幼，不可能做出惊天动地的大善事，故许多家长都非常重视教育幼儿行小善戒小恶，积小善以成大德。如三国时的刘备曾遗诏教训刘禅说：“勿以恶小而为之，勿以善小而不为。”清人张履祥在《训子语》中亦说：“善不积，不足以成名；恶不积，不足以灭身。”

2. 生活常规教育

封建社会的家庭对学前儿童实施生活常规教育，主要包括日常生活中礼仪常规的训练和卫生习惯的养成。

（1）礼仪常规的训练。

在封建社会，幼儿的礼仪常规训练又称为“幼仪教育”，它充溢着封建礼教的思想和内容。

幼仪教育，首先是合乎礼仪的姿态训练。《礼记·曲礼》中说：“（童子）立必正方，不倾听。”要求儿童站要有站相，须直身而立，两眼平视前方，而不要耸肩驼背和左右倾斜。不但“站相”要正，行走坐卧的姿态同样要求保持端正，符合幼仪的规定。

其次，对幼儿进行尊老敬长的礼仪常规训练。古时家长们经常教育幼儿与别人同坐时，不应当将双臂横撑在席上，以免妨碍邻座的人；遇父亲的朋友来访，进退要听从其吩咐，以示恭敬；与客人同进屋时，进门要让客人先行；在客人面前，不应当吆喝狗；别人让吃东西时，不要吐唾沫等。

封建社会学前家庭教育中的幼仪训练，实质上是“礼教”的启蒙，具有浓厚的封建色彩和束缚儿童个性发展的特征。但我们亦应看到，某些传统的礼仪要求中一些合理内容还是可以借鉴的，如尊老敬长、礼让客人等。此外，以具体的操行指导为礼仪常规训练的主体，也是符合儿童认识发展规律的，至今仍有参考价值。

（2）卫生习惯的养成。

养成日常生活中的卫生习惯，是幼儿家庭生活常规训练的一项重要内容。南宋教育家朱熹就曾要求幼儿每日鸡鸣时起床后，应自己完成洗脸、漱口、梳头等事务，并且规定“自冠巾、衣服、鞋袜，皆须收拾、爱护，常令洁净、整齐。”清人李毓秀亦要求幼儿“冠必正，纽必结，袜与履，俱紧切（指都要穿好）。置冠服，有定位，勿乱顿（放置），致污秽。”除了穿戴要整洁外，饮食卫生也必须讲究。许多家庭当孩子能独立饮食的时候，就教儿童用右手拿筷子和汤匙；大小便后，要求幼儿把手洗干净；吃饭的时候，教育儿童不能贪多，喝汤时不要让汤流出嘴角，不要把吃过的鱼、肉再放回菜盘中去；等等。

幼儿不仅要注意个人卫生习惯的养成，还要为家庭的环境卫生做一些力所能及的“洒扫”小事。如朱熹要求小孩应经常把住所的地面打扫干净，擦几案上的灰尘，使其时时保持洁净。朱柏庐要求其子弟“黎明即起，洒扫庭除，要内外整洁。”这不仅能培养幼儿爱清洁的习惯，还能促进儿童勤劳习性的养成。

3. 文化知识教育

由于中国封建社会的文官选拔是与文化考试紧密相连的，因此人们非常重视对文化知识（主要是儒家经典）的学习。于是在“万般皆下品，唯有读书高”的思想支配下，文化知识教育便成为众多家庭幼儿教育的主要内容。

封建社会家庭对幼儿实施的文化知识教育，主要是教他们识字、学书、听解四书，以及学习一些名诗、名赋、格言等。

识字教育是文化知识教育的重点与起步，在有条件的家庭中，幼儿的识字教育一般在三四岁时便已开始，并且有的家庭还很注意研究识字教学的方法，如清代学者蒋士铨四岁时，其母“镂竹枝为丝断之，诘屈作波、磔、点、画，合而成字，抱铨坐膝上教之。既识，即拆去。日训十字，明日，令铨持竹丝合所识字，无误乃已。”以竹丝代笔合成字，不仅能引起儿童的兴趣，而且对于儿童清楚字的笔画结构亦有益处，此外，她的教学方法还运用了教学中的巩固性原则。又如清代学者崔学古撰写的《幼训》一书中也探讨了识字教育中的方法问题，他说：“凡训蒙，勿轻易教书，先截纸骨（纸牌），方广一寸二分，将所读书中字，楷书纸骨上，纸背再书同音，如‘文’之与‘闻’，‘张’之与‘章’之类，一一识之……识后，用线穿之，每日温理十字，或数十字，周而复始……”此外，如清代学者唐彪、王筠都曾对幼童识字教育进行过研究。

封建社会对于用作幼儿识字启蒙教育的字书教材的编写颇为重视，秦时李斯著有《仓颉篇》，赵高作《爰历篇》；汉时司马相如撰《凡将篇》，史游作《急就篇》；南朝周兴嗣的《千字文》与宋代王应麟的《三字经》，以及无名氏的《百家姓》，简称“三百千”，则是古代蒙学字书编写的代表作，它们流传极广，甚至为朝鲜、日本所学习。这些字书虽不是专为家庭幼儿教育而编，但实际上许多家庭已将它们作为家教识字课本，原因在于这些教材编得生动活泼，而且均采用韵语，或三言句，或四言句，句短合仄，读来朗朗上口，便于幼儿记诵。此外，它们虽都按集中识字编排，但并非字的机械组合，而是把它们巧妙地组成富于思想意义的句子，由此介绍日常生活常规、自然科学知识和进行思想教育等。可见，从严格意义上讲，它是分散与集中识字相结合的教材，这种编写方法很值得我们借鉴。

古代家庭教育中，由于人们普遍认为幼儿因手骨没有发育完全，执笔有一定困难，故识字教学与习字教学常常是分开进行的。一般的家庭在幼儿六七岁时才开始教他用毛笔在纸上练习写字。教幼儿习字的程序大致是先教幼儿把笔，“盖蒙童无知，与讲笔法，懵然未解。口教不如手教，轻重转折，粗粗具体，方脱手自书。”其次是教幼儿描红，再次则是教幼儿临摹名家碑帖，最后才是脱离碑帖习字。不过，古时也有出于种种原因在幼儿四五岁时即以芦荻或木棒代笔在地上教其学书的，如南朝的道教思想家、医学家陶弘景，“幼有异操，年四五岁，恒以荻为笔，画灰中学书。”又如北宋文学家欧阳修 4 岁时丧父，母亲郑氏督教很严。因家贫买不起纸笔，即以荻画地教子习字，后“画荻”则成为称颂母教的典故。

及早教幼儿识字、习字是为了使幼儿能及早阅读儒家典籍。在某些家庭中，或出于父母“望子成龙”心切，或由于幼儿特别聪慧，当幼儿四五岁已能识得一些字后，便开始教授《四书》《孝经》等，北齐的颜之推曾说：“士大夫子弟，数岁已上，莫不被教，多者或至《礼》《传》，少者不失《诗》《论》。”可见当时的士大夫家庭对幼儿进行儒家经典的教学已很普遍。

由于诗赋是科举考试中的一项重要内容，故很多家庭极为重视对幼儿进行诗赋知识的启蒙。当时在家庭中主要是选择汉赋中的某些名篇、唐宋诗中的某些名家作品让幼儿背诵。最为常用的教材有《唐诗三百首》《千家诗》和北宋汪洙的《神童诗》等。

在学前家庭教育中，当时除重视对幼儿进行文化知识的传授外，还着意于使幼儿养成乐学、勤学的学风。为此，他们常常鼓励幼儿要从小立下大志，以此作为勤学苦读的目标和动力。如三国时的诸葛亮在《诫子书》中曾说：“非学无以广才，非志无以成学。”他视志向为成才的前提与保障。颜之推认为：“有志尚者，遂能磨砺，以就素业；无履立者，自兹堕慢，便为凡人。”同时，他们还经常用许多古今学者珍惜光阴、勤勉学习的范例激励幼儿勤学、苦学，如颜之推在家训中就曾引古时苏秦刺股苦读、孙康映雪读书、车武子囊萤照书等事迹教育子孙后代勤奋学习，从小养成踏实勤奋的求学作风。

4. 身体保健教育

古代学前儿童的教育内容以思想教育与文化教育为主，但同时许多家庭也注意到教养结合的问题，强调注重对婴幼儿的身体保健工作。明代医师万全在《育婴家秘·鞠养以慎其疾》中认为：“(小儿)能坐、能行，则扶持之，勿使倾跌也。”明人徐春甫要求童仆、婢妾“不可训其手舞足蹈，无礼骂人，高举放倒，猛推闪避。”为了提高婴幼儿抗御疾病的能力，许多中医学者反对婴幼儿过饱过暖。明时许相卿说：“婴孩怀抱，毋太饱暖，宁稍饥寒，则肋骨坚凝，气岸精爽。”民间有“若要小儿安，常带三分饥与寒”的谚语，元代的张从政甚至主张：“儿未坐时，卧以赤地，及天寒时，不与厚衣，布而不绵。”

游戏是学前儿童喜爱的活动，也是古代家庭中加强幼儿身体锻炼的一种重要方法。早在战国时期，《韩非子·外储说左上》中就有小孩玩“过家家”游戏的记载：“夫婴儿相与戏也，以尘（土）为饭，以涂（泥）为羹，以木为胾（肉块）。”古时能起到锻炼身体作用的幼儿游戏主要有拔河、跳绳、放风筝、踢毽子、踢球等，许多游戏至今仍为幼儿们所喜爱。

封建社会学前家庭教育的内容是非常丰富的，它涵盖了德育、智育、体育等诸方面，与学校教育和社会教育的内容在本质上是一致的，体现了教育的连贯性，但古代学前家庭教育的内容是偏颇的，它过于突出德育与智育，而且许多繁杂的教育内容过于成人化与教条化，使幼儿难以接受，在很大程度上扼杀了儿童的天性。

拓展阅读

“三百千”

《三字经》《百家姓》《千字文》合称“三百千”，是我国传统开蒙教育的第一书，知名度极高，可以说是家喻户晓，无人不知。“三百千”之中以《三字经》为首，称为“经”；以《千字文》最末，称为“文”。当然，在文字难度、知识水平、文学素养等诸方面，《千字文》要求高。没有一定的文字学基础和文化素养，对《千字文》是既读不懂，也欣赏不了的。从时间上来说，《千字文》成文于六朝时期，出现得最早；《三字经》成文于南宋末年，直到元朝才开始面世，明清时期才流传开。

在教学的顺序上是《三字经》第一，《千字文》最末。其中的道理，一是先简后繁，这很好理解；二就是“经”与“文”的根本区别。经者经舆大道，是天下车马行人经行的必由之路，引申义就是规律、原理、原则与方法。自古以来，圣人的书叫作经典，因其讲述的是恒常不变的宇宙真相，是放之四海而皆准的真理，所以有“四书”“五经”等经典。《三字经》既敢称为经，而且被千古传颂，这就非常耐人寻味了。

《千字文》是用一千个不重复的汉字编撰而成的一篇韵文，辞藻华丽，语言优美，文学价值极高，历来受到文人墨客的喜爱。《三字经》朴实无华，用极简洁通俗的白话讲出了亘古不变的大道理这就非常难能可贵了。随着阅历的增加与人生经验的积累，对《三字经》的理解会越来越深。

与《千字文》同理，《三字经》也是一部高度浓缩的中国文化史，但《三字经》不受文字限制，用通俗的文字将经史子集等各部类的知识糅合在一起，真正是“淹贯三才，出入经史”，全文用典极多，全篇充满了积极向上的乐观精神。清人王晋升称《三字经》是“蒙求之津逮，大学之滥觞”；清人贺兴思称其是“一部袖里《通鉴纲目》也”；近人章太炎称赞《三字经》“其启人知识，过之《急就章》与《凡将篇》之比矣……今之教科书，固勿如《三字经》远甚也。”

在《三字经》出现之前，几乎所有的蒙学读物都是四言的，也就是四个字一句，如《千字文》《百家姓》都是四言，四个字读起来不上口，小孩子不容易唱颂。《三字经》则以三言形式出现，三个字一句，四句一组，读起来轻松愉快，更符合儿歌的特点，所以明朝赵南星称其“句短而易读，殊便于开蒙”，故此为蒙学第一书。

二、封建社会胎教的发展

封建社会的学前教育继承了奴隶社会实施胎教的传统，并进一步向前发展，这主要体现在中医学理论的介入，使得人们对胎教的认识与实施更加科学。

《黄帝内经》是我国古代最早的中医学著作，成书于秦汉时期。该书结合气一元论与阴阳五行学说，对生命的成因、疾病的起源等做了唯物主义的解释，指出人的某些疾病起因在胎儿时期，称为“胎病”，如“癫病”就是“得之在母腹中时，其母有所大惊，气上而不下，精气并居，故令子发为癫疾也。”为避免“胎病”发生，保证胎儿健康发育，提高新生儿的天然素质，有必要对孕妇的日常生活进行指导，通过母教实施胎教。这是我国最早从医学角度探讨胎教问题的论述。

隋唐以后，我国医学处于迅速发展时期，与胎教有关的儿科、妇科日渐分化出来成为独立科目。大批医学家介入对胎教的研究与提倡，他们一方面继承和总结了前人实施胎教的经验，一方面从医学角度进行阐明和论证，进一步提出养胎与胎教相结合的主张，不仅丰富了古代胎教实施的内涵，也增强了古代胎教学说的科学性。

唐代医学家孙思邈在总结前人胎教理论与自己临床经验的基础上，明确提出了古代胎教学说的基本观点——“外象内感”，意思是说母亲所接触的外界物象会直接感应到体内胎儿。他说“妊娠三月名始胞，当此之时未有定象，见物外化”，即认为 3 个月的胎儿还未完全成形，很容易受到外界环境的影响而变化。为此他提出孕妇在妊娠后，应特别注意外界环境对胎儿的影响。他认为为了生子健美，就必须常视犀象猛兽、珠玉宝物，以此接受孔武有力、容貌姣美的感应。同样，欲使子孙道德贤良，聪慧无疾，必须多“见贤人君子、盛德大师，观礼乐、钟鼓、俎豆、军旅、陈设、焚烧名香，口诵诗书、古今箴言，居处简静”等。孙思邈对孕妇提出的上述要求虽然还不免夹杂有臆想的成分，但从总体上说，他强调孕妇必须注意外界环境对胎儿的影响这一基本思想是正确的。

重视孕妇精神状态的调节一向是古代胎教的重要内容之一。在这方面，明代医学家万全曾从医角度对情绪给胎儿的影响做了较为科学的解释，他说：“受胎之后，喜怒哀乐，莫敢不慎。盖过喜则伤心而气散，怒则伤肝而气上，思则伤脾而气郁，忧则伤肺而气结，恐则伤肾而气下。母气既伤，子气应之，未有不伤者也。其母伤则胎易堕，其子伤则脏气不和，病斯多矣。盲、聋、喑哑、痴呆、癫痫，皆禀受不正之故也。”因此，他认为孕妇加强自我心理调节及注意控制情绪的波动是非常必要的。只有孕妇心绪和顺，胎儿才能健康成长。

在要求孕妇注意自我心理调节，保持心绪和顺的同时，唐宋以后的医学家们还十分重视孕妇饮食调养。如宋代医师陈自明在我国较早的妇产科专著《妇人良方》中说：“一受孕之后，切宜忌不可食之物，非惟有感动胎气之戎，然于物理亦有厌忌者。”元代医师朱亨亦认为：“儿之在胎，与母同体。得热则俱热，得寒则俱寒，病则俱病，安则俱安。母之饮食起居，尤当缜密。”北齐医师徐之才则依照胎儿每个月的不同发育状态，为孕妇制定了一个相应的食谱，他认为：“妊娠一月名始胚，饮食精熟酸美，受御宜食大麦……妊娠六月，始受金精，以成其筋……食宜鸷鸟猛兽之肉，是谓变腠理纫筋，以养其力，以坚背膂。”此外，他们还要求孕妇饮食应“饥饱适中”，因为过饥或过饱均会损伤母体和胎儿，同时在生活起居的其他方面也必须注意节制。

总之，封建社会的许多医学家在论述胎教之道时多持胎养与胎教相结合的观点，明人许相卿所说的一段话大体上可以代表他们的这种观点："古者教导贵豫，今来教子宜自胎教始。妇妊子者，戒过饱，戒多睡，戒暴怒，戒房欲，戒跛倚，戒食辛热及野味。宜听古诗，宜闻鼓琴，宜道嘉言善行，宜阅贤孝节义图书，宜劳逸以节，动止以礼。"在他们看来，只有重视饮食起居中的避忌，善于调节自己的情绪，并辅之以知识、音乐、道德的陶冶与教育，所生子女才能容貌俊美，气禀超群，道德良善。这种胎教的养教一体化观点，不仅发展了前人的胎教思想，丰富了古代胎教的内容，而且揭示了胎教发展的方向，并与现代胎教理论相一致。

三、封建社会慈幼机构的建立

慈幼，即爱护幼儿。人类对婴幼儿特别保护与钟爱的意识，早在原始社会即已存在，进入阶级社会后，历代统治者出于人口增殖或点缀政治等目的，曾屡屡制定、发布有关慈幼的政策与法令。如先秦时期，管仲相齐，曾行"九惠之教"，并把慈幼放在工作的首位，专门设置掌幼官员，规定士子平民有幼子者，若因小儿幼弱不堪抚养者，以及一家有 3 位幼儿者，妇人免赋税；有 4 位幼儿的家庭，全家免征税；有 5 位幼孩者，国家还要另派保姆，由官方给予 2 人的口粮，一直等到幼儿长大能自食其力时，方才停止供应食物。对于父母双亡的幼弱孤儿，由国家设置的掌孤官员负责；对于那些弱小不能自养者，由政府指派父母原来的亲朋好友、乡里邻居代为抚养，并规定："养一孤者，一子无征；养二孤者，二子无征；养三孤者，尽家无征。"掌孤者还必须经常过问孤儿的抚养情况，"必知其食饮饥寒，身之腈胜而哀怜之。"又如唐代贞观二年（628），山东地区大旱，饥民遍野，为此，唐太宗一方面遣使开仓放粮，赈济灾民，另一方面令官府出资赎还父母被迫出卖的子女。

不过，我国古代建立专门的慈幼机构起步较晚，它开始于处在封建社会中后期的宋代。

宋时慈幼机构大多数为清廉的地方官吏所设办。南宋高宗绍兴年间，朱熹因福建多有弃溺婴儿的陋俗，上疏朝廷请立举子仓，由政府供给钱米，统一收养被弃婴儿。宁宗嘉泰年间，叶筠为南剑知州时，请立举子仓以赈济贫民弃婴。

宋代的慈幼机构虽然只是慈善恤孤性质，但作为较开明的封建君主和较清廉的地方官吏的一种"仁政"措施，客观上救活了部分饥儿弃婴。然而，封建制度腐朽没落，贪官污吏暗做手脚，使官方供给的钱粮多半流入私人的腰包，加之许多地方官吏不予重视，办理不善，致使许多贫儿虽被收养到慈幼机构，但未得善待，多难逃病饿夭殇的命运，"慈幼"徒有虚名。《宋史·黄震传》说："常平有慈幼局，为贫而弃子者设，久而名存实亡。"

慈幼机构第二次较大规模的建立是在清代。清朝的慈幼机构主要是育婴堂。康熙元年（1662）始建育婴堂于京师广渠门以内，并制定育婴条例：允许他人收为养子养孙；若有本家亲戚前来认领，令其归宗。其后，雍正、嘉庆、道光、光绪时均有育婴堂的设立，并且最高统治者或赐匾或拨银粮以资鼓励。

清朝的慈幼机构与宋代相比，办理略为良善。首先，清政府已注意加强对慈幼机构的管理，如康熙皇帝制定了京师育婴堂收养、认领弃儿的条例；嘉庆皇帝在嘉庆四年（1799）曾诏派满汉御史，严格监督慈幼经费的使用情况。其次，慈幼经费开始有了固定保障。起初，慈幼机构“尚无常饩”，经费主要倚清官或富户捐钱资助。雍正八年（1730）规定：京师育婴堂的每一年支销款项，均归顺天府查核。这是由政府正式负担京师育婴堂经费开支的开始。其后，在道光三年（1823），清政府又批准由朝廷拨给广西省城育婴堂经费。最后，清朝除官办慈幼机构外，还明令允许私人设办。雍正八年曾谕令：“行文各省督抚转饬有司，劝募好善之人，于通都大邑，人烟稠集之处，若可以照京师例推而行之，其于字弱恤孤之道似有裨益，而凡人怵惕恻隐之心，亦可感发而兴起矣。”

然而，清朝慈幼机构的办理仍有不尽如人意的地方。首先，最突出的问题是慈幼经费的流失。清朝的慈幼经费必须经地方官吏的手然后转入慈幼机构，可其间，偷挪现象十分严重，朝廷虽曾严格监察，但实际效果并不显著。其次，当时的育婴堂允许他人领养，有的地方甚至明令允许他人领养育婴堂中的幼儿为奴仆，致使大批儿童被人冒领出去做织仆，或被贩卖倒手，“纵得偷生旦夕，实乃磨折终身”。此外，清朝大多数慈幼机构与宋代一样，仅为慈善恤养性质，而不行教育之事。只有极少数的慈幼机构，如著名学者唐鉴在道光年间联络同僚筹款在贵州创办的“及幼堂”，曾实行教养结合，他们选择幼儿中的聪颖者，教以读书写字，对其他儿童则教之打草鞋、打绳索、编竹器等一切有助于自食其力之事，这可以说是我国历史上最早实施教养合一的慈幼机构。

四、封建社会学前教育的特点

两千多年的封建社会是我国古代学前教育的大发展时期，这一时期儿童学前教育具有如下几个特点：

（1）打破了过去奴隶主贵族垄断学前教育的局面，使学前教育成为普通平民家庭教育的重要组成部分。

（2）学前教育的内容丰富，涵盖了德育、智育、体育诸方面，并出现了许多专为幼儿编写的用于思想教育、文化知识教育等方面的教材。

（3）对幼儿的潜能进行了最大限度的挖掘，学前教育内容的难度与广度均有较大的增加。

（4）学前教育的实施具有浓厚的功利主义色彩，在实施过程中，总体上是重教轻养。

（5）儒家思想规范指导着学前教育的实施。

通过本章内容可知，原始社会学前教育的基本特征是公养公育，教育与生产生活紧密联系在一起。随着家庭出现，学前教育开始主要由家庭承担。中国古代社会各阶层家庭十分重视学前教育，积累了丰富的历史遗产。如重视早期胎教的实施，对于儿童从行为习惯、伦理道德到文化知识进行全面教育。宫廷学前教育是中国古代唯一的一种有组织的幼儿教育制度。社会慈幼机构对于孤儿难童发挥着教养合一的功能。

思考与练习

1. 原始社会儿童社会公育的内容是什么？
2. 原始社会学前教育的特点有哪些？
3. 简述奴隶社会宫廷学前教育的意义。
4. 简述保傅制度和“备三母”的内容。
5. 奴隶社会学前教育的特点有哪些？
6. 封建社会学前家庭教育的目的是什么？
7. 简述封建社会学前家庭教育的内容。
8. 简述封建社会胎教的发展过程。
9. 简述封建社会慈幼机构的建立过程。
10. 封建社会学前教育的特点有哪些？

第二章　中国古代学前教育思想

学习目标

1. 了解贾谊、颜之推、朱熹、王守仁的学前教育思想的内容。
2. 能够对贾谊、颜之推、朱熹、王守仁的学前教育思想进行正确评价。

在古代学前教育发展历史中，封建社会的教育思想对中国的教育观念影响颇深，各教育家的教育主张对当时社会的学前教育实践有着指导性意义。贾谊对于早期教育的论述，主要是从加强中央集权的政治观点出发，针对皇太子的教育而言的，提出了“早谕教”“选左右”“重儒术”等指导思想；颜之推根据耳闻目睹的现实，为了家族荣耀的延续，探讨了家庭教育中的原则与方法；朱熹基于“蒙以养正”的中国传统教育理念，将儿童教育视为人生教育的基础，并强调“学事”是该阶段教育的主要内容；王守仁从“心即理”的人性理论出发，强调在儿童教育过程中应体现一种自然教育精神。

第一节　贾谊的早期教育思想

一、贾谊生平

贾谊（前200—前168），洛阳人，西汉初期著名的政论家、文学家。18岁时，贾谊已能诵读诗书，善为文章，称誉于郡中。20余岁，廷尉吴公以其颇通诸家之书荐于汉文帝，召为博士，不久升迁为太中大夫。后他因遭谗言被贬为长沙王太傅，继又为文帝少子梁怀王刘揖太傅。

贾谊曾数次上疏，批评时政。他认为汉兴20余年，当改正朔，易服色，制法度，定官名，兴礼乐。针对当时外有匈奴侵略，内有诸侯王作乱的形势，他要求统治者应有处积薪之上的危机感。他一方面力主抗击匈奴的攻掠；另一方面建议用“众建诸侯而少其力”的办法削弱诸侯王势力，巩固中央集权。

贾谊的著述，今人辑为《贾谊集》，包括《新书》10卷。他关于早期教育的论述主要见于《新书》的《傅职》《保傅》《劝学》《胎教》诸篇中。

二、贾谊学前教育思想的具体内容

（一）早谕教

贾谊对于早期教育的论述，主要是从加强中央集权的政治观点出发，针对皇太子的教育而言的。

贾谊通过对殷商国祚长久、秦朝二世而亡的史实考察，进一步指出：“天下之命，悬于太子。”因为太子的品行如何已经预示着、决定着他日后继承皇位时的道德表现。从这个意义上讲，他认为对太子的教育，实乃治乱之机要，如果太子能受到正确的教育，养成善良的品德，则“太子正而天下定矣。”

贾谊认为，对太子的教育应尽早实施，“心未滥而先谕教，则化易成也。”早期教育是教育的最佳期，当婴幼儿的赤子之心尚未受到外界熏染，先入为主，对他实施教育，就会收到最佳的效果。同时，早期教育也是整个人生教育最重要的阶段，一个人幼时接受的教育，往往决定着他日后的成长道路，稍有不慎，就会失之毫厘，谬之千里。因此，他强调“君子慎始”，并指出“夏、殷、周之君有道之长，而秦无道之暴”，就是由于前者对太子自幼便实施了良好的早期教育，而后者则不然。

贾谊认为，胎教是早期教育之始端，王室之家应当重视对太子实施胎教，在太子未出生以前要设置专门实施胎教的处所——“蒌室”，安排专人监护孕妇的饮食、视、听、言、动等，使其合乎礼的规定。孕妇自身亦须有胎教意识，“立而不跛，坐而不差，笑而不喧，独处不倨，虽怒不骂。”贾谊的胎教理论虽无甚新意，只是祖述“古制”，但他却是汉代最早提倡胎教的教育家。

（二）选左右

贾谊认为，慎选左右是对太子进行早期教育成功的保证。为加强对皇太子的早期教育，在宫廷内应设置专门辅导、教谕太子的师、保、傅官，建立保傅教育制度，一如西周时教育成王一样。

设置“三公”“三少”，目的是在太子周围形成良善的教育环境。他们一方面以孝、仁、礼、义之道教导太子；另一方面充当卫翼太子的屏障，使太子自幼闻正言、见正事、行正道，同时逐去邪人，不使太子耳闻目睹恶言、恶行、恶事。贾谊认为：“习与正人居之，不能无正也，犹生长于齐指不能不齐言也；习与不正人居之，不能无不正也，犹生长楚之不能不楚言也。”处于良好的教育环境之中的太子，当然也不能不良善。师、保、傅是太子最早、最重要的教育者，他们的品行直接影响着太子德行的形成，最终关系着国运。为此，贾谊要求统治者必须慎择师、保、傅官，宜以“天下之端士，孝悌博闻有术者”，即德才兼备者充任“三公”“三少”。贾谊指出，以前周成王时所择的“三公”均为古代贤士，如太傅周公“笃仁而好学，多闻而道（导）顺”，能“道（导），天子以道”；太师太公“诚立而敢断”，能够“辅善而相义”，太保召公清廉而正直，敢于“匡过而谏邪”。由于他们的辅导，周成王即位后才能够虑无失计、举无过失，成为古代有名的圣明君主。由此贾谊得出结论：“殷、周之所长久者，其辅翼太子有此具也。”与此相反，秦二世胡亥则由于择师不当，以宦官赵高为傅，所学尽为狱讼之术，幼时接触的不是斩、劓（yì，古代割掉鼻子的酷刑）的酷刑，就是夷人三族的严律。由于早期教育失当，胡亥即位之后，视杀人若刈草，毫无仁慈之心；是非不分，良莠不辨，“忠谏者谓之诽谤，深为之计者谓之妖言。”如此昏君，国破身死，二世而亡，乃势所必然。因此，贾谊告诫西汉的统治者：“前车覆而后车戒。”他指出慎选太子的早期教育者，乃存亡、治乱之枢机，“夫教得而左右正，则太子正矣；太子正而天下定矣。”

（三）重儒术

贾谊是西汉初期继叔孙通、陆贾之后又一位向西汉统治者提出以儒术治国的儒家学者。对于皇太子的早期教育，他当然企望以儒家思想统摄其心。为此，他向统治者进言，要求注重儒术，按儒家的理想人格来塑造太子，以儒家学说作为太子早期教育的主要内容。对太子的文化知识教育，贾谊主张应注重《春秋》《礼》《诗》《乐》等儒家经典的传授。在贾谊看来，儒家经典不仅是古代文化的记载，而且含有丰富的道德涵养价值，他说：“或称《春秋》，而为之耸善而抑恶，以革劝其心。教之《礼》，使知上下之则。或为之称《诗》，而广道显德，以驯（训）明其志。教之《乐》，以疏其秽，而填其浮气。”儒家治学要求“述而不作，信而好古”，治国则提倡效法古圣先王之道。故在学习儒家经典之处，贾谊提倡加强历史知识的学习，他说：“教之语（治国之善语），使明于上世，而知先王之务得于民也。教之故志（记前时成败之书），使知废兴者，而戒惧焉。”意思是太子只有接受了古代典传知识的教育，才能通晓上古先王以德治国的方法，明了历代兴亡的史实，从而产生警诫、畏惧重蹈覆辙的心理。

在道德教育方面，贾谊主张应使太子自幼形成儒家倡导的忠、信、义、礼、孝、仁等道德观念，在他看来，具有此“圣人之德”的人就是道德上的完美者，也即具备儒家理想人格者。为此，他要求对于太子不合上述道德规范的行为，教师应及时予以矫正，如当太子“将学趋让，进退即席不以礼，登降揖让无容，视瞻、俯仰、周旋无节”时，太保就应当进行劝谕。

对将来君临天下的太子的教育，传授“君国畜民”之道自然是绝不可少的。为此，贾谊提出，师、保、傅官应使太子自幼通晓儒家德刑并举的治国方略，懂得文武之道乃治国之本，知道对臣子应赏罚分明、公正，切忌“赐予侈于左右近臣，吝授于疏远卑贱。”

此外，关于太子的早期教育，贾谊还提出了教养结合的主张，即除了进行道德与知识教育外，还须由少保负责健养其身体。一方面，监护太子，注意防止太子有可能伤害身体的过激行为，如暴饮暴食、狂欢无态等；另一方面，照料太子的日常起居，使太子避免“饥而惏，暑而暍，寒而懦，寝而莫宥，坐而莫侍……”正是由于贾谊把保护太子的身体视作师、保、傅官的一项重要职责及教育内容，故当梁怀王坠马而死后，他非常自责，竟郁郁寡欢，英年早逝。

三、对贾谊学前教育思想的评价

贾谊作为西汉初期的政治家，他关于早期教育的论述虽然只是针对太子的特殊教育提出来的，而且其列举的实施方法也大多是祖述文武三代之道，很少有新意，但他是先秦以来第一位较为全面地论述早期教育问题的教育家，他的思想对封建社会早期教育理论的发展起着不可缺少的津梁作用。

第二节　颜之推的家庭教育思想

一、颜之推生平

颜之推（531—约 597），字介，祖籍山东临沂，出身于名儒世家，深得门风教化，历仕南梁、北齐、北周、隋四朝。晚年，他集平生学识、世事见闻，以及谨慎立身处世、严格治家教子之经验著书《颜氏家训》，意在训诫本族子弟，肃正儒家门风，以期后世子孙“务先王之道，绍家世之业。”该书一出，即被后世奉为处事良轨，广为流传，成为封建社会家庭教育的经典之作。其后，历代都相当盛行的家庭教育论著，如宋代司马光的《家范》、清代朱柏庐的《朱子治家格言》等，大都不脱《颜氏家训》之旨。《颜氏家训》共 20 篇，计 4 万余字，内容宏富。颜之推在其家训中全面阐发了他关于教育，特别是家庭教育的思想，对于一般的治学方法、处世之道亦有深入论及。其中，颜之推家庭教育思想也包括他对于早期教育的独到见解和深刻反思。其关于早期教育的阐述主要反映在家训中的《序致》《教子》《慕贤》《勉学》等篇章中。这些阐述广泛地涉及早期教育的价值、内容、原则及方法等问题，可以说是我国古代教育史上对于早期教育思想第一次最全面也是最充分的展示。

二、颜之推学前教育思想的具体内容

（一）及早施教，勿失时机

颜之推的早期教育思想基于他对早期教育的必要性及其重要作用的充分认识。他认为，成人应该充分利用幼年这个良好的时机及早对儿童进行教育。早施教可以收到良好的效果，并为一个人一生的发展奠定良好的基础。他说：“当及婴稚识人颜色、知人喜怒，便加教诲，使为则为，使止则止。比及数岁，可省笞罚。”他还借用孔子说过的“少成若天性，习惯成自然”，以及谚语“教妇初来，教子婴孩”的说法来表明这一观点。颜之推强调早期教育，甚至认为如果条件允许可实行胎教。他提及古代圣王的胎教方法：“怀子三月，出居别宫，目不邪视，耳不妄听，音声滋味，以礼貌节之。”

在颜之推看来，儿童早期心理与思维发展的特点决定了早期教育的必要性和重要性。他认为，儿童还处于“体性未定”的发展期，足具可塑性，易于潜移默化。他说：“人在少年，神情未定，所与款狎，熏则陶染，言笑举对，无心于学，潜移暗化，自然似之。何况操履艺能，较明易习者也。”对于早施教之所以具有良好的效果，颜之推特别指出：“人生小幼，精神专利。长成已后，思虑散逸。”意思就是说，人在幼年精力集

中，而成人之后生活驳杂，思虑分散，所以，成人学习的效果不比幼年时的学习效果。所以，“故须早教，勿失机也。”他还自述自身的学习体验：“昔在龆龀，便蒙诲诱。”“吾七岁时，诵《灵光殿试》。至于今日，十年一理，犹不遗忘。二十之外，所诵经书，一月废置，便荒芜矣。”他以记忆力在不同年龄阶段间的强烈对比来证实早期学习与教育的良好效果。因此，颜之推声称，“幼而学者，如日出之光。”

我国古代教育思想素有“早谕教”的理念。颜之推以一种极为朴素的思维与表达方式对这种传统教育理念进行了最充分的阐发。他关于古代胎教的阐述暗合了“外象内感”的现代中医学主张，符合现代胎教的基本原理。特别是颜之推“及早施教”的主张，以及关于早期教育之独特意义的解释，已经孕育着关于儿童心理发展规律的科学认识。现代儿童发展与教育的研究结论表明，个体早年时期是其成长与教育的奠基期与最佳期。而且，儿童发展的诸多能力都会存在一个相应的敏感期的问题。错过敏感期里一定能力的培养，便错过了教育的最佳时期。正如幼儿教育家蒙台梭利所认为的，能力发展的敏感期的出现是暂时的现象，目的是获得一种明确的特性。这种特性一旦获得后，相关的敏感性也就消失了。因此，每一种特性都是借助一种刺激的帮助而获得的，一种敏感性只能在一个特定的发展时期出现。可以说，正是因为颜之推对于个体成长及教育规律的朴素感知，切合了儿童心理发展的特点与规律，所以，即使是在今天，颜之推所主张的“及早施教，勿失时机”的教育思想对于认识早期教育的功能与地位仍具积极的现实意义。现代教育的理论与实践也一再证实着幼年成长的关键性及其早期教育的必要性与有效性。

（二）守道崇德，勤俭自立

坚持“礼为教本”“人伦为重”，强调“守道崇德”以立身处世是《颜氏家训》治家思想的主旨。颜之推说：“君子当守道崇德，蓄价待时。”自然，他是把道德教育作为儿童早期教育的基本任务和内容。所谓“生子咳嗁”即需“明孝仁礼义，导习之矣。”在早期教育阶段就需进行道德启蒙，教给儿童做人的道理。早期的良好品德与行为习惯的养成，可使人一生受益。否则，错过道德教育在早期的实施，恶习一旦养成，“习若自然，卒难洗荡”，难能有效矫正。所谓“志有识知，谓法当尔。骄慢已习，方复制之，捶挞而死无威，忿怒日隆而增怨，逮于成长，终为败德”。颜之推曾现身说法称：“吾家风教，素为整密。昔在龆龀，便蒙诲诱。每从两兄，晓夕温情；规行矩步，安辞定色，锵锵翼翼，若朝严君焉。赐以优言，问所好尚，励短引长，若不肯笃。”可见，他对于自己早期所受有益教育的感悟是以伦理规范的教育为主的。

对于道德教育的具体内容，颜之推在《颜氏家训》一书中有着广泛的阐述。其基本主张以儒家的孝悌人伦为轴心，并以研习五经作为获得立身处世之道的基本途径。虽然其诸多叙述不是针对早期教育而进行的，但有些涉及道德教育的独到见解对儿童教育仍颇有启迪和指导。他提到“圣人之教：箕帚匕箸，咳唾唯诺，执烛沃盥”，即孩子应孝顺、勤劳。这里也蕴含着人在幼年应学会自理劳动的教育要求。他还从“应世经务”的角度指出做子女的应“知稼穑之艰难”，即懂得生产劳动的艰辛。

颜之推自称著述家训的动机是："非敢轨物范世，业以整齐门内，提撕子孙。"可以说，他守道崇德的儿童教育思想以巩固父子血缘宗法制度为要旨，以维护封建的家庭伦理与社会秩序为最终归宿。然而，立足于今天的家庭教育与儿童教育现实，颜之推"自小便教之以德"的教育观足可借鉴。一个人品德素质的发展是贯其一生的持续累积的过程，而早期的道德启蒙对于形成良好品质和行为习惯，乃至健全人格都会打下坚实的基础，使之终身受益。当然，从幼儿期就重视道德教育，是社会现实与发展的必然要求。

颜之推强调道德素质培养的早期教育观，以及"知稼穑之难"、视"省约为礼"以求自立生存的生活教育主张，不仅对当时士大夫阶层的子孙教化与治家理财是一种真知灼见，而且对于今天已无衣食之忧的儿童教养乃至早期品行意志的磨炼颇具启发。

（三）慈严相济，均爱勿偏

对于儿童教育，颜之推主张由情入手，并坚持爱教结合、慈严并济，反对溺爱。首先，他充分地意识到了情感在早期教育中的作用。儿童只有对于那些在情感上亲近的人才易于信服，并遵其训示以行事。正是因为情感在儿童教育中的重要性，才突出了家庭在个体成长中不可替代的独特地位，所谓"夫同言而信，信其所亲；同命而行，行其所服。"

在早期教育中，体现其情感性的要求便是爱教结合、慈严并济。颜之推强调成人对于儿童要爱护，他说："骨肉之爱，不可以简，简则慈孝不接。"同时，他又辨证地看到，单纯地投入爱而无教育的严格苛训是不可以的，主张对待儿童应"威严而有慈"。他说："吾见世间，无教育而有爱，每不能然；饮食运为，恣意所欲，宜诫翻奖，应诃反笑，志有识别，谓法当尔。"也就是说，许多父母对孩子从小在生活方面任其所为，不加管束，应训诫的反而赞赏，应制止的反而戏笑，结果等孩子该懂事时，竟把错误当正确的，不明是非。所以，"父子之严，不可以狎""狎则怠慢生焉"，对待儿童必须避免溺爱，需有严格要求。

正是基于爱教结合、慈严并济的原则，颜之推格外强调成人必须正确地对待孩子的优点和缺点。一方面，应采取正面教育和鼓励教育的方法。所谓"赐以优言，问所好尚，励短引长，莫不恳笃"；另一方面，需要采取惩戒甚至体罚的教育方法。为人父母者对待儿童切不可"一言之是，偏行于路，终年誉之；一行之非，掩藏文饰，翼其自改"。正是因为一味张扬孩子的优点和长处，遮掩或包庇其过错，成人的言行就会失于教义，贻误其一生，甚至招致祸端。在颜之推看来，为严格管教，鞭挞应是必要的教育手段。他说："笞怒废于家，则竖子之过立见。""凡人不能教子女者，亦非欲陷其罪恶，但重于诃怒，伤其颜色，不忍楚挞惨其肌肤耳。"

在合理运用情感的原则上，颜之推还提出了均爱教育的主张，即父母对待所有子女应一视同仁，不可偏宠，"贤俊者自可赏爱，顽鲁者亦当矜怜。"如果偏爱偏宠，则客观上必会助长其骄横怠慢的习气，最终会是"虽欲厚之，更所以祸之。"宋代袁采曾就均爱教育的思想做了进一步分析，他在《袁氏世范·父母爱子贵均》中指出，因为不能均爱，则"见爱者意气日横，见憎者心不能平，积久之后，遂成深仇。所谓爱之，适所以害之也”，使得受宠者与失宠者关系不睦，心生怨恨，矛盾丛生。

颜之推重视早期教育中的情感渗透基于他对儿童言行感性化倾向的认识，也以此揭示出家庭教育因其血缘亲情的自然存在而不可为社会机构教育所替代的独特价值。

颜之推关于“均爱”教育的主张虽然是基于封建大家庭中多子多女的现实而提出的，但这却是现代公平教育理念在古代家庭教育中的萌芽。对公平与民主的追求是现代儿童教育发展的基本价值取向，教育过程中的公平是体现这一取向的基本内容。“均爱”的教育原则要求成人或教育者给予每一个儿童以同样充分的关注，并实现于成人与不同儿童之间的关系互动中，因此，他直接指向教育过程中的公平。教育的“均爱”主张对现代幼儿教师如何在园所教育过程中平等地对待不同的儿童是颇具现实意义和指导价值的。

（四）风化熏染，陶冶品性

颜之推非常重视环境教育对儿童的熏染作用，强调儿童的品性形成于风化熏染的过程中。“人在少年，神情未定。所与款狎，熏泽陶冶，言笑举对，无心于学，潜移暗化，自然似之。”因此，长辈应为儿童营造一个良好的成长氛围，为其树立良好德行的榜样。颜之推说：“夫风化者，自上而行余下者也，自先而施于后者也。是以父不慈则子不孝，兄不友则弟不恭，夫不义则妇不顺矣。”他还提出，成人应注意让儿童接触社会生活中有益的人与事，说：“是以与善人居，如入芝兰之室，久而自芳；与恶人居，如入鲍鱼之肆，久而自臭也。墨翟悲于染丝，是之谓也。”这里的“墨翟悲于染丝”，指的是墨子说过的“人性如素丝，环境如染缸”“染于苍则苍，染于黄则黄，所入变者，其色亦变。”

颜之推强调儿童教育必须在风化熏染的过程中陶冶儿童品性，其给予我们的重要启示就是：早期教育不应是呆坐的和静听的教育，必须为孩子营造一个适宜的环境氛围，并发挥教育者在儿童面前谨言慎行、率先垂范的榜样作用；早期教育的内容绝对不是抽象概念式的知识学习和单纯某种技能的训练，而应是渗透于儿童更为广泛的社会生活与文化生活时空中的。

（五）虽在孩稚，便渐督正

颜之推在《颜氏家训》中不仅充分地论述了儿童道德教育问题，其作为在音韵学方面颇有造诣的学者，还论及了儿童早期的语言教育。他意识到儿童时期是学好语言的关键时期，教育儿童学好语言是成人的重要责任。由于“古今言语，时俗不同；著述之人，楚、夏各异州”，所以在儿童时期学习语言不应强调方言，而需重视通用语言，以减少语言在社会交往中出现如“指马之谕，未知孰是”的状况。他自己就是这样做的。他说：“吾家儿女，虽在孩稚，便渐督正之，一言讹替。以为己罪，云为品物，未考书记，不敢辄名。”教师教给孩童的语言、词汇及发音需清晰、明确而无误，避免在一开始就以讹传讹，以致日后难以纠正。

语言的掌握是儿童早期社会化的基本内容。然而，语言存在的普遍性却使得大多数教育家对于语言的教育没有给予足够的关注。在中国古代教育史上，颜之推是为数不多地单独论述过语言学习及教育思想在语言教育中的继承与发展的教育家。它启示我们，在儿童最初的教育阶段，需教给孩子正当的、确切的知识与技能。但就儿童语言教育而言，清晰而准确通用的发音尤为关键。如若发音不妥当或错误，待其语言习惯一旦形成，则难以矫正。

（六）须由天分，娱心畅情

颜之推说："夫学者，贵能博文也。"正是基于博习致用的治学思想，它不仅强调了儒家五经的伦理、知识以及习为文章的学习，还深入论述了琴、棋、书、画等士大夫生活所需要的技艺能力的学习问题，否则便会见闻狭隘，思想僵化。颜之推称这些教育内容为"杂艺"。他对于"杂艺"学习问题的阐述反映了他的艺术教育主张。颜之推意识到某些方面的早期艺术教育需要基于个体良好的天赋。他自称幼时学习书法，虽然颇下功夫，但终因缺乏天分，难能长进。对于艺术的学习，颜之推认为"不须过精"，否则"常为人所役"，成为累赘或负担。他主张艺术的学习"可以兼明，不可以专业"，并认为艺术教育的目的或意义在于娱心畅情，"陶冶性灵"。

颜之推关于通过艺术活动以娱心畅情的思想虽然不是针对幼童而言，但这不会影响它对于早期艺术教育的指导意义。艺术领域的早期教育是激发和培养儿童审美意识与意识感知能力的基本途径。现代儿童艺术教育的科学理念主张儿童在其艺术学习中不能仅拘于技能的单一训练与学习，而应更关注艺术活动过程中的天性表达、性情体验，乃至于艺术精神的启蒙。无疑，颜之推关注性情陶冶的艺术学习目的观与科学的艺术教育理念是一致的。当前，许多孩子在家长的驱使下，对于艺术特长学习与技能竞赛的热衷与追逐不合理，往往走入了急功近利和贪慕虚荣的怪圈，这与颜氏艺术教育的思想相背离。颜之推认为，艺术学习的精良需有赖于一定的禀赋，这是符合客观事实的。当然，颜之推认为艺术的学习不必过于精专，否则受制于人，这带有当时社会的一种职业偏见。

三、对颜之推学前教育思想的评价

颜之推的家庭教育思想以及其著作《颜氏家训》在我国历史上产生了深刻的影响。宋人陈振孙曾以"古今家训，以此为祖"标称《颜氏家训》，而清人王钺在《读书丛残》中更是盛赞道："北齐黄门颜之推《家训》二十篇，篇篇药石，言言龟鉴，凡为人子弟者，可家置一册，奉为名训，不独颜氏。"颜之推的家训不仅是中国古代家教文化的范本与源头，其关于早期教育与儿童教育问题比较全面而系统的阐述还开了我国历史上的先河。研究梳理颜氏的儿童教育理论，并汲取其对于当代早期教育有益的思想精粹，无疑是必要的。当然，不可否认，颜之推关于家庭教育及早期教育的思想必然会有其个人和历史的局限性。例如，他的"上智不教而成，下愚虽教无益"的主张，重文轻武的自保求全意识，过分推崇体罚的教育方法论，都需要辩证地看待。

第三节　朱熹的儿童教育思想

一、朱熹生平

朱熹（1130—1200），字元晦，一字仲晦，号晦庵，徽州婺源（今江西婺源县）人，南宋时期著名的哲学家、思想家、教育家。

朱熹出身于书香门第，父朱松进士出身，曾师从北宋理学家程颐、程颢的再传弟子罗从彦。朱熹天资聪颖，自幼接受儒学教育与理学启蒙，这奠定了其学术和思想基础。他 18 岁“举建州乡贡”，次年考中进士，被授泉州同安县主簿。然其仕途坎坷，50 岁时才被任命为偏僻之地南康军知军，以后又做过浙东、漳州、潭州等处的地方官，晚年受宰相赵汝愚推荐，为焕章阁侍制兼侍讲，遭谗言，仅 40 余日即被解职，结束了政治生涯。

朱熹一生热衷于教育事业，从政仅 14 年，而专门从事教育活动的时间达 40 年之久。即使在为官期间，他也重视文教、锐意办学，未曾间断教育工作，如为南康知军时，修复白鹿洞书院，并在其中讲学，制定学规，对后世影响很大；为潭州知州时，倡导州学、县学，亲自主持修复岳麓书院，处理政务之余，仍教诲诸生不倦。

朱熹曾师事“二程”（程颢和程颐）的三传弟子李侗，他直接继承了“二程”（特别是程颐）的学术思想，同时吸收了周敦颐、张载的主张，成为宋代理学思想的集大成者。朱熹的教育理论是其理学思想体系的一部分。

朱熹著作颇丰，主要有《诗集传》《四书集注》《周易本义》《近思录》等，后人编有《晦庵先生朱文公集》《朱子语类》等。他的儿童教育思想除散见于一些诗文中，还见于他为儿童编写教材《小学》与《童蒙须知》中。

二、朱熹学前教育思想的具体内容

（一）重视蒙养教育

朱熹依据古代的教育经验，把整个学校教育的过程划分为小学与大学两个阶段，其中 8 ~ 15 岁为小学教育段，即蒙养教育阶段；15 岁以后为大学教育段。他认为这是两个相互独立又相互联系的阶段，小学教育是大学教育的基础，大学教育则是小学教育的扩充和深化。

朱熹特别重视蒙养阶段的基础教育作用，他说：“古人之学，因以致知为先，然其始也，必养之于小学。”他又说：“古人由小学而进于大学，其于洒扫、应对、进退之间，持守坚定，涵养纯熟，固已久矣。大学之序，特因小学已成之功。”由此他认为，如果儿童在幼时“不习之于小学，则无以收其放心，养其德性，而为大学之基本。”同时，他从儿童的心理特点和教学的要求出发，指出只有使儿童“讲而习之于幼稚之时”，才能使其“习与智长，化与心成，而无捍格不胜之患也”，收到理想的教学效果。为了说明蒙养教育的重要性，他还把小学阶段的教育形象地比喻为“打坯模”阶段，他说：“古者，小学已自暗养成了，到长来，已自有圣贤坯模，只就上面加光饰。”他说：“而今自小失了，要被填，实是难。”意思是说，倘若自幼失了小学，或坯模没打好，大了要补填就十分困难。总之，在他看来，蒙养阶段的教育非常重要，必须抓紧抓好。

（二）要求慎择师友

幼儿模仿能力强，是非辨别能力弱，周围的环境对他们的影响很大，即“习与正则正，习与邪则邪。”因此，朱熹强调在幼儿教育中应注意慎择师友。

朱熹认为，对于普通的士大夫家庭，慎择幼儿的教师应自慎择乳母开始。因为乳母与婴幼儿接触的时间较长，对婴儿的影响较大，作为婴幼儿的最初教育者，“乳母之教，所系尤切。”如何选择乳母呢？朱熹提出的条件是：必选求宽裕慈惠、温良恭敬、慎而寡言者为子师。这是对乳母的要求，实质上亦是朱熹期望儿童所应具有的品行。

儿童稍长，除须慎择教师外，还应注意培养儿童辨别是非、交游益友的能力。朱熹曾在《与长子受之》这封家信中教育儿子：“交游之间，尤当审择，虽是同学，亦不可无亲疏之辨。”至于如何决定交游的亲疏，他指出：“大凡敦厚忠信，能攻吾过者，益友也；其谄谀轻薄，傲慢亵狎，导人为恶者，损友也。”“益友”应近之，“损友”则应远之。

普通人家的子弟要善择师友，对太子、皇孙来说，师友的选择就更为重要。晚年曾做过焕章阁侍制兼侍讲的朱熹对这个问题十分重视，他说：“夫太子，天下之本，其辅翼之不可不谨。”至于皇孙，由于其“德性未定”“闻见未广”，则“保养之具，尤不可不严”。针对当时皇太子、皇孙师友选择不当的情形，他大胆地指出太子、皇孙左右的官僚之选罕有称其职者。他认为如此疏略“辅养之具”的择取，“是犹家有明月之珠、夜光之璧，而委之衢路之侧，盗贼之冲也，岂不危哉”，同时劝告统治者，应效仿古之圣王教世子法，选拔端方正直、道术博闻之士为太子师友，并盛赞贾谊在《保傅传》中所说的“太子之善，在于早谕教与选左右，教得而左右正则太子正，太子正而天下定矣”为天下的至理名言，“万事不可易之定论。”

（三）强调学“眼前事”

朱熹认为：“圣贤之学，虽不可以浅意量，然学之者，必自其近而易者始。”同时他还说：“据某看，学问之道只在眼前日用底便是，初无深远幽妙。”因此，他规定小学的主要任务应当是“学其事”，学习眼前日用的事。他指出：“小学之事，知之浅而行之小者也。”具体言之，它包括“洒扫应对进退之节”“礼乐射御书数之文”和“爱亲敬长隆师亲友之道”这样一些内容。朱熹认为，儿童学习这类“眼前事”不仅符合儿童认知发展水平，而且能够为大学“学其理”打下基础，因为“理在其中”，事事物物之中都存有一个理，“学之大小，固有不同，然其为道，则一而已。”

为使儿童“眼前之事”的学习有章可循，朱熹亲自为儿童编写了《小学》与《童蒙须知》两部教材。《小学》系将古代童蒙读物加以选择、扩充，加上古今圣贤名流的嘉言行汇集成书，全书共分为内外两篇，内篇有《立教》《明伦》《敬身》《稽古》，外篇有《嘉言》《善行》。《小学》一书对后世所产生的影响极其深远，其地位相当于四书，“吾敬信如神明，自汝孩提，便令讲习，望于此有得，他书虽不治，无憾也。我生平长处，在信此数书，汝当继我长处，笃行而好学之也。”《童蒙须知》是朱熹为儿童制定的学习眼前事的具体标准与要求。它依童蒙习学之序，始于衣服冠履，次及言语步趋，次及洒扫涓洁，“凡盥面，必以巾帨遮护衣服，卷束两袖，勿令有所湿。凡就劳役，必去上笼衣服，只著短便，爱护勿使损污”，又规定“凡百器用，皆当严肃整齐，顿放有常处”等，虽然比较琐屑，但却有不少合理之处。

朱熹强调学习“眼前事”，注重道德行为操作的训练，要求儿童的学习由浅入深、自近及远，这不仅符合儿童认识发展与道德形成的规律，易为儿童所掌握，而且有助于儿童自幼便培养良好的道德习惯，养成践履笃实的作风。

（四）提倡以正面教育为主

朱熹在教育工作中一贯重视和提倡以正面教育为主，他曾说：“尝谓学校之政，不患法制之不立，而患理义之不足以悦其心。夫理义之不足以悦其心，而区区于法制之末以防之……亦必不胜矣。”他又说：“苟知其理之当然，而责其身以必然，则夫规矩禁防之具，岂待他人设之而后有持循哉？”尤其是对儿童教育他更为强调多积极诱导，少消极限制，要求“多说那恭敬处，少说那防禁处。”他非常重视榜样的教育作用，在他编写的《小学》一书中，收录了大量古今圣贤的“嘉言懿行”，供儿童模仿学习，力求使儿童能从中“学到做人的样子”。同时在他编写的《童蒙须知》中，对儿童日常生活行为的规定主要着眼于进行正面的、具体的指导，如他教育儿童“凡著衣服，必先提整衿领，结两衽、纽带，不可令有缺落”“凡写文字，须高执墨锭，端正研磨，勿使墨汁污手”等。

根据以正面教育为主的原则，朱熹还对教师提出指导、示范和适时启发的要求，他说：“指引者，师之功也。”他又说：“师友之功，但能示之于始，而正之于终尔”，并把教师对学生的适应启发比喻为“时雨之化”，认为“譬如种植之物，人力随分已加。但正当那时节，欲发生未发生之际，却欠了些子雨，忽然得这些子雨来，生意岂可御也”。

三、对朱熹学前教育思想的评价

朱熹的教育思想是汲取孔、孟等古代教育的思想精粹并融合自己长期的教育实践经验，进行深刻的总结并加以理性思考而形成的理论结晶。他从事教育活动的根本目的在于维护封建阶级的长远利益，是为封建统治阶级服务的。

在朱熹的教育思想中，许多主张和见解是符合人类认识规律和教学规律的。其儿童教育思想是他多年教育实践经验的总结，在某种程度上反映了他对儿童身心发展规律的直观理解，从儿童的角度出发，顺应其发展，包含了许多有积极意义的内容，在古代学前教育理论发展史上占有重要的地位，值得后人借鉴，对现代教育亦具有重要的现实指导意义。

第四节　王守仁的儿童教育思想

一、王守仁生平

王守仁（1472—1529）生于明宪宗成化八年（1472）。他 18 岁时拜访“程朱派”学者娄谅，娄谅向他介绍了朱熹的“格物致知”说和“圣人可学而至”的思想，使他很受启发。他 21 岁中乡试，遍读朱熹著作；28 岁中进士，任职于工部，后又担任刑部云南清吏司主事。

正德元年（1506），明武宗朱厚照继位，太监刘瑾弄权，王守仁因抗疏救援戴铣等人，称刘等为权奸，被刘瑾廷杖，后系狱，不久贬谪为贵州龙场驿丞。正德三年，他发生重要的思想转变，以为圣人之道，吾性自足，于是突破朱熹格物穷理的“格物致知”说，认为所谓“理”就是人的心理，并在当地建立龙岗书院。贵州提学副使席书聘其主讲贵阳文明书院，他在此首次演讲“知行合一”说。

刘瑾伏诛后，王守仁历任南京刑部四川清吏司主事、文选清吏司员外郎、考功清吏司郎中等职，后升任南京太仆寺少卿。他与弟子徐爱等人讲述他的“大学格物”新说与“知行合一”说，后经徐爱记录整理，成为《传习录》。正德八年（1513），他官至滁州督马政，讲学规模渐大，一度强调静坐，要求就思虑萌动处省察克治。正德十一年（1516），他升任南赣佥都御史，奉命镇压赣南农民起义。在军事镇压取得成功后，他强调思想统治，重视教化，提出“破山中贼易，破心中贼难”的思想，使赣南的统治秩序得到恢复。这期间，他在赣县修建濂溪书院，刻印古本《大学》，印发《朱子晚年定论》，其弟子薛侃出版了《传习录》。正德十四年（1519），他升任都察院右都御史；六月，他奉旨督兵讨伐宁王朱宸濠在南昌发动的叛乱，仅用 35 日即生擒朱宸濠。他从自己的经历中总结了经验，提出“致良知”的学术宗旨，认为这是从百死千难中得来的，若信得这三字，譬之操舟得舵。

明世宗继位后，他被任命为南京兵部尚书参赞，封新建伯。此时，王守仁因遭到反对派的攻击、排挤，疏乞归省，从正德十六年（1521）到嘉靖六年（1527）过着退隐生活。其间，他续刻增订《传习录》，修建稽山书院，其弟子创建阳明书院。他这一时期的作品为“拔本塞源轮”和一系列重要书信及《传习录》下册。其弟子还为他刻印了《阳明先生文录》和《居夷集》等。

为加强思想统治，王守仁兴办南宁书院，建立思田学校，推行儒学。在出征广西之前，他记录下了全面阐述自己哲学思想的《大学问》。

嘉靖七年，王守仁病重，上疏请求回乡养病，翌年初卒于回归途中的江西南安。

二、王守仁学前教育思想的具体内容

（一）顺导性情，鼓舞兴趣

关于儿童教育，王守仁的基本思想是：教育儿童应根据儿童生理、心理特点，从积极的方面入手，顺导儿童性情，促其自然发展。他说："大抵童子之情，乐嬉游而惮拘检，如草木之始萌芽，舒畅之则条达，摧挠之则衰萎。"意思是说，儿童性情好动，喜欢嬉戏玩耍，而害怕受拘束和禁锢，就像草木刚刚萌芽，顺其自然就会使它长得枝叶茂盛，摧挠它则很快会使它衰败枯萎。因此对儿童进行教育，必须注意顺导儿童性情，不宜加以束缚和限制。

王守仁认为，顺导儿童性情进行教育，最重要的就是要激发儿童学习的兴趣，兴趣在提高儿童教育质量方面起着十分重要的积极作用。他说："今教童子，必使其趋向鼓舞，中心喜悦，则其进自不能已；譬之时雨春风，沾被卉木，莫不萌动发越，自然日长月化。"意思是说，儿童如果对学习兴趣盎然，则学习时必然心情愉快，能生动活泼地学习，这样进步自然不会停止。就像时雨春风滋润草木花卉，没有不生机勃发，自然而然地一天天长大的。反之，如果忽视了儿童兴趣的培养，则会压抑儿童学习的积极性，使儿童的学习很难进步，如同遭遇冰霜的花木，"生意萧索，日就枯槁。"

王守仁对当时的儿童教育提出了尖锐的批评，指出当时的训蒙稚者，违背了儿童教育规律，"近世之训蒙稚者，日为督以句读课仿，责其检束，而不知导之以其聪明，而不知养之以善。鞭挞绳缚，若待囚。"他认为这种儿童教育的结果与施教目的相反。儿童"视学舍如囹狱而不肯入，视师长如寇仇而不遇见"，常常借故逃学，"以肆其顽鄙""以遂其嬉游"，即放肆地从事各种顽劣活动，以达到嬉游的目的。久而久之，"偷薄庸劣，日趋下流"。因而，他深刻地揭露道："是盖驱之于恶，而求其为善也，何可得乎！"不顾儿童的身心特点，把他们当作小大人，这是传统儿童教育的致命弱点。王守仁的揭露和批判可谓入木三分，切中时弊。王守仁从他的"致良知"说出发，认为"乐嬉游"是心中本体，教学必须引起儿童的乐学情绪，从积极的方面入手，用培养、诱导、顺应儿童情绪和鼓舞儿童兴趣的方法进行教学。接着他提出要"顺导其意志，调理其性情，潜消其鄙吝，默化其粗顽"，以达到"日使之渐于礼义而不苦其难，人于中和而不知其故"的效果。王守仁提倡顺导儿童性情，鼓舞儿童兴趣的教育方法，是与传统教育方法根本对立的，在当时具有非常积极的意义。

（二）循序渐进，量力而施

王守仁认为，对儿童进行教育必须注意"从本原上用力，渐渐盈科而进"。在他看来，任何人的认识水平都有一个由婴儿到成人的发展过程，譬如"婴儿在母腹时只是纯气，有何知识？出胎后方始能啼，既后能笑，又既而能立能行，能持能负，卒乃天下之事无不可能"。教育者必须根据儿童这种"精气日足，筋力日强，聪明日开"的成长过程，循序渐进地进行教育，不可躐等。

在教学程序上，王守仁主张要动静结合，体脑交叉。为了能够有条理、有步骤地进行多方面的教育，他还在《社学教条》中拟定了一个比较详细的日课表，规定"每日工夫，先考德，次背书诵书，次习礼，或作课仿，次复诵书讲书，次歌诗"。这样的课程安排，除了读书、习礼、歌诗之外还增加了考德和课仿，内容相当全面，同时在顺序上注意到动静交错，张弛结合，有一定的科学性。此外，王守仁在教学方法方面也有一些创造，如歌诗，他规定“每学量童生多寡，分为四班，每日轮一班歌诗，其余皆就席敛容肃听。每五日则总四班递歌于本学，每朔望，集各学会歌于书院”。习礼也规定了类似的程序。这种多少带有比赛性质的教学方法，对于培养学生的学习兴趣，无疑具有积极意义。

（三）因材施教，各成其材

王守仁认为：“人的资质不同，施教不可躐等，中人以下的人，便与他说性、说命，他也不省得也，须谩谩琢磨他起来。”因此教育者对儿童施教，不仅要考虑儿童认识发展水平的共性特征，而且还要注意个体发展水平的差异，针对每个人的个性差异，因材施教，就像良医之治病要对症下药，他说：“夫良医之治病，随其病之虚实、强弱、寒热、内外，而斟酌、加减、调理、补泄之，要在去病而已。初无一定之方，不问症候之如何，而必使人人服之也。”

王守仁认为，因材施教的目的在于使受教育者“各成其材”，他说：“因人而施之，教也，各成其材矣，而同归于善。”他认为每个儿童都有其长处，教育者如能就其长处加以培养，就可以使他们某一方面的才能得到发展。他举例说：“譬如有三人习射，一能步箭，一能马箭，一能远箭，射得到俱谓之有力，中处，仅可谓之巧；但步不能马，马不能远，各有所长，便是才力分限有不同处。”这是就才能而言的。针对儿童性格方面的不同，他要求教师应根据儿童各自的特性，采取不同方法，分别予以适当的陶冶，促其成长。他说：“圣人教人，不是束缚他通做一般，只如狂者便从狂处成就他，狷者便从狷处成就他。人之才气，如何同得？”

王守仁的因材施教、各成其材的思想，承认了发展个性的必要性，有力地批判了传统教学抹杀儿童个性的存在，以一个模式培养儿童的教育方法，同时也体现了他思想的进步意义。

（四）全面诱导，不执一偏

王守仁认为，对儿童进行教育的内容和途径应当是多方面的。他说：“教人为学，不可执一偏。”为此他对教育者提出了通过习礼、歌诗和读书对儿童进行全面诱导的要求，并对习礼、歌诗和读书的教育意义和作用分别做了说明。他说：“故凡诱之歌诗者，非但发其志意而已，亦所以泄其跳号呼啸于咏歌，宣其幽抑结滞于音节也；导之习礼者，非但肃其威仪而已，亦所以周旋揖让而动荡其血脉，拜其屈伸而固其筋骸也；讽之读书者，非但开其知觉而已，亦所以沉潜反复而存其心，抑扬讽诵以宣其志也。”意思是说，诱之歌诗，不但可以抒发其志向意愿，还可以用歌咏和音节宣泄其跳跃呼啸和忧郁积滞的情怀；导之习礼，不但可以养成其庄重的仪容举止，还可以通过周旋揖让、拜起屈伸的活动震荡其血脉，坚强其筋骨；讽之读书，不但可以开启其智慧，还可以通过反复体会和抑扬讽读存其心志。在他看来，如果能通过上述这几方面的内容和途径对儿童进行教育，就可以收到“顺导其志意，调理其性情，潜消其鄙吝，默化其粗顽，日使之渐于礼义而不苦其难，入于中和而不知其故”的良好效果。

三、对王守仁学前教育思想的评价

王守仁反对"小大人"式的传统儿童教育方法和粗暴的体罚等教育方式，要求顺应儿童的性情，根据儿童的接受能力施教，具有自然主义教育倾向，难能可贵。

王守仁处在明代中叶，当时政治腐败，教育上独尊程朱理学，用科举考试禁锢人们的思想，他对当时的教育状况甚为不满，希望通过教育来光复学术，转变风气和立政治民。因此，他非常重视良知被蒙蔽最少的儿童。王守仁始终把"明人伦"作为儿童教育的终极目标，其实质是对"德"的追求，这一思想在当今就是对儿童完美人格的追求。"人伦"的内涵在今天已有很大变化，但他的思想仍能给我们一些启示：道德始终是贯穿一切的精神力量。关注儿童的精神世界，关注他们"德"的教育，构建儿童完美的人格仍是今天教育的重要任务。同时，王守仁通过对儿童"德"的教育与其生活实践相结合，将学校教育与家庭教育、社会教化结合起来，凝聚三者的力量共同促进儿童形成良好的德行品格和完满的人格，从而大大提高了德育的教育效果，这是值得我们学习的。他的儿童教育思想的核心是顺导性情，在安排学生的功课和教学过程中注意儿童年龄和心理特征，保持儿童"乐嬉游而惮拘检"的天性，注重儿童的个性差异，"随人分限所及"，循序渐进，因材施教，这也正是现代教育对教师的要求。另外，他在传统的教育过程中还涉及对儿童身体的锻炼，注意到德、智、体、美的全面发展，在当时非常先进。王守仁的儿童教育理论和见解符合儿童心理发展的规律，对今天的教育实践仍有借鉴价值，值得后人珍视。

王守仁关于儿童教育的论述是其整个教育思想的精华，在当时不仅对反对传统教育方面具有明显的积极意义，而且在很大程度上符合儿童教育的规律，"与近代进步的教育学说每多一致"。尤其是他的"自然教育论"的提出，比西方最早表达自然教育思想的卢梭（《爱弥儿》1762）早了 200 多年，实属难能可贵。

拓展阅读

中国古代学前教育思想对当今幼儿教育的启示

从中国的古代教育史来看，中国是一个高度重视学前教育的国家。例如，先秦时期的典籍《周易》中就提到"物生必蒙，故受之以蒙。蒙者，蒙也，物之智也。物质不可不养"的早期教育思想。又如，汉代贾谊的早期教育思想，以及宋朝的朱熹、明代的王守仁等从不同角度阐述了幼儿教育等。当然，这也形成了我国古代极具价值的儿童教育思想，为现在的学前教育提供了宝贵的财富。

那么，古代儿童教育到底给了我们哪些启示？下面主要从四个层次来阐述。

首先，古代学前教育让我们更深刻地理解学前教育的重要意义。《三字经》里的"人之初，性本善"就告诉我们儿童最初的本性是善良的。因此，我们要"蒙养弗端，长益浮糜。"我们要给予幼儿及时的、正确的教育，给他们打好基础，让他们养成良好的习惯，抵御不良诱惑。倘若未给予其正确的教育，今后必会害人害己。因此，学前教育对于一个人的发展十分重要，我们要重视。

其次，儿童教育要从幼儿的自身特点出发。世界上没有完全相同的两片叶子，儿童的自身特点也各有不同，我们要根据儿童的特点发展学前教育。古人很好地做到了这一点，他们强调要“顺其自然，寓礼于教”，要“因材施教，循序渐进”，要“宽严相济，诱禁结合”，要“知行并进，培养习惯”，等等。这些教育原则无一不是从儿童自身的特点出发，它符合儿童发展的要求。

再次，儿童教育要全面和谐发展。幼儿教育不仅要让身体健康发展，而且还要将德、智、体、美等与其结合全面发展。儿童教育全面发展有一个很重要的关系：身体健康居于首位，但“蒙养以正”，儿童教育“惟以成德为事”，因而德是根本，然而道德教育要以认知为起点，即“以力学为先”，力学则“以读书为本”，所以智育不可缺，自古以来就有“礼乐相济”“美善相乐”的思想，故美德更能增强德育效果。因此，只有将德、智、体、美和谐结合，才能使儿童全面发展。

最后，儿童教育形式要多样化。在现在社会里，学前教育有五大领域：社会、科学、艺术、健康、语言。它要求幼儿教育要围绕这五大领域展开。在古代，主要的教育形式大体上有“读书”“习礼”“歌诗”和“考德”，虽然涉及不广泛、不全面，但也初步形成了儿童教育形式。因此，我们现在最重要的是采取灵活多样的方式去教育幼儿。

中国古代学前教育有精华，也有糟粕，我们要取其精华，剔除糟粕，让现代的教育系统更完善、更有效。

通过本章内容可知，贾谊从培养统治者的角度，对胎教等思想进行宣传，使我国的胎教理论得以延续。颜之推根据耳闻目睹的现实，为了家族荣耀的延续，探讨了家庭教育中的原则和方法。朱熹基于“蒙以养正”的中国传统教育理念，将儿童教育视为人生教育的基础，并强调“学事”是该阶段教育的主要内容。王守仁从“心即理”的人性理论出发，强调儿童教育过程应体现一种自然教育精神。

思考与练习

1. 简述贾谊学前教育思想的内容。
2. 简述颜之推学前教育思想的内容。
3. 简述朱熹学前教育思想的内容。
4. 简述王守仁学前教育思想的内容。

第三章　中国近代学前教育

学习目标

1. 了解近代学前教育机构产生的历史背景。
2. 掌握蒙养院制度的确立、实施过程以及蒙养院的特点。
3. 了解帝国主义在中国的学前教育活动。
4. 掌握民国时期蒙养园制度的确立。
5. 熟知民国时期幼稚园制度的实施。
6. 熟知民国时期学前教育的特点。
7. 掌握抗日战争和解放战争时期的保育院制度。
8. 了解老解放区的学前教育经验。

本章主要介绍晚清时期、民国时期和老解放区的学前教育的基本形式、教育制度、内容和特点。晚清时期的蒙养院是中国最早的学前教育机构。民国时期，爱国教育家积极探索中国化的办园方式，办园主体呈现多元化态势。老解放区坚持为革命战争和生产建设服务的方向办教育，贯彻依靠群众和勤俭办园的原则，实施“保教结合”促进儿童全面发展，以及在“一切为了孩子”的教育理念的指导下建设幼教队伍，这些都为我国的学前教育积累了丰富的经验。

第一节　清末学前教育机构的产生与教育实践

从 1840 年鸦片战争开始，中国逐步沦为半殖民地半封建社会。鸦片战争以后，中国社会的政治、经济、文化教育结构开始改变，进入了近代社会。面对国门被强迫打开后变化的形势，封建传统教育已经难以承担起维护阶级统治的重担，开始了艰难的改革。1904 年，清政府颁布《奏定蒙养院章程及家庭教育法章程》，第一次以国家学制的形式将学前教育机构的名称确定下来，同时也标志着中国传统幼儿教育的近代转型。由此看来，中国近代幼儿教育的产生是这一时期政治、经济、思想文化变革的必然结果。

一、近代学前教育机构产生的历史背景

（一）经济基础

学前教育是生产力发展到一定阶段的产物。纵观世界学前教育的发展，诸如幼儿学校（1816 年欧文所办）、幼儿园（1837 年福禄培尔所办）之类的学前教育机构都是社会发展到资本主义阶段才产生的。我国封建社会历时两千多年，封建教育思想和制度在我国根深蒂固，它在学前教育领域的体现是以封建式的家庭教育为基本形式。直到 20 世纪初期，我国才出现了学前教育机构。自 19 世纪中期以来，帝国主义为掠夺我国资源，在我国领土上大办工业，开发矿山，清政府的洋务官僚也兴办工业企业，我国工人阶级队伍开始出现。到 19 世纪末 20 世纪初，我国民族资本主义逐渐发展。据统计，1900 年完全由民主资本家举办的工矿企业，资本在万元以上的已有 122 家，资本总数为 2 277 万元。民族资本主义的初步发展又进一步壮大了工人阶级的队伍。一些妇女为生活所迫开始走出家门，走进工厂，走向社会。这样，近代学前教育的产生便有了客观的需要。

（二）思想基础

帝国主义列强入侵，震惊了中国人民，救亡图存的声浪遍及全国。一些思想先进的中国人纷纷向西方寻求救国真理，企图找到一条救国救民的道路。西方的教育制度便成了他们重要的学习对象，维新运动的推动下，效法西洋、倡办西学很快成为风行一时的潮流。当时，维新运动领导人康有为、梁启超在学习、介绍西方教育制度时，都注意到了学前教育的问题。如康有为在其所著《大同书》中，第一次系统地提出资产阶级教育制度，其中就包括了学前教育阶段。梁启超在《教育政策私议》中介绍日本学制时，也提倡设立两年制的幼稚园，招收 5 岁以下幼童。先进思想家们的积极宣传为近代学前教育的产生做了舆论和思想准备。但在当时的历史条件下，他们发展学前教育的愿望还不可能实现。

（三）政治基础

19 世纪末 20 世纪初，由于帝国主义列强对中国的侵略不断加深，民族危机更加严重，爆发了义和团反帝爱国运动。在义和团运动失败以后，腐败的清政府为了维护其行将灭亡的封建统治，一方面向帝国主义屈膝求和，表示要“量中华之物力，结与国之欢心”；另一方面为了欺骗人民不得不附和潮流宣布实行“新政”，进行改革，以便缓和矛盾。他们所提出的“新政”的主要内容，就是在教育方面废八股、停科举、兴学堂、厘定教育宗旨。

二、蒙养院制度的确立

中国近代学前教育制度是随着新教育制度的产生而确立的。蒙养院是中国最早的学前教育机构，它是与新的学校体系同时产生的。

清末思想家、教育家张百熙认为，振兴教育必须有完整系统的学校体系及其制度。1902 年，他以管学大臣的名义“上溯远古，参考列邦”“兼取其长”，拟定了京师大学堂、考选入学、高等学堂、中学堂、小学堂、蒙学堂等各级学堂共六个章程进呈清政府，被清政府以《钦定学堂章程》之名颁布。这就是中国历史上第一个近代学制——壬寅学制。张百熙希望朝廷在拟定章程颁布之后，“各省督抚责成地方官核实兴办”，以达到“兴学育才”的目的。然而，清政府对张百熙存有戒心，加上这一学制本身不完备，因此并没有实行。

1903 年，清政府又增派荣庆为管学大臣，同时“派张之洞会同张百熙、荣庆将现办大学堂章程一切事宜，再行切实商定；并将各省学堂章程，一律厘定”。他们在张百熙原定章程的基础上“考求增补”，拟成各级普通学堂、师范学堂、实业学堂和仕学馆、译学馆、进士馆等各类学堂章程以及《家庭教育法》《任用教员章程》《实业学堂通则》《各学堂管理通则》《学务纲要》等文件上奏。清政府以《奏定学堂章程》之名颁布。这就是后来成为全国兴办各级各类学校的依据，并对我国近代学校教育产生了重大影响的“癸卯学制”。这个学制将学校教育分为三段七级，第一段为初等教育，蒙养院四年、初等小学五年、高等小学四年；第二段为中等教育，中学堂五年；第三段为高等教育，高等学堂或大学预科三年、大学堂三至四年、通儒院五年。与高等小学堂并行的有初等实业学堂，与中学堂并行的有初级师范学堂、中等实业学堂，与高等学堂并行的有高等实业学堂。此外，仕学馆、译学馆、进士馆都属于高等教育性质。

三、蒙养院制度的实施

（一）蒙养院的兴办

1. 湖北武昌蒙养院

1903 年秋，湖北省立幼稚园在武昌成立，为我国设立幼儿教育之始。清末，我国出现了各种各样的幼儿教育机构，名称各异。

清末蒙养院发展缓慢，它们星星点点地设在几个大城市，但其性质，可分为公立蒙养院与私立蒙养院两种。例如，武昌蒙养院是中国最早创办的公立学前教育机构，1903 年秋在武昌成立，称“湖北幼稚园”。当时正值两湖总督张之洞在湖北执掌政务期间，在他的推动下，兴起了创办新式学校的热潮。1903 年秋，湖北巡抚端方在武昌创办了幼稚园，癸卯学制颁布后湖北幼稚园改名为“武昌蒙养院”，也称“武昌模范小学蒙养院”。

为促进幼稚园的发展，在张之洞的主持下，湖北幼稚园曾附设女子学堂，招收 15 ~ 35 岁的女子，专门学习幼稚师范课程。这是中国幼稚师范的萌芽，但后来又被扼杀了。湖北幼稚园的教员主要由日本人担任，当时聘请了三名日本保姆，他们是最早来华的日本幼教工作者。

2. 湖南蒙养院

湖南蒙养院于 1905 年由巡抚端方开办，属官立。该院聘请两名日本女士为保姆，招收 3 ~ 7 岁儿童，“以养成异日受教之根据”为宗旨，据《湖南蒙养院教课说略》记载，该司设立了如下七门课程：

（1）谈话。谈话分修身话和庶物话两种，前者示“为人之道”，后者示“事物之名称”。

（2）行仪。选择合适而有趣的行为让幼儿模仿，教师及时指导。

（3）读方。读方指识字。

（4）数方。教幼儿学习单双数、分解组成、加减等。

（5）手技。手技指通过配插“恩物”（德国教育家福禄培尔为儿童设计的玩具）使幼儿掌握轻重、大小、长短，并发展其思维。

（6）乐歌。伴以歌舞，既培养美感，又涵养性情；配合体操，则可以强健四肢。

（7）游戏。开展室内外游戏，以培养儿童生活兴趣，调养性情。

《湖南蒙养院教课说略》指出谈话、行仪为“德育之始基”，读方、数方、手技为“智育之始基”，乐歌、游戏为“体育之始基”，并强调各科要有机结合，相互渗透。湖南蒙养院的课程已较全面，并引进了德国幼儿教育家福禄培尔创造的“恩物”，对促进蒙养院课程的发展有重要的意义。

3. 天津严氏蒙养院

天津严氏蒙养院是一所私立蒙养院，创办者是严修（1860—1929）。严修曾任清朝翰林院编修、学部侍郎等职。严修一贯主张改革旧教育、创办新式教育学校，十分重视女子教育和学前教育。1902 年，他在自己家中开设严氏女塾。1905 年，创办严氏女子小学，并设蒙养院和保姆讲习所。严修于 1902 年、1904 年两度东渡日本考察教育。除了考察师范、实业以及各类私立学校外，他还着重考察了日本幼稚园，从中汲取实施幼儿园教育的理论与实践经验。

严氏蒙养院开设时曾聘请日本人为教师，并从日本购进钢琴、风琴、儿童座椅、教具等，开设的课程有手工（折纸、剪纸、泥工、图画等）、唱歌（有关动植物、自然现象、讲礼貌等的歌曲）、游戏（表演游戏、竞赛游戏等）、故事（寓言故事和神话故事）等。每日上午授课。该蒙养院的招生对象主要是亲友和附近邻居的 4 ~ 6 岁的子女。

除了上述几所比较典型的蒙养院外，这一时期影响比较大的还有 1904 年创办的上海务本女塾附设幼稚舍，1907 年改为“上海公立幼稚舍”；1907 年成立的上海私立爱国女学社附设蒙养院；1908 年由江苏金山节妇朱氏捐献田产创办的怀仁幼稚舍，礼部侍郎曹广权创办的北京曹氏家塾幼稚园等。

（二）蒙养院师资的培训

清末幼儿教育师资的培训经历了一个从无到有的过程。

最初，因女禁未开，无法创办正规的学前师资培训机构，育婴堂的乳媪和敬节堂的节妇便成为中国第一代幼儿师资。

随着历史的前进，中国教育上的女禁终被打破。1844年，英国传教士爱尔德赛在宁波创办女塾，这是中国第一个女子学堂，但带有殖民地性质。中国人自己办的女学，是在维新思想的推动下出现的。1898年，上海电报局局长经元善发起创办了经正女塾。20世纪初，在资产阶级革命党人的推动下出现了一批女子学堂，如上海爱国女校、上海中西医学校、天津北洋女子师范学校等都是很有影响的女学。

1907年，清政府在各种压力下颁布《女子小学堂章程》和《女子师范学堂章程》。《女子师范学堂章程》规定："女子师范学堂，以养成女子小学堂教习，并讲习保育幼儿方法，期于裨补家计，有益家庭教育为宗旨。"此外，还规定女子师范学校要设女子小学堂及蒙养院，以供实地练习。这一章程比1904年颁布的《奏定蒙养院章程及家庭教育法章程》在师资问题上已有了进步。按此章程规定，女师范生的教育，以崇尚中国传统"女德"为最重要，首先要教她们为女、为妇、为母之道，要时时勉励她们学习贞静、慈淑、端俭等美德，学校中的教学、生活管理都以不失旧时女子道统为原则，保留了浓厚的封建色彩。尽管如此，女子师范学堂在形式上已属于新式学堂，具有新的文化知识，又接受了教育儿童的特殊专业训练，应该说是历史的进步。

清政府颁发的章程，尚无明确规定专设培训保姆的机构，但实际上，也开始出现了专门培训保姆的机构，如浙江省女子师范学堂设保姆科。1907年上海公立幼稚舍创设保姆传习所，由刚从日本归国的吴朱哲主持，开设保育法、儿童心理学、教育学、修身学、谈话、乐歌、图画、手工、文法、习字法、理化、博物等课程，招收36人，年终毕业21人。1910年，上海设保姆科。广东、北京等地相继也有保姆传习所设立。它们为数不多，有的也不太稳定，但却是我国第一批培训学前教育师资的机构。

四、清末蒙养院的特点

从清末蒙养院制度的确立和实施中，不难看出其具有以下几个特点。

（1）中国学前教育完全由家庭负担的历史结束了，在通向学校教育社会化的道路上迈出了艰难的第一步。

（2）学前社会教育机构在中国产生，既反映了近代大生产的发展要求学前教育与之相适应这一规律，又反映了它的自上而下被动出现的特点，是随着近代学制的出现而勉强确定的。

（3）蒙养院办院的纲领体现了"中学为体、西学为用"的总原则：既不肯放弃传统儿童教育的核心——封建伦理道德的灌输，又要具有近代社会学前教育的形式和内容。

（4）基本照搬日本。清末蒙养院制度基本上仿照日本明治三十二年（1899）颁行的《幼稚园保育设备规程》；在实施中，教员由日本人担任，教法也参照日本，甚至设备也由日本购进，表现出极大的半殖民地半封建教育的特点。

五、帝国主义在中国的学前教育活动

（一）设立学前教育机构，兴办“慈善”事业

1. 设立幼稚园

（1）设园宗旨。

帝国主义在中国开办文化事业的宗旨是奴化中国人的思想，培养其高级治华代理人。开办学前教育的目的，自然也离不开这一总目标。他们重视对幼儿心灵的熏陶，目的是培养殖民地国民。欧美国家在中国设立幼稚园，均通过教会来组织，这些幼稚园外国化严重，企图以西方的物质文化生活方式征服中国儿童。另外，宗教色彩浓厚。一位名叫梅因的牧师曾颇有把握地说，如果给他机会训练儿童一直到 7 岁时，他便可以保证儿童以后对教会一直忠诚。

（2）教会幼稚园产生与发展的一般概况。

19 世纪 80 年代，外国教会在中国沿海的福州、宁波开始兴办学前教育机构，以后教会幼稚园逐渐增多。传教士在中国最初开办的学前教育机构称为“小孩察物学堂”，小孩未读书之前就要察物，使其对目所能见、手所能抚、耳所能闻之物都能记其名字，识其造法、用法。无疑，这种小孩察物学堂就是幼稚园，实施的是儿童未入小学前的学前教育，用日常儿童生活中耳、目、手等感官所能直接接触到的事物，予以感性知识的训练，为进入小学打好基础。

之后，外国人不仅在福州、宁波，还在上海、北京等地创办了幼稚园。民国以后，教会幼稚园继续发展。1913 年，基督教会全国大会议案规定，各地教堂都要附设幼稚园。因此，教会幼稚园数目大增。据调查显示，当时全国有幼稚园 190 所，其中教会创办的有 156 所，约占全国总数的 80%。张雪门于 1928 年参观了 30 所幼稚园，其中传教士创办的就有 12 所，日本式幼稚园有 5 所，由中国人创办的普通式幼稚园只有 13 所。这些外国人开办的幼稚园还通过各种途径，对中国人自己创办的幼稚园施加影响，造成当时中国幼稚园教育外国化倾向严重。

（3）幼稚园的保教内容和方法。

外国人在中国办的学前教育机构大致可分为两种：一种是日本式的幼稚园，另一种是西方宗教式的幼稚园。

日本式的幼稚园兴起于清末民初，癸卯学制和壬子癸丑学制都主要借鉴于日本，西方宗教式的幼稚园虽先于日本式的幼稚园在中国出现，但当时中国的学前教育与其他教育一样，深受日本影响。癸卯学制中的《奏定蒙养院章程及家庭教育法章程》规定，保教内容包括游戏、歌谣、谈话、手技，这四项内容基本来自日本的《幼稚园保育设备规程》；在壬子癸丑学制中，规定蒙养园课程仍是四项，只是把“歌谣”改成“唱歌”，该保教内容与日本幼稚园课程完全一致。清末蒙养院与民国初期蒙养园使用的教学方法也是日本式的。他们把游戏、歌谣（唱歌）具体规定在课表上，教师是权威，学生必须服从教师的教导。教师教什么，学生就学什么，全部活动不脱离教师的示范管理。这种幼稚园很像小学，也可称“小学式幼稚园”。由于受我国传统儿童观和儿童教育方法的影响，

这种呆板的儿童教育形式很容易被当时的国人所接受，因此，蒙养院及蒙养园时期的教育主要仿效这种形式。

当日本式的幼稚教育在中国广泛流行并产生影响时，西方教会兴办的欧美式的或教会式的幼稚教育也存在着，并以“潜在”的方式发展，其名称多为“幼稚园”。其教育活动内容比较丰富，主要有朝会、作业活动（包括“恩物”、美术、工艺）、户外游戏、静息、音乐（律动、节奏）、故事（儿歌、故事表演）、识字、游戏等。

西方宗教式的幼稚园，无一例外地实行洋化教育，玩外国玩具，唱外国歌曲，孩子不过中国的传统节日，却过圣诞节，甚至吃的点心也是外国的。但是，从某些方面来说，其教育内容和教育方法符合儿童的年龄特点，儿童在幼稚园的生活轻松愉快，师幼关系比较融洽。不过，这种幼稚园难以与中国的蒙养院接轨，二者同时并存但却几乎不发生关系。与日本式的幼稚教育模式相比较，当时的国人更容易接受日本式的幼稚教育形式。

2. 兴办“慈善”事业

这里的“慈善”事业是指帝国主义国家在中国创办的幼儿园、慈幼院、育婴堂等。这种机构在中国的出现早于幼稚园和幼稚师范学校，有史可查的最早记载是鸦片战争以前。19 世纪 40 年代，教会在湖南衡阳开办了一所慈幼院，以后这种机构增多。它们是以“人道”为名的社会救济机构。其主要目的是收养中国的孤儿或贫儿，使他们在高墙深院中受宗教熏陶，引导他们归于基督。大多“慈善”事业机构中收养的女童多于男童。

这种“慈善”机构不是教育机构，儿童要承担繁重的劳动。劳累、饥饿、疾病、体罚曾夺去了许多幼小的生命。因为收养的均是儿童，所以有的育婴堂也对孩子施以一定的教育。但是，很多幼儿在育婴堂还是受到了残酷的迫害。

中国儿童在育婴堂的悲惨遭遇不断激起中国人民的反抗。各地群众纷纷参加反洋教运动，他们捣毁教堂，救出婴幼儿。20 世纪 20 年代以后，幼教战线的进步教育工作者开始进行收回教育主权的斗争，并取得了一些成效。全面收回帝国主义在华攫取的办理学前教育的特权，则是在中华人民共和国成立后才实现的。

（二）培养师资，兴办幼稚师范学校

为适应在中国开展学前教育的需要，帝国主义还致力学前师资的培养。一方面，他们本身需要教师；另一方面，可以为蒙养院提供师资，更有效地影响中国的学前教育。训练学前师资的主要途径有：吸引中国人出国留学，直接接受国外学前教育专业的训练，开办幼稚师范教育，派师资任教于中国幼教机构，等等。

1. 吸引留学生赴东洋、西洋接受专门的幼教专业训练

当时，中国人若要出国接受学前教育的专业训练首选去日本。1872 年，日本颁布学制后，便开办了女子学校。中国女子赴日留学最早是在 1901 年，到 1902 年已有留日女生 10 名。她们最初在日本实践女子学校附属中国女子留学生师范工艺速成科就读。该校师范科课程有教育、心理、理科、历史、算术、体操、唱歌、日语、汉文、刺绣、编物、图画等。

留日女子开始还跟着父兄或夫婿一起赴日，后来便单独出国，人数也逐渐增加。湖南、奉天（今辽宁省）、江西等省都派出官费女生赴日留学。到1907年，仅日本东京便有中国女留学生近百名。她们回国后，不少人从事幼儿教育事业，同时也着力培养幼儿教育师资。

除日本之外，最先到中国开展教育活动的欧美国家也积极争取中国留学生。1908年，美国总统罗斯福决定退还一部分庚子赔款，作为中国派遣留美学生的费用。以后，其他西方国家也跟随美国吸引中国留学生。去西方的中国留学生逐渐多了起来。中国的学前教育也从学日逐渐转向学美。从美国学成回国的，如陶行知、陈鹤琴等在中国学前教育的理论建设和实践改革中都做出了卓越的贡献。

2. 兴办幼稚师范学校或女学

1892年，美国监理会传教士海淑德在上海创办了一个幼稚园教师训练班，招收学生20名，每周六下午上课。这是为教会幼稚园培训师资服务的。不久，她在上海创办了中西女塾。1898年，英国长老会在厦门创办幼稚师资班，1912年发展成为怀德幼稚师范学校，这是教会在我国最早设立的一所独立幼儿师范学校。该校毕业生分布于我国汕头、台湾、香港一带，甚至菲律宾、马来西亚、新加坡等东南亚国家及美国。

1904年，中国颁行癸卯学制后，帝国主义加速在中国开设幼稚师范学校，如苏州景海女学幼稚师范科、浙江杭州私立弘道学幼师科等。一些教会大学也开始培养幼教师资，如基督教会于 1905 年在北京开办了华北教育会协和女书院，内设两年制的幼师科，至1911年并入燕京大学，成为教育学系的幼稚师范专修科。其他大学、女子大学也都分别设立过幼稚教育系科或专业组，培养高层次的学前教育人才。1913年，基督教会全国大会议案明确提出，教会要设立幼稚园，同时也要设立养成幼稚人才的学校，招收教外学生，以供官立幼稚园用。

教会办的幼稚师范学校重视宗教教育与英文教学。其课程分为三类：第一类课程是外语、宗教等，是适应外国在华办教育需要的，其中英语占学分最多；还有社会问题、宗教学等，都是直接为资本主义国家培养顺民服务的。第二类课程是文化课，如国文、体育、生理及卫生、生物学、音乐等。第三类课程是专业课，如心理学、学校管理法、实习、幼稚教法、启智用具教法等。五四运动后，中国的教育逐渐倾向美国，促使西方教会办的幼稚师范规模越来越大，中国幼稚教育的师资几乎都出自其门下，这引起了中国幼教界的警觉，提出了“停办各教会设立的幼稚师范”的口号。

3. 派师资任教于中国的学前教育机构

癸卯学制颁布后，蒙养院制度勉强确立起来，但是缺乏设备、教材，特别是师资。在教育倾向学日本的总趋势下，蒙养院的合格师资也求助于日本。不少日本教习在中国蒙养院承担管理和教学工作。例如，湖北武昌蒙养院聘请了三名日本保姆。私立的天津严氏蒙养院是保姆传习所学员们的实习场所。其他如京师第一蒙养院、福州幼稚园、湖北女子师范附属小学堂幼稚园等都曾聘请日本教员任教。此外，一些女子师范学堂也请日本人当教员，由日本教习任教主要文化课和专业课。请外国教员在中国学前教育机构任教的传统一直持续到中华人民共和国成立前，虽然解决了中国幼儿教育师资匮乏的问题，引入了西方近代学前教育理论、课程、教材、教法，但同时，帝国主义企图借助学前教育渗透奴化思想也是历史事实。

第二节　民国时期的学前教育

一、民国时期学前教育的历史背景

1911 年辛亥革命爆发，孙中山领导的资产阶级革命派推翻了清朝统治，1912 年 1 月，南京临时政府成立。辛亥革命的胜利，宣告了两千多年封建帝制在中国的结束。学前社会教育开始登上中国教育舞台，成为教育体系的一个组成部分。这一时期，中国的学前教育有了长足的发展，尤其是在五四新文化运动的影响下，学前教育领域掀起了批判封建儿童观和引进西方学前教育思想的浪潮。孙中山也非常重视教育，主张“凡为社会之人，无论贫贱，皆可入公共学校”，并对教育进行了一系列改革，确立了蒙养园在学制中的地位。

二、民国时期学前教育制度的发展

民国时期的教育家及教育工作者们在广泛借鉴西方学前教育理论与实践的基础上，亲自试验，试图探索出中国本土化的学前教育科学体系。民国时期的学前教育从其兴起以来，走过了相当长的历程。

（一）蒙养园制度的建立

1. 南京临时政府的教育改革

1912 年 1 月 9 日，南京临时政府教育部成立，著名的教育家蔡元培任教育总长。他对封建主义教育进行了全面改革，主要措施有以下几点。

（1）颁布新的教育宗旨。教育部于 1912 年 9 月公布新教育宗旨，其内容是：“注意道德教育，以实利教育、军国民教育辅之，更以美感教育完成其道德。”他否定了清朝忠君、尊孔、尚公、尚武、尚实的旧教育宗旨。

这一新的教育宗旨，实质是一个资产阶级的教育方针。它所注重的道德教育，是指把资产阶级自由、平等、博爱的思想灌输给新一代，取代了忠君、尊孔的旧道德。所称“实利主义教育”，是指要量儿童之力，给其有实用价值的知识教育；所称“军国民教育”即体育。其强调德、智、体、美和谐发展，注重美育、体育，这都为学前教育改革奠定了思想基础。

（2）制定新的学制系统。1912 年 9 月，教育部公布《学校系统令》，称“壬子学制”。

不久，教育部又陆续颁布了各种学校令，与壬子学制结合，称“壬子癸丑学制”，这一学制实行到 1922 年。

（3）改革课程。改革课程主要是改革中小学课程，废除读经，增加自然科学课程和实用课程以及美术、音乐等，体现对学生德、智、体、美诸方面的培养。

（4）改革教学原则和方法。它废除封建专制主义遗毒，强调教学应适应儿童身心发展的特点，不得体罚，注意教育内容与儿童实际生活的联系。

2. 蒙养园制度的规定

“壬子癸丑学制”规定，“学前教育机构的名称为蒙养园，入园年龄为未满 6 岁的儿童。”“在下面有蒙养园，在上面有大学院，不计年限。”“女子师范学校于附属小学校外应设蒙养园，女子高等师范学校于附属小学校外应设附属女子中学校，并设蒙养园。”从这些规定看，蒙养园是学制系统中的一级，它的建置是其他教育机构的附属部分，附属在小学（国民学校也属小学）和女子师范学校内。它虽然没有摆脱附属的地位，但已不设于育婴堂、敬节堂内，而被纳入了真正的教育机构之中。应该说，这正是学前教育地位有所提高的标志。

蒙养园在办园宗旨、课程、设备方面与《奏定蒙养院章程及家庭教育法章程》中的规定基本相同，如课程仍为四项，不过将“歌谣”改成“唱歌”。同时，仍然强调蒙养园要辅助家庭教育。蒙养园在清末至民国期间有了很大的发展，各地都建立了为数不少的蒙养园。同时，幼稚师范院校也有所增加，培养了不少幼儿教育师资。

（二）幼稚园制度的确立

五四运动后，在美国教育思想的影响下，一批爱国教育家推动了改革教育的热潮。在教育上的主要改革有：恢复民国初年的教育宗旨，废除读经科，提倡民主科学的新教育；争取男女平等教育权；学校采用国语和白话文；大学的改制。改革的综合体现就是学制改革。在资产阶级教育团体的推动下，1922 年 9 月，教育部召开学制会议，通过《学制改革系统案》，11 月公布《学校系统改革案》，又称“壬戌学制”或“新学制”。

新学制根据“七项标准”制定。这七项标准分别是：适应社会进化之需要，发挥平民教育精神，谋个性之发展，注意国民经济力，注意生活教育，使教育易于普及，留各地方伸缩余地。

新学制不再采用日本的模式，而是受美国实用主义教育思想影响，采用美国的“六三三”制的框架，即小学六年、初中三年、高中三年。

在学前教育方面，新学制规定在小学下设幼稚园，“幼稚园收受 6 岁以下之儿童”，并把幼稚园正式列入学校系统，改变了以前蒙养院和蒙养园在学制中没有独立地位的状况，确定了学前教育机构在学制系统中作为国民教育第一阶段的地位。

新学制的颁布，促进了我国学前教育的发展。江西、浙江等省率先开设幼稚园，以后全国各省市幼稚园不断发展，并且不断向农村发展。20 世纪 20 年代，在陶行知的领导下，南京郊区燕子矶、晓庄、和平门、迈皋桥等地先后创办了我国第一批乡村幼稚园。同时，一些实验幼稚园也相继成立，如 1923 年陈鹤琴在南京创设了我国第一所实验幼稚园，即私立南京鼓楼幼稚园。

三、民国时期幼稚园制度的实施

（一）幼稚园课程标准的颁布

最初我国学前教育一直没有关于课程标准的规定，各种学前教育机构在课程设置上各行其是。1922 年，幼稚园制度确立后，学前教育有所发展，幼稚园课程和教材的审查编辑问题就更为突出。编订一个适合我国国情的幼稚园课程标准，就成为幼教战线一项迫切的任务。同时，国内的很多幼稚园，如南京鼓楼幼稚园、晓庄乡村幼稚园、南京高师附小附属幼稚园都在幼稚园课程等方面做出了改革实验，并取得了相当大的成果。因此，制定一个全国通行的课程标准的条件已经成熟。于是，陈鹤琴等 11 人受教育会议的委托，着手进行幼稚园课程标准的拟定。1929 年 9 月，《幼稚园课程暂行标准》拟定完成，教育部令各省市作为暂行标准试验推行。1932 年 10 月，教育部正式公布《幼稚园课程标准》，1936 年修正一次。

1. 《幼稚园课程标准》的内容

《幼稚园课程标准》分幼稚教育总目标、课程范围和教育方法要点三部分。

（1）关于幼稚教育总目标，该标准做出如下规定：①增进儿童身心的健康；②力谋儿童应有的快乐和幸福；③培养人生基本的优良习惯（包括身体、行为等各方面的习惯）；④协助家庭教养儿童，并谋家庭教育的改进。

（2）课程范围规定幼稚园的课程内容有音乐、故事和儿歌、游戏、社会和常识、工作、静息、餐点，共七项。每项都分别阐述，各项均列目标、内容及最低限度的要求。

（3）教育方法要点共列了 17 项，说明幼稚园具体的教育方法。其主要内容有：规定幼稚园七项课程不可截然分开，于实际施行时，无所谓科目，而实行课程（作业）中心制的设计教学，以一种需要的材料作为一日或两三日内作业的中心，一切活动都离不开这一中心。各种作业，可由儿童各从所好，自由活动，但每日必有一次团体作业，故事、游戏、音乐、社会和自然，大部分都可由教师引导，施行团体作业。教师是儿童活动中的引导者、把舵者、裁判者，教师必须做充分的准备，提供引导儿童活动的材料，指导儿童活动，教师应体察儿童的心理，为儿童准备的活动材料和指导儿童活动的方法都要切合儿童的经验。教师是儿童活动的裁判者，但不是替代者，儿童的问题应由儿童自己解决，儿童确实不能解决时，教师也只可从旁启发引导。

该标准中规定的幼儿教育的内容，较之前有了较大的变化，主要是五四新文化运动、杜威来华讲学、学前教育家掀起幼儿教育试验活动等促进的。

2.《幼稚园课程标准》颁布的意义

《幼稚园课程标准》是我国第一个由国家颁布的幼稚园课程标准，它是建立在幼稚园制度确定以后幼稚园数量不断增加和各种实验活动开展的基础之上的，是我国的专家和学者在总结自己实践经验的基础上，吸收和借鉴西方学前教育思想与教育方法而形成的。因此，它既体现了民族性，又体现了洋为中用的精神。

该标准具有中国化、科学化的特点，它要求寓知识于娱乐之中，其教育内容和方法都比较符合儿童的接受能力，符合儿童的年龄特点和教育的要求，因此有较强的科学性。在教育内容上，对儿童进行多方面训练，不仅开发儿童的智力、身体、德行、美感，还注意了儿童社会化的培养。在教育方法上，灵活多样，运用团体、分组和个别的方式，组织各种适应儿童的活动，儿童的活动有相当的自由。教育目标也比较灵活，除一般要求外，还有最低限度的要求，以适应不同地区、不同幼稚园发展不平衡的状况。同时，该标准产生在半殖民地半封建的社会背景下，也存在一些封建主义的余毒和西方教会的影响。

（二）各类幼稚园的建立与发展

民国时期，随着西方幼儿教育思想的传入，两次学制改革重视女子教育并兼及学前教育，使学前教育机构正式纳入学制系统，学前教育比清末有了较大的发展。据有关部门调查，上海 1911 年只有 2 所幼稚园，幼稚生 100 余人；1918 年已有 12 所幼稚园，幼稚生 400 余人；1926 年则有 21 所幼稚园，幼稚生 800 余人。同时，北京及诸多大中城市也出现了一批学前教育机构。

1928 年，国民政府召开讨论审议教育实施方案的会议。会议通过了陶行知、陈鹤琴等人提出的“幼稚教育案”七件；其中，《各省各县各市实验小学设立幼稚园案》规定，从该年度起，实验小学必须创办幼稚园。1932 年，教育部颁布《小学组织法》，规定“小学得设幼稚园”。这些都有力地推动了当时学前教育的发展。到 1936 年，幼稚园已达到 1 283 所，幼稚生约 8 万人。抗日战争期间，我国学前教育遭受重创。抗日战争胜利后，我国的学前教育恢复较快。1947 年的幼稚园为 1 301 所，幼稚生数已超过抗日战争前的最高水平，约 13 万人。民国时期最著名的幼稚园当数 1923 年由陈鹤琴创办的南京鼓楼幼稚园和 1927 年由陶行知创办的南京燕子矶幼稚园。

1. 南京鼓楼幼稚园

南京鼓楼幼稚园由陈鹤琴创办于 1923 年春，是一所实验性质的幼稚园，以研究幼儿心理与教育为中心。陈鹤琴任园长，聘请东南大学教育科毕业的张宗麟为研究员，开展了幼稚园教育改革的全面实验。该园是东南大学教育科的幼儿教育实验园地，开创了在大学进行幼儿教育的实验研究活动。

该园的实验活动包括课程实验、行为习惯的培养、技能学习、幼稚生生活历的安排、幼稚园设备等。实验总结了音乐、游戏、工作、常识、故事、读法、数法、餐点、静息九项课程。这九项课程成为以后教育部制定幼稚园课程标准的基础。通过对儿童行为习惯的探索，该园总结出了对儿童进行卫生习惯、做人习惯等方面训练的内容。在技能训练方面，该园总结出了生活技能、游戏运动技能、表达思想的技能和日常常识等内容。在幼稚生生活历方面，该园总结了入园儿童一天、一个星期、一个月、一年的生活历。该园的实践经验和出版物在全国颇有影响。1952 年，南京鼓楼幼稚园由南京教育局接办并改名为“南京市鼓楼幼稚园”，现名为“南京市鼓楼幼儿园”。

2. 南京燕子矶幼稚园

南京燕子矶幼稚园是中国第一个乡村幼稚园，由人民教育家陶行知于 1927 年 11 月 11 日创办。其办园宗旨为建设中国的、省钱的、平民的幼稚园。该园结合农村实际，确定保教内容，选取教学材料。他的实验活动主要有以下几项：

（1）草订生活纲要，即分年、月、周、日为幼儿制订活动计划“幼稚生生活历”，分节气、气候、动物、植物、农事等。每日、每周、每月都有活动主题，且都根据儿童兴趣或生活环境来确定。

（2）利用农村特有的环境，寻找可加利用的自然物做教育材料。这样既省钱，又容易让孩子感兴趣。

（3）在教学和管理上，力求适应农村特点。农村孩子从小生活在乡间田野，所以对他们的保教活动就以户外活动为主。在教学内容上，力求适应农村孩子的特点，注意读法教学。

在幼稚师资教育上，南京燕子矶幼稚园用艺友制的办法训练艺友成为幼稚园教师。在南京燕子矶幼稚园的影响下，当时很多地方出现了创办乡村幼稚园的活动。

上述所举幼稚园实例，反映了不同类型的学前教育机构的创办情况。在这些幼稚园中，既有公立的，又有私立的；既有附属于其他学校的，又有单独设立的；既有设在城市的，又有设在农村的。这说明当时我国学前教育获得了极大的发展。另外，这些幼稚园都不同程度地开展了教育实验研究，形成了 19 世纪二三十年代以后幼稚园教育实践与研究的风气，激发了全国幼教工作者的研究兴趣，这是中华人民共和国成立前我国学前教育发展的最好时期。

（三）幼稚园师资的培训

民国时期出现了专门培养幼稚园教师与保育员的机构和专门的幼稚教育研究机构。1922 年，制定了师范学校和女子师范学校可附设幼稚师范科的规定。但在相当长的时间内，幼稚师范教育还没能得到人们应有的重视。1928 年，在国民政府召开的讨论审议教育实施方案的会议上，陶行知、陈鹤琴分别提出开设幼稚师范和在普通师范中设幼师科的提案，经过讨论后通过。1932 年，国民政府颁布《师范教育法》；1933 年，国民政府教育部颁布《师范学校规程》，对附设幼稚师范科做了若干规定，规定师范学校要附设幼稚师范科，修业年限为三年或两年，招收初中毕业生。1928 年全国教育会议以后，幼稚师范教育得到了一定发展，幼稚教育的师资不断增加。1929 年，全国幼稚园教职员为 1580 人，到 1936 年，增长到 2607 人。在此期间，公立幼稚师范科有了一定的发展，私设幼稚师范也不断出现，还出现了省立实验幼稚师范和“国立”幼稚师范专科。下面简要地介绍北平幼稚师范学校和江西省立实验幼稚师范学校。

1. 北平幼稚师范学校

北平幼稚师范学校属于香山慈幼院，创建于 1930 年，张雪门为首任校长。该校以培养幼稚师资为己任，以实现全民的幼稚教育为最终目标。学校重视实行“教学做”的方法，实习的内容有：幼稚园实习，实行先参观、次参与、后实习的制度；家政实习；自然实习；儿童文学实习；手工实习；游戏实习等。学制三年，但可分年结业。一年制为速成科，可任幼稚园教师或助教；两年制为幼师科，可任幼稚园主任；三年制毕业后，可兼任小学低年级及婴儿园教师。

2. 江西省立实验幼稚师范学校

江西省立实验幼稚师范学校是中国第一所独立设置的公立师范学校，由陈鹤琴在 1940 年 10 月创立于江西省泰和县，附有小学、幼稚园、婴儿园；1943 年 2 月改为“国立”幼稚师范学校，并添设幼稚师范专科。其办学宗旨，一是培养幼稚园的师资，二是开展幼稚教育的理论和教材教法的实验研究，三是进行陈鹤琴的“活教育”理论的实验。课程内容分为精神训练、基本训练和专业训练三项，外加人生心理一科。教材和教学方法强调尽量与小学实际、幼稚园实际相联系，教学方法强调以“做”为中心，采用陈鹤琴提出的“做中学、做中教、做中求进步”的方法。其基本目标是培养学生“做人，做中国人，做现代中国人”。学校校风优良，自由平等，实行“纯爱”教育，培养了一批批幼教战线的优秀人才。1948 年，其并入南昌女师，改为幼稚师范科。

四、民国时期学前教育的特点

（一）政府重视学前教育

南京国民政府成立后，政府重视学前教育，在教育制度上先后进行了两次学制改革，推动了学前教育制度的发展。

1. 建立了蒙养园制度

1912 年，在蔡元培的主持下制定并公布了壬子癸丑学制，将蒙养院改为蒙养园，收未满 6 岁的儿童。同年，教育部还公布了《师范学校令》和《师范学校规程》。随着民国初年（1912）这几项法规的颁布，蒙养园制度得以确立。

2. 确立了幼稚园制度在学制体系中的地位

1922 年 11 月，教育部通过《学校系统改革案》，即新学期，又称“壬戌学制”。此学制规定：幼稚园招收 6 岁以下的儿童。至此，正式将幼稚园列入学制系统。

（二）办园主体多元化

民国时期，很多爱国教育家在科学的教育观念指导下纷纷办园。公立幼稚园和私立幼稚园并存，形成了一个参差多态而又富有弹性的“差序格局”。私立学校与公立学校相比灵活自由，社会上对于私立学校也没有偏见，这一方面得益于当时的文化生态，另一方面得益于民国教育家的胸襟。

（三）积极探索中国化办园方式

在民国初期大量学习西方学前教育思潮的同时，办园方式上出现了机械模仿的弊端。在20世纪二三十年代，陶行知、陈鹤琴等人对已经实施了的幼儿社会公育进行了大量的调查研究，写出了一批有分量的文章，揭露了当时幼稚教育不适合中国国情、不适合儿童身心发展的情况。这些教育家积极探索学前教育中国化的途径和方法，开展了一系列的幼稚园教育实验，并创办了具有中国特色的幼稚园，在教学方法、教学内容等方面进行了创新。

第三节　党在新民主主义革命时期的学前教育

1927年“四一二”事变后，第一次国共合作破裂，中国共产党人随后举行了若干次起义，并开辟了革命根据地。1931年11月，中国共产党在江西瑞金成立了工农民主政府，定名为“中华苏维埃共和国”。之后，便将中国共产党领导工农红军和人民群众所建立的革命根据地称为“苏区”。1936年“西安事变”后，第二次国共合作开始。中国共产党于1937年9月成立的陕甘宁边区政府及其所领导的各抗日根据地，统称为“边区”，解放战争时期则称“解放区”。

一、革命根据地的托儿所制度

（一）内务府颁发《托儿所组织条例》

学前教育作为解放妇女的重要措施，在根据地创建初期就受到了中国共产党的高度重视。1934年2月，苏维埃临时中央政府内务部颁布《托儿所组织条例》（以下简称《条例》）来推动学前教育的发展。这是红色政权颁布的第一部关于学前儿童的教育文件，具有指导性、纲领性作用。《条例》对组织托儿所的目的、儿童入托的条件、托儿所的上级领导机构、托儿所的班额、保教人员的编制及标准、环境、设备、经费、托儿所的管理、保教人员的职责、托儿所的作息时间等都做了详细的规定。《条例》的颁布开创了苏区的托儿所制度。《条例》的主要内容包括以下几点。

1. 组织托儿所的目的

组织托儿所的目的是改善家庭的生活，代替妇女担负婴儿的一部分教养责任，使劳动妇女能够参加生产及苏区各方面的工作；使小孩子得到更好的教育与照顾，在集体生活中养成良好的生活习惯。这一目的从解放妇女和发展儿童两方面反映了中国共产党对学前教育的社会功能和内在功能的充分认识。尤其是“解放妇女”这一口号，更是在当时社会背景下的一种大胆呐喊，说明中国共产党早就认识到了妇女解放与学前教育的关系。因此，办好托儿所不仅使孩子受益，广大妇女也有更多的机会参与社会生活，为苏区的建设做贡献。

2. 托儿所的环境

托尔所应设立在比较清洁、光线充足及空气好的地方。托儿所的用具由群众设法购置，特殊情况下，苏维埃政府可补贴一部分。

3. 托儿所的服务对象

凡有选举权的广大工农大众的子女，年龄在 1 个月至 5 岁无传染病的孩子，均可以入托儿所。

4. 托儿所的管理

托儿所归当地政府与妇女代表领导，其需要经常检查托儿所的工作。卫生机关要派人检查托儿所的卫生和儿童的健康情况。

此外，《条例》还规定了托儿所保教人员的岗位职责、保教人员编制及待遇问题。总之，《条例》对托儿所的管理做出了较全面的规定，虽不尽完善，但这是苏区学前教育制度建设的开端，为学前教育之后的发展奠定了基础。

（二）托儿所机构的建立

苏区学前教育机构的大量建立是在《条例》颁布后。最早成立的托儿所是江西瑞金下州区下州村的上屋子托儿所和下屋子托儿所，每个托儿所有 4 名工作人员，由群众选举。《条例》颁布后，各类组织特别是妇女组织进行了广泛的宣传，一时掀起兴办托儿所之风。设立的托儿所主要有两种类型：一种是长期托儿所，大多招收红军家属子女；另一种是季节性托儿所，一般在农忙季节开办，为广大妇女参加生产创造条件。

总之，《条例》颁布后，苏区托儿所数量迅速增加。这对广大妇女的解放起到了积极的促进作用，也为苏区学前教育的发展积累了经验。

二、抗日战争和解放战争时期的保育院制度

（一）中国战时儿童保育会及其分会的成立

抗日战争的爆发使得许多儿童流离失所，甚至成为孤儿。为抢救民族后代，促进无家可归的难童健康成长，中国共产党联合各党派与各界知名人士，于 1938 年 3 月 10 日在武汉成立了中国战时儿童保育会。该组织是抗日民族统一战线下国共两党合作的产物。保育会以宋美龄为理事长，推选出国共两党和无党派的社会知名爱国妇女 56 人任理事。抗战期间，先后共建立 53 所战时儿童保育所，收容保育 3 万多名儿童。

战时儿童保育会对难童加强爱国主义教育，使他们追求真理、反抗侵略；特别重视劳作教育，以培养儿童的劳动习惯，树立劳动创造世界的观念；开展各种社会活动，让儿童在社会实践中学习，培养工作的自觉性。战时儿童保育工作是把教育与社会实践、生产劳动相结合，把儿童培养成追求真理、手脑并用、自觉工作、反抗侵略的德、智、体全面发展的人才。中国战时儿童保育会在抗日战争中是一个有卓越贡献和深远影响的团体。

1938 年 7 月 4 日，宋庆龄、蔡畅、邓颖超、康克清等在延安成立了中国战时儿童保育会陕甘宁边区分会，其宗旨是“保育战时儿童”。该分会的主要工作是：设立边区战时儿童保育院，开设保姆训练班，改善出生婴孩处置办法及母亲的生活，组织宣传团提高边区儿童卫生教育，设立儿童保育科等。此后，江西、山东等地也相继建立了战时儿童保育会分会，竭尽全力保护儿童的生命安全，并给儿童以教育，促进了边区学前教育的发展。

（二）陕甘宁边区政府关于保育儿童的决定

1941 年 1 月，在陕甘宁边区政府工作报告中，陕甘宁边区政府将儿童保育作为中心工作；同年又颁发了《陕甘宁边区政府关于保育儿童的决定》（以下简称《决定》）。《决定》的主要内容如下。

1. 管理（保育行政）组织的建立

在边区民政厅设保育科，各县市政府第一科添设保育科员一人，区县政府内添设保育员一人（暂由乡妇联兼任），专司孕母、产妇、儿童的调查、登记、统计、卫生奖励、保护等工作。

2. 保育人员的训练

边区民政厅卫生处应协同民政厅保育科于 1941 年 3 月前办保育人员训练班。抽调文化程度较高的男女 60 人，进行短期培训，使他们明了产妇卫生、助产接生、儿童保育等基本知识。毕业后，派他们到各县社办短期训练班，保证边区每个乡均有一个以上脱离生产的保育员。

3. 建所的具体条件

一个机关团体学校有婴儿 5 人以上者，应设立托儿所；5 人以下者，可和数单位共设托儿所；不足 5 人又无单位者，设窑洞安置婴儿，并对窑洞的安全、卫生提出要求。《决定》还对孕妇、产妇的保健待遇和保姆的待遇等做了十分具体的规定。

该《决定》是继《托儿所组织条例》之后革命根据地的又一重要学前教育法规文件，它对抗日战争时期和解放战争时期的学前教育具有极大的推动作用。

（三）多种形式保育机构的建立与发展

抗日战争和解放战争时期，不仅学前教育机构的数量和规模有所增加，其机构类型也更加多样，具体有如下几种。

1. 寄宿制的保育院、托儿所

寄宿制的保育院、托儿所一般设在环境较完备的后方，由边区政府主办并承担费用，设备比较完善，也有较严格的保教制度，招生对象是前方将士子女和烈士遗孤、难童及部分后方机构干部子女，如陕甘宁边区第一保育院。

2. 单位日间托儿所

单位日间托儿所规模小，只收托本单位人员子女，经费由本单位自理，孩子在托时间与母亲上班时间相同，如陕甘宁边区机关托儿所。

3. 母亲变工托儿所、哺乳室

母亲变工托儿所、哺乳室设在机关、学校、工厂、田间，其不足之处在于缺乏保教人员，只有每日抽调几名母亲负责管理，轮流值班。

4. 化整为零的托幼组织

化整为零的托幼组织一般分布于敌后解放区。据形势的需要，托幼组织化整为零，三三两两分散在人民群众家中。托儿所负责人和保教人员经常化装成货郎或亲戚，定期到老乡家探望孩子、送粮、送钱，待情况稍稳定才把孩子集中在一起。

5. 小学附设幼稚班（园）

小学附设幼稚班（园）招收 5～6 岁的幼儿，实施半年或一年的学前教育，然后入小学一年级，相当于学前班，经费主要由家长负担。

总之，老解放区的学前教育机构从无到有，不但数量增加，而且用灵活多样的办园形式实践着“一切为了孩子，把方便留给母亲，把困难留给自己”的信念，真正做到了解除父母的后顾之忧，保护和培育革命后代。

（四）老解放区保育院的教育

老解放区的学前教育始终以保育儿童身体、培养儿童良好习惯、发展儿童智力为目的，并且能根据形势的发展，使教育目的更加明确。

1. 婴幼儿的保育

保育儿童健康是保育院的首要工作。由于当时的环境、物质条件、医疗条件等方面的限制，婴幼儿的生命及健康受到很大威胁。为此，有的保育院还明确提出“保育为主、教育为辅”的方针，要求从各方面保证孩子的健康，具体规定包括：

（1）尽一切努力保证孩子的营养。

（2）制定合理的作息和管理制度。

（3）贯彻“预防为主、治疗为辅”的方针。

（4）开展形式多样的体育活动。

由于各托幼机构领导的重视和全体保教人员的共同努力，保育院的孩子大都精神饱满、体格健壮、发育良好、病死率极低。

2. 婴幼儿的教育

老解放区学前教育实施保教合一的原则，十分注重对婴幼儿的教育。教育的内容主要有：

（1）注重品德教育。品德教育的原则有：热爱儿童；随机教育，在孩子一日生活中随机进行；坚持儿童的立场；坚持正面教育。

（2）关注智育发展。老解放区的学前教育不仅重视知识教育，也强调智力发展。在教学内容方面，从孩子的生活中选择自然、社会、卫生等方面的内容。其科目有常识、唱歌、游戏、故事、手工、自由画、跳舞、体操、识字、识数等。

三、老解放区的学前教育经验

老解放区的学前教育得到了老一辈无产阶级革命家的关怀和重视。在党和政府亲切的关怀和正确方针指引下，老解放区的学前教育取得了令人瞩目的成绩。其发展历程蕴藏着丰富的值得挖掘和借鉴的宝贵经验。

（一）坚持为革命战争和生产建设服务的方向

老解放区学前教育始终坚持正确的服务方向，即为革命战争和生产建设服务，这是学前教育社会功能的最充分体现，主要是通过解放妇女，解除父母的后顾之忧来实现。广大妇女在中国共产党的号召下热情地投入社会生产、社会生活、军事生活、党政机关和文化教育工作中，成为中国革命的组成力量。只有把妇女从家庭中解放出来，摆脱家务特别是照管幼小子女的负担，她们才能更好地参与社会生活。由学前教育机构代替广大老解放区妇女承担养育和教育子女的责任是社会发展的必然趋势。

老解放区的学前教育通过创办多种不同类型的学前教育机构来满足支援生产和战争的需要。当前我们学习老解放区学前教育坚持为革命战争和生产建设服务的方向，有助于端正目前学前教育机构的办学思想，有助于人们正确认识学前教育机构的价值和功能，更加关注学前教育。

（二）贯彻依靠群众和勤俭办园的原则

老解放区的学前教育机构所取得的成绩与群众的热情支持是密不可分的。他们对学前教育的支持包括房屋、玩具、设备、食物、医疗、人力、师资、掩护等多种不同的方式。老解放区群众拥有高度的政治觉悟和强烈的热爱儿童的情感，尤其是广大妇女，她们像爱自己的孩子一样去爱托儿所、保育院的孩子，这种无私的、博大的母爱激发了老解放区学前教育工作者的工作热情。

老解放区学前教育事业的发展还得益于勤俭办园的指导思想。老解放区学前教育机构没有设备就自己或请人制造，没有条件就因陋就简，从不因为开办托幼机构而向财政机关多要开支，而是始终贯彻勤俭办园的原则，在各方面都注重节约，学前教育事业的发展始终离不开广大群众的关心与支持。当前我们也要发扬勤俭节约的光荣传统，提倡办节约型幼儿园，因地制宜地开展幼儿园建设。

（三）实施“保教结合”，促进儿童全面发展

老解放区学前教育工作者充分认识到了托儿所、保育院是对儿童实施保育和教育的机构，在日常工作中必须坚持保育和教育相结合的原则，对儿童实施全面教育；同时，他们还认识到保育员也是教员，要由幼稚教员教保育员幼稚教学法，供给保育员材料并加以指导。

（四）在“一切为了孩子”的教育理念指导下建设幼教队伍

老解放区学前教育最重要的经验是建设一支“一切为了孩子”的高素质的保教队伍。他们把“一切为了孩子，一切为了革命，一切为了前线”“把方便留给妈妈，把愉快留给孩子，把困难留给自己”当作自己工作的基本准则，无私地奉献着自己的青春甚至生命。老解放区不仅培养了一支有很高思想觉悟的保教队伍，还特别注意提高保教队伍的文化水平和业务素质。学习的方式灵活多样，学习的内容联系实际。

老解放区保教人员“一切为了孩子”的自我牺牲精神，是我们当前提高幼儿教师职业道德水平的生动教材，有助于广大幼教工作者树立正确的儿童观、教育观和高度的责任感。

总之，老解放区的学前教育是中国共产党领导下的，为革命战争服务、为生产建设服务、为工农大众服务的学前教育。它在本质上不同于国民党统治区的学前教育。它所创造的幼教成绩，它对革命事业所做的贡献，它的崇高精神和它所积累的宝贵经验，是中国近代学前教育发展史上的辉煌乐章。

通过本章内容可知，清末，随着近代教育制度的诞生，学前教育开始成为教育系统的一部分，其主要由家庭承担的历史宣告结束。民国时期，学前教育的地位进一步提升，学前教育课程建设和教师的专业化发展受到重视。其中，中国共产党领导的革命根据地与解放区的学前教育事业形成了自己的特色，托儿所制度和保育院制度日臻完善，积累了学前教育为工农大众服务的宝贵经验。

思考与练习

1. 简述近代学前教育机构产生的历史背景。
2. 列举晚清具有代表性的蒙养院。
3. 清末蒙养院的特点是什么？

4. 清末帝国主义在中国的学前教育活动有哪些?
5. 南京临时政府进行的教育改革的主要措施有哪些?
6. 简述民国时期的蒙养园制度。
7. 民国时期学前教育的特点有哪些?
8. 老解放区的学前教育经验有哪些?

第四章　中国近代学前教育思想

学习目标

1. 了解蔡元培、陶行知学前教育思想的内容。
2. 能够对蔡元培、陶行知学前教育思想做出正确评价。

本章介绍了近代学前教育家蔡元培和陶行知的学前教育思想和理论。蔡元培提出了“尚自然”“展个性”的儿童教育原则；针对传统“书本中心”的“死教育”，陶行知提出了“生活教育”等理论。

第一节　蔡元培的学前教育思想

一、蔡元培生平

蔡元培（1868—1940），字鹤卿，又字仲申、民友、孑民，浙江绍兴人，著名的革命家、教育家、政治家。1912 年，中华民国成立，蔡元培任南京临时政府教育总长。任职期间，他废除了封建旧学制，制定了资产阶级性质的教育宗旨和学制。1917 年，蔡元培任北京大学校长，实行“囊括大典、网罗众家、思想自由、兼容并包”的办学方针，对学校进行全面整顿和改革，使北京大学成为五四运动的发祥地、新文化运动的中心、享誉海内外的著名高等学府。

蔡元培的教育思想涉及面广，从教育方针、学制到教学方法，从高等教育到学前教育，从家庭教育到社会教育，他都有过许多论述。他的儿童教育思想主要体现在《新教育与旧教育之歧点》《贫儿院与贫儿教育的关系》《美育的实施方法》《美育》等著名篇章中。

二、蔡元培学前教育思想的具体内容

（一）“五育并举”的教育方针论

1912 年，蔡元培发表了《对于教育方针之意见》的重要文章。他在批判封建主义教育宗旨的基础上，根据资产阶级的需要，为养成“共和国民健全之人格”，提出

了军国民教育、实利主义教育、公民道德教育、世界观教育和美育“五育”并举的教育方针。

军国民教育，其社会意义是“强兵”，从个人发展的角度来说就是体育，它是养成完全人格的基础；实利主义教育，从个人发展的角度来说就是智育，其社会意义是“富国”，可以发展经济，提高社会生产力水平；公民道德教育，对个人而言，是构成人的道德认知、道德情感、道德意志和道德行为的关键，是完全人格的根本，也是造就民族素质的关键。世界观教育是最高层次的教育，也是知、情、意、智、体诸者的统一体。世界观教育不是通过一般说教就可以完成的，它是一种超越型的精神境界的修养，对这种说不出具体方法和内容的教育，最好的途径是通过美育来实施。所以，五育中可以具体实施的只有德、智、体、美四育。美育，即“应用美学之理论于教育，以陶养感情为目的者也”。

蔡元培提出“五育”并举的思想，强调德、智、体、美全面和谐发展，摒弃了清末“忠君、尊孔”的教育宗旨，提倡自由、平等、博爱的理念，顺应了当时中国社会发展的要求。因此，1912 年 9 月，民国政府正式公布了“注重道德教育，以实利主义教育、军国民教育辅之”，“更以美感教育完成其道德”的教育方针。“五育”并举的思想对近代中国学前教育的发展方向具有指导意义。蔡元培认为，尽管以上“五育”各自的作用不同，然而均是培养“健全人格”所必需的，是统一整体所缺一不可的。蔡元培“五育”并举的思想，是以公民道德教育为中心的德、智、体、美和谐发展的思想，体现了辛亥革命以后资产阶级改革封建教育的需要，反映了发展资本主义而对人才提出的要求，顺应了当时社会变革的潮流，为中国资产阶级创新教育体制提供了思想武器，是改革学前教育的指导方针。

（二）“尚自然”“展个性”的儿童教育主张

1918 年，蔡元培发表了《新教育与旧教育之歧点》。他认为新旧教育的不同在于：昔之教育，是儿童受教育于成人；今之教育，乃使成人受教育于儿童。他对违反自然、约束人个性自由发展的旧教育深恶痛绝。他主张新教育应反其道而行之。蔡元培这种崇尚自然、尊重儿童，让儿童自由发展的主张，也是学前教育领域内批判封建儿童教育观的思想武器。

（三）学前儿童的理想

蔡元培是我国最早倡导现代平民教育的代表，所称的“平民教育”，即现代所说的公民教育。

儿童教育是平民教育的重要组成部分。蔡元培认为，社会要设立专门的机构由专业人士对儿童实施教育，如设立胎教院、育婴院、幼稚园等。1919 年，蔡元培在《贫儿院与贫儿教育的关系》演说中，针对封建家庭教育的弊端提出了学前儿童公育理想。他认为，“教育是专门的事业，不是人人能担任的”。他主张不论哪个人家，要是妇女有了孕，便进胎教院；生了子女，便迁到乳儿院；一年以后，小儿断乳，就送到蒙养园接受教育，不用其母亲照管。同时，他还提出这些学前教育机构都要由专门的卫生家管理，其设备如饮食、器具、花园、运动场、装饰的雕刻与图画、陈列的书报，也都要有益于孕妇或乳儿的母亲的身体与精神。但是，他也清楚地看到当时还没有这种组织。于是，他便想先从贫儿院入手，认为要是贫儿院试办这种事情很有成效，那就可以推广到不贫的儿童了。可见，蔡元培是试图通过在贫儿院的试验和推广，逐步以学前公共教育代替家庭教育，最终实现儿童公育的理想，这在当时无疑是办不到的。

（四）倡导学前儿童的美育

1. 美育思想的要点

蔡元培一生倡导美育，在美育理论和实践上进行了大量探索。他的美育思想主要有以下两个要点。

（1）审美活动不同于科学活动，它是建立在人的情感基础上的，并以审美对象自身的具体形象对审美主体的激发产生感染力量来打动人心。美育是诉诸人的情感活动的，以感情的激发和陶冶的方式进行，与科学活动的理性思考与概念是截然不同的，这也是美育的根本特点。对此蔡先生说道："哲学之理想，概念也，理想也，皆毗于抽象者也。而美学观念，以具体者济之，使吾人意识中，有宁静之人生观，而不至于疲于奔命，是谓美学观念唯一之价值。"在这里，蔡元培为审美教育寻找了一个情感上的落脚点和依据。审美教育不能用抽象的枯燥简单的说教，必须通过感情活动的陶养作用才能达到。只有真正关于心灵的学问、诉诸感情的学问，才会完善人格、美化人生。蔡元培把美育叫作"美感教育"也正是基于这个根本特点。

（2）美育的根本宗旨在于拓展主体、完善人格、美化人生。蔡元培针对当时社会不正当娱乐风气盛行的状况而提倡以审美活动充实精神生活，完善个体人格。他认为当时社会上盛行的不正当消遣和娱乐是极端有害的，会妨碍健康、消磨意志，以致道德堕落，因此主张把人的精神寄托于审美中，涵养审美情感，塑造健康心灵。他曾说："所以吾人应急提倡美育，使人生美化，使人的性灵寄托语美，而将忧患忘却。与学校中可实现者，如音乐、图画、旅行、游戏、演剧等，均可去做，以之代替不好的消遣……大家看看文学书，唱唱诗歌，也可怡情悦性。人是感性动物，感情要好好涵养，是活泼而得生趣。"这正触及了审美教育的根本宗旨，通过美育塑造人的健全心灵，怡养超越精神。审美活动有其自身的特殊性，通过在审美过程中情感的激发和自由活动来怡情悦性，产生高尚的精神，从而进一步培养审美主体的健全人格。所以，进行高尚的审美活动，有助于减少、冲淡私有欲，改变狭隘自私的观念，受到真善美的熏陶，提高人的情趣和精神境界，"陶冶活泼敏锐之性灵，养成高尚纯洁之人格"，实现"美育之目的"。

2. 美育的倡导

蔡元培几乎终身都在倡导美育，并身体力行，努力实现着传统美育的现代性转换。因此，美育在中国现代教育史上的独立地位才得以逐步确立。

蔡元培发现，中国古代的艺术，尤其是民间艺术与美育之间有着密切的关系，但中国古代的艺术在近代日渐衰落。对此，蔡元培认为主要有两个原因：一是中国缺乏专门的艺术教育机关，二是中国艺术的研究和创造缺少科学的方法。为此，蔡元培非常重视对现代艺术教育事业的培育扶持，呼吁要吸收西方艺术教育的长处，用科学的方法来研究。

20 世纪初，中国的现代艺术教育事业几乎一片空白。对于西洋音乐和绘画艺术，国内尚处于在黑暗中摸索的阶段。由于现代新的艺术思想对传统保守思想进行了突破与冲击，因此遭到了封建卫道士和思想保守者的非议，以至于受到排挤与打击。在主持北京大学期间，蔡元培为了丰富学生课外活动，也为了推广他的美育主张和实践，在北大发起了各种文艺研究的组织，画法研究会、书法研究会和音乐研究会相继成立。他汲取近代欧洲美育的积极成果，扩大了我国传统美育实施的范围。在他多年来的倡导和影响下，许多具有现代美育意义的建设，诸如博物院、展览会、摄影术、演奏会、戏剧、公园等都从无到有，这为中国未来美育事业的普及与发展立下了开创之功。

蔡元培兼收并蓄，在批判继承传统美育思想的基础上，吸收西方近代教育的优点，摈弃传统美育思想中偏重伦理教化的弊端，主张启发和培养学生的主动性、个性和自由创造能力，还美育以独立的品格。

从本质上讲，这是一种以人为本的教育理念的具体体现，是现代教育之道、育人之道的时代张扬。以蔡元培对待以孔子为代表的儒家美育思想为例，蔡元培明确反对董仲舒“罢黜百家，独尊儒术”的主张，但是他对儒家中庸之道所倡导的“和合”精神却是极为赞同的：他反对“尊孔”，却并非反对孔子。他将孔子的精神归纳为仁、智、勇三个方面，并特别指出，除此之外，孔子的精神还有两个特点：“一是毫无宗教的迷信，二是利用美术的陶养。”因此，他认为孔子的“以智、仁、勇为范围，无宗教的迷信而有音乐的陶养，这是完全可以为师法的”。

3. 美育的实施方法

对于美育，蔡元培不仅从思想上积极宣传，从理论上反复阐释，而且还系统地提出了实施的方法，在美育实践上取得了很大成果。蔡元培把美育实施的全部内容分为两个方面：一方面，尽可能多地创造美的对象，包括艺术美、自然美及生活环境美。美的根本标准是真善美的和谐统一，即在美的形式中能充分体现出理性精神，寄托着人生理想，才足以实现美育的崇高目的。徒有美的形式，而没有多大的社会意义，他是不提倡的。形式粗劣、趣味低下，他是坚决摒弃的。因此，在美育的实施中，他特别重视具有重大社会意义的文学艺术的创造和与人民大众生活密切相关的城乡环境的美化，认为这才是实施美育的中心和普及社会美育的关键。另一方面，为了提高审美能力而进行美学知识、理论的普及教育，为此就要创办学校和学术团体，培养艺术创作人才和普及美育人才。由此观之，蔡元培对于美育的实施方案在我国美育发展的早期是较为详尽的，不仅内容上涵盖自然美、现实美和艺术美的三大领域，主张综合利用一切美的对象实施教育，而且贯穿了个体生命的整个生活历程，大大拓展了个体的美感教育空间。

三、对蔡元培学前教育思想的评价

蔡元培的教育思想和实践充满了爱国主义的激情与民主、科学的思想，尤其是他所提倡的教育观、儿童观、儿童公育思想及对儿童美育的实施意见，对近代学前教育理论的发展产生了深远的影响，在反对帝国主义文化教育侵略、反对封建专制主义教育、寻求中国化的学前教育斗争中发挥了重大的作用。

他的思想在当时的社会历史条件下是超前的，当然也不免带有某些空想的色彩。但是，随着时代、历史的向前推移，他的教育思想的价值和魅力却更加凸显。今天，当我们以新的教育方针和学前教育的目标体系再次审视他的教育思想时，仍然能够获得很多启示。他的教育思想贯穿着对民主、科学、自由、个性的追求，充满了爱国主义激情。其教育实践表现出了他不屈从压力、锐意改革、坚守信念的品质。如果说他于民国初期改革封建教育、建立资产阶级民主教育制度反映的是当时时代对教育的要求，20 世纪 20 年代提倡教育独立是在教育面临深重危机下的一次无奈抗争，那么他对北京大学的改革，不但包容博大、规模恢宏、影响深远，而且凸显了他作为杰出教育改革家的远大理想和个性品质，塑造了他在一代人心目中的精神表率和大学灵魂形象，至今光芒不减。

第二节　陶行知的学前教育思想

一、陶行知生平

陶行知（1891—1946），汉族，安徽人，著名的教育家、思想家，伟大的民主主义战士，爱国者。他毕业于金陵大学文学系，后留学美国，曾师从实用主义教育家杜威。回国后，其任南京高等师范学校教务主任，继任中华教育改进社总干事，推动平民教育运动，最早注意到乡村教育问题。他的著作有《中国教育改造》《古庙敲钟录》《斋夫自由谈》《行知书信》《行知诗歌集》。

陶行知自幼十分聪明好学。1909 年，他考入南京汇文书院，次年转入金陵大学文科，至此他更加自觉而刻苦努力地学习，以便能更好地实现报效祖国的愿望。大学期间，他在自己倡导并主编的校刊《金陵光》上发表了《金陵光出版之宣言》一文，号召全校同学努力学习和工作，发出光和热，报效祖国。辛亥革命爆发时，他曾回乡投身革命运动。1914 年，他以总分第一的成绩毕业。

1926 年，陶行知起草发表了《中华教育改进社改造全国乡村教育宣言》。1927 年，他创办了晓庄学校。1932 年，他创办了生活教育社及山海工学团，宣传生活教育，提倡教学做合一及小先生制，要求教育与实际结合，为人民大众服务。他设想以教育为主要手段来改善人民的生活。“一二·九”运动后，在中国共产党的帮助和影响下，陶行知积极宣传抗日，参加民主运动，进一步认识到教育应为民族革命和民主革命服务，后创办育才学校和社会大学，培养出不少革命人才，并帮助一些进步青年前往革命根据地。

二、陶行知学前教育思想的具体内容

（一）普及幼稚教育思想

陶行知十分重视幼稚教育，认为幼稚教育是人生的基础教育："人格教育，端赖六岁以前之培养。凡人生之态度、习惯、倾向，皆可在幼稚时代立一适当基础。"所以，他主张普及平民教育，不仅要普及小学教育，还要普及幼稚教育；不仅是地主、贵族的子女上幼稚园，广大的劳苦大众的子女也要上幼稚园。

1926 年，陶行知提出让幼稚教育下乡的口号。在当时，要实现幼稚园下乡是很难的事，因为当时国内的幼稚园有几种弊病：一是效仿外国，不符合国情；二是灌输宗教思想，制造成见；三是费钱太多，非有钱的地方不能办；四是学费太高，非富贵子弟不能进。陶行知对当时的学前教育进行了无情揭露和猛烈抨击，并提出了一整套为劳苦大众子女服务的学前教育理论。

1926 年 10 月 29 日，陶行知在《新教育评论》上发表《创设乡村幼稚园宣言书》，在批评当时幼稚园弊端的同时，提出了建立一个中国的、省钱的、平民的幼稚园的具体设想。此后，他就着手创办符合中国的、省钱的平民精神的试验乡村幼稚园，供人参观、学习、推广。他选择燕子矶作为建立第一个乡村幼稚园的乡村，定名为"燕子矶乡村幼稚园"。开办该园的所有费用都是陶行知筹集的。燕子矶幼稚园之后，陶行知又带领晓庄师范的学生创办了晓庄幼稚园、和平门幼稚园、迈皋桥幼稚园、新安幼稚园等乡村幼稚园，主张对工农子女实行"来者不拒，不来者送上门去"的政策。此外，他还积极开展托儿所运动，为大众服务，解决他们的后顾之忧。

（二）生活教育理论

关于什么是生活教育，陶行知在许多场合表达过其含义。在陶行知看来，生活教育就是以生活为中心的教育，他说："生活教育是生活所原有、生活所自营、生活所必需的教育。教育的根本意义是生活之变化，生活无时不变，即生活无时不含有教育的意义。"

陶行知的生活教育理论包括三个基本观点：生活即教育，社会即学校，教学做合一。

1. 生活即教育

"生活即教育"的主旨包括：生活决定教育，有什么样的生活便有与之相适应的教育，教育是供给人生需要、为了生活向前向上的需要的，只有在生活中获得的教育才是真正的教育；实际生活是教育的中心，文字、书本只是生活的工具，不是生活的本身，教育要通过生活才能产生力量而成为真正的教育；教育的意义在于生活的变化，因此生活教育的内容是随着生活的变化而不断发展的；"生活即教育"是终身教育，是与个人生活共始终的教育。

生活即教育，是陶行知生活教育理论的核心。陶行知认为，真正的生活教育是"以生活为中心的教育”，“是供给人生需要的教育”，是生活所原有的、生活所必需的教育。教育与生活是同一过程，教育含于生活之中，教育必须和生活结合才能发生作用。教育以生活为前提，不与实际生活相结合的教育不是真正的教育。陶行知坚决反对没有“生活做中心”的死教育、死学校、死书本。

需要注意的是，陶行知所说的“教育”不是以学校为整体的狭义教育，而是包括学校教育在内的整个社会生活的广义教育。陶行知所说的“生活”是整个自然界和人类社会生活的总体，是人类一切实践活动的总称。“生活即教育”不是说生活等同于教育，而是说教育与生活经历同一个过程，教育离不开生活，生活离不开教育。

2. 社会即学校

陶行知说：“学校即社会，就好像把一只活泼的小鸟从天空里捉来关在笼子里一样。他从一个小的学校去把社会所有的一切都吸收进来，所以容易弄假。社会即学校则不然，他是要把笼中的小鸟放飞到天空中，使它任意翱翔，是要把学校的一切伸展到大自然里去。”他还说：“到处是生活，即到处是教育。”整个社会是生活的场所，亦是教育之场所。因此，我们又可以说“社会即学校”。陶行知主张学校教育的范围不在书本，而应扩大到大自然、大社会和群众生活，向大自然、大社会和群众学习，使学校教育和改造自然、改造社会紧密相连，形成真正的教育。

从陶行知的论述中，我们可以推知其“社会即学校”的基本主张是：要让社会的每一个角落、每一个地方、每一个生活单位都担负起学校的职能，把整个社会作为一个大学校。同时，学校必须突破围墙之限，要与整个社会联系起来，实行开放式办学，这样才能充分发挥教育的作用。这种主张真正把学校放到社会大环境中去办，使学校和社会息息相关，学校不再是生活的附庸，而是成为社会生活的必需。

3. 教学做合一

“教学做合一”是陶行知生活教育理论的教学方法论，是为批判传统单一的教授法，反对教师“教死书、死教书、教书死”的传统教学模式而提出的教学方法论。陶行知说“教学做合一”“是生活现象之说明，即教育现象之说明。在生活里，对事说是做，对己之长进说是学，对人之影响说是教。教学做只是一种生活之三个方面，而不是三个各不相谋的过程。”陶行知提出：“教的方法根据学的方法，学的方法根据做的方法。事情怎样做便怎样学，怎样学便怎样教。教而不做，不能算是教；学而不做，不能算是学。教与学都是以做为中心，在做上教的是先生，在做上学的是学生。”陶行知提出的“教学做合一”是非常具有针对性的。他曾对当时中国教师的教学方法做过调查研究，认为有相当多的教师“只会教授，只会拿一本书要儿童来读它、记它，把那活泼的小孩子做个书架子、字纸篓”，也就是说，教育界普遍存在着以教师为中心，以教为中心的现象。陶行知反对以“教”为中心，主张“教学做合一”这就从教学方法上改变了教、学、做的分离状态，克服了书本知识与生活实践脱节、理论与实际分离的弊端，是教学法上的一大变革。

（三）激发儿童创造力

陶行知认为，要帮助儿童发展，一方面要了解儿童的心理和身体发展规律，另一方面要激发儿童的创造力。他针对传统儿童教育的种种弊端，提出了解开束缚儿童发展、挖掘儿童创造力的具体办法。

1. 解放儿童的大脑

解放儿童的大脑是把儿童的头脑从固有的迷信、成见、曲解、幻想中解放出来，让儿童用自己的大脑去思考问题，分析问题。

2. 解放儿童的双手

解放儿童的双手，给孩子以动手的机会，让儿童自己动手操作，使他们在手脑并用中发现创造力。为此，必须打破封建教育不让儿童动手、摧残儿童创造力的旧传统。

3. 解放儿童的双眼

“解放儿童的双眼，使学生学会观察。”陶行知的这一主张对数学有着特别重大的意义，解放儿童的眼睛，就是要摘掉儿童眼睛上的“有色眼镜，使眼睛能看事实”，要破除封建教育使儿童脱离社会实际生活的做法，培养儿童对自然和社会进行观察和分析的能力，培养儿童发现和解决问题的能力，使儿童的性情得到陶冶，意志得到锻炼。

4. 解放儿童的嘴

解放儿童的嘴，是要让儿童言论自由，要让儿童自由发表自己的看法，允许儿童对事情有疑问。疑问是人类发明创造的起点。儿童只有有了问的自由，才能充分发挥其创造力。1924 年，陶行知在《每事问》一诗中写道：“发明千千万，起点是一问。禽兽不如人，过在不会问。智者问得巧，愚者问得笨。人工胜天工，只有每事问。”

5. 解放儿童的空间

解放儿童的空间，就是给儿童提供广阔的创造舞台，为儿童进行创造活动打下基础。为此，必须反对鸟笼式的学校，反对导致儿童“营养缺乏”的教科书，要让小孩子“去接触大自然中的花草、树木、青山、绿水、日月、星辰以及大社会中之士、农、工、商、三教九流，自由地对宇宙发问，与万物为友，并且向古今中外三百六十行学习”，只有“解放了儿童的空间，才能搜集丰富的资料，扩大认识的眼界，以发挥其内在之创造力”。

6. 解放儿童的时间

一般的学校把儿童的时间排得满满的。各种考试使得儿童没有时间去接触自然和社会，结果儿童失去接触社会的机会，形成无意创造的倾向，到成人时，即使有时间，也不知道怎样去发挥其创造力。因此，“创造的儿童教育首先要为儿童争取时间之解放，时间的解放，可以使儿童有时间从容地消化、思考所学知识，去接受自然和社会的宝贵知识，积极去创造”。

（四）艺友制幼儿师范教育理论

1. 艺友制的含义

艺友制是陶行知受中国传统手工业作坊艺徒制培养工匠方法的启发，根据“教学做合一”的方法论提出的培养幼儿教师的具体方法之一。陶行知在《艺友制师范教育答客问》一文中对艺友制的内涵进行了说明：“艺友制是什么？艺是艺术，也可作手艺解。友就是朋友。凡用朋友之道教人学做艺术或手艺便是艺友制……凡用朋友之道教人学做教师便是艺友制师范教育。”

艺友制实际上就是学生（艺友）在幼稚园（而非师范学校）中通过学习成长为一名教师。具体来说其是指，学生（艺友）与幼稚园有实践经验的教师（导师）交朋友，在教师的指导下，以在幼稚园的实践为基础，在实践中学习和领悟对有关教育理论的认识，掌握有关幼稚园工作的技能，形成保教和管理工作的能力。陶行知在办晓庄学校时，各中心幼稚园便采用艺友制的方法培养了一批幼儿教师。

2. 艺友制的实施步骤

艺友制的实施步骤如下：

（1）安排艺友实际参加幼稚生的各种活动，主要目的是使其学会如何成为一个儿童领袖。

（2）交给艺友一些具体方法，如怎样讲故事、怎样带幼儿玩耍，并学习一些基本技能，如唱歌、布置活动室等。

（3）一方面做各种基本技能训练，另一方面在幼稚园实地操作。导师指导艺友制订计划，组织艺友到其他幼稚园参观并讨论。

（4）两个艺友一组，在导师的指导下独立承担整个幼稚园的工作三个月。

以上四个步骤，一共需要用一年半到两年的时间，经考核合格者，颁发结业证书。

艺友制师范教育最大的优点是能有效地克服理论与实践脱节的现象。同时，在缺乏大量幼儿教师而又无法在短期内通过师范院校培养的情况下，艺友制不失为一种有效的策略。此外，艺友制只需要一年半到两年的时间就能培养出高质量的幼儿教师，大大缩减了培养幼儿教师的时间成本。因而，艺友制是对中国“幼稚师范必须根本改造”而“探得的一条新途径”。

艺友制师范教育虽然有其独到的优势，但也是“不得已的师范教育方式”。从长远来看，全部依赖边做边学的方式培养出来的幼儿教师缺乏相关文化知识和系统的专业理论基础，其专业发展后劲难以得到保证。对此，陶行知也曾明确指出，艺友制并非培养幼儿教师的唯一方法，应当与普通幼儿师范学校相辅相成，共同培养幼儿教师。

三、对陶行知学前教育思想的评价

陶行知是我国近代著名的教育家，也是最早致力中国学前教育实验与研究的先驱。他在长期实践研究探索的基础上，不断总结经验，提出了不少既符合学前儿童学习与发展的特点，又适合中国实际情况的理论与思想。他在批判旧的幼稚教育“外国病”“花钱病”“富贵病”的同时，积极创办省钱的、平民的、适合国情的幼稚园，创造性地提出了“生活即教育”“社会即学校”“教学合一”的生活教育理论体系，从而在中国教育史上留下了光辉的一页，对后来创建中国化的学前教育课程体系产生了深远的影响。陶行知的教育思想不仅简明深刻地揭示了当时中国社会与教育的客观规律，具有较高的现代价值，特别是他对学前教育意义的深刻理解、先进的儿童教育观、创造教育的思想、生活教育的理念等，仍然值得我们去学习、去研究。

通过本章内容可知，蔡元培的“尚自然”“展个性”的儿童教育原则，是针对封建传统教育严重忽视儿童心理的做法而提出的，这些原则为中国学前教育事业的科学化奠定了思想基础。陶行知的生活教育理论是中西文化与中国本土实际有机结合的典范，是革新中国传统教育弊病的一剂良方，生活教育理论的特质指引着中国近代学前教育的发展方向。

思考与练习

1. 简述蔡元培学前教育思想的内容。
2. 陶行知普及幼稚教育思想的内容有哪些？
3. 简述陶行知的生活教育理论。
4. 陶行知提出的激发儿童创造力需要从哪些方面入手？

第五章　中国现代学前教育

学习目标

1. 掌握新民主主义向社会主义过渡时期的学前教育状况。
2. 掌握全面建设社会主义时期的学前教育状况。
3. 了解“文化大革命”时期的学前教育状况。
4. 掌握中华人民共和国成立初期学前教育的特点。
5. 掌握改革开放以来学前教育的现状和特点。

本章介绍了中华人民共和国成立初期、改革开放以来以及 21 世纪初我国学前教育的发展状况及特点。中国的学前教育事业经过近代的移植、模仿，到了现代开始了学前教育制度中国化的初步探索。同时，对外国学前教育制度的学习也开始由欧洲、日本转向美国。学前教育制度建设的理论也由福禄培尔、蒙台梭利的理论转向杜威的实用主义。

第一节　中华人民共和国成立初期的学前教育

一、中华人民共和国成立初期的学前教育状况

（一）新民主主义向社会主义过渡时期（1949—1956）的学前教育

1949 年 10 月 1 日，中华人民共和国成立，教育也进入了一个全新的发展阶段。从 1949 年 10 月至 1956 年 9 月是国民经济恢复和社会主义改造时期。在此过程中，中华人民共和国的学前教育在改造旧教育的基础上逐步确立了新的教育制度，并呈现出稳步发展的态势。

1. 确定学前教育的性质、任务及发展方针

1951 年 10 月 1 日，中央人民政府政务院颁布了《关于改革学制的决定》，这是中华人民共和国成立以来国家颁布的第一个学制。此学制共分为五个部分：第一部分为幼儿教育；第二部分为初等教育；第三部分为中等教育；第四部分为高等教育；第五部分为各级政府训练班。幼儿教育被列入学制体系，成为小学教育的基础。

新学制规定实施幼儿教育的组织机构为幼儿园，招收 3～7 岁的幼儿，目的是使幼儿的身心能在上小学前得到健全的发育和全面的发展。新学制指出，幼儿园应在有条件的城市首先建立，然后逐步向其他城市、乡村推广。

自 1922 年壬戌学制确定的、沿用了 30 年的学前教育名称“幼稚园”从此改称为“幼儿园”，开始了其崭新的生命。

1951 年，教育部制定《幼儿园暂行规程（草案）》（以下简称《暂行规程》和《幼儿园暂行教学纲要（草案）》（以下简称《暂行纲要》），并于 1952 年 3 月将这两个暂行的草案颁发至全国开始试行。上述两个法规对幼儿园的双重任务、培养目标、教养活动项目、教养原则及招收对象与管理体制都做了具体的规定。

（1）幼儿园的双重任务。① 以新民主主义教育方针教养幼儿，使他们的身心在入小学前获得健全的发展。② 减轻幼儿给母亲带来的负担，以便母亲有时间参加政治活动、生产劳动、文化教育活动等。另外，法规还规定幼儿园应对幼儿进行初步的全面发展的教养工作。

（2）幼儿园的培养目标。① 以培养幼儿基本的卫生习惯，注意其营养，锻炼其体格，保证幼儿身体的正常发育和健康。② 培养幼儿正确运用感官和语言的基本能力，增进其对环境的认识，以发展幼儿的智力。③ 培养幼儿具有爱国思想、国民公德和诚实勇敢、团结、友爱、守纪律、有礼貌等优良品质和习惯。④ 培养幼儿爱美的观念和兴趣，增进其想象力和创造力。

（3）幼儿园的教养活动项目。① 体育（包括日常生活习惯、体操、游戏、舞蹈和活动等）。② 语言（包括谈话、讲故事、歌谣、谜语）。③ 认识环境（包括日常生活环境、社会环境、自然环境）。④图画、手工（包括图画、纸工、泥工和其他材料作业等）。⑤ 音乐（包括唱歌、听音乐、乐器表演）。⑥ 计算（包括认识数目、心算、度量）。

（4）幼儿园的教养原则。① 使幼儿全面发展。② 教养内容和幼儿生活实际相结合。③幼儿有独立活动完成简单任务的机会。④ 让幼儿习惯集体生活。⑤ 必修作业、选修作业及户外活动配合进行。⑥ 幼儿的家庭与幼儿园建立密切合作的关系。

（5）幼儿园的招收对象与管理体制。① 幼儿园招收对象为 3 周岁以上未满 7 周岁的幼儿。② 以整日制为原则，幼儿每日在园时间以 8～12 小时为准。③ 根据需要可办理寄宿制和季节性幼儿园。④ 开学、放假比照小学校历，但为了便于妇女工作，以不放寒暑假为原则。⑤ 幼儿园园长应兼任教养员，教养员应对幼儿负全面的教养责任（从此，幼儿园教师的称谓便改为“教养员”）。⑥ 与此同时，还有设班、编班原则，园长责任制和教养员责任制的相关规定等。

中华人民共和国成立初期，我国学前教育确定了公办和民办并举的发展方针，依靠群众动员社会各方面的力量，采取多种形式兴办幼儿园，逐步解决广大人民群众的需要，从而有力地促进了我国幼儿教育事业的发展。

2. 学习苏联学前教育的理论和经验

学前儿童心理学家马卡连柯于 1954 年来华任教，在幼儿教育界掀起了学习儿童心理学的热潮。从 1953 年起，他陆续翻译出版了苏罗金娜的《学前教育学》、查包洛塞兹的《幼儿心理学》、沙巴也娃的《教育史》、维特罗金娜的《幼儿园音乐教学法》、萨古琳娜的《幼儿园绘画教学法》，以及有关幼儿卫生学、语言和认识环境、游戏、体育锻炼、3 岁前集体教养等几十种书籍，这些成为我国师范院校学前教育专业的主要教学用书，对我国学前教育界影响极大。

在苏联专家的指导下，教育部幼儿教育处于 1954 年 10 月召开了中华人民共和国成立以来的第一次幼儿教育经验交流会——北京、天津两市幼儿园教养员工作经验交流会。会后，教育部发出《关于组织幼儿教育工作者收集和总结经验的通知》。自此，各地幼儿教育工作者普遍开展了总结经验的活动。可见，这一时期在学习苏联的教育思想方面，不仅从教育学学科向心理学学科发展，而且注意与中国实际相结合，指导我国幼儿园总结经验，提高教育质量。虽然后来“学苏”逐渐淡化，但是苏联的教育理论和经验对我国学前教育的发展影响是深刻的。

3. 教育管理体制的建立

1956 年 2 月，内务部、教育部、卫生部联合发出《关于托儿所、幼儿园几个问题的联合通知》（以下简称《联合通知》），对我国的学前教育事业发展方针、领导关系及培养干部问题都做了规定，明确了对各类型托儿所、幼儿园的领导职责，以统一领导、分级管理为原则。

《联合通知》指出：各类型托儿所、幼儿园的经费、人事、房屋设备和日常行政事宜，均由主办单位（包括教育行政部门、厂矿、机关、团体、部队、学校、群众、私人等）各自负责管理；有关方针、政策、规章、制度、法令、教育计划、教育内容、教育方法、儿童保健等业务，在托儿所方面，则统一由卫生行政部门领导；幼儿园统一由教育行政部门领导。主办单位应向当地卫生或教育行政部门报告工作，主办单位对所办园所应定期检查，帮助解决存在的问题。卫生、教育行政部门应分别对托儿所和幼儿园实行经常监督及重点检查，还应办好几个托儿所和幼儿园，使它们起示范作用。

这一通知明确了托儿所和幼儿园的领导管理体系，有力地加强了对托儿所和幼儿园的领导和管理，保证了托幼事业的健康发展。

4. 教育事业的蓬勃发展

（1）幼儿师范学校的发展。

1951 年 8 月 27 日—9 月 11 日，第一次全国师范教育会议与第一次全国初等教育会议合并召开，会议通过了《师范学校暂行规程》《关于高等师范学校的规定》。在 1952 年的院系调整中，以发展工科院系和师范院系为重点。通过院系调整，我国将过去附设在普通大学内的教育学院、师范学院独立设置为师范学院；附设在大学内的教育系全部归并于师范学院。同时，结合中学的教学计划，调整了师范院校的系科。

在中等师范学校教育方面，1952 年 7 月，教育部颁布《师范学校暂行规程（草案）》，规定了中等师范学校的任务是培养初等教育和幼儿教育的师资，学制三年，招收初中毕业生或同等学力者，学生一律享受人民助学金，毕业生至少服务教育工作三年方可升学或担任其他职务。

1953 年 7 月，教育部颁发《幼儿师范学校教学计划（修订草案）》，并对大纲、教材、课程安排做了规定。

1955 年，教育部决定幼儿园师资由地方教育行政部门设立幼儿师范学校负责培养，在全国范围内增设了初级和中级幼儿师范学校，增加了幼儿园教师的培养基地。

1956 年 5 月，教育部正式颁发《幼儿师范学校教学计划》，调整了部分课程的教学时数。同年 6 月，教育部又颁发了《初级幼儿师范学校的教学计划（草案）》。除正规幼儿师范学校培养新师资外，教育部还通过多种渠道，采用多种形式培训、提高在职教师的教学技能。

（2）高等师范院校设置学前教育专业。

1952 年，教育部颁发并施行的《关于高等师范学校的规定》指出，高等师范学校设置的教育系分设学前教育组，培养中等幼儿师范学校的专业课教师。根据教育部关于高等学校院系调整的精神，应将分散于一些高校的有关专业适当合并，调整为学前教育专业或幼儿教育系，以利于集中力量切实形成幼儿师范学校师资培养基地。其具体措施为：将分散于南京金陵大学（金陵女子文理学院已于 1951 年并入该校）、广东岭南大学、上海复旦大学的儿童福利组及托儿专修班与南京大学师范学院幼儿教育系合并成为南京师范学院幼儿教育系；将燕京大学、辅仁大学的家政系与北京师范大学的学前教育专业合并成为北京师范大学教育系学前教育专业。这样，高等师范院校学前教育专业的力量相对集中，目标较为明确，担负着为全国培养幼儿师范学校师资力量的任务。

（二）全面建设社会主义时期（1956—1966）的学前教育

1956 年 9 月，中国共产党第八次全国代表大会在北京召开。会议宣布，新民主主义革命胜利结束，今后的主要任务是大力发展生产力，逐步满足人民群众日益增长的物质和文化需要。从此，中国进入了全面建设社会主义时期。

进入全面建设社会主义时期，幼儿教育事业得到了进一步发展。随着国家工农业生产“大跃进”，农村幼儿教育机构一度出现发展失控现象，这也是学前教育盲目发展与调整巩固阶段。1961 年，党中央提出国民经济“调整、巩固、充实、提高”的方针，幼儿教育事业发展逐步恢复正常。

1. 幼教机构稳步发展，幼教质量不断提高

教育部门主办的幼儿园，1953 年为 3 900 所，1957 年增加到 4 400 所；工矿、企业、机关等部门主办的幼儿园，1953 年为 500 所，1957 年增加到 3 400 所；民办幼儿园，1953 年为 1 100 所，1957 年增加到 8 600 所。在多种类型幼儿园同时增长的情况下，工矿、企业、机关等部门主办的幼儿园的增长最为明显，这反映了《关于托儿所幼儿园几个问

题的联合通知》（以下简称《联合通知》）中关于“全面规划，加强领导”和“在城市中有厂矿、企业、机关、团体举办”幼儿园的方针符合当时我国经济发展与幼儿教育发展相适应的现实需要。

教育部门主办的幼儿园，1956 年为 4 500 所，1957 年减少至 4 400 所；民办幼儿园，1956 年为 11 500 所，1957 年减少 8 600 所。这说明《联合通知》中按年龄划清托儿所与幼儿园的界限和有关“主办单位应采取有效办法对不合格的幼儿园进行检查和整顿”的规定发挥了作用。至于工矿、企业、机关等部门主办的幼儿园，1956 年为 2 500 所，1957 年为 3 400 所，一年内增长了 36%，则反映了《联合通知》中将城市幼儿园的发展重点放在工矿、企业区的方针符合当时国家经济发展特点。

1956 年 11 月 6 日，教育部颁发《关于幼儿园幼儿的作息制度和各项活动的规定》（以下简称《规定》），要求幼儿园“严格执行”，以利于“贯彻全面发展的幼儿教育方针”。《规定》的某些具体要求至今仍是幼儿园应努力遵守的。但是，由于当时将“作业”阐释为“在同一时间内对全班幼儿进行教学或复习”，较少注意按儿童个体差异施以不同的教育组织形式，以致幼儿园在较长时间内存在“偏重课堂教学”和“千园一面”的现象。

1956 年 11 月，教育部颁发了《关于组织幼儿教育义务视导员进行视导工作的办法》，提出“要广泛就地组织有经验的幼儿园园长和教师担任义务视导员，在教育行政部门幼教科（组）的领导下，进行视导工作”，义务视导员“有责任传播优良的工作经验，帮助各园提高工作质量”。这在当时不失为一种提高幼儿教育质量的有效措施。

教育部幼儿教育处主办的季刊《学前教育》于 1957 年 9 月 1 日正式公开发行，这是中华人民共和国成立后的第一个幼儿教育刊物。中央人民广播电台从 1956 年 9 月开始为学前儿童举办《小喇叭》专题节目，孙敬修、曹灿等专家播讲故事，不少幼儿园将收听该节目作为每日固定的幼儿活动内容。上述传播媒介对提高幼儿园教师水平、丰富幼儿活动内容和促进幼儿发展均起到了良好的作用。

2. 幼儿教育机构发展“大跃进”

1958 年 9 月 19 日，中共中央国务院在《关于教育工作的指示》中对幼儿教育的发展提出，全国应在三年到五年的时间内基本完成“使学龄前儿童大多数都能入托儿所、幼儿园的任务”。1958 年 12 月，中共八届六中全会通过的《关于人民公社若干问题的决议》还提出，公社“要办好托儿所和幼儿园，使每一个孩子比在家里生活得好，教育得好……父母可以决定孩子是否需要寄宿……公社必须大量培养托儿所和幼儿园的合格的保育员和教养员”。

在当时强调数量发展的形势下，“三天托儿化”“一夜托儿化”“实行寄宿制，消灭三大差别”等口号和行动在农村纷纷出现，将全村幼儿集中同吃、同住，但对中央指示中“要办好托儿所和幼儿园”的质量要求却不管不顾。这样的发展速度超越了我国当时农村经济的发展水平，违背了幼教事业发展的客观规律。在这种情况下，教育部对有的地区实施的适应现实条件和幼教特点的比较理智的措施颇为重视，并将有关文件原文转发至全国各地，力图对发展失控的地区产生积极影响。1958 年 7 月 22 日，教育部颁布的《转发江苏等省关于办农村幼儿园的四个文件的通知》是当时具有代表性的一个文件。但是，这类文件未能从根本上改变农村幼教机构发展失控的状况。

3. 幼儿教育学术进展受阻

1958 年 8 月，教育部主办的杂志《学前教育》和报纸《教师报》《人民教育》同时停刊。同月，北京师范大学邀请京津两地有关学校和科研机关研究人员举行座谈会批判心理学教学中的“资产阶级方向”，指责心理学以心理分析代替阶级分析。《光明日报》则发表《拔掉资产阶级教育科学中的一面白旗》的社论，对心理学教学予以批判。12 月，教育部颁发《关于〈幼儿园教育工作指南（初稿）〉不要按正式文件使用的通知》[以下简称《指南（初稿）》]，声明“《指南（初稿）》系教育部委托北京师范大学学前教研室起草的，尚未经起草委员会及教育部审查”。北京师范大学教育系学前教育专业学生给《指南（初稿）》罗列了“篡改党的教育方针”“丑化了劳动人民”“反动的儿童中心主义”等罪名，横加批判。1961—1962 年，虽然教育部对《指南（初稿）》重新做了评价，认为应该重新认识根据儿童年龄特点进行教育的必要性，但批判时所出现的大量口号化、形式化、成人化的错误，对幼儿教育学术研究的影响则是长远的。

4. 幼儿教育恢复正常秩序

1960 年 12 月 15 日，杨秀峰同志在全国文教工作会议上发言，在谈到 1961 年教育事业计划问题时指出“要继续重视和加强幼儿教育”。

1961 年 1 月，中国共产党第八届中央委员会第九次全体会议决定对国民经济实行“调整、巩固、充实、提高”的方针。在此方针指引下，幼儿教育机构根据经济、师资等实际条件采取了保留、撤销、充实等手段，朝着巩固和提高的目标逐步恢复正常发展秩序。

（1）幼儿园发展情况逐步稳定。

1960 年，全国有幼儿园 785 000 所，1961 年减至 60 300 所。其中，教育部门主办的幼儿园减少并不显著，大量减少的是其他部门开办及民办集体类型幼儿园。在中央八字方针指引下，农村幼儿园的发展逐步恢复正常和稳定。

（2）幼儿师范学校重新受到重视。

1961 年 10 月 25 日—11 月 2 日，教育部召开全国师范工作会议。1962 年 1 月，《教育部党组关于全国师范教育会议的报告》（以下简称《报告》）明确指出要重视幼儿园师资培养。《报告》提到“三年制的幼儿师范，主要是培养大、中城市重点幼儿园的教养员，目前不能多办”“应该多办初级幼儿师范，招收相当于高小毕业程度的青年，培养成为城镇和农村幼儿园教养员，学习时间的长短可以因地制宜”。《报告》还明确提出，“幼儿师范的教材，教育部准备组织力量分工编写，积极解决”“幼儿师范以政治、语文、数学、幼儿教育学为主要学科，同时各年级都要安排教育见习和实习”。幼儿师范学校由 1952 年的 2 所增加到 1957 年的 20 所，在校学生数由 2 100 人增加到 15 287 人。1960 年，幼儿师范学校增加到 89 所，在校学生增加到 69 278 人。经过调整整顿，1963—1965 年，中级幼儿师范学校稳定在 19 所，每年在校生也稳定在 5 000 人左右。从此，培养幼儿园教师由初级幼儿师范转为以中级幼儿师范为主（1958 年，初级幼儿师范生占在校生总数的 62.2%，这一比例在 1959 年下降为 45%，1962 年下降至 3%），幼儿园教师的水平逐步得到提高。

（3）地方行政部门采取措施恢复幼儿园工作秩序。

为使幼儿园教育工作尽快趋向稳定，从 1962 年开始，一些地方教育行政部门采取了积极措施。例如，北京市制定了《培养幼儿卫生习惯和独立生活能力》，上海市制定了《幼儿园工作条例 30 条》和《幼儿园品德教育提纲》，江苏省常州市制定了《幼儿园工作条例》等。

5. 全国幼儿教育领导力量削弱

恢复整顿时期，教育部精简机构，幼儿教育处被撤销，仅保留一名原幼教处干部在普通教育司综合处处理有关日常事务。此后相当长的一段时间内，教育部基本上没有对幼儿教育工作下发文件指示，使幼儿教育的发展与提高受到相当程度的影响。

（三）“文化大革命”时期（1966—1976）的学前教育

“文化大革命”时期，学前教育遭受了严重的破坏，出现了混乱的局面，学前教育停滞不前，甚至倒退。

“文化大革命”的十年我国幼儿教育事业受到较大影响。不过，值得欣慰的是，有的地区面对重重困难，仍然本着对幼教事业的忠诚，坚持着正确的办园道路。随着计划生育政策的执行，优生优育同幼儿教育事业联系了起来，促进了幼儿教育事业的回升。1975 年，卫生部妇幼局在江苏省如东县召开了关于妇幼保健、优生优育的幼儿教育座谈会。此后，江苏省乃至全国推广了如东县“三项工作一齐抓”的工作经验。江苏省委宣传部委派的南京师范学院幼教系教师赴如东县辅导和培训幼教师资。有的地方逐渐恢复或重建幼儿师范学校，如北京市幼儿师范学校在 1975 年恢复。

（四）拨乱反正时期（1976—1978）的学前教育

1976 年 10 月，“文化大革命”宣告结束，十年混乱的动荡局面被终结。教育战线经过拨乱反正，学前教育工作也开始走向正轨。从此，我国进入社会主义现代化建设新时期。但是，由于“两个凡是”错误方针的影响，整个教育工作包括学前教育仍存在“左”的错误。

二、中华人民共和国成立初期学前教育的特点

中华人民共和国成立以来至改革开放前的学前教育共经历了四个阶段，每个阶段都有其自身特点。现按照阶段将该时期学前教育的特点总结如下。

1. 从新民主主义向社会主义过渡时期的学前教育处于平稳发展状态

1949 年以后，中国共产党取得全国政权，作为一个以马克思主义为指导思想的党，

此时开始自觉或不自觉地运用马克思主义指导各个领域开展工作。作为教育伊始的学前教育领域也同样发生了变化。

以叶圣陶先生为代表的教育家，在 1949 年之前侧重于在少儿阶段让儿童有美的粗浅的认识、体会，主要以童话、短篇散文及新旧体诗歌去引导儿童对于美、善良、公序良俗的最初体验。这一时期的学前教育可以说更多的是由教师自由安排学前教育的各个环节，以提高儿童兴趣，办学模式灵活，有公立学堂，也有老式的私塾。

1949 年以后，出现了新旧两种教育模式并存的特殊现象，旧式学前教育思想方式仍适用于大多数地区，旧教育保证了传统价值在弥合内战引发的社会变化方面起到积极作用，这对于稳定新政权是有一定意义的。

2. 全面建设社会主义时期的学前教育受“左”的思想影响，盲目大发展

20 世纪 50 年代末，受“左”的思想影响，一些脱离中国现实的激进做法反映到学前教育领域，表现为：删除大量民国时期的材料内容；出现一些违背教育原理、规律的做法；一些教学骨干被错误地清理出学前教师的队伍，教师队伍开始出现动荡。

3. “文化大革命”时期的学前教育处于停滞状态

“文化大革命”期间，作为当时教育的最高阶段——大学教育几乎停办。幸运的是，当时有人提出大学还是要办的；但学前教育就不那么幸运了，本来基础就相当薄弱的学前教育，此时更是“破屋偏逢连阴雨”。各地很多类似学前教育的私塾被扣上反动的帽子，纷纷被撤销，责令关闭；很多优秀的儿童启蒙读物被定性为“大毒草”或“四旧”而不再出版，有的甚至被焚毁；各地的幼儿园、托儿所不再具有教育职能，仅仅作为儿童活动场所存在。

4. “拨乱反正”时期的学前教育从混乱转向正常

1976—1978 年，我国终于迎来了一个稳定发展的时期，学前教育得到了一定恢复，学前教育领域开始理性看待我国传统与外国的优秀教育资源。

总体来讲，中华人民共和国成立初期的学前教育处于停滞甚至滞后的状态，一段历史时期的国情与制度造成了当时的教育现状，只有从思想与制度上改变，才能真正带动与促进学前教育向前发展。

第二节　改革开放以来的学前教育

一、改革开放以来的学前教育现状

（一）20 世纪 80 年代至 90 年代的学前教育

1978 年 12 月，党的十一届三中全会召开，标志着中国改革开放的来临，中国从此

进入了建设中国特色社会主义的新时期，学前教育也迎来了改革开放的春天。

1. 制定政策性文件，指导不同时期的幼儿教育事业的发展

教育部于 1979 年 11 月 8 日颁发了《城市幼儿园工作条例（试行草案）》（以下简称《城市条例》）。《城市条例》对幼儿教育的方针、目标、内容和制度所做的详尽规定，有助于幼儿园工作人员把握方向，较为迅速地恢复幼儿园的正常工作秩序。

1981 年 10 月 31 日，教育部发出《关于试行幼儿园教育纲要（试行草案）的通知》（以下简称《教育纲要》），作为“各类幼儿园进行教育工作的依据”，要求各地幼儿园结合实际试行。《教育纲要》将教育观念提到了新的高度。

1988 年 8 月 15 日，国务院办公厅转发国家教委、国家计委等八个部门《关于加强幼儿教育工作的意见》。1989 年 8 月 20 日，国务院批准了中华人民共和国成立后的第一个幼儿教育行政法规——《幼儿园管理条例》（以下简称《条例》），于 1989 年 9 月 11 日以国家教育委员会第 4 号令发布。《条例》对幼儿园的基本条件、行政管理、保教工作等做了规定。

1990 年，时任国务院总理李鹏代表中国政府签署了世界儿童问题首脑会议通过的《儿童生存、保护和发展世界宣言》。1991 年，经全国人民代表大会常务委员会批准，我国政府参加签署的联合国制定的《儿童权利公约》自 1992 年 4 月 1 日起在我国生效。

1991 年 9 月，全国人民代表大会常务委员会颁布了《中华人民共和国未成年人保护法》。1992 年 2 月，国务院发布妇女儿童工作协调委员会编制的《九十年代中国儿童发展规划纲要》。

1996 年 9 月，全国妇联、国家教委颁布《全国家庭教育工作“九五”计划》，提出“到 2000 年，使 90%儿童（14 岁以下）的家长不同程度地掌握保育、教育儿童的知识，掌握科学的教育方法，提高家长素质；使家庭、学校、社会协调配合”。

1997 年 7 月 17 日，国家教委印发了《全国幼儿教育事业“九五”发展目标实施意见》（以下简称《实施意见》），为实现《全国教育事业“九五”计划和 2010 年发展规划》对幼儿教育事业提出的目标奠定了坚实的基础。《实施意见》提出，2000 年全国学前三年幼儿入园（班）率达到 45%以上，大、中城市基本解决适龄幼儿入园问题，农村学前一年幼儿入园（班）率达到 60%以上，并按“普九”情况和经济发展水平提出分区实施要求。

2. 学前教育机构稳步发展

随着国家学前教育政策的颁布，依靠政府和社会各方面的力量，学前教育机构出现了有计划、有步骤的稳步发展局面，特别是厂矿、企业、机关、学校和农村的幼儿园发展较快。

20 世纪 90 年代的幼儿园数量仍维持在 17 万所左右。幼儿园数量虽然从 1995 年起提高到 18 万所，但从 1996 年起开始逐年下降。这固然有实施计划生育这一基本国策后总出生率下降的因素，也有规范办园政策后收缩的因素，更与体制转轨后对幼儿园的关、停、转、并等因素直接相关。不过，从总体走势来看，学前教育机构趋于稳定发展状态。

3. 适应时代要求提高师资水平

（1）幼儿园教师地位得到提高。

1978 年 12 月 7 日，教育部、国家计委下达《关于评选特级教师的通知》，将“幼儿园的教养员”和“长期从事幼儿教育工作、领导教学工作有特长的幼儿园主任”列为评选对象。

1980 年 4 月 14 日，教育部、全国总工会发出《关于组织优秀教师暑期休养的联合通知》，包括幼儿园优秀教师在内的 108 名代表被选派至青岛休养。1981 年 2 月 5 日，中共中央书记处在中南海怀仁堂召开首都中小学、幼儿园教师春节座谈会，时任中共中央副主席陈云到会讲话。幼儿园教师同其他各级各类学校的教师一样，获得国家空前的尊重和爱护。

（2）幼儿教育师资培养受到重视。

1978 年 10 月，教育部颁发《关于加强和发展师范教育的意见》，要求“认真办好现有师范学院（师范大学）”“努力办好中等师范学校”“积极办好幼儿师范学校，为幼儿教育培养骨干师资”“在 1980 年前，要做到每一个地区有一所幼儿师范，或在有条件的中等师范学校举办幼师班。原有学前教育专业的师范院校，应积极办好这个专业，扩大招生名额，为各地幼儿师范培养师资”。

1980 年 8 月 22 日，教育部颁发《关于办好中等师范教育的意见（试行草案）》（以下简称《意见》)。《意见》将“积极办好幼儿师范教育”作为一个单独部分加以阐述，指出“幼儿教育是整个学校教育的基础”“要做好幼儿师范学校的发展规划。各省、市、自治区在 1982 年前，至少要办好一所幼儿师范学校，并列为省级重点学校”“1985 年前，在原来的大行政区范围内，应有一所高等师范院校开设学前教育专业”。全国通用的幼儿师范学校的专业材料将由教育部审定出版。

1985 年 5 月 6 日，教育部颁发《幼儿师范学校教育计划》，对 1980 年颁发的《幼儿师范学校教学计划（试行草案）》做了修改。经过修改的《幼儿师范学校教学计划》增加了教育课和教育实习时间，对于理论与实际的结合是有益的。

1988 年 8 月 15 日，国务院办公厅转发国家教委、国家计委、财政部、人事部、劳动部、建设部、卫生部、物价局《关于加强幼儿教育工作的意见》，指出“必须积极发展幼儿师范教育，同时抓紧在职教师的培训工作”，要求“各级教育行政部门要会同有关部门研究制定幼儿师范教育发展规划，合理设置幼儿师范学校、中等师范学校幼师班、职业高中幼教专业和幼儿师资培训中心等”。

全国中等幼儿师范学校从 1982 年的 33 所增至 1992 年的 68 所，幼师在校生从 1982 年的 21 798 人增至 1992 年的 37 795 人，专任教师从 1982 年的 1 592 人增至 1992 年的 4 003 人。

（3）幼儿教育师资素质的重要性被提到新的高度。

1993 年 10 月 31 日，第八届全国人民代表大会常务委员会第九次会议通过的《中华人民共和国教师法》规定：“取得幼儿园教师资格应该具备幼儿师范学校毕业及其以上学历。”1995 年 1 月 27 日，国家教委发布《三年制中等幼儿师范学校教学方案（试行）》，提出了幼儿师范学校的培养目标与规格。

1997 年 10 月 29 日，国家教委颁发《关于组织实施〈高等师范教育面向 21 世纪教学内容和课程体系改革计划〉的通知》，指出世纪之交的高等师范教育改革计划“起点高、立意新、针对性强”“具有鲜明的时代特征”，高等师范教育需“用现代文化、科技发展新成果充实和更新教育内容”，要“采取科研立项的办法，把研究过程和改革实践紧密结合起来”。

通过职前和在职培训，幼儿师资水平进一步得到提高。1996 年，全国幼儿师范学校在校生达到 84 300 人（1989 年为 36 500 人）。1981 年，在全国 430 000 名幼儿园教师中，文化业务水平为中等师范和高中毕业者占教师总数的 35.5%；到了 1996 年，在全国 962 000 名幼儿园教师中，中等师范和在职高中毕业以上者占幼儿园教师总数的 58.8%，已经取得专业合格证书的占幼儿园教师总数的 12.55%。此外，还有 5 070 名高等师范毕业的幼儿园教师，占幼儿园教师总数的 5.3%。1996 年，国家教委提出全国幼儿园园长任职资格、职责和岗位要求后，各地均采取多种形式开展培训工作。

4. 开展科学研究，促进学前教育法改革

1978 年 7 月 4 日，国务院批准《教育部关于重建中央教育科学研究所的请示报告》。同年 10 月，国家重建了在“文化大革命”时期被解散的中央教育科学研究所，幼儿教育研究室于恢复建所初期设立。

《1979—1985 年教育科学发展规划纲要（草案）》指出，需“加强教育科学各门类基础理论研究，为编写教育学、心理学、中外教育史、各科教材教法、幼儿教育学等打下科学基础，并为研究各种教育的实际问题提供基础理论的指导”。

中央教科所幼教室经批准设立了题为《适应我国国情，提高幼儿素质的调查研究》的“七五”规划国家教委重点项目。此后，这一奠定幼儿素质教育基础的项目由诊断性的调查研究进入治疗性的实验研究，成为“八五”规划中华哲学社会科学基金项目——“适应我国国情提高幼儿素质实验研究”。

在幼儿园教育教学改革方面影响较大的课题有：国家教委在全国十个省、市进行的《幼儿园工作规程》试验，北京市教科所与北京市幼儿师范学校合作进行的“幼儿玩具系列化促进幼儿智力发展的实验研究”，北京师范大学教育系学前教育专业进行的“幼儿园教育大纲实验研究”（为此后国家教委办公厅颁发的《关于在幼儿园加强爱家乡、爱祖国教育意见》做了贯彻落实的思想认识和教育行动的准备），南京师范大学幼儿教育系主持的“幼儿园科学教育活动设计的研究”等。

经全国教育科学研究规划组批准的幼教科研课题，其项目数量由“七五”时期的两项发展到“八五”时期的七项和“九五”时期的九项；研究领域从幼教机构扩展至家庭，从城市扩展至农村，从幼儿发展扩展至幼儿园师资水平提高；研究内容从单一走向综合；研究方向从侧重调查研究发展至以实验研究为主；研究结论的获取从重视定量分析发展至定量和定性分析兼顾；研究主持者从专职研究人员发展至各层面的幼教工作者，从以中老年为主扩展为中青年占多数。

各地根据地区特点确立研究项目。例如，北京市教育科学“九五”规划重点研究课题

“北京市幼儿园课程方案实验研究”为指导北京市幼教界贯彻《幼儿园工作规程》的基本精神，提供了具有本地区特色的指导教育实践活动的依据；上海市教委于 1999 年颁发的《上海市学前教育纲要》，是由市教委、市教科所、华东师范大学、长宁区实验幼儿园等单位共同组成的上海市中小学课程教材审查委员会学前教育分会的科研产物；江苏省教委于 1996 年经研究颁发《江苏省基本实现现代幼儿园评估细则（试行）》，对重视教育质量、提高幼儿发展水平的教育思想的确立起到了导向作用。

幼儿园工作人员根据本园工作需要、个人专长特点和时代要求，独自立题研究的现象近年来也已屡见不鲜。

5. 与国际接轨的学前教育事业

改革开放政策将中国幼教界推向了世界。自 20 世纪 80 年代中期开始，我国幼教界经常参加国际合作幼教研究项目，举办国际学术研讨会，参加国际会议等。20 世纪 90 年代以后，我国则更加注意此类行动对世界儿童发展事业的推动作用。

1993 年 5 月 18—22 日，联合国儿童基金会和国家教委联合举办“幼儿的教育发展——向 90 年代挑战国际研讨会”，参加会议的有澳大利亚、美国等国家和中国香港、中国澳门等地区的专家、代表共 200 余人。

1996 年 4 月 23—25 日，在北京师范大学举行了国家教委和联合国教科文组织联合主办的中国履行《儿童权利公约》研讨会。会上，联合国儿童权利委员会副主席汉姆伯格介绍了《儿童权利公约》精神。时任国家教委法规司副司长李连宁做了《中国儿童受教育权的法律保护》的报告。时任国家教委基础教育司幼教处处长朱慕菊以《幼儿受教育权利的保护与国家政策》为题做了讲话，指出“中国幼儿教育事业的发展政策始终围绕着为更多的儿童提供学前教育的机会这一核心”进行。另有高等师范院校教师和教育科研机构的研究人员做了有关报告。

（二）21 世纪初的学前教育

1. 幼儿教育改革的目标与政策

（1）幼儿教育改革的总目标。

2003 年，教育部等部门颁布了《关于幼儿教育改革与发展的指导意见》，提出 21 世纪我国幼儿教育改革的总目标是形成以公办幼儿园为骨干和示范，以社会力量兴办幼儿园为主体，公办与民办、正规与非正规教育相结合的发展格局。

“十五”期间，我国幼教事业的发展目标是：到 2005 年，全国学前三年幼儿受教育率达到 55%，学前一年受教育率达到 80%；大面积提高 3 岁以下和 3 ~ 6 岁儿童家长及看护人员的科学育儿能力。

（2）进一步完善幼儿教育管理体制和机制。

（3）坚持实行地方负责、分级管理和有关部门分工负责的幼儿教育管理体制。

① 国家制定有关幼儿教育的法规、方针、政策及发展规划。

② 省级和地（市）级人民政府负责本行政区域幼儿教育工作，统筹制定幼儿教

育的发展规划，因地制宜地制定相关政策并组织实施，促进幼儿教育事业均衡发展。

③ 县级人民政府负责本行政区域幼儿教育的规划、布局调整、公办幼儿园的建设和各类幼儿园的管理，负责管理幼儿园园长、教师，指导教育教学工作。

④ 城市街道办事处配合有关部门制订本辖区幼儿教育的发展计划，负责宣传科学育儿知识，指导家庭幼儿教育，提供活动场所和设备、设施，筹措经费，组织志愿者开展义务服务。

⑤ 乡镇人民政府承担发展农村幼儿教育的责任，负责举办乡镇中心幼儿园，筹措经费，改善办园条件；发挥村民自治组织在发展幼儿教育中的作用，开展多种形式的早期教育和对家庭幼儿教育的指导。

⑥ 各部门职责：建立和完善政府领导统筹、教育部门主管、有关部门协调配合、社区内各类幼儿园和家长共同参与的幼儿教育管理机制。

（4）加强管理，保证幼儿教育事业健康发展。

① 地方各级人民政府要加强公办幼儿园建设。

② 积极鼓励和提倡社会各方面力量采取多种形式举办幼儿园。

③ 加强对企事业单位幼儿园的管理。

2.《幼儿园教育指导纲要（试行）》和《中国儿童发展纲要（2001—2010 年）》颁布

2001 年 9 月，教育部颁布了《幼儿园教育指导纲要（试行）》。这是为进一步贯彻第三次全国教育工作会议精神，落实《国务院关于基础教育改革与发展的决定》，推进幼儿园实施幼儿素质教育而颁布的全国学前教育纲领性指导文件。《幼儿园教育指导纲要（试行）》是在总结近些年来我国幼儿园教育改革的经验，并充分吸纳了世界范围内早期教育优秀思想与研究成果的基础上制定的。

《中国儿童发展纲要（2001—2010 年）》是国务院按照《中华人民共和国国民经济和社会发展第十个五年计划纲要》的总体要求，根据我国儿童发展的实际情况，以促进儿童发展为主题，以提高儿童身心素质为重点，以培养和造就 21 世纪社会主义现代化建设人才为目标，从儿童与健康、儿童与教育、儿童与法律保护、儿童与环境四个领域，提出了 2001—2010 年的目标和策略措施。

《中国儿童发展纲要（2001—2010 年）》的总目标是坚持“儿童优先”原则，保障儿童生存、发展、受保护和参与的权利，提高儿童整体素质，促进儿童身心健康发展。

3. 幼儿教育课程的改革

21 世纪初的幼儿教育课程改革是在 20 世纪 80 年代和 90 年代幼儿教育课程改革基础上的进一步研究。它的精神集中体现在 2001 年颁布的《幼儿园教育指导纲要（试行）》中，它为 21 世纪的幼儿教育课程改革奠定了理论基础，为广大幼儿教育的理论和实践工作者在 21 世纪进行幼儿教育课程改革指明了方向。

21 世纪初的课程理论研究呈现出一片欣欣向荣的景象，具体表现在以下几个方面。

（1）研究在各种新观点（或旧观点新看法）指导下的幼儿教育课程的目标、内容和实施等问题。

（2）对瑞吉欧课程的学习与探讨。

（3）对“园本”课程理论的探讨。

（4）对幼儿教育课程生活化的讨论。

在课程的实践研究方面，研究者和广大幼儿教师形成一定的合力，继续对课程的各个领域进行研究。

总之，在世界幼儿教育课程改革的推动下，经历了20世纪80年代的改革热潮和90年代的逐渐深化到21世纪初的初见成效的过程，尽管我国20世纪80年代以来的幼儿教育课程的改革才走过了短短的30多年，但在广大理论工作者和幼儿教师的共同努力下，已经取得了很大的成绩。当然，我国的幼儿教育课程改革还在继续，在如何将国外的经验很好地理解和吸收，如何探索适合我国幼儿教育的课程体系，建立适合各地发展的课程模式，如何更好地学习、探讨和完善《幼儿园教育指导纲要（试行）》中有关幼儿教育课程的目标、内容，组织、实施和教育评价，并将之灵活运用到实践等方面，还有大量的研究工作要做，还需要幼教理论和实践工作者的进一步努力。

21世纪初，我国幼儿教育课程改革的指导思想出现了一些新的观点，如终身教育、以人为本、新的知识观和学习观等。

二、改革开放以来学前教育的特点

改革开放以后，学前教育逐渐发展，这一时期可分为两个历史阶段，现将这一时期学前教育的特点总结如下。

1. 学前教育政策趋于法制化

进入20世纪80年代后，由于中国改革开放政策的推行，幼教领域改革的呼声日益高涨。1989年6月，国家教委制定并颁发了《幼儿园工作规程（试行）》；同年9月11日，国家教委发布了《幼儿园管理条例》，这是中华人民共和国成立以来第一个经国务院批准颁发的有关幼儿教育的行政法规；1996年正式颁发了《幼儿园工作规程》；2001年颁布了《幼儿园教育指导纲要（试行）》。1989年《幼儿园管理条例》的颁发标志着我国幼儿教育开始走向法制化建设的道路，而此后一系列相关法律法规开始颁布实施。从学前教育发展的角度来看，各种政策的颁发更加有利于学前教育的法制化发展，更加有利于从不同程度和不同层面进一步对我国学前教育进行规范，使其健康而快速地发展。

2. 重视幼儿教育科学研究，幼儿教育水平明显提升

（1）学前教育科学研究机构纷纷建立。例如，1978年7月，经国务院批准重建的中央教育科学研究所，其中就设有幼儿教育研究室。此外，全国先后建立了36个省、自治区及直辖市的教育科学研究所，学校还附设学前教育科学研究机构。

（2）学前教育科研硕果累累。例如，总结我国幼儿教育历史经验的研究，对我国现代教育家陶行知、陈鹤琴等教育思想的研究，对幼儿德、智、体、美教育方面的研究，农村幼儿教育调查和实验研究，幼儿园课程结构的实验研究等。

3. 中国幼儿教育走向世界，幼儿教育与国际接轨

1991年，时任国务院总理李鹏代表中国政府签署了两个文件并做了庄严承诺，履行《儿童权利公约》；与此同时，开展多个国际合作项目和国际交流活动。这使得我国的幼儿教育开始慢慢与国际接轨。

4. 幼儿教育课程具有“中国化”“科学化”“现代化”和“终身化”的特点

“中国化”是指我国的幼儿教育课程具有本土化特点。

“科学化”是指幼儿教育课程的制定要符合幼儿的身心发展特点，并且内容要十分准确。

“现代化”是指幼儿教育的课程内容要随着时代的变化不断更新，与新时代产物相结合，为幼儿输送最新的能量。

“终身化”是指幼儿教育课程要具有终身化的特点。幼儿教育的发展具有延续性，早期教育可影响幼儿的一生。

总体来说，这一时期的幼儿教育终于摆脱停滞而向前迈进。只要我们把眼界放开，教育必当飞跃前行。

通过本章内容可知，随着中华人民共和国的成立，中国学前教育事业发生了根本性变化，获得了前所未有的发展。社会主义改造与全面建设时期，明确了对全体幼儿实施全面发展教育的任务，大力发展多种类型、多种形式的学前教育机构。“文化大革命”时期，学前教育备受冲击。改革开放以来，中国学前教育事业重新步入健康发展的轨道。根据“三个面向”的要求，学前教育不断向规范化和科学化迈进，学前教育事业总体快速发展。

思考与练习

1. 简述新民主主义向社会主义过渡时期的学前教育状况。
2. 简述全面建设社会主义时期的学前教育状况。
3. 中华人民共和国成立初期学前教育的特点有哪些?
4. 简述我国20世纪80年代至90年代的学前教育状况。
5. 简述改革开放以来我国学前教育的特点。

第六章　中国现代学前教育思想

学习目标

1. 了解张雪门、陈鹤琴、张宗麟学前教育思想的内容。
2. 能够对张雪门、陈鹤琴、张宗麟学前教育思想做出正确评价。

在改造旧中国半殖民地半封建的教育和建设民族的学前教育的过程中，在 20 世纪初的美国现代教育家杜威的实用主义教育思想的影响下，我国逐渐形成了现代学前教育思潮，产生了一批学前教育专家。其中，张雪门、陈鹤琴和张宗麟的学前教育思想就是在中国现代学前教育实践的基础上发展和完善的。

第一节　张雪门的学前教育思想

一、张雪门生平

张雪门（1891—1973），浙江人，著名幼儿教育家。20 世纪三四十年代我国幼教界有“南陈北张”之说，“北张”即张雪门，其在我国北方和台湾地区的幼教界有重大影响。

张雪门致力幼稚教育 60 年，一声淡泊名利，热爱儿童教育事业，始终坚持在幼稚园、幼稚师范最基层的岗位上辛勤工作，他自青年时期就对幼教产生兴趣，在家乡创办了当地第一所中国人办的早期幼稚园和幼稚师范学校。20 世纪 20 年代初，他到北平大学任职员，同时在教育系学习，考察天津幼稚教育，研究福禄培尔、蒙台梭利等优质教育学家的思想。张雪门反对以培植士大夫和宗教信徒为目标的幼稚教育，主张以发展儿童个性和改造中华民族为目标的幼稚教育。他研究幼稚教育是从幼稚园的课程入手的。他主张实施“幼稚园行为课程”，认为：“课程是经验，是人类的经验。”“生活就是教育，五六岁的孩子们在幼稚园生活的实践就是行为课程。”1946 年，张雪门受聘到我国台湾地区，主持台北育幼院教学工作，致力幼稚园课程的研究，1966 年出版了《增订幼稚园行为课程》，形成了他的“行为课程”理论和实践体系。

张雪门一贯重视幼稚园教师的培训和师范教育。他曾主持孔德幼稚师范，任北平幼稚师范学校校长，主张“骑马者应从马背上学”，实施一年级看、二年级做、三年级管的教育方法，加强学生见习和实习。编译了《福禄培尔游戏辑要》《蒙台梭利及其教育》，著有《幼稚园的研究》《儿童保育》《幼稚园教育概论》《中国幼稚园课程研究》。

二、张雪门学前教育思想的具体内容

（一）论幼稚教育的目的

20 世纪 30 年代，张雪门在对当时学前教育进行广泛调查的基础上，根据教育目的的不同，将中国当时的幼稚教育分为以下四类。

1. 以培养士大夫为目的的幼稚教育

张雪门认为，清末仿效日本创办的蒙养院就属于这一类。这类蒙养院以“陈腐的学问，忠孝的道德，严格的管理，再加上劳心而不劳力的培养”对幼儿进行教育。在 1933 年发表的《我国三十年来幼稚教育的回顾》一文中，张雪门对这类日式蒙养院做了描述：“他们将谈话、唱歌、识字、积木等科目，将每个科目的时间规定在功课表上，不会混乱而且也不许混乱，教师高高地坐在上面，蒙养生很端正地坐在下面。教师教一样，学生学一样，全部活动不脱离教师的示范，儿童不能自己别出心裁，也不许别出心裁。至于各种工具和材料，如果教师不给儿童，自然不能自由取用，且放置的地方很高，儿童虽欲取而不得……在这种教育下……儿童是被动的，双方都充满了压迫的苦闷。所学的都是零零碎碎的知识技能，都是负面的、虚伪的，日子稍久就立刻忘怀了。”他指出了以培养士大夫为教育目的的蒙养院在管理、课程和教学上存在的诸多弊端。

2. 以培养宗教信徒为目的的幼稚教育

张雪门认为，外国教会在中国所办幼稚园属于此类。教会幼稚园主要以培养宗教信徒为目的。他对教会幼稚园教育进行了深刻的批判。他指出，教会幼稚园虽然有“美丽的教室，小巧的设备”，可“所授的材料都是从西洋直接翻译过来的，……教法，也是向西洋局部的模拟。这种教育多半操于一知半解西洋传教士的太太们，并利用国内教会出身年轻的女子”。张雪门认为，这类幼稚园都是以宗教为本位，以培养宗教信徒和帝国主义温顺奴仆为目的，它们的保姆只是为教会尽职，她们关心的是宗教而不是孩子，她们根本不顾儿童的天性，只是把儿童当作宗教信徒来培养。张雪门在其许多著作中都抨击了这种奴化教育，并尖锐地指出教会幼稚园作为帝国主义文化侵略的工具，它所起的作用“消极的是在减弱中华民族的反抗，积极的是在制造各国的洋奴”。

3. 以发展儿童个性为目的的幼稚教育

张雪门认为，当时中国受意大利蒙台梭利和美国杜威教育思想的幼稚园就属于此类。他说：“我们幼稚园教育的目的，应完全以儿童为本位，成就儿童在该时期内身心的发展，并培养其获得经验的根本习惯，以适应环境。”他认为，这类幼稚园通过教具对儿童进行生活、感官、知识的训练，将生活环境中的事物作为教学的教材，按照时令、季节、儿童的动机和需要设计、编制课程，并给儿童一定的思考机会，可以促进儿童个体的发展。后来，他逐渐认识到儿童本位的思想不适合中国当时的国情和时代的需要，认为幼稚教育就应该考虑社会、国家和民族的需要，而不是仅仅注重儿童的个性本身。

4. 以改造中华民族为目的的幼稚教育

20 世纪 30 年代，随着日本帝国主义入侵的加剧，民族危机日益加深。张雪门逐渐意识到“中国社会的贫、弱、愚、私则在于国内封建的势力未曾铲除，而国际上帝国主义的侵略日益加深”，要改变这种状况，应通过教育“培养国民生产的习惯与兴趣、团结的能力、客观的态度、自动的精神，并唤起民族的意识及反帝国主义的情绪”。教育是改造国家的关键，教育可以唤起国民的民族意识，激发国民的反帝国主义情绪，因此，要加强对幼稚阶段儿童的教育。因为儿童是民族未来的栋梁，凡现时代中华民族应负的使命，儿童虽小，也绝不例外。他还提出了改造民族幼稚教育的四项具体目标：铲除民族的劣根性；唤起民族的自信心；养成劳动与客观的习惯态度；锻炼民族为中华之自由平等而同帝国主义做斗争之决心与实力。在此基础上，张雪门主张幼稚教育必须遵循三条原则：一是中国的传统文化，二是国家民族的需要，三是儿童的心理发展。这样才能培养儿童的伦理观念、民主生活和科学头脑。他认为，要创造中国自己的幼稚教育，就应适应国家和民族的需要，随着时代的前进而改变幼稚教育的目标、课程内容和组织方法。

（二）论幼稚园的行为课程

早在 20 世纪 30 年代初，原南京高等师范学校的教授董任坚就翻译了《行为课程》一书，当时正值行为主义学说在我国传播。张雪门也在此时开始了他对幼稚园行为课程的研究，曾先后在《幼稚教育概论》《幼稚教育新论》《新幼稚教育》等著作中对幼稚园的课程问题进行专门的探讨。1946 年，张雪门去台湾后，仍继续致力幼稚园课程的研究，并于 1966 年出版了《增订幼稚园行为课程》一书，初步形成了他的“行为课程”理论体系。随后在 20 世纪 70 年代初，他又出版了《中国幼稚园课程研究》一书，对幼稚园的课程问题做了进一步探讨。

1. 幼稚园行为课程的含义

早在 1929 年，张雪门在《幼稚园的研究》一书中就提出：“课程是什么？课程是经验，是人类的经验，用最经济的手段，按有组织的调整，用各种办法，以引起孩子的反应和活动。”同时，他明确指出：“幼稚园的课程是什么？这是给三足岁到六足岁的孩子所能够做而且欢喜做的经验的预备。”此后不久，他在《幼稚教育概论》一书中又指出：“课程源于人类的经验，只为这些经验对于人生（个人和社会）有绝大的帮助，有特殊的价值；所以人类要满足自己的需求，充实自己的生活，便不得不想学得这些经验，学得一些又想学得多些，而且把学得的再传给后人。”因此，他认为不应当把课程仅视为“知识的积体”，而应当是把“技能知识、兴趣、道德、体力、风俗、礼节种种的经验，都包括在课程里。换一句话来说，课程是适应生长的有价值的材料”。不过这时他还没有明确提出“行为课程”的概念。直到 1966 年他出版了《增订幼稚园行为课程》一书，在书中才明确提出了什么叫行为课程的问题。他说：“生活就是教育，五六岁的孩子们在幼稚园生活的实践，就是行为课程。”他认为这种课程“完全根据于生活，它从生活而来，从生活中开展，也从生活而结束，不像一般的完全限于教材的活动”。它首先应注意的是实际行为，凡扫地、抹桌、熬糖及养鸡、养蚕、种玉蜀黍和各种小花等，能够让幼儿实际行动的，都应该让他们实际去行动。因为“从行为中所得的知识，才是真实的知识；从行动中发生的困难，才是真实的问题；从行动中所获得的胜利，才是真实的制驭环境的能力”。同时，幼儿只有通过这种实际行为，才能使个体与环境接触，从而产生直接经验，这种经验也可以说是人生的基本经验。他还特别说明，“幼童一定先有了直接经验，然后才可以补充想象”。至于游戏、故事、唱歌等教材，虽然也可以给予幼儿模仿和表演的机会，然而并不能代表人类实际的行为。所以，他要求教师一定要注意儿童的实际行为，要“常常运用自然和社会的环境，以唤起其生活的需要，扩充其生活的经验，培养其生活的能力”。他认为“若教师真能做到这样，这便是行为课程了”。

2. 幼稚园行为课程的组织

如何按照上述行为的要求组织幼稚园的课程呢？张雪门认为幼稚园课程的组织与小学、中学和大学各级学校的课程不同，它有自己的特点和要求，其特点有三：第一，“幼稚生对于自然界和人世界没有分明的界限，他看宇宙间一切的一切，都是整个的”。所以编制课程时如果分得太清楚、太有系统了，反不能引起儿童的反应。第二，“当幼稚生的时期中，满足个体的需要，实甚于社会的希求”，所以编制课程时，应兼顾社会和个体两方面的需求。第三，“幼稚园的课程，需根据儿童自己直接的经验”。虽然这种经验不如传授式的经济和整齐，但对于幼儿来说，意义重大。

张雪门于 20 世纪 70 年代初出版的《幼稚园课程研究》一书中，在总结 40 年研究经验的基础上，进一步提出了组织幼稚园课程的一些标准和要求。例如，“课程须和儿童的生活联络，是有目的有计划的活动。事前应有准备，应估量环境，应有相当的组织，且需要有远大的目标。各种动作和材料全须从儿童直接的经验中获得”。在这里他不仅提出课程要与儿童生活相联系，须合乎儿童的能力、兴趣和自由发展的需要，还特别强调了课程须有目的、有计划、有远大的目标。他在实践中还曾指导幼师生根据上述标准，拟定《各月活动估量表》，即全年的课程表。这些估量表都将活动分为自然环境、社会环境和儿童环境三大类，其中，自然环境包括节气、动物、植物和自然现象；社会环境包括节令、纪念日、农作、家庭、店铺、职业、风俗、公共机关、学校；儿童环境包括游戏和疾病，并规定了每月的中心活动。

3. 幼稚园行为课程的教学方法

张雪门指出行为课程的要旨是以行为为中心，以设计为过程。只有行为没有计划、实践和检讨的设计步骤，算不得有价值的行为；只有设计没有实践的行为是空中楼阁。所以行为课程的教学方法应当是起于活动而终于活动的有计划的设计。行为课程既经设计，则应根据设计精选有助于幼儿生长进步的自然的良好行为，指导进行。同时，行为课程在进行中须把握住远大而客观的标准，并注意劳动中亦须劳心的原则。由于行为课程的教学方法系采取单元教学，他一般是先根据幼儿的学习动机，决定学习目的，再根据目的估量行为的内容。行为课程的内容可以包括幼儿的工作、游戏、音乐、故事、儿歌以及常识等科的教材，但在实施时，则应彻底打破各学科的界限。在活动进行中，教师应在各科教材中选择与学习单元相关的材料，加以运用，适当配合幼儿实际行为的发展，使各科教材自然地融入幼儿生活，力求做到从生活中来，在生活中发展，在生活中结束。采用行为课程教学法，教师在课程进行前要准备教材、布置环境、详拟计划；在课程进行中，教师要随时巡视指导，不重讲解，而着重指导幼儿行为的实践，使幼儿在活动中养成负责守法、友爱互助等基本习惯。行为课程的教学结束后，评量与检讨也是重要的一环，教师可以通过评量与检讨了解幼儿在知识、思考、习惯、技能、态度、理想、兴趣等方面的成就，作为改进教学的参考。至于单元的选择，则须配合教育宗旨、教育政策、社会需要及幼儿的能力。

（三）论教材

张雪门关于幼儿园教材的思想是与他“行为课程”的理论紧紧相连的。

课程是经过选择的有价值的经验，是儿童直接的、实际的行为和活动，但儿童不仅是自然人，也是社会人，因此，为儿童发展所选择的经验既要具有社会意义，又要适合儿童发展需要，这首先应从儿童的生活环境中搜集材料。张雪门认为，可以构成儿童课程的直接的活动有四种：儿童自发的活动；儿童与自然界接触而生的活动；儿童与人世界接触而生成的活动；人类聪明所产生的经验而合于儿童的需要者。

教材是课程的支柱，是课程目标实现的具体手段。张雪门认为真正适合儿童发展的教材应该符合以下四个条件。

1. 教材必须符合现实社会生活的需要

儿童必须学习人类积累下来的经验。但是，由于社会的发展变化，人类积累经验的价值也是变化的。从古代遗传下来的有价值的经验不一定符合现代生活的需要，有的甚至会阻碍社会的发展。因此，为儿童选择的经验，应该适合现实生活的需要。

2. 教材必须符合社会普遍生活的标准

我国幅员辽阔，从城市到农村，从沿海到内地，从北到南，各地差异比较大，所编写的教材不能把全国各地的所有情况都照顾到，而且各地的情况是时刻在变化的。因此，教材应该符合社会普遍生活的标准，只能注意大多数的普遍要求。

3. 教材必须符合儿童目前生长阶段的需要

进幼稚园的儿童，他们非动作无以促进生活的健全，也非动作无以满足好奇的欲望。动作是整个的，其流转演变，无痕迹可分，知识技能仅为动作的结果而已。所以，教材要适合儿童生长阶段的需要，就得看能不能抛开分类的抽象知识，变成直接的、具体的行动。

4. 教材必须符合儿童目前的学习能力

教材应适合儿童的学习能力，诸如摇船、荡秋千等，可以用来训练儿童的平衡感；

抛球可以发展儿童的投掷能力；堆积木、修铁道、盖楼房、种玉米等可以培养儿童合作精神与能力……。

上述四种标准不是各自分裂的，而是相互联系的。选择教材时，应该进行全面的思考。

（四）论幼稚师范的实习

幼稚师范教育思想是张雪门幼稚教育思想的重要组成部分。他认为研究幼稚教育如仅限于研究幼稚园教育，抛弃了师范教育，这无异于“清溪流者不清水源，整枝叶者不整树木，绝不是彻底的办法”。张雪门非常注意实践，认为“骑马者应从马背上学”。对于幼稚师范的实习，张雪门做了系统的论述。

1. 关于实习的场所

幼稚师范生的实习场所应包括以下四种单位。

（1）中心幼稚园。幼稚师范设立的中心幼稚园是供师生获得教育幼儿的实际经验的重要实习基地。中心幼稚园的教师，既是幼儿的教师，也是幼师生的导师。幼师生通过在中心幼稚园的实践，可以奠定学习幼稚教育、从事幼稚教育、热爱幼稚教育的基础。

（2）平民幼稚园。这是幼师生第二学年实践的主要场所。当时北平幼稚师范校内外共有平民幼稚园五六个，它们均是借用正规幼稚园的园舍设立的，于是幼师生的实习活动便从商借园舍开始，然后进行生源社会调查，宣传动员经济贫困的家长送幼儿入园免费接受教育。在幼儿入园后，幼师生则在园内轮流担任园长、教师、会计、采购人员等，通过这种实习，幼师生能培养独立从事幼稚园各种工作的能力。

（3）婴儿教保园。当时，香山慈幼院的婴儿教保园收托从出生到 4 周岁的儿童，规模较大、设备讲究，对婴儿的保健、营养、教育都很重视。在这里，幼师生通过卫生保健、儿童营养、膳食烹饪、婴幼儿服装裁剪制作等方面的实习，可以了解婴幼儿的身心特点及婴儿保教的基本常识。

（4）小学。通过在小学的参观和实习，幼师生可以了解幼儿在入小学前在知识、行为、兴趣、态度等方面应做好哪些准备，为入学打好基础。

除以上几种实习之外，张雪门还主张组织学生下乡举办乡村幼稚园，使学生了解农村幼稚教育的情况，进一步体会幼稚教育的社会价值，从而坚定其百折不挠地为幼稚教育事业献身的决心。

2. 关于实习时间的安排

在三年的学习中，他规定第一学年每周实习时间为 9 学时，分 3 次进行。首先，参观本校中心园的园址、园舍、设备、教具，观摩各科教学、游戏，学习教师的态度、技能、兴趣、习惯、仪表和教师对幼儿发生问题的处理等，使幼师生对幼稚园有一个基本概念。其次，参观各类型的幼稚园，使师范生开阔眼界、扩充知识，研究、比较、探讨适合我国国情的幼稚教育。最后，参与实习，每周有三个上午到中心园参加教育教学活动，以形成幼师生的基本观念和锻炼教学能力。第二学年的实习时间则主要由学生自己支配。在平民幼稚园里，从建园到管理，都让幼师生独立完成。第三学年的第一个学期，一半时间在婴儿园实习，另一半时间到小学实习，使幼师生对幼稚园的两端都有所了解，知道如何使各阶段教育相互衔接；第二学期则全班下乡，开办农村幼稚园，使幼师生树立为城市平民及乡村农民的幼稚教育献身的志向，忠诚于贫苦的劳动人民的教育事业。

3. 关于实习的组织

张雪门把上述这种实习计划称为“有系统组织的实习”。他认为这种有系统组织的实习必须符合以下条件：“第一，有步骤；第二，有范围；第三，有相当时间；第四，有适合的导师与方法。”同时，他指出这种实习的进行步骤大体上可分为以下四个阶段。

（1）参观阶段。

参观，旨在培养学生对幼稚园的基本观念和总体认识。他把参观分为两个阶段：第一阶段是第一学年第一学期，活动地点主要在自己的中心幼稚园。第二阶段是第二学年第二学期，但是时间不能超过这一学期的 2/5。在学生对幼稚园有了基本认识后，为了使之更坚定、更充实，就要扩大活动范围。参观的范围主要分为两部分：一是对于幼稚园行政管理及教学的参观；二是对小学、托儿所及其他机关的参观。他认为“师范生更应该参观社会……以增进社会的知识，明白社会的真相，唤起改造（或建设）社会的兴趣与决心”。

（2）见习阶段。

见习设在第一学年的第二学期。如果说参观主要是“看”和“记”，那么见习主要就是“做”，但是也会包括一些参观活动，把参观中所记的一切都应用在见习中，这样会使得师范生的认识更加清楚，观念更加坚定。他强调对见习的准备，认为见习必须有步骤地进行。见习地点以自己的中心幼稚园或者附属幼稚园为宜。见习内容具体分为两大部分：幼稚园行政和事务的见习以及教导见习。行政与事务见习的时间多选择师范生自习的时间。在见习中最重要的应该是教导见习，也就是做实习老师。在这个环节中，幼师生可以深刻体会到选材及预备的必要、儿童的个性及学习能力、教学技能，同时还能获得儿童的敬爱，为将来试教打下稳固的基础。

（3）试教阶段。

试教，设在第二学年。这一阶段是帮助他们的学识发展到更高一层的阶段，也是为他们提供一个独立负责的机会。同时，张雪门特别提倡师范生办不收费的平民幼稚园，不仅对师范生自身有利，也使平民有受教育的机会。平民幼稚园的一切工作由师范生承担，让学生独立管理和负责，教师起指导和监督的作用。试教的活动事项包括招生、开学、编制课程、课程实施、月中实施、月中报告、学期终了，并下设具体安排。

（4）辅导阶段。

辅导，设在第三学年。前三个阶段都是为了这一阶段打基础。但是他认为，这个基础是脆弱的：教育情感不深厚，教育态度不够积极，所以只有经历辅导这一阶段，才能使理论变成实践，了解教育真正的价值，才能促使社会进步。辅导的范围可大可小，他提到的有妇孺保健、亲子教育等。不论活动大小，都是从研究儿童出发，向广大社会展开的一条路。辅导在纵的方面是从儿童队伍出发，向儿童家庭、亲子教育深入；从横的方面看，是与广大社会相联系，包括社区调查、营养站、卫生站等。在这一阶段，师范生不仅要了解儿童，还要了解社会，从事整体的社会活动。辅导阶段的设立反映了张雪门把幼儿教育事业与社会生活联系在一起的大幼儿教育思想，反映了其对师范生用自己的专业知识服务社会的殷切希望。

三、对张雪门学前教育思想的评价

张雪门致力幼稚教育前后长达 60 年，为我国幼教事业的发展奉献了毕生的精力。他在幼稚教育目的、课程和师资培养方面的研究和实践卓有成效。

张雪门的学前教育思想和实践曾对我国，尤其是我国北方和台湾地区产生过很大的影响。他一生不为名利，热爱幼教事业，热爱儿童，为幼教事业鞠躬尽瘁，几十年如一日始终在幼稚园、幼稚师范最基层的岗位上辛勤工作，孜孜不倦地进行学习和研究，他严谨、求实的治学态度和工作作风值得我们学习。

第二节　陈鹤琴的学前教育思想

一、陈鹤琴生平

陈鹤琴（1892—1982），浙江上虞人，中国著名的儿童心理学家和幼儿教育家。20世纪三四十年代我国幼教界“南陈北张”之说中的“南陈”即陈鹤琴，他是“活教育”理论体系的创建者，我国现代幼儿教育的奠基人。

陈鹤琴早年留学美国，获文学学士和教育硕士学位。其创办了我国第一个幼教实验中心——南京鼓楼幼稚园，第一所公立幼稚师范学校——江西省立幼稚师范学校，以及“国立”幼稚师范专科学校、上海儿童福利促进会和特殊儿童辅导院。中华人民共和国成立后，其先后担任南京师范学院院长、全国政协委员、中国人民保卫儿童全国委员会委员、全国文字改革委员会委员、中国教育学会和幼儿教育研究会名誉理事长等职。

陈鹤琴热爱祖国、热爱儿童，毕生致力儿童教育事业。他开创了我国儿童心理和学前教育的科学研究工作，并促使家庭教育科学化和幼儿师范教育系列化，是研究中国儿童心理的第一人，著有《儿童心理之研究》等。他撰写的《家庭教育》被称为具有中国特色的儿童家庭教育的“百科全书”。他在鼓楼幼稚园的研究形成了“中心制课程”（即单元教学），奠定了我国第一个《幼稚园课程标准》的基础。他结合实践研究，创办了《幼稚教育》《儿童教育》《新儿童教育》等刊物。

陈鹤琴主张培养幼稚师范学生具有敬业、乐业、专业、创业的精神，并组织群众性的幼稚教育和儿童教育学术团体，加强教师间的学习和交流，促进教师成长。

陈鹤琴一生发表约 400 万字的著作，大多已收入《陈鹤琴教育文集》《陈鹤琴全集》。

二、陈鹤琴学前教育思想的具体内容

（一）“活教育”理论

陈鹤琴的“活教育”思想有比较完整的理论体系，这个理论体系主要由三大纲领、十七条教学原则和十三条训育原则组成。

1. “活教育”的三大纲领

“活教育”的三大纲领主要是指“活教育”的目的论、课程论和方法论。

1）活教育的目的论。

“活教育”的目的论是活教育理论的基本出发点。陈鹤琴明确指出：“‘活教育’的目的就是教育幼儿做人，做中国人，做现代中国人。”

“活教育”理论认为，“做人”是每个人都面临的问题，也是真正的教育首先必须解决的问题。与传统教育“以获得知识、预备升学目的”不同，“活教育”注重“培养儿童适应环境，控制环境，利用环境；怎样做人，怎样接待事务，接待人”。但人并不是具有民族性，不仅要做人，而且要做中国人。陈鹤琴认为，由于中国社会有其发展特质，中国人的生活内容和意义自然也受这一特质规定。在当时的历史背景下，做现代中国人就必须负荷这样的任务：“对外反对帝国主义的干涉，争取民族独立；对内肃清封建残余，建树科学民主。”要担当起这样的任务，必须具备以下几个条件：

（1）健全的身体。身体的好坏，对于一个人一生的生活事业及其抱负都有极大的影响。只有健康的人，才能有理想，乐观、积极、有毅力，才能担负起现代中国与世界给予的任务。

（2）创造的能力。儿童蕴藏着丰富的创造潜力，只要加以适当的训练，就不难养成他们的这种创造的能力，而培养这种创造力的方法，就是用科学武装儿童的头脑，让他们从做中学，从做中求创造，以手脑并用的方式去劳动、去创造。

（3）服务的精神。如果我们培养的人“只有知识技能而不服务，只知自私自利，就失去了教育的目的”，动物和人的区别也正是如此。所以，“活教育”主张培养儿童的服务精神，指导儿童去帮助别人，去了解大我的意义。

（4）合作的态度。“活教育”理论主张通过教育努力矫正中国社会和国民性中缺乏合作精神的态度，改变“一盘散沙”的形象。在教育中应注意培养合作的态度，让学生养成合作分工、互相包容和互相商量的习惯。

（5）世界的眼光。不仅要做中国人，而且要做世界人，要以宇宙为学校。“世界人”的提出，标志着“活教育”理论已跳出民族的圈子，并试图站在更高的层次论述教育目的的问题，而具备世界的眼光，是做世界人的前提条件。陈鹤琴指出：“所谓世界的眼光，就是对世界的看法，我们要有对世界的正确的看法，必须要了解世界的事事物物，大自然是怎样运动的，大社会是怎样发展的。大自然大社会是与人息息相关的。我们不能不去认识它、了解它，唯其认识世界，才能使眼光远大，不斤两于个人的利害得失。”做世界人有三个条件，即“爱国家，爱人类，爱真理”。

2）“活教育”的课程论。

“活教育”的课程理论认为，传统教育把学校与社会、课堂与自然隔离开来，把学校变成了“知识的牢狱”。这种做法，“把一本教科书摊开来，遮住了儿童的两只眼睛，儿童所看见的世界，不过是一本6寸高8寸阔的书本世界而已。一天到晚要儿童在这个渺小的书本世界里面去求知识，去求学问，去学做人，岂不是等于梦想吗？”所以，“活教育”的课程论明确宣布：“我们要利用大自然、大社会做我们的活教材。”

陈鹤琴认为，大自然、大社会是活的知识宝库，教育的主要任务就是要让儿童从这个知识宝库中汲取营养。他指出，直接经验是“学习中的唯一门径”。以直接经验为主导，才是真正的“读活书”“教活书”。至于书本知识和间接经验，只能作为学习的副工具和参考资料，即“着重于室外的活动，着重于生活的体验，以实物做研究对象，以书籍做辅佐参考”。陈鹤琴指出，世上那些不辨菽麦、不分妍媸的书呆子，并不是因为读了书才变成呆子，而是因为他们“只晓得一味读书，而不去和真正的书——大自然、大社会接触，才变成呆子的”。所以，只有抛弃“书本万能”的错误观念，去向活的、直接的“知识宝库”探讨研究，才能学有所获，学有所成。

由于直接经验是儿童在大自然、大社会中，通过各种活动获得的，所以“活教育”的课程论本质上是一种活动课程论。陈鹤琴把“活教育”的内容概括为五大方面，即所谓的“五指活动”，其主要内容与目的如下。

（1）儿童健康活动。通过体育活动、个人卫生、公共卫生、心理卫生等方面来培养儿童健全的身心。

（2）儿童社会活动。通过公民、历史、地理、时事等活动，使儿童明了个人与社会的关系，使儿童参加社会活动以培养其技能和兴趣，使儿童了解乡、镇、县、省和全国的关系及中国与世界的相互影响，激发其爱国思想及民族精神，根据时事的演变探求今后世界发展的新趋势。

（3）儿童科学活动。以生物、工业及生产劳动为范围，增进儿童科学知识，培养儿童实验兴趣，启迪儿童创造能力。

（4）儿童艺术活动。其包括音乐、美术、工艺、戏剧等项内容，可以陶冶儿童的情感，启迪儿童的审美感，发展儿童的欣赏力，培养儿童的创造力。

（5）儿童文学活动。其包括童话、诗歌、谜语、故事、剧本、演说、辩论、儿童应用文和书法。其目的在于培养儿童对于文学的欣赏能力，培养儿童对于中国文字的认识与运用，培养儿童对于文法修辞的研究兴趣，培养儿童对于文学的创造能力。

为了使“五指活动”顺利进行，陈鹤琴还制定了具体的实施大纲，详细规定了目标、性质、教师、组织、集会、教学及经费等事项，具有很强的可操作性。“五指活动”是以活动（“做”）为中心组织教材的，这就打破了传统的壁垒森严、分门别类的科目。他认为传统的课程设置与学科分类的最大问题在于它“不合教育原理，是四分五裂的，是违反儿童的生活的，是违反儿童的心理的”。而“五指活动”则避免了这种错误，它从儿童的完整生活出发，强调课程的整体性、连贯性和渗透性，具有一定的积极意义。

3）“活教育”的方法论。

“活教育”的方法论是与以活动为中心的课程论相一致的，是以强调“做”为基调的。陈鹤琴在 1941 年为《活教育》杂志撰写的发刊词中明确提出了“活教育”的方法论：“做中教，做中学，做中求进步。”

“活教育”的方法论脱胎于杜威“寓学于做”的主张，但比杜威的主张进了一大步，因为它不但要在“做”中学，还要在“做”中教与学，还要不断地在“做”中争取进步。

“活教育”理论认为，“做”是儿童获得真知的基本途径，也是儿童学习的真谛。陈鹤琴说：“儿童的世界，是儿童自己去探讨，去发现的。他自己所求来的知识，才是真知识；他自己所发现的世界，才是他的真世界。”他认为，如果不让儿童去做他所能做的事，不让儿童去想他所能想的事，就会阻碍儿童的身心发展，限制儿童最宝贵的自动研究精神。

“活教育”所主张的“做”并不是简单的游戏、劳动和学习，不是尝试错误，而是把动手与动脑结合起来的“做”，是在思想参与下的“做”。正如陈鹤琴所说：“一切教学，不仅仅在做上打基础，也应当在思想上下功夫。”“思想是行动之母，思想没有受过锻炼，行动就等于盲动，流于妄动。”所以，对儿童来说，“做”是身心协调发展的条件。

“活教育”理论认为，“学生要在做中学，教师也要在做中教，不应该只是片面地学习”。教师的“做中教”关键是教会学生“做中学”，为学生“做中学”创造良好的环境与条件。而要做到这一点，关键是与学生共同“做”。陈鹤琴曾以教学生学游泳为例：“你要儿童游泳，你一定要在水里教他，而且要他自己也实地到水里去，否则光是游泳给他看是没有用处的。”在学“做中教”的过程中，教师要指导学生正确地掌握知识与技能，使他们运用科学方法做事，运用科学方法求知。他指出：“倘使不教而让儿童自己去瞎摸，那是太不经济了。我们人类所有的经验是应当利用的。”但这种指导并不是越俎代庖，而是在学生的积极性得到充分发挥基础上的教，是所谓的“做中教”。

“活教育”理论把教学过程分为以下四个步骤：

第一步是实验观察。学生主要通过观察与实验来获得直接经验。教师在引导学生观察时要注意：全面观察，概括全体；比较观察，精密分析；系统观察，有明确目标；五官俱到，使各种感觉互相补充。这是教学的感性阶段，应尽力促使学生发现问题，提出问题。

第二步是阅读参考。“活教育”理论认为，许多知识是不能拿来实验观察的，单凭经验也不易彻底了解事物。所以，在“做中学”的过程中发现了问题，就要大量阅读参考，擢去疑窦。这样，既能弥补学生感性经验的不足，又可以防止他们“陷入主观主义、经验主义的偏向”。

第三步是发表创作。在这个阶段，要求学生把观察参考所得加以整理，融会贯通，变为自己的经验、自己的学习成果。学生可就此机会充分发挥自己的创造力，用故事、报告、演讲等各种形式表现出来。

第四步是批评检讨。在这个阶段，教师和学生一起共同检验学习的成果，互相学习，互相批评，总结经验，吸取教训，既要把总结所得应用到生活实践中，又要把它作为新的学习过程开始的基础。

上述四步是教学的完整过程。每经过这样一个过程，学生的知识能力都会前进一步，教师的学识与能力也会有所进步。而“教的进步，也是学的进步，那便是‘做中求进步’”。

2.“活教育”的十七条教学原则

陈鹤琴根据儿童心理学的研究成果和他自己的教学经验，对“活教育”的教学原则做了系统的阐述。“活教育”的教学原则主要有以下内容。

1）凡是儿童自己能够做的，应当让他自己做。

“活教育”理论认为，“做”是教学的基本原则，一切的学习，无论是肌肉的、感觉的，还是神经的，都要靠“做”才能成功。只有“做”，才能让学生直接与事物接触，才能得到直接经验，才能知道做事之困难，才能认识事物的性质。愈做兴趣愈浓，愈做能力愈强。所以，必须尽可能让学生做他们所能做的任何事。

2）凡是儿童自己能够想的，应当让他自己想。

“活教育”理论认为，学校教育中“最危险的，就是儿童没有思想的机会”。所以，教师必须培养学生善于思考、独立思考的能力。教师不必对学生说明种种结果，而应让他们自己试验、思考，去求结果。做教师的责任，是“从旁指导儿童，怎样研究，怎样思想”，启发他们探究事物的发生与发展，从而得到解决问题的正确方法。

3）你要儿童怎样做，就应当教儿童怎样学。

“活教育”理论反对理论与实际相脱节的教学，强调在实际生活中实干，在实干中求知。陈鹤琴以游泳为例，说明在陆地上学游泳是没有多大用处的；又以烧饭为例，说明单单在教室里讲饭怎样煮、菜怎样烧、鱼怎样煎、肉怎样煨，学生还是不会。所以，一定要使学生“在适当的环境之内，得到相当的学习”。

4）鼓励儿童去发现他自己的世界。

“活教育”理论认为，儿童的世界非常大：有伟大的自然，如四季鲜艳夺目的花草树木、光怪陆离的虫鱼禽兽、变幻莫测的风霜雨雪、奇妙伟大的日月星辰；有广博的社会，如家庭的组织、乡镇的管理、风俗习惯的形成、国家的富强、世界的进化等。这些都是儿童的知识宝库，都是他们的“活教材”。教师必须激发学生的求知欲，让他们自己去探究、去发现。

5）积极的鼓励胜于消极的制裁。

“活教育”理论认为，消极的制裁并没有多大的教育效果，只会引起学生的反感，使他们产生退缩行为。所以，必须多表扬、少批评，“用鼓励的方法来控制儿童的行为，来督促儿童求学”。

6）大自然、大社会是我们的活教材。

“活教育”理论认为，书本上的知识都是间接的知识，要获得直接的知识，应该从大自然、大社会中去追求、去探讨。陈鹤琴以当时的历史、地理为例，说：“我们何必一定要把一部活地理四分五裂，呆呆板板地教小孩子死记死读；我们何必一定要把一部中华民族进化史支离破碎，一朝一朝呆呆板板地教小孩子死记死读呢？”如果以抗战来做研究史地的中心和出发点，教师的“教”就会变得生动而深刻，学生的“学”也会变得兴奋而有趣。

7）比较教学法。

“活教育”理论认为，比较教学法是让学生鉴别事物最有效、最简易的方法，它能够使学生对于所学的事物，“认识得格外正确，印刻得格外深切，记忆得格外持久”。

8）用比赛的方法来增进学习的效率。

“活教育”理论认为，儿童大多是喜欢比赛、喜欢竞争的，教师要利用这种心理去教导儿童，去增加儿童的兴趣，去促进学习的效率。所以，学校里可以进行作文比赛、演讲比赛、阅读比赛、图画比赛、球类比赛等，并通过比赛培养“做人做事的美德”，如合作、牺牲、互助等，做到胜不骄败不馁。

9）积极的暗示胜于消极的命令。

“活教育”理论认为，儿童具有较强的受暗示性，无论是语言的暗示、文字的暗示、图画的暗示，还是动作的暗示，都较消极的命令更容易为儿童所接受。教师要注意以身作则，注意给学生施加积极的暗示影响。

10）替代教学法。

“活教育”理论认为，儿童具有很强的好奇心与探究欲。儿童是好动的，“他喜欢做这样，做那样，你没有东西给他做，他就要破坏，就要捣乱，所以我们要他做，要他建设，要他创造”；儿童是喜欢合群的，就应让他们有一种正式的组织来发展他们的能力，培养他们的合群性。总之，我们可以利用各种替代的方法，来满足儿童的欲望，发展他们的个性，培养他们的人格。

11）注意环境，利用环境。

“活教育”理论认为，在大自然、大社会中，可以找到许多活教材、活教具。要想成为一名成功的教师，就一定要注意环境、利用环境。陈鹤琴说：“环境中有许许多多的东西，初看与你所教的没有关系，仔细研究研究看，也可以变成很好的教材、很好的教具。”他所发明的儿童玩具与教具，就是从生活中的娱乐工具改造过来的。

12）分组学习，共同研究。

“活教育”理论认为，集体学习是教学的主要形式。这是由于一个人的思想需要有刺激，有了刺激，思维就活跃，就进步。集体学习既有分组讨论，也有课堂讲授，而以分组研究、共同讨论的方式为主。

13）教学游戏化。

“活教育”理论认为，游戏是人生不可缺少的活动，不管年龄、性别，人们总是喜欢游戏的。所以，如果我们能把学习活动化为游戏，就会使学习变得“更有趣、更快乐、更能有进步”。在教学游戏化的过程中，教师要注意方法与目的的配合，不能为游戏而游戏。同时，教师要注意给大多数儿童提供活动的机会，“要以各个小朋友都能参加为准”。

14）教学故事化。

“活教育”理论认为，故事是儿童的一种重要的精神食粮。故事与儿童的情感有交流作用，能使儿童的情感投射到故事中；故事情节的神奇，能满足儿童的好奇心；故事能激起儿童的想象力，把儿童导入无限推论的境界之中；故事组织得完整，适合儿童的学习心理。所以，教学中应尽可能做到“教材故事化”。用故事的体裁来编排教材，运用教材；做到“教法故事化”，利用故事激发和引起儿童的学习动机。

15）教师教教师。

“活教育”理论认为，在职教师如何充实自己，如何提高自己，是最应该重视的问题；而举行教学演示或组织巡回教学辅导团等形式，即教师教教师，这是提高教师水平的有效方法。

16）儿童教儿童。

“活教育”理论认为，儿童教儿童比成人教儿童优势明显：儿童比成人更了解儿童，儿童鼓励儿童的效果更加明显，儿童教儿童可以做到教学相长。陶行知的“小先生”制就是以儿童教儿童为原则的。

17）精密观察。

“活教育”理论认为，观察是获得知识的基本方法，而精密观察则是开启真理宝库的钥匙。握着这把钥匙，我们便能接近科学的真理。在教学中采用观察的方法，如通过实地观察来施行教学，通过实际研究来培养儿童善于观察的学习态度，将有助于增强教学效果。

“活教育”理论是现代中国教育思想史上体系比较完整、影响比较深远的儿童教育理论。“活教育”理论的十七条教学原则都贯彻着“做”的精神，在一定程度上符合理论联系实际的原则。

3.“活教育”的十三条训育原则

“活教育”理论认为，训育工作在整个教育工作中是最繁重、最重要的。拟定训育工作的基本原则，“犹如旅行有了向导，航海有了指南。因为这样才有所根据，不致茫无头绪，无所适从”。陈鹤琴提出了以下十三条“活教育”的训育原则。

1）从小到大。

“活教育”理论认为，教育必须从小抓起。如“讲话怎样讲，批评怎样批评，做人的态度，对人的礼貌，以及一切的一切都要从小养成”，要从小及早加以训练与教育，使其养成良好的行为习惯，可达到事半功倍的效果。

2）从人治到法治。

“活教育”理论认为，人治与法治的最大区别在于：人治易受环境变迁的影响，法治则对于人事权衡有一定的准尺。如孩子怕教师批评才洗手，这是人治观念的支配；为了健康而洗手，则是法治观念的支配。

3）从法治到心理。

“活教育”理论认为，从人治到法治虽然是一个飞跃、一个进步，但“徒循法理，尚不能完全解决训育上的种种问题”。要使学生从服从到自觉，从消极接受到积极内化，就必须在心理上下功夫。所以，陈鹤琴说：“做一个教师一定要懂得心理。小学教师一定要懂得儿童心理，中学、大学教师一定要懂得青年心理和群众心理。不了解心理的人，从事训导工作是一定会失败的。”

4）从对立到一体。

“活教育”理论认为，必须消除隔在教师和学生之间的鸿沟，教师和学生应当是站在同一条战线上的朋友。大家共同向学问进攻，学习为人处世的道理。“教师把学生看作自己的子弟，学生把教师当作自己的父兄。大家在学校中共同生活，共同研究，共同学做人。”

5）从不觉到自觉。

“活教育”理论认为，每个人的心中都有一头“狮子”，这头“狮子”就是极大的潜在力量：许多人心中的“狮子”是沉睡着的，所以纵有极大的潜在力量，也不能发挥出来。训育的任务就是把这种糊糊涂涂、浑浑噩噩的“不觉”转变为“自觉”，唤醒学生心中的“狮子”，使其获得力量。

6）从被动到自动。

“活教育”理论认为，学生在训育过程中一般会经历三个阶段：完全由教师管理的阶段——由团体管理的阶段——自己管理的阶段。第一个阶段是被动的，第二个阶段也是被动的，第三个阶段则是自动的。从被动到自动，就是让学生学会自我管理，如考试不用教师监考，而让学生以自己的人格与荣誉作保，自己监视自己。

7）从自我到互助。

“活教育”理论认为，人和动物的重要区别在于，动物的自私是不可克制的，人的自私却可以用崇高的道德观念来克制。“舍己为人”是做人的最高理想。在训育过程中，教师要教育学生从自我到互助，并逐步向最高理想迈进。

8）从知到行。

“活教育”理论认为，知不行，单是“理论”而无“实践”，就会一事无成。“不断地做，习惯养成了，然后可以持续不断，表现出成绩来”。所以，训育工作的重要使命就是让学生知而且行，理论联系实际。

9）从形式到精神。

“活教育”理论认为，只有表面而没有精神的训育是失败的训育，训育工作不能停留于形式。比如，有些教师要学生对他表示尊敬，见面的时候要行礼和问候；至于学生对他是否真正尊敬，这些他都不管。这样只求表面而不顾精神，试问有何益处呢？因此，训育的最高境界是使学生“诚于中而形于外”，从形式到精神。

10）从分家到合一。

“活教育”理论认为，训育与教学（德育与智育）本来应是一体化的，训教脱节只能是两败俱伤。所以，“学校里专门负责训导的人可以管训育上的计划及各种施行办法，实际去训导学生的应当是全体教职员，把分家了的训教两部分工作重新联结在一起”。

11）从隔阂到联络。

“活教育”理论认为，如果学校与家庭的关系存在隔阂，双方不能采取有效的共同步骤，就会削弱训育的效果。所以，担任训育工作的教师，应常常进行家庭访问，或邀请家长们到学校参加各种活动，把家庭和学校联系在一起。

12）从消极到积极。

“活教育”理论认为，学生犯了错误或有不正当行为，应积极消除引起他犯错误或做不正当事的动机，而不能只是做消极的防止或制裁。陈鹤琴曾以教育孩子不许打架为例：“我们要研究，为什么小孩子那么喜欢打架呢？因为小孩子是好动的，他们的精力是要有地方发泄的，所以学校应当多添些运动器具和娱乐设备，来满足孩子们的合理要求，增进他们的身心健康。”所以，训育应尽可能地采用积极的鼓励，而避免消极的制裁。

13）从“空口说教”到“以身作则”。

“活教育”理论认为，训育工作的关键是要建立起学生对教师的信仰。这种信仰是由于学生对教师的道德和学识的钦佩所产生的，绝不是用欺骗或权威获得的。如果教师道德品行有缺陷，“即使他每天舌敝唇焦向学生演讲一大篇做人的道理，也是毫无用处的”。所以，担任训育工作的人，必须具有高尚的道德，处处以身作则。

（二）学前儿童心理特点

陈鹤琴从 1920 年冬开始，以其长子陈一鸣为对象，从他出生时起，就儿童的动作、能力、情绪、言语、游戏、学习、美感等方面的发展，逐日对其身心发展变化和各种刺激反应进行周密的观察和实验，写下详细的文字记录以及用摄影记录，写成了《儿童心理之研究》。他在书中阐述了儿童心理发展的一般规律与年龄特征，揭示了儿童形成心理特征和道德品质、掌握知识与技能，以及发展智力和体力的心理过程。正是由于他对儿童身心发展进行了缜密的研究，才为我国儿童教育的科学化奠定了坚实的基础。

陈鹤琴通过揭示儿童的心理特点来提出教育教学原则。他认为，儿童不是“小人”，“儿童的心理与成人的心理不同，儿童时期不仅作为成人之预备，亦具有他本身的价值，我们应当尊敬儿童的人格，爱护他的烂漫天真”。他认为，如能根据儿童的心理施行教育必有良好的效果。儿童心理主要具有以下特点。

1. 好游戏

小孩子生来是好动的，是以游戏为生命的。要知多运动，多强健；多游戏，多快乐；多经验，多学识，多思想。所以，做父母的不得不注意小孩子的动作和游戏。第一，父母应提供良好的设备使小孩子能进行充分的运动；第二，父母应帮助小孩子寻找适宜同伴，使他们互相影响。有此二者，小孩子的身体就容易强健，心境就常常快乐，知识就容易增进，思想就容易被启发。

2. 好模仿

小孩子是好模仿的，而且模仿没有选择性，家人的举动、言语都是他们模仿的对象。若家人举止文雅，他的举动大概也会文雅；若家人言语粗陋，他的言语大概也是粗陋的。所以，做父母的不得不事事谨慎，务使己身堪有作则之价值。

3. 好 奇

柏拉图说：“好奇者，知识之门。”这句话很对。若小孩子不好奇，那就不去与事物接触了；不与事物接触，那他就不能明了事物的性质和状况了。好奇是小孩子获得知识的一个最紧要的门径。

4. 喜欢成功

小孩子很喜欢做事情，而且很喜欢成功的感觉，这让他们觉得既有趣，又可以得到父母或教师的赞许。不过，叫小孩子做的事情不要太难，若太难，小孩子就不能有所成就，若没有成就，小孩子可能会灰心而下次不肯再做了。反之，若所做的不甚难，小孩子能够胜任而有成就，一有成就，小孩子就很高兴，就有自信力，所成就者愈多，自信力就愈大，自信力愈大，事情就愈容易成功。

5. 喜欢野外生活

大多数小孩子都喜欢户外生活，到户外去就欢喜，终日在家里就不十分高兴。凡天气晴和的时候，家长就应带小孩子到外边去游玩。他们在旷野里跑来跑去，看见野花就观赏，看见池塘就抛石子入水以取乐。这种郊游于小孩子的身体、知识、行为都有很好的影响。

6. 喜欢合群

凡人都喜欢群居，婴儿离群索居就要哭喊。小孩子 2 岁时就要与同伴游玩，到了五六岁，这个乐群心更加强了。假如此时没有伴侣，他一定会觉得孤苦不堪，有时候还要产生想象的伴侣，他同这个想象的伴侣一同游玩，一同起居，一同饮食，这样就不致孤单了。

7. 喜欢称赞

二三岁的小孩子就喜欢“听好话”，喜欢旁人称赞他，比如今天他穿一件新衣服，就要给他父亲看；穿了一双新鞋子，就要给他同伴看。到了四五岁的时候，这种喜欢比嘉许的心理还要来得浓厚。陈鹤琴认为，儿童喜欢被夸赞的心理是普遍存在的，但是也要合理利用夸赞语言，不可滥用，否则将会适得其反。

（三）学前儿童的发展阶段与教育重点

为了研究人生的整个过程和进行教育，需把人生过程分成几个阶段来考察。陈鹤琴根据自己多年的观察和实验的研究成果，主张把学前儿童时期分成四个阶段，即新生婴儿期（新生）、乳儿时期（出生后到 1 岁左右）、步儿时期（1 岁左右到 3 岁半左右）、幼儿时期（3 岁半左右到 6 岁左右）。

陈鹤琴按照儿童发展的有序性揭示了每个阶段的发展特点，并确定了与各发展阶段相适应的教育重点。陈鹤琴一贯重视对儿童生理和心理发展特点的研究，要求把教育建立在科学的基础上。

1. 发展特点

（1）思想活动方面。陈鹤琴指出，儿童的思想与成人不同：数量不如成人多，准确性比成人差，内容限于游戏方面。但是，儿童的思想是逐渐发展起来的。

（2）社会性的发展。陈鹤琴认为，所谓儿童的社会性，不仅是指儿童与儿童或儿童与成人的个别关系，还在于社会的组织性活动的建立。儿童社会性的发展也有其进程。

（3）情绪的转变。陈鹤琴说：“在儿童的初期，他们情绪的表现大都是由自身生理上的要求所激起的。”但是，到了幼儿时期，随着儿童身心的发展、生活范围的扩大，儿童与环境之间的关系也表现得空前的繁复。这时，儿童情绪的激起，由于社会环境的刺激而与日俱增。

2. 教育重点

陈鹤琴说："无论在生理方面还是心理方面，幼儿期的教育都是非常重要的。儿童对社会是否适应，儿童生理方面或心理发展的程度是否表现着常态的前进，儿童卫生习惯是否养成，以及儿童身体是否得到健康发展，幼儿期的教育都该负担相当的责任。"根据幼儿思想的活动、社会性的发展及情绪的转变，实施教育时尤其应注意以下几点。

（1）以积极代替消极。可用暗示、启发和鼓励积极发展儿童的才能和兴趣，切勿消极地批评和抑制他们。

（2）不姑息，不严厉。既反对溺爱子女而姑息迁就，也反对处处用成人的意志要求儿童，用成人的道德规范儿童。

（3）让儿童使用自己的手脑。主张让儿童自己去做，让儿童自己去想。

（4）让儿童自己有活动的园地。主张儿童要有适当的游戏场所和适当的伙伴。

（5）发展儿童的好问心。应当重视启发儿童，利用儿童的发问来进行教育工作。

（6）父母和教师要以身作则。父母和教师的言行，对于儿童优良习惯的养成关系重大。所以，父母和教师的行为举止必须谨慎。

（四）论家庭教育

陈鹤琴所著的《家庭教育》以及20世纪30年代后期陆续发表的《儿童应有良好的环境》《怎样做父母》等论文，都体现了他的家庭教育思想。

1. 要把家庭教育作为关系到国家前途、命运的大事

陈鹤琴认为，家庭教育同社会的进步和国家的强盛密切相关。

陈鹤琴在《家庭教育》自序中写道："幼稚期（出生至七岁）是人生最重要的一个时期，习惯、言语、技能、思想、态度、情绪等都要在此时期打一个基础，若基础打得不稳固，那健全人格就不容易形成了。"陈鹤琴充分肯定了幼稚期教育对未来良好国民的奠基作用，指出："知识之丰富与否，思想之发展与否，良好习惯之养成与否，家庭教育实应负完全的责任。"

《家庭教育》1981年重版序中，陈鹤琴进一步论述了儿童教育与国家命运的关系："儿童是振兴中华的希望。儿童教育是整个教育的基础，关系到我们伟大祖国的命运……社会主义现代化建设需要人才，培育人才要从小开始。"他认为"家长是子女的第一位老师，父母应尽到教育好孩子的责任……幼儿在父母那里学说话，认识周围事物，模仿父母言行，在父母影响下形成性格。因此，必须十分重视对幼儿的家庭教育"。

2. 要把科学地了解儿童作为实施家庭教育的依据

在《家庭教育》中，陈鹤琴首先略述了儿童的心理与学习性质及原则，以此作为家庭教育的基础。

（1）学习的性质。陈鹤琴认为，儿童生来有三种基本能力，即感觉、联念和动作。学习就是先感觉外界的刺激，后把所感觉的事物与所有的感觉联合起来，再发生相当的动作去反映外界的刺激。刺激与反应是可见的，联念却相反。

（2）学习的原则。关于学习的原则，陈鹤琴认为有三点：一是刺激的原则，二是联念的原则，三是动作的原则。

3. 要把教育功能自然地渗透于家庭生活的各个方面

陈鹤琴认为，家庭教育应融化和渗透于日常生活之中，通过家长的言传身教、亲子间的交往和家庭生活的实践，随机地、个别地、面对面地进行。他是从家庭生活的需要和儿童在家庭中的主要学习内容来阐述家庭教育的各项原则的。

（1）卫生教育方面。陈鹤琴从一般家庭的现实条件出发，详尽地阐述了培养良好卫生习惯的内容，共计 25 条。

（2）情绪教育和群育方面。陈鹤琴非常重视教会孩子待人接物，特别强调要教育孩子从小心中有他人，学会考虑别人的安宁和幸福，鼓励孩子每天做件好事，使人得到快乐；尊敬长者，敬爱父母；亲人有病时，能表示同情；乐意帮助父母做事，养成爱劳动和爱惜物品的习惯等。陈鹤琴重视保护儿童的心理健康，注重创造温暖、宽松、愉快的精神环境。他告诫父母要及时缓解或解除孩子的痛苦和精神上的压抑。陈鹤琴十分反对父母对孩子溺爱和放任，他指出，对待孩子要赏罚分明、严格要求，这正是克服儿童任性和依赖的良方。

（3）智育方面。陈鹤琴强调应通过多种途径让儿童获得并积累早期经验，他提倡让孩子做自己能做的事情，让孩子自己去尝试。他强调要为孩子创造良好的环境，包括游戏的环境、艺术的环境、阅读的环境，以开拓儿童的视野，增强其适应能力。

此外，陈鹤琴认为全面提高父母的素质和教育能力是保证家庭教育质量的前提条件。20 世纪 70 年代末，陈鹤琴建议“要重视幼儿家庭教育的科学实验，应将幼儿的家庭教育作为一门科学来研究和推广”。

三、对陈鹤琴学前教育思想的评价

陈鹤琴对幼稚园的教育和玩具、教材及设备等都进行过实验研究，建树颇多。20 世纪 70 年代末，陈鹤琴建议对幼儿园的教育应进行系统、深入的科学实验与研究，要办好示范性幼儿园。他认为，应根据儿童的特点多给儿童感性的知识，创造各种环境和条件，多让儿童接触大自然和社会，多观察，多活动，扩大他们的眼界，增进他们的科学常识，发展他们的智力。他还认为，应一分为二地总结五四运动及中华人民共和国成立以来这方面我国自己的经验，继续前进；外国有许多经验，也有许多好的经验，但不能不加分析地照抄照搬，要结合中国实际情况以实践来检验哪些是成功的、切实可行的，哪些是不可取的。此外，他还提出了必须重视和解决幼教玩具、教具的教学实验和制造，认为这是一个极为迫切的重大问题。

第三节　张宗麟的学前教育思想

一、张宗麟生平

张宗麟（1899—1976），浙江绍兴人，我国著名幼儿教育家，为中国现代学前教育的发展做出了重要贡献。张宗麟毕业于东南大学教育系。曾任南京市鼓楼幼稚园教师、晓庄师范指导员主任、福建集美乡村师范校长、湖北教育学院教育系主任等职。抗战期间，他担任上海文化界救亡协会理事、延安大学教育系副主任；1947 年后，任华北大学教育研究室主任等职。中华人民共和国成立后，张宗麟历任教育部高等教育司副司长、司长等职。

张宗麟一生经历坎坷，但对教育事业的热爱始终不渝。1925 年毕业时，他谢绝了多位教授选他当助手的好意，毅然决定追随陈鹤琴研究幼儿教育，成为我国男性大学生当幼稚园教师的第一人。他协助陈鹤琴进行了课程、设备等项的研究，创办了《幼稚教育》月刊，发起组织了幼稚教育研究会等。后他又协助陶行知担任晓庄第二院（幼稚师范）的指导员，办起了乡村幼稚园。他非常重视幼儿教育，认为“幼儿教育是一切教育的基础”，并一针见血地指出了当时我国幼稚教育存在的弊病，呼吁停办外国人设立的幼稚师范及幼稚园，提出了“明日的幼稚教育必定是普及的”“必定是‘教’与‘养’并重的”“必定与家庭沟通”等九点设想。

通过对南京鼓楼幼稚园和晓庄乡村幼稚园的实验研究，张宗麟撰写了大量关于幼稚园课程的论文，指出课程乃指幼儿“在幼稚园一切之活动”，认为“幼稚园的课程应是社会化的幼稚园课程”。他还关注教师的培训问题，认为幼稚园教师的任务实际上重于小学教师，提出“中国总需有富于国家精神的幼稚园教师，所以急需设立完美的、富于研究试验精神的幼稚师范”，并对幼稚师范的课程设置提出了许多建议。他的实验研究成果和论著在我国幼教界产生了广泛而深远的影响。其主要著作《幼稚教育概论》《幼稚园的社会》等已收入《张宗麟幼儿教育论集》。

二、张宗麟学前教育思想的具体内容

（一）幼稚教育的地位和作用

张宗麟非常重视幼稚教育的地位和作用。

首先，他认为幼稚教育之重要是由儿童对人生、对社会、对国家的重要性所决定的。儿童在人生中之重要，表现在：“在生理上，此期儿童最易遇到危险，正如初放之芽，最易被虫蚀；在心理上则所有影响最深，几乎一生不消。”因此，对儿童如果没有良好的教育就将影响到他的一生。儿童对国家、对社会之重要，则表现在：为国效劳之壮年国民或为国家败类之壮年国民，追溯其根源，“莫不如童年时代造成之”。同时他指出，“据人口调查，儿童自三岁至六岁死亡率大……倘能有良好的保护与教育，使婴儿皆长为成人，

更能表现其个性，则国家社会之进步，必速于今日”。他还指出：“吾人爱国热忱，发于理智者少，而发于情感者多。然而永久的情感，非一时所能造成，必日浸月润，然后根深蒂固，虔心不改。吾人倘以国民为必须爱国者，必须为社会服务者，则其教育当自最初级之教育开始，此教育为何？即幼稚教育也。”总之，在他看来，不论从儿童个人发展的角度来说，还是从国家社会利益的角度来说，幼稚教育都是十分重要的。

其次，他认为幼稚教育之所以重要，也是由它在学制上的地位和作用决定的。幼稚教育“为学制上一切教育之起点也”。它不但与小学低年级关系最为密切，是“小学教育之基础”，而且对中学和大学教育也有重要的影响，他说：“非独小学生，即中学生、大学生许多习惯、性情，亦可以幼稚园养成之，如研究的态度、对人的品性等，皆奠基于此。”

最后，他还从幼稚园与家庭的关系方面指出，幼稚园是家庭托付儿童的第一场所，是与父母接触的第一种教育事业。许多家庭，由于父母各有职业，又各有其他事务，不能承担子女教育之责，于是便把子女托付于幼稚园；也有许多家庭，父母虽然有闲暇的时间，但因学识关系，对于子女往往爱而不知教，也需要幼稚园的帮助。因为幼稚园有专门人才，只有在幼稚园，儿童才能受到良好的教育。同时，幼稚园不但直接担负着教育儿童的责任，还可以通过发起组织母亲会等形式对家长进行教育方法方面的辅导。

可见，张宗麟对作为最初级教育的幼稚教育非常重视，他根据多方面的分析对幼稚教育的地位和作用进行了充分肯定。

（二）幼稚教育的服务对象和发展方向

1. 幼稚教育的服务对象

张宗麟认为，幼稚园为谁服务的方向性问题至关重要。他指出，“世界上第一个幼稚园是产生在穷乡的，世界上幼稚园的发达也是在贫民窟里”。但是，在社会变迁过程中，本为贫困幼儿开设的幼稚园，反被富人用了。中国的幼稚教育也一样，幼稚生也都是来源于比较富裕的家庭。他认为这极不合理，因为富太太们每天衣来伸手、饭来张口，本就有时间教自己的孩子，而穷困母亲“每天不是进工厂做工，便是到田里去做活”，反而她们的孩子却与幼儿园无缘。若幼稚教育一直这样发展下去，“幼稚园将变成富贵孩子的乐园……这种幼稚教育必定渐归消灭”。为此，他指出，“幼稚园若是为着整个民族的教育之一，那么非转移方向，从都会转到乡村与工厂区去不可”。对此，张宗麟还对幼稚教育的服务对象做了细致的分析，认为农家妇、工厂女工等，由于忙于生计，没有时间照顾孩子，应该有人替她们照顾孩子。在这一思想指导下，张宗麟非常拥护陶行知提出的幼稚园下乡进厂运动。1927 年 11 月，他与徐璧、王荆璞一起协助陶行知创办乡村幼稚园。

2. 幼稚教育的发展方向

1925 年 10 月，在对南京、苏州、杭州、宁波等地的幼稚园进行考察后，张宗麟指出，中国当时的幼稚教育存在教会垄断和社会漠视的症结，并针对这些问题提出了四个补救办法：一是“停办外人设立之幼稚师范及幼稚园”。政府应该依据国家教育法令限期停办外国人设立的幼稚师范及幼稚园。二是“严定幼稚师范及幼稚园之标准”。他认为，在停办外国人所设幼稚师范及幼稚园之后，为免除未来的弊端和创设独立国家的教育精神，要严定幼稚教育的标准。三是“筹设幼稚师范并检定幼稚教师”。停办外国人所设幼稚师范后，筹设本国的幼稚师范，并使“从前受过非正式幼稚师范教育之幼稚园教师，皆须受国家检定，方许其从事职业”。四是“鼓起社会之注意”。他认为这是根本方法。张宗麟认为，只有通过以上这些措施，才能克服当时中国幼稚教育的顽疾，充分发挥幼稚教育培养人才的奠基作用。

在揭露中国幼稚教育存在的弊端的同时，张宗麟对学前教育的本质和发展方向进行了探讨。他指出，未来的幼稚教育“是普及的”“是必定为某个集团（国家或其他）或某种思想训练幼稚儿童的”“是‘教’与‘养’并重的”“是与家庭沟通的”“是与小学联系的”“必定训练儿童有集体工作的精神，免去个人单独行动的散漫行为”“必定引用科学的养护法”“必定有它的一贯主张”“幼稚教师除了为着维持自己的生活外，最重要的任务还是为着实现理想”。

（三）幼稚园课程思想

幼稚园课程思想是张宗麟幼儿教育思想的重要组成部分。

1. 课程的本质是活动

与陈鹤琴、张雪门的课程本质观相比，张宗麟对课程本质的理解更加宽泛。他指出，“幼稚园课程者，由广义地说之，乃幼稚生在幼稚园一切之活动也”。它包括“一切教材，科目，幼稚生之活动”。关于幼稚园课程的划分，他认为有两种情况：一是按照儿童的活动划分，课程包括五个方面：一是开始的活动，即幼稚生初入园时必须养成的习惯，也就是人生最基本的习惯，如放手巾、认识教师和同学，以及初步的礼节等；二是身体活动，即强健身体的习惯与技能，如各种卫生习惯、跑步、跳、爬等；三是家庭的活动，如反映家人之间的关系、礼仪，以及家庭事务的活动；四是社会活动，即养成公民素质的教育活动，包括各种节日、同伴关系的活动等；五是技能活动，即培养儿童适当表现自己的活动。另一种是按学科划分课程，具体可划分为音乐、游戏、故事、谈话、图画、手工、自然、常识、读法、识数十个科目。其中每一个科目又包括一些小项目。例如，音乐包括听琴、唱歌、节奏动作、弹奏乐器，游戏包括个人游戏和团体游戏，故事包括听、讲和表演，图画包括自由画、写生画和临摹画，手工包括纸工、泥工、缝纫及竹木，读法包括认字、短句故事等。“总之，无论以儿童活动分类或以科目为课程之单位，教师决不可拘泥于某时当教何种课程，致使贻削足适履之讥也。”

2. 幼稚园课程的来源及其厘定和编制要点

幼稚园课程的设置要满足幼稚生的需要及社会的希望。但由于 6 岁以下的幼稚生与社会发生的关系比较少，满足其自身的需要则更为重要。对幼稚生来说，“在身体上各种动作，大致能做，而心理上之发展尤为迅速，求知、想象、模仿……诸般活动，件件勃发，幼稚园课程即可循此而得其端倪”。

幼稚园课程内容来源有四个：一是儿童自发的活动；二是儿童与自然界接触而产生的活动；三是儿童与人、事接触产生的活动；四是人类流传下来的经验，合乎儿童需要的部分。这四个方面的活动共同构成一个整体，具有完整的目的，形成合理的课程。

张宗麟认为：“生活便是教育，整个的社会便是学校。”这是厘定一切学校课程的总纲领。幼稚园课程的厘定要根据一般的课程标准，但是，由于幼稚生的生理与心理还不成熟，厘定课程时还应注意：一是多注意动的工作，为儿童提供充分的动的机会。二是鼓励幼稚生多与自然界接触，保持他们对大自然的浓厚兴趣。三是要多注意儿童个体的小社会，为儿童提供充分的“自我表现”的机会。四是多注意儿童的直接经验。

根据以上原则，编制课程时应注意：一是幼稚园的课程不能用科目来编制。二是教师对幼稚园的课程要有一个通盘计划，在充分观察的基础上，决定课程内容。三是每一个课程单元，长短不拘，但要段落分明。四是教师的责任是拟定大纲、预备教材、指导儿童进行活动，而不是强迫儿童去做，更不是代替儿童去做。

3. 社会化的幼稚园课程思想

张宗麟在 20 世纪 30 年代出版的《幼稚园的社会》一书中提出了他的社会化的幼稚园课程思想。他认为，幼稚园课程中应增加“社会”科目，因为幼稚园的一切活动都具有社会性，幼稚园的儿童之间也进行社会性交往。而且，“幼稚园的一切活动，由广义来说，都是‘社会’。”其中最有独立性的只有“自然”，但是幼稚园的“自然”绝不是“纯粹的自然研究”，必定是与人生有密切关系的自然元件，涉及人生也就是“社会”了。

那么，确立幼稚园社会化课程的根据是什么？张宗麟指出，“无论哪级教育的课程，只有两个根据，好像人类只生了两只脚。这两个根据，一个是成人的生活社会，一个是孩子的生活”。社会是极其复杂的，整个的社会有三个方面：一是过去的历史的关系，二是现代的各方面关系，三是影响未来的情形。学校课程也就要包括这三个方面。但是，幼稚生年龄还小，对于社会的经验还很少，幼稚园要把整个社会课程都做完是不可能的。不过，孩子们对小团体的生活却是能领悟的，并且能做到单纯的“互助”“合作”等。这些需要孩子的直接经验。在直接经验的基础上儿童能够“领悟任何人生的、物质的，以及社会集团的、现代状况的一切，这种种领悟的能力，只有他自己的经验所能给予”。因此，设计幼稚园课程的社会科目，需要了解幼稚生的社会。

那么，幼稚园儿童的“社会”是怎样的一种社会呢？张宗麟指出，幼稚园儿童的社会不像成人的社会，它实际上是幼稚生的“生活状况”。幼稚生的生活状况是由直接经验组成的社会，脱离了儿童的具体的生活经验和其周围的社会环境，是难以理解儿童的“生活状况”的。然而，幼稚生的生活彼此之间的差异实在是太大了。课程设计者只能根据普遍的情况，来制定富有弹性的社会课程。

社会化课程的内容主要包括以下几个方面：一是关于生活卫生、家庭邻里、商店邮局以及其他公共设施和名胜古迹等方面；二是日常礼仪的学习和演习；三是节日和纪念日活动；四是身体的认识活动和基本卫生活动；五是健康和清洁活动；六是各种集会和社团活动。

为了能充分保证社会课程对儿童的教育作用，实施社会活动时应做到：一是注重培养儿童互助与合作的精神；二是培养儿童对他人的爱怜情感；三是培养儿童具有照顾他人的品质；四是使儿童明了生活的根源；五是使儿童了解人类生活具有纵横两个方面。

课程内容确定之后，如何实施就成为十分关键的一环。张宗麟从教育学、心理学方面寻找理论根据，提出了应遵循的教育学原则和心理学原则：一是将学校生活与实际生活打成一片；二是既注意儿童的个别学习，又注意儿童之间的互助与合作；三是教师要做儿童的朋友；四是使儿童获得成功；五是通过继续不断地学习养成良好的习惯；六是激发儿童进行良好社会性行为的兴趣，达到教育目的；七是要注意对儿童社会性行为的交替培养。

除了上述几点原则之外，张宗麟还就开展社会性活动之前和与儿童共同开展社会性活动时的具体做法提出了自己的观点。他认为，在开展社会性活动之前，教师要留心儿童的动作，相机予以帮助和指导；注意儿童临时的遭遇；必须儿童领会的事情，教师要通过有目的有计划的活动，向儿童提供有意的刺激，促进儿童的社会性发展。在与儿童开展活动时，教师要为儿童准备丰富的原材料和适当的工具，原材料比现成的玩具有用，不必多买现成的玩具；鼓励儿童积极自由地活动，但教师要适当指导，引导儿童思考；教师要掌握好活动的过程，适时地结束和总结活动。

（四）论幼稚园教师的培训

张宗麟十分重视教师的培养和训练。他认为幼稚园教师的任务实际上重于小学教师。它包括养护儿童，发展儿童身体，与家庭联络并谋家庭教育改良之方，研究儿童等。其中尤以养护儿童为幼稚园教师最重要的责任。为此，必须对幼稚园教师进行专门的培养和训练。

1. 幼稚园教师的培养

幼稚园教师的培养主要是通过幼稚师范学校进行的。为了使幼稚师范学校能够培养出健全的幼稚园教师，他对幼稚园的设置、招生条件、课程安排都提出了明确的要求。

首先，他认为师范教育是国家事业，绝对不能容许外国人、教会或私人包办，国家对师范教育应负完全责任，幼稚师范自然也不例外。因此，对外国教会所办的幼稚师范，政府急宜令其立即停办，同时在各省宜从速筹设幼稚师范。

其次，他认为幼稚师范应以培养健全的幼稚园教师为目的，招收初中毕业以上之学生，年龄在 16 岁以上，身体健康，富有爱国心，真诚爱儿童，有优良基础知识和善能变换之思维者，对他们进行三年或二年之专门师范教育。同时，他还特别指出，幼稚园教师非为女子之专业，必须有男子加入。这在当时无疑是一种富有创见的主张。

张宗麟还认为，幼稚师范为了培养健全的幼稚园教师，绝不能搬用教会设立的幼稚师范那种养成牧师式之教师的课程。为此，他对幼稚师范的课程设置提出了以下标准：

（1）公民训练组。含本国史、本国地理、世界史概要、社会学、最近世界概况，占 15%。

（2）普通科学组。含科学入门、应用科学、生物学、应用数学、簿记，占 15%。

（3）语文组。含国文、国语、英文（非必要），占 10%。

（4）艺术组。含图画、手工、烹饪、家事学、音乐，占 15%。

（5）普通教育组。含教育学、教育心理、教育史、普通教学法，占 10%。

（6）专门教育组。含幼稚教育概论、儿童心理、儿童保育法、幼稚园各科教学法、幼稚园各科教材讨论、幼稚园实习、幼稚教育之历史及其最新趋势、小学低年龄教学法，占 35%。

2. 幼稚园教师的进修

张宗麟指出，要成为一名优秀的幼稚园教师，只靠在学校中几年的学习是不够的，还必须随时修养，以谋合于潮流，以求其业之进步。幼稚园教师的修养包括许多方面，有品性上的，有学问上的，也有能力、技术和其他方面的。

他认为幼稚园教师在品性上应继续如求学时代之朴素诚笃；在知识上须多读书，每日规定读普通书报几种、教育书报几种、幼稚教育书报几种；同时，要与本区幼稚教育联络，如参加研究会、俱乐部，定期讨论最近幼教趋势，交流心得；可以利用暑假集中一段时间进行学习；此外，还应当正确处理家庭与事业的关系。

三、对张宗麟学前教育思想的评价

张宗麟作为陈鹤琴和陶行知的学生和助手，他积极参与了两位师长的学前教育方面的许多实验研究，对学前教育的基本理论进行了深入的探讨。他的实验研究成果和他的学前教育论著都曾在我国幼教界产生广泛和积极的影响，对我国学前教育的发展做出了重要的贡献。他主张尊重儿童和解放儿童，主张从中国国情出发，吸收和借鉴国外先进的教育思想，反对理论脱离实际，主张学以致用，崇尚亲身感知、亲自实践。他在学前教育领域的献身精神和创业精神值得后人继承和发扬。

通过本章内容可知，张雪门的幼儿教育思想对我国学前教育事业产生了重要影响，他对幼稚教育的目的、课程和师资培养等方面的论述值得我们研究和借鉴。“活教育”是陈鹤琴长期教育实践的总结，也是其理论探索的结果，是陈鹤琴教育思想的精髓，对于中国现代学前教育改革起到了引领作用。张宗麟提出了幼儿教育的七条发展原则，其中的民族性原则是中国化幼儿教育体系建立的必然取向。

思考与练习

1. 张雪门认为幼稚教育的目的是什么？
2. 张雪门认为真正适合儿童发展的教材应该符合哪些条件？
3. 简述陈鹤琴的“活教育”理论的内容。
4. 陈鹤琴认为学前儿童心理的特点有哪些？
5. 陈鹤琴的家庭教育理论的内容有哪些？
6. 张宗麟认为幼稚教育的地位和作用有哪些？
7. 张宗麟认为幼稚教育的服务对象和发展方向分别是什么？

下编

外国学前教育简史

第七章　外国古代学前教育

学习目标

1. 了解古埃及、古希伯来、古印度的学前教育概况。
2. 掌握古希腊、古罗马的学前教育状况。
3. 了解中世纪的儿童观。
4. 了解教会和世俗封建主的学前教育。
5. 掌握文艺复兴时期的学前教育概况。

本章介绍了古代东方国家、古代西方国家、中世纪和文艺复兴时期欧洲国家学前教育产生、发展和演变的历史过程。古代东方是世界文明的发祥地，也是世界学前教育的摇篮。随着东方古国进入奴隶社会，学前教育也发生了本质性改变。古希腊和古罗马的教育是西方古代教育的典型代表，促进了整个欧洲学前教育的发展。中世纪漫长的时间里，学前教育也有一定程度的发展。文艺复兴在意识形态领域掀起了一场反封建、反教会的思想文化解放运动。

第一节　古代东方国家的学前教育

一、古代埃及的学前教育

古代埃及位于非洲北部的尼罗河流域，约在公元前 3500 年进入奴隶社会。当时埃及分为上埃及和下埃及两个王国。经过长期战争，上埃及大约于公元前 3200 年统一了埃及，建立了提尼斯王朝，这也是古代埃及历史上第一个王朝。古埃及在文化、艺术、建筑、雕塑、天文、历法、数学、医学等方面都取得了辉煌的成果，令世人为之惊叹。文化的繁荣、科学的发达促进了教育的兴起。根据古代埃及文献记载，公元前 2500 年左右，古埃及出现了宫廷学校，公元前 2200 年左右开设了职官学校、寺庙学校、文士学校等。当然，这些学校都以统治阶级的子女为教育对象。古埃及的教育体现了鲜明的阶级性和等级性。

（一）古埃及学前教育的形式

家庭教育及宫廷教育是古埃及学前教育的主要形式，传统的等级观念是造成教育形式差异的主要原因。在古王国时期，教育事业尚处于萌芽阶段，对儿童的早期教育是在家庭中实现的，父母就是孩子的老师，家庭就是学校。到了古王国末期和中王国时期，贫富差距加大，阶级对立也进一步强化，导致学前教育也开始产生了明显的等级差别。

皇族子弟年幼时专有乳母、奶娘、保姆等精心喂养，稍长一点，就要进入专门为他们设立的宫廷学校，为将来继承王权做准备。宫廷学校是融学前教育和初等教育为一体的一种教育形式，是由国王（法老）在宫廷中专门开设的，其邀请富有经验的僧侣、官吏、文人、学者任教，有时法老亲自传授。宫廷学校里儿童除了做游戏、听故事、习字、学习初步知识外，还被灌输敬畏日神、忠诚国君的说教，要模仿成人试行宫廷的礼仪，以便养成未来统治者所应具备的言谈举止。宫廷学校对皇族子弟的要求是相当严格的，惩戒和鞭打是常用的惩罚方法。

官吏子弟的学前教育主要在家庭中进行，母亲照顾孩子的饮食起居。另外，母亲还负责教育女孩，父亲则负责教育男孩。教育形式除了做游戏、锻炼身体和听故事外，男孩还要学习宗教歌曲、初步的社交礼仪，以及舞蹈和读写。这些教育要求对他们将来在政府机关谋职至关重要，所以他们必须从小以父为师进行学习。只有较好地完成了家庭教育的贵族和官吏子弟，才有资格进入政府机关开办的职官学校学习。

（二）古埃及学前教育的内容和方法

古代埃及学前教育的内容主要是祭司、医学、建筑、军事、农务等。古埃及家庭里的孩子几乎都要重走父辈的从业道路，世代相传。他们从小就在家庭中接受父辈的教诲，逐步了解和掌握父辈职业的秘传手艺。这种学徒式的训练，既没有专门的教材、教学方式和时间，也没有年龄的限定。男童从稍懂事起就要开始学习，女童则仅限于母亲教会其缝纫、烹饪等家务劳动，不得参加任何技艺的学习。

古埃及的学前教育尚处于萌芽阶段，学前教育与初等教育并没有严格的年龄界限，常融为一体，教育形式以家庭为主，年龄稍长的统治阶级子弟可以进入学校学习，教学内容的基本特点是实践性和职业性。

以现在人的眼光来看，古代埃及的学前教育水平低下，内容简单，但在其所处的时代，关注学前儿童教育的意识、教育内容的实用性、教育形式的多样性，都是领先于时代的，为后世的学前儿童教育留下了宝贵的经验。

二、古代希伯来的学前教育

古代希伯来位于现在的西亚巴勒斯坦地区，为现代犹太人祖先的居住地。约在公元前 1400 年，犹太人因躲避洪水和寻找谷物而向外迁移，先进入波斯地区，而后又移居埃及沦为埃及法老的奴隶。约在公元前 1220 年，在其酋长摩西的带领下，逃离埃及返回西亚，定居于巴勒斯坦地区。公元前 1010 年，大奴隶主大卫建立了统一的希伯来王国，由于民族矛盾，其后不久就分裂为北部的以色列和南部的犹太国。公元前 722 年，以色列亡于亚述。公元前 586 年，犹太国被巴比伦所灭，犹太人成为“巴比伦之囚”。公元前 538 年，波斯王居鲁士灭巴比伦后，希伯来人才得以返回家园，重建国家。公元 70 年，希伯来被罗马帝国所灭。

古代希伯来人长期生活在动荡不安的社会环境中，把宗教看作维系种族的灵魂，把教育看作维系民族统一和复兴、生存、发展的神圣事业。希伯来人信奉犹太教，其经典为《圣经》(《旧约全书》)，它是希伯来人从小就开始学习的教育经典和核心内容。希伯来人将妇女生孩子视为上帝的恩赐，他们盼望生孩子，尤其是生男孩，因为男孩长大可以增加财富，扩大家族的规模，并能继承遗产。按照希伯来的习俗，婴儿出生后要用盐水擦洗，还习惯于将婴儿置于襁褓之中。孩子一般由母亲哺乳，3 岁时才开始断奶。男孩在出生的第 8 天有进行割礼的习俗。

古代希伯来的学前教育发展分为两个历史时期：一是公元前 1300 年—公元前 586 年，以家庭教育为主；二是公元前 586 年—公元 70 年，以会堂教育为主。

（一）家庭教育时期

在公元前 586 年以前，希伯来人长期处于战乱之中，家庭在人们心目中占有非常重要的地位。在希伯来家庭中，父亲拥有绝对的权威，是一家之主。家庭作为培养教育年轻一代的主要场所，父亲也就理所当然地对教育子女承担着主要的责任和义务。在子女心目中，父亲就是自己的老师，父亲的要求和命令就是法律，自己的言谈举止要符合父亲的要求，必须听命于父亲，不能有所质疑。父辈尊奉上述诫命对子女进行教育，所以在教育中时刻不忘进行宗教思想的灌输，通过自身的言传身教使子女产生对上帝的无比信仰和敬畏之情。

这种充满宗教意识的家庭教育，凝聚了家庭的人心，使每个希伯来家庭在共同信仰的引领下构建成一个个信仰基地，精神上的归属和内心强大的信仰也带领犹太民族虽屡遭战祸而散居各地，但仍能保持民族繁衍至今，从未消亡。

诵读经典和参加宗教节日活动是希伯来人对儿童教育的主要方式。在日常家庭生活中，父亲要求子女围坐在身边，跟随自己诵读《律法》等宗教经典，反复强调经文是上帝旨意的体现，子民无权更改，必须牢牢记住。同时，鼓励孩子提出有关上帝、《圣经》、教义等方面的问题，父亲则要耐心地解释，还要努力按照典籍的教诲注意改进自己的教育态度。所以，希伯来人的父母在家庭教育中比较注重尊重儿童，倾听儿童的意见。儿童能在家庭中占有一席之地，这为希伯来严酷的家长制增添了一些温和的色彩。除此之外，犹太教的经典中多处提到母亲在家庭教育中的重要地位，明确强调女儿的教育应由母亲负责，母亲应在敬重上帝、遵守律规和勤劳持家方面做出榜样。同样，经典中也要求每个子女从小就要逐步养成遵奉教规、服从父母的习惯。

（二）会堂教育时期

公元前 586 年—公元前 538 年的近半个世纪中，希伯来人被巴比伦征服并作为囚徒流放，流放时期的希伯来人开始接触一种更为先进的巴比伦文化，并逐步地由一个主要从事农业的民族演变为城镇的居民，这在一定程度上有利于希伯来文明的进步。然而，在流放过程中，希伯来文化却面临着被外族文化吞并与兼并的危险，尤其是年轻一代，对本民族的历史和家乡一无所知，并且甘愿让本民族文化成为新式文明的一部分。希伯来人的首领意识到这是民族存亡的关键时刻，应当把大家团结起来，使他们怀念过去，并设法回到故乡。于是，在巴比伦国土出现了犹太会堂，从此犹太会堂的教育打破了家庭教育的一统局面。不论大人还是小孩，经常在会堂聚会，做礼拜，倾听教士宣读《圣经》和上帝的教诲，这使每一个儿童和成人都铭记自己是希伯来人，故乡在巴勒斯坦，要和巴比伦人保持距离。

从巴比伦回到巴勒斯坦后，犹太会堂显得更重要了，它成了进行教育和礼拜活动的中心。但是政权不复存在，最高祭司受波斯政府支配来组织希伯来人的活动，并以《圣经》为工具来统一人们的思想、意识和行为规范。但此时的社会政治形势已有了变化，文化教育也要随之进行相应的改进。单纯依靠家庭教育和教会教育已不能满足社会实际的需要，只有在保存希伯来民族传统教育的基础上吸收外来教育因素来发展学校教育事业。因此，希伯来人在犹太会堂内设立了学校，儿童们在这里读书、写字和理解一些简单的法律知识。这种学校通常融幼儿教育和小学教育为一体，教师以口授方式摘读《摩西五经》的若干词句，指导儿童朗读和背诵。教师还经常给幼儿印刻有字句的圣饼，让他们边吃、边读、边记，并组织他们互相竞赛，提倡互帮互学。教师还鼓励儿童动脑筋想问题，认为凡是善于提问的孩子，就是善于学习的孩子。尽管如此，当时通常采用的教育方法仍主要是家长制加神谕。但相对于家庭教育时期来看，儿童的地位得到了很大的提升。希伯来人的儿童观认为：儿童生来就是粗野的、固执的、愚笨的，甚至是坏的，因此要不断地训诫他们，直到他们懂得服从和尊敬为止。对希伯来人来讲，教育就意味着严酷的纪律，只有这种纪律才能保证家庭教育和宗教教育的成功。

三、古印度的学前教育

古代印度位于亚洲南部的印度半岛上，包括南亚次大陆上的所有国家，有记载的文明开始于公元前 20 世纪。公元前 1500 年左右，一个自称为雅利安人的外来游牧部落征服了当地居民并建立了最原始形态的国家。印度古代典籍《吠陀经》记载了这一历史时期的情形，故称这一历史时期为古代印度的“吠陀时期”，对印度影响巨大的种姓制度和宗教信仰就是在这个时期形成的。

种姓制度为印度所特有，这是一种等级森严的阶级压迫制度。它根据社会分工把人划分为四个等级，也就是构成四种种姓。第一等级婆罗门，主要是僧侣、贵族，拥有解释宗教经典和祭神的特权；第二等级刹帝利是军事贵族和行政贵族，他们拥有征收各种赋税的特权；第三等级吠舍是雅利安人自由平民阶层，他们从事农、牧、渔、猎等，政治上没有特权，必须以布施和纳税的形式来供养前两个等级；第四等级首陀罗绝大多数是被征服的当地居民，属于非雅利安人，他们从事农、牧、渔、猎等业以及当时被认为低贱的职业。前两种种姓为高级种姓，婆罗门权力高于一切。高低种姓之间尊卑悬殊，不能相互通婚，甚至不能共食，并且这种地位世袭相传不能改变。种姓制度和宗教信仰对印度的政治、经济、文化、教育都产生了深远影响。公元前 6 世纪，佛教兴起，其对东方文明乃至世界文明的发展产生了巨大的历史影响。

古代印度的婆罗门教和佛教都深刻地影响着印度人的社会生活和文化教育，学前教育也完全是为了培养宗教意识而展开的。

（一）婆罗门教时期的学前教育

婆罗门教在古代印度有着悠久的历史，它源于公元前 2000 年的吠陀教，约形成于公元前 700 年，是现在流行的印度教的古代形式。婆罗门教以《吠陀经》为主要经典，因崇拜梵天及由婆罗门种姓担任祭司而得名，主张吠陀天启、祭祀万能、婆罗门至上三大纲领。婆罗门教的学前教育是以上述的宗教信条为主导思想进行的。

古代印度盛行家长制，父亲是一家之主，控制着家庭生活的全部。家庭不仅是全家论事论政之所，也是父辈教育子女之地。父亲在家庭中权利极大，有决定子女生死、买卖的大权，也有教诲、抚养子女的义务。尤其是婆罗门种姓家庭，为了保持种姓的尊严和世袭，父亲在家庭中除传授生活知识、基本技能、行为习惯和风俗习惯外，最主要的是悉心指导子女传诵《吠陀经》。尽管《吠陀经》均由梵文写成，对于幼儿来讲词意晦涩、艰深难懂，但是传授时不允许儿童抄写笔录，更不准提问，而全凭口耳相传、死记硬背。在这种神学色彩极浓的家庭教育中，儿童一般要经过十年的时间才能学完四部《吠陀经》中的一部。

（二）佛教兴起时期的学前教育

随着奴隶制的发展和奴隶制大国的崛起，公元前 6 世纪至公元前 5 世纪，古印度进入“列国时代”。因掌握军事力量而日益强盛的刹帝利和上层大商人吠舍，不满婆罗门的特权地位，婆罗门势力日益削弱，佛教应运而生。

佛教主张善恶报应、生死轮回；反对婆罗门教的特权地位，强调信仰平等、普度众生，追求大彻大悟。随着佛教的广泛发展，佛教教育也随之发展起来。佛教在教育方面的改革主要表现为：主张四种姓平等；广泛传播了人民群众接受初等教育的愿望；强调用方言代替梵文进行教学。

佛教的幼儿教育一般在家庭中进行，也有信仰虔诚者在子女五六岁时把他们提前送入寺庙出家修行。教育内容除重视道德品格教育和言行举止的训练外，主要是学习佛教经典。学习 12 年并经检验合格者，则可留在寺庙充当比丘（和尚）、比丘尼（尼姑）。普通家庭的孩子从懂事起就在父母的言传身教和日常生活中接受早期的教育，要定期跟随父母参加宗教仪式，诵读简易经文，还要养成一种乐于助人、慷慨施舍的心态。这些都是为了实现在信仰方面、公德意识的养成方面和良好行为习惯的培养等方面的教育目的而提出的要求。

总之，古印度的学前教育是与种姓制度和宗教神学密切相关的，不论是婆罗门教育还是佛教教育，它们的教育目的都是培养幼儿的宗教意识。

第二节　古代西方国家的学前教育

一、古希腊的学前教育

人类最初的文明在西亚的两河流域和埃及的尼罗河流域形成以后，地中海东部地区便在这两大文明的照耀下熠熠生辉，其中爱琴文明尤为杰出。爱琴文明形成以后，爱琴海地区与希腊组成统一的文化区，即世界历史上著名的古希腊文化区，它是西方文明的源泉。

希腊是希腊人对他们所生活居住地区的通称，在古代不是一个国家的名称。通过对东方先进文化遗产的吸收，希腊文明得以在巨人的肩上创造出更加卓越的成就。从公元前 8 世纪开始，古希腊在奴隶制形成的过程中出现了数以百计的城邦国家，其中最强大并最具有代表性的两个城邦是斯巴达和雅典。由于具体的政治、经济和地理条件等不同，其学前教育也表现出不同的特征。

（一）斯巴达的学前教育

斯巴达地处伯罗奔尼撒半岛的最南端，北靠崇山峻岭，南临礁石海岸，中部为平原。这里虽与外界交往不便，但土地肥沃，适宜农业经济发展，是古代希腊最大的农业城邦。属于奴隶主阶层的斯巴达人只有大约 3 万人，倚仗强大的军事力量，他们成为斯巴达的农业军事贵族,他们强迫 25 万人以上的奴隶耕种土地,实行残酷的民族压迫和经济掠夺，由此造成农民们的频繁起义。为了镇压奴隶的斗争和反抗，全体斯巴达人都被编入军队。这种社会状况决定了斯巴达人从幼儿开始，整个教育就具有明显的军事体育的特点。其教育目的就是培养性格坚强、英勇善战的军人，以确保对奴隶与平民的统治，并支持对外的掠夺或防御战争。

在斯巴达，儿童归国家所有，是国家的财富，对他们进行教育是国家的职责。为了确保新生一代体格强健，国家只准许身体和情绪正常的成年男女结婚并生育。婴儿的生命和养育权并不取决于父母的意志，而要经受两次严格的检验。首先是父母要用烈酒替婴儿洗澡，以此来对新生儿的体质做初步的考验；接着就要送到长老那里接受检查，发现有身体畸形、残疾的孩子即不准养育，只有健壮的新生儿才能被保留下来，暂由父母抚养至 7 岁。凡是经受不住考验或被长老认为是虚弱的，就被抛弃在弃婴场。儿童稍大些时，要求他们不计较食物的品种和好坏，不挑剔衣服的颜色和样式，经受艰难生活、吃苦耐劳和锻炼身体的种种考验，提高适应性。此外，在品德和性格方面，需要孩子始终保持知足和愉快，不怕孤独和黑暗，并经常带他们到公共娱乐场所去观看关于英雄事迹的演出，聆听讲解，学习英雄们的伟大言行，给孩子们灌输斯巴达人的人生理想和道德，以使他们逐步形成勇敢、坚韧、顺从和爱国的思想品德，并为 7 岁后接受正规的国家教育和严格的训练打下基础。

7 岁的男孩进入国家的训练所，经受心魄和筋骨的磨炼，以形成坚韧、勇猛、凶顽、残暴、机警和服从的品质。训练的主要形式是格斗。任何一个儿童每年都必须经受一次严厉的鞭挞，只有那些咬紧牙关、面无惧色的人才能成为合格者。除军事体育训练外，音乐和舞蹈也是斯巴达人的教育方式。他们认为，音乐可以陶冶敬神尚武的情操，舞蹈可以训练和协调身体活动的节奏。男孩还要经常接受奴隶主的道德教育，文化知识不被重视。

在斯巴达，女孩也同样要进行军事体育训练。当男孩在军营里接受训练时，女孩就在家中或附近的村落接受专门的训练，如竞走、掷铁饼、投标枪、格斗等。对女孩来说，这样的训练有着重要的意义：一是必要时承担保卫国家之责；二是经过训练，女孩往往身体强壮，结婚后才能生出健壮的孩子。因此，斯巴达的妇女作为国家的“保姆”也具有坚毅的性格。

（二）雅典的学前教育

雅典位于巴尔干半岛南端，公元前 8 世纪已是古希腊的一个强大城邦。它拥有优良的海港、丰富的自然资源，农工商业发达，与古埃及等国接触频繁，吸收了先进的东方文化并促进了其科学文化的发展。

雅典的教育与其民主政体及社会需要相适应，不仅要训练身强力壮的军人，而且要培养具有多种才能、能说会辩、善于通商交往的公民。因此，雅典的教育除了军事、体育以外，还具有较多的智育成分。因此，雅典教育无论在组织形式上还是在内容、方法上，都比斯巴达的教育更具有广泛性、灵活性和多样性，并由此奠定了西方教育发展的基础。

雅典的儿童出生后，也要经过严格的挑选，由父亲决定是否抚养，残疾或不健康者弃置野外任其死去，或交给奴隶们抚养并被视为奴隶的后代，只有健壮者才会被留下由家庭养育。雅典儿童 7 岁以前在家庭接受教育。一般来讲，母亲是孩子天然的教师，但处于雅典上层社会的母亲不亲自哺育孩子，而是聘用身体健壮的斯巴达保姆来负责；父母也不对孩子的教育负责，而是雇用年长的女奴隶担任家庭教师，照管幼儿的饮食起居，并进行初级的教育等。

在学前家庭教育中，雅典人比较重视玩具的作用，儿童享有许多玩具，如娃娃、皮球、铁环、陀螺、玩具车、拨浪鼓等。听摇篮曲，唱歌，听寓言、童话或神话故事都是重要的学前教育内容。其中，《伊索寓言》等童话故事更是深受儿童喜爱，长盛不衰。好的行为习惯的培养在雅典的幼儿教育中也占有一席之地。7 岁之前，男女儿童在家庭中享受同样的教育。7 岁后，女孩仍留在家中过着幽居的生活，男孩则先后进入文法学校、弦琴学校、体操学校等各类学校学习，获得智、德、体、美和谐发展的教育。

综上所述，古希腊学前教育形成了斯巴达和雅典两种不同的教育模式，前者注重军体及相应的性格训练，后者注重和谐发展教育。但从总体上来看，古希腊人非常重视幼儿的体质，对新生儿实行优存劣汰；母亲在学前教育中发挥着重要作用。

二、古罗马时期的学前教育

在西方教育史上，古罗马的教育也占有相当重要的地位。这是因为古罗马在吸收古希腊文明的过程中，根据自己的国情需要做出一些重要的调整和补充，形成了自己的特色；古希腊文明正是通过古罗马的继承和发展才得以对后世欧洲产生巨大影响的。

古罗马是古希腊之后的又一个典型的西方奴隶制国家，它最初为意大利中部台伯河畔的一个小城邦，由于战争得利而迅速扩张为一个地跨欧、亚、非三洲的大帝国。古罗马的历史一般分为三个时期：王政时期（前 753—前 509）、共和时期（前 509—前 30）和帝国时期（前 30—476）。王政时期的古罗马正处在从农村公社向奴隶制社会过渡的时期，其间的教育发展情况难觅历史资料，因此对古罗马的学前教育情况的研究一般从有史记载的共和时期开始。共和时期是古罗马正式确立奴隶制并逐渐发展繁荣的时期，其间的教育事业有了很大的发展。帝国时期的古罗马由共和时期的繁荣逐渐走向衰败，其间的教育也因此具有了相应的特点。由于古罗马的教育深受古希腊教育的影响，因此其学前教育明显带有古希腊学前教育的特征。

（一）王政时期（公元前 8 世纪至公元前 6 世纪）的学前教育

王政时期是地中海亚平宁半岛中部的一些拉丁原始氏族部落建立罗马城、实行王政的时代，也是早期古罗马由原始社会向阶级社会过渡的时期。

王政时期学校尚未出现，家庭教育是主要的教育形式。父亲在家庭中有着绝对权威，甚至有权决定子女的生死。在儿童的早期教育中，母亲扮演了重要角色。

7 岁以后，女孩继续跟随母亲学习家务，男孩则跟随父亲学习耕作技术、骑马、角力、游泳及使用武器等。家庭教育的中心是道德教育，当然也有简单的读、写、算方面的知识，目的是把儿童培养成为一个合格的罗马公民，忠于国家，为以后的实际生活做准备。

（二）共和时期（公元前 6 世纪至公元前 1 世纪）的学前教育

1. 共和早期的学前教育

共和早期，古罗马以农业作为城邦经济基础，与邻邦的战争频繁。因此，这一时期教育的目标是培养农夫和军人。家庭是抚养和教育幼儿的主要场所，古罗马以父权家长制著称。在公元前 451 年—公元前 450 年颁布的罗马第一部成文法《十二铜表法》的第四条“父权法”中规定：子女乃父母的私有财产，父亲对子女（包括除婚嫁外的成年儿女）有生杀予夺之权；尤其对残疾儿童，出生后应“立即灭绝”。孩子出生后，与雅典习俗一样，也要放到父亲脚下，由父亲决定是留养还是抛弃。母亲亦须顺从父亲的意志并承担抚育子女（7 岁以前）的义务。与雅典上层社会家庭教育一般交由保姆或奴隶不同，即使在最显赫的古罗马家庭，母亲也以亲自抚养自己的孩子为荣。

男孩满 7 岁，父亲成为其真正的教师，男孩在跟随父亲外出工作或参加社会活动中受教育。有些男孩进入学校学习文化知识，女孩则继续留在家里跟随母亲学习纺织羊毛及做家务活。古罗马有早婚习俗，女孩 14 岁即可嫁人并生育后代。据史书记载，在古罗马，祖父母等长辈也可承担幼儿教养的义务。父母去世，幼儿教养的义务可由祖父母等来承担。

在幼儿教育内容上，古罗马家庭注重修行、礼貌及宗教色彩的知识，母亲教授孩子敬畏神明、孝敬父母、忠于国家、遵纪守法，教授过程常以格言、歌谣等游戏的形式呈现。加图为教子而编写的《道德格言》流传甚广，不仅当时家喻户晓，而且对中世纪乃至近代幼儿教育都产生过重要影响。

2. 共和后期的学前教育

共和后期，受古希腊教育影响，古罗马学前教育还增加了希腊语初步知识、简单字母书写等内容，为幼儿进一步学习做准备。在对古希腊文化和教育吸收和消化的过程中，古罗马的学前教育也有自己的特点。除父母须承担子女的教育任务外，每个家庭都要选出一位品行端正的长辈主管幼儿教育。在其指导下，孩子们的学习、工作、娱乐都得到适当的安排。

（三）帝国时期（公元前 1 世纪至公元 5 世纪）的学前教育

随着横跨欧、亚、非三大洲的强盛帝国的建立，滚滚财富流入了罗马，经济达到空前繁荣。奴隶主贵族阶级开始向往东方的奢华，养成了崇尚文明和鄙视体力劳动的习惯。随着以上这些变化，家庭幼儿教育的性质、内容和方法也发生了变化。以前是由父母自己教育子女，而此时，贵族们忙于追求骄奢淫逸的生活，无暇照顾子女，家庭中便出现了乳母和希腊保姆及希腊教仆（系被俘的有文化知识的奴隶），他们共同照管孩子。

在对儿童实施教育的过程中，对不同阶级的儿童灌输不同的思想意识，奴隶主贵族的子弟从小就被培养成自命不凡、好逸恶劳、贪图享受、道德堕落的未来统治者，劳动群众的后代则被训练成麻木不仁的帝国顺民。这也可以说是双轨制教育模式的开端。

此外，统治阶级对人民残酷压迫，劳苦人民却无力反抗，便皈依宗教神灵，寻求精神上的解脱。公元 1 世纪，基督教在古罗马帝国的属地巴勒斯坦产生并迅速传播，为宣传教义广设教会学校，从此教会学校教育成为学校教育的主要组织形式。其中涉及对儿童及幼儿的养育与教诲问题，因此对学前教育产生了重大的影响。

早期基督教哲学家依据基督教教义及经典将新生婴儿视为有灵魂的人，应该加以保护，谴责杀婴行为。此观点有力地改变了以往杀婴或弃婴的陋习。公元 318 年，信奉基督教的古罗马皇帝君士坦丁曾发布文书，严禁父母杀婴。公元 325 年，基督教得到广泛传播。公元 400 年，古罗马尼森宗教会议决定了基督教会建立收养弃婴与幼儿与孤儿的机构——“乡村之家”，开创了历史上收养遗弃儿童的福利机构的先河。此后，遍及全球开设的弃婴堂、孤儿院等皆出于此。

总之，古罗马的学前教育是古希腊学前教育的继续。古罗马人一方面保持了重视家庭教育的传统，另一方面在古希腊学前教育的影响下，日益重视学前儿童的读书、写字等文化教育。由于社会文化背景的差异，古罗马学前教育带有浓厚的拉丁文化色彩。

第三节 西欧中世纪的学前教育

15 世纪后期，意大利人文主义者最先使用“中世纪”这个词，他们认为古代已经随着西罗马帝国的灭亡而结束了，在他们自己所处的时代和古典时代之间的 1000 年时间里，是两个文化高峰时期的低谷，这个时代是野蛮、愚昧、专制和未开化的“黑暗时代”。18 世纪以来，虽然历史学家不断在驳斥这种偏见，但是“中世纪”这个词却保留了下来，人们习惯上仍将这个漫长的时期视为一个独立的历史阶段。

一、中世纪的儿童观

在中世纪，基督教会的宗教观成为维护封建社会形态的精神支柱。基督教会在思想意识上大力提倡“原罪说”及“禁欲主义”。教会鼓吹一切认识都来自“神启”，一切真理都已经在《圣经》中提出来了，迫使科学和哲学成为教会恭顺的奴仆，其实质是禁止文化教育得到传播，并禁绝一切独立思考。具有代表性的儿童观有“性恶论”和“预成论”。

（一）性恶论

基督教会在获得教育的垄断权后，将奥古斯丁提倡的“性恶论”儿童观进一步强化，鼓吹由于儿童是带有“原罪”来到人世的，故生来性恶，必须历经苦难，不断赎罪，才能净化灵魂。为了得到未来升天堂的幸福，人人应当听从教会训诫，实行禁欲。因此，应当从幼年起就抑制儿童嬉笑欢闹、游戏娱乐的愿望，并采取严厉措施来制止这种表现。在这种儿童观的影响下，教会要求摧残儿童的肉体，以使灵魂得救。中世纪教育盛行体罚，取消体育，要求儿童从小盲信盲从圣书及讲解人的权威，不允许有任何自主及独立思考。这种教育与古希腊崇尚和谐发展的教育传统大相径庭。

（二）预成论

中世纪前期，欧洲自然科学的发展长期停滞，教育理论徘徊不前，幼儿教育更是被人遗忘。在此情况下，一种沿袭古代的、人们称之为“预成论”的儿童观，与上述教会所宣传的“性恶论”的儿童观相并存，在社会中占据着统治地位。有的学者提出：“胚胎学的预成论至少可以追溯到公元前 5 世纪，而且在以后的若干年代中一直支配着科学思想。”预成论认为：当妇女受孕时，一个极小的、完全成形的人就被植于精子或卵子中，人在创造的一瞬间就形成了。儿童（或新生婴儿）是作为一个已经制造好了的小型成年人降生到世界上来的，儿童与成人的区别仅是身体大小及知识多少的不同而已。故在社会上，儿童被看成“小大人”，一旦他们能行走和说话，就可以加入成人社会，玩同样的游戏，穿同样的服饰，要求有与成人同样的行为举止。总之，按照预成论的观点，儿童与成人不应有重要区别，从幼儿开始，儿童的身体和个性已经成人化了。由于受预成论的影响，欧洲 14 世纪以前的绘画总是不变地以成年人的身体比例和面部特点来画儿童肖像。显然，预成论否认儿童与成人在身心（尤其是后者）特点上的差异，也否认了儿童身心发展的规律性、阶段性。预成论的形成与流行除与古代自然科学（尤其是与人身心有关的医学、生物学、生理学）的落后或滞后有关外，还有两种原因：一是古代儿童病死率高，因此，人们不愿意对儿童的特点给予较多的关注；二是与成人的自我中心主义有关。

受预成论的影响，人们无论是在社会教育（包括学校教育）还是在家庭教育中，都忽视儿童的身心特点，忽视儿童的爱好及需要，对儿童的要求整齐划一，方法简单粗暴。预成论的影响一直延续到近代。比如，从中世纪一直到 18 世纪，由于受传统风气的影响，在法国的贵族家庭中保留着这样一种习惯：小男孩要求穿骑士服，佩带宝剑，犹如成年男子的装束；小女孩则要求浓妆艳抹，穿拖地长裙，打扮得像贵妇人。有人称这样的小孩为“小大人”。近代法国著名启蒙思想家及教育家卢梭曾与这种理论及社会现象进行了坚决的斗争。

二、教会的学前教育

基督教在公元 1 世纪诞生后，逐渐采取了一系列措施来建立教会的教育体系。他们对世俗教育采取敌视的态度，迫使世俗教育逐渐消亡，教会逐渐垄断了教育大权。

（一）学前教育的目的

中世纪时期，基督教会垄断了教育，一般的世俗学校不允许存在，教堂是唯一珍藏知识经典的地方，教士是唯一掌握知识的阶层，教会所有教育的主要目的就是使受教育者虔信上帝，熟读《圣经》，做一名合格的基督徒。学前教育的目的也不例外，即从小就把儿童训练成为笃信上帝、服从教会的圣童，从而为培养一个真正的基督徒奠定坚实的基础。

（二）学前教育的内容和方法

基督教会领域的学前教育主要是通过基督教徒对子女进行宗教意识的熏陶，幼儿跟随家长参加众多的圣事礼仪和节日活动来进行的。比如，当孩子稍懂事时，基督教徒就向他们灌输诸如儿童生下来就是个犯有“原罪”的人，人生就要准备经受无穷的苦难，要学会忍耐服从，逆来顺受；宣扬天下老少都是上帝的子民，人人必须履行参加教会规定的宗教仪式和圣事活动的职责，从出生到死亡，要伴随终生。对幼儿来说，出生后的第一件事就是要参加由神父主持的“洗礼”或“浸礼”。此后幼儿就跟随家长到教堂或在家里欢度各种宗教节日，如圣诞节、复活节、万圣节等，从中萌生对宗教的好感，确信人的最大幸福就是爱上帝、爱世人，领受所谓圣灵无所不为、无所不能、全智、全能的神秘感。此外，幼儿还要更多地参加教会组织的圣事活动。有时教会还组织儿童欣赏教会音乐，以陶冶其宗教情感，增强其对上帝的信仰。

三、世俗封建主的学前教育

西欧封建社会的基础是土地所有制。世俗封建主占有大量的土地。在封建主阶级的内部存在着严格而明显的主从关系，形成了不同的等级。国王是最高的封建主，下有各级爵位的贵族，其中最低的一个等级是骑士。所有封建主的土地和爵位都是世袭的。基督教会内部也仿照世俗封建主的等级关系，建立起了教会内部的教阶制度，形成了一个以教皇为最高首领，下面包括大主教、主教、修道院院长、神父、修士（修女）的巨大封建堡垒。人民生活在世俗封建主和教会的双重压迫下，教育也体现出严格的等级特征。封建贵族的学前教育一般按等级分为以下两类。

（一）宫廷学校的教育

宫廷学校是指，为了培养王室后代，专门在王室内开设的教育王室儿童（包括幼儿在内）的学校，其教育方法多采用问答法，王室儿童在这里学到不少作为未来统治者所必需的知识及粗浅的哲理。

（二）骑士早期教育

西欧封建统治者除了利用宗教对广大人民进行精神奴役外，还倚仗武力镇压来维持其政权。在武器装备落后的年代，战争的胜负主要靠无数的格斗来决定。这种武士是封建贵族中最低一等的贵族，即骑士。他们立马横枪地冲杀和战斗，既是保卫和扩张封建庄园的需要，也是当时一种非常时尚的竞技活动。因此，骑士的地位和作用大为提高，培训骑士的教育也应运而生。骑士教育成为贵族子弟通往仕途的必由之路。骑士教育是一种特殊形式的家庭教育，是集封建思想意识的熏陶与军事体育训练于一体的一种特殊形式的教育。一名骑士的训练和养成要经历三个阶段，即出生至 7 岁为第一阶段，7 ~ 14 岁为第二阶段，14 ~ 21 岁为第三阶段。这是除了王室儿童之外每个封建贵族子弟都必须经受的磨炼和考验。

第一阶段，即骑士养成的幼儿教育时期。此时他们都是在自己家里度过的，父母是教师，教育的主要任务是熏陶宗教意识、培养道德品质和进行身体养护。

（1）熏陶宗教意识。这在骑士早期教育中占有十分重要的地位，因为训练骑士的首要标准就是虔敬上帝，也就是要听命于教会，甘为宗教而献身，而此种观念的树立必须从幼年时做起。其教育的方法就是，主要由母亲从孩子懂事起就不断地给其灌输宗教神学的初步概念，并随着儿童年龄的增长使其参加一些名目繁多的宗教仪式和节日活动。这就足以使一个个稚嫩的心灵浸染上宗教信仰的色彩，为日后成为一名虔诚的基督教徒奠定思想基础。

（2）培养道德品质。父母共同教育儿童从小树立忠君爱国之心，讲究礼节，谈吐文雅，以便成年后能坚定地效命于国王和上一级封建主。

（3）进行身体养护。这是根据训练骑士的另一条标准——剽悍勇猛而提出来的。为了能够横枪立马、纵横厮杀、英勇顽强、克敌制胜，骑士必须具有健壮的体魄，而从小的养护则是体魄健壮的关键所在。幼儿身体的养护主要包括合理的饮食、适宜的锻炼、对作息制度和良好的生活习惯的遵守。这些通常都由母亲来指导和实施。

总之，西欧中世纪的学前教育具有宗教性和等级性，学前教育的总体水平还是比较低的。

第四节　文艺复兴时期欧洲的学前教育

文艺复兴是 14 世纪中叶到 17 世纪初在欧洲发生的思想文化运动。文艺复兴运动的重大意义不仅在于这一时期人才辈出、硕果累累，也因为它改变了人们对现实生活的态度以适应新时代的到来。尽管文艺复兴的主要参与者是社会上的少数英才，但它所宣扬的思想唤醒了长期笼罩在基督教神学之下的西欧社会。从表面上看，文艺复兴是欧洲思想文化界人士复兴希腊、罗马古典文化的运动，而实质上是新兴资产阶级反封建斗争在意识形态上的反映。上述社会状况深刻影响了这一时期的学前教育。

一、文艺复兴时期的儿童观

文艺复兴的基本精神是“人文主义”，提倡以人为中心，反对以神为中心；崇尚现实，崇拜人生，反对来世观念；主张个性解放、自由、幸福，尊重人的价值，反对压抑、禁欲主义；宣扬个人是生活的创造者和享受者。因此，人文主义教育家和思想家批判了中世纪的性恶论，反对把儿童看成带有“原罪”的赎罪的羔羊，认为儿童是自然的人，应该得到成人的细心关怀和照顾。他们重新提出了身心全面发展的培养目标和塑造新人的教育理想，重视教育培养人的作用。他们提倡儿童身心和谐发展，重视儿童个性的发展，把儿童看作发展中的人，尊重儿童的人格，并极力反对摧残和压抑儿童身心的发展。

在教育原则和教育方法方面，人文主义教育家和思想家强调环境的陶冶作用，尤其是家庭环境对儿童教育的影响，主张建立优美的校舍；强调尊重儿童的天性，顺应儿童身心发展的特征和个别差异；重视家庭教育，认为儿童虽然以 7 岁入学为宜，但在入学之前，儿童应在家庭中受到良好的预备教育，尤其是道德行为与语言文字方面的教育；强调父母、教师或保育人员应该注意自身的言行，以身作则，为幼儿树立榜样；主张教学运用直观教具，向大自然学习，从而启发儿童的兴趣和积极性；反对压抑个性，主张减少甚至取消体罚，建议用儿童的荣誉心、竞争心去代替体罚，作为推动儿童学习的积极方式；强调体育和游戏的重要意义。

二、文艺复兴时期的教育家论儿童教育

（一）维多里诺的学前教育思想

维多里诺（Vittorino，1378—1446）是意大利著名的人文主义教育家。他的教育实

践体现了他的人文主义教育思想。1423 年，维多里诺应孟都亚公爵冈查加之聘，创办了一所宫廷学校，称“快乐之家”。他在这里执教 22 年，直到 1446 年逝世。“快乐之家”设于孟都亚郊外湖滨宫，自然环境优美，校舍整洁舒适，学生可以在这良好的环境里过着愉快的学习生活。“快乐之家”的学生多为贵族富豪子弟，只有少数家庭贫苦但颇具天才的儿童。学生们四五岁入学，20 岁毕业，学习时限约 15 年。学生全部住宿，不受家庭干扰。维多里诺办学的目的是把学生培养成为具有社会责任感的国家官吏、教会领袖和兴办工商业的企业家。

1. 胎教及环境的作用

维多里诺就胎教及婴幼儿的护理等问题提出了一些具体建议，例如，要保证生活环境的舒适、安静、愉快，以确保孕妇顺利分娩；新生儿应该母乳喂养；保证充足的睡眠；应该重视锻炼并增强幼儿的体质，保护幼儿的人身安全等。他重视教育环境的作用，认为园舍必须宽敞、舒适、阳光充足，因为良好的环境会使儿童的身心在愉快的气氛中得到和谐发展。

2. 儿童教育的内容和方法

维多里诺还提出教育的最终目的是培养精神、身体、道德都充分发展的人，重视智、体、美、德的普遍实施。他认为，体育应被看作高尚的、与科学知识并重的教育内容。在德育方面，他要求发展儿童的优良品质，对儿童进行高尚的礼仪教育，强调父母的楷模作用，并特别注重教师对学生的示范。在教学方法上，他要求注意儿童的兴趣，多运用直观的方法，使教学做到生动、实际、有趣，以利于儿童个性的发展。

（二）伊拉斯谟的学前教育思想

伊拉斯谟（Erasmus，1467—1536）出生于鹿特丹市的商人之家，曾在巴黎大学学神学，后在剑桥大学任神学教授，兼教希腊文，并赞助人文主义教育家科利特建立圣保罗学校。伊拉斯谟在古典语文和古典文献上的造诣颇深，是当时欧洲北部最伟大的人文主义者。

1. 强调运用游戏和故事让儿童学习

根据幼儿的身心特点，伊拉斯谟提出，教师可以通过有趣的故事来教导儿童，还可以通过游戏的方式进行教学，这样可减弱教师的严厉和对孩子的威慑力。对儿童来说，他们也是爱游戏的。

2. 强调儿童早期教育的重要性

伊拉斯谟提出，要注重儿童在幼年时期的教育，培养儿童的记忆能力。儿童经过家庭的早期教育，为日后入学奠定了初步的基础。他强调说，从来没有什么东西像早年学习的东西那样根深蒂固，幼年所吸收的东西对人的一生是最重要的。

3. 提出遵循儿童的身心发展特点施教

伊拉斯谟提出，“儿童”这个词在拉丁语中意味着“自由者”，因此，自由的教育是符合儿童的，用恐怖的手段来使之弃恶，将原本是自由的儿童奴隶化，是极为荒谬的。伊拉斯谟还认为对儿童的教育首先要注意体育，但也要重视道德教育和知识教育。他还强调幼儿教育必须照顾到儿童由于天性爱好所引起的个性差异。教师的首要任务是仔细观察，掌握孩子的性情，然后有的放矢地施教，所以，在教学方法上应灵活多样。他还提出“事物先于文字”的口号，主张采用直观教具来改进教学。

4. 要求家长深刻认识教育的社会意义

伊拉斯谟曾说：“你生儿生女，不是只为你自己，而是为国家；不是只为国家，而是为上帝。”他由此强调父母养育、教育儿童是一种应尽的社会义务。父母有了这种正确的养育观，儿童才能从父母那里获得良好的训练。随后，儿童应该接受国家开办组织的幼儿教育机构精心安排的教育。他建议：“当儿童还在母亲膝下的时候，就应该通过游戏和故事来教幼儿的读、写、算。”经过这段教育之后，儿童应从父亲或有才干、有经验的教师那儿接受古典文学和《圣经》的教育，他认为当时社会的一切罪恶全是愚昧无知和缺乏信仰所造成，补救应从儿童开始。在伊拉斯谟的思想中，古典文化与基督教两者同样重要，所以，他主张幼儿教育应把基督教和人文主义结合起来。

伊拉斯谟曾以辛辣的笔锋嘲讽和攻击天主教会的腐败与丑恶，提出了革新宗教的理想，还提出儿童的性善说，认为善良的禀赋只有通过持续不断的教育才能得以巩固和发展。他还认为影响儿童教育和身心发展的因素有三个：自然，即“部分是先天接受教育的能力，部分是对美德的天生爱好”；训练，即“教育和指导的熟练应用”；练习，即“放手运用我们自己方面的能动性，亦即自然赋予的能动性，并借训练促进这种能动性”。他认为，这三者中最主要的是“训练”。“自然”是强有力的，而“训练”加之以“练习”就更加有力，没有实现不了的理想和完成不了的事业。

（三）蒙田的学前教育思想

蒙田（Michel Eyquem de Montaigne，1533—1592）是法国16世纪后期文艺复兴时期最重要的人文主义作家和教育思想家。他的著作和思想对当时的法国和后世其他国家都有深远的影响，而且18世纪的法国启蒙运动者也继承了蒙田崇尚理性和经验的思想，他的主要著作是《蒙田随笔全集》，其中一些篇章专门论述或涉及儿童教育的问题。

1. 教育目标

关于教育目标，蒙田提出要培养全面发展的新的绅士。他主张教育要兼顾心智和身体，“只使他们的心智健全是不够的，还必须增强他们的体力，如果心智得不到体力的支持，就要受到过分的压力”“我们所训练的，不是心智，也不是身体，而是一个人，我们绝不能把两者分开”。

2. 教育必须顺应儿童的天性

蒙田高度重视早期教育在人一生中的重要性，他批判中世纪神学教育脱离现实，也批判经院主义教育忽视儿童天性。他提出，作为教育工作者应当遵循自然，顺应儿童的天性，把儿童培养成具有自然精神的绅士。这既是对亚里士多德自然教育观点的肯定，也体现了文艺复兴时期出现的依据自然、遵循自然的思想。

3. 教学方法

蒙田提出了许多教学方法，具体有以下内容。

（1）不要死记硬背。死记硬背只是把别人要求记住的东西保持在记忆里罢了。学生不仅要记住老师的话，更要领会老师所讲内容的精神实质。学生要学会把别人的知识通过理解和吸收转变成自己的知识。对此，蒙田还把学习比喻为人吃东西，他说："即便我们的肚子装满了肉，如果没有消化，又有什么用处呢？如果它不转变为我们的东西，如果不给我们营养，增强我们的力量，又有什么用处呢？"

（2）不要轻易服从权威，不要盲从。学生要学会独立思考。蒙田认为，一个仅仅跟着别人走的人，不会去探索什么东西，也寻找不到什么东西。学习要像蜜蜂采蜜那样，博采众长，为我所用。所以蒙田说："我希望做教师的必须让他的学生谨慎地、严密地吸取一些东西，决不要相信只凭权威或未经考察的东西……把各种不同的判断向他提出，如果他有能力，他将区别真理与谬误。"

（3）不要只学书本知识。蒙田说："仅仅进行书本学习是贫乏的。"学生要和别人交谈来往，出国旅行，观察各种奇异的事物，总之，要把世界作为"书房"，从而扩大视野；如困守一处，就会目光短浅。

（4）要因材施教。教师一开始就应该按照他所教育的孩子的能力施教。如果"采取同样的讲课方法和教育方式来指导很多体质和性情都不相同的儿童"，那可能其中只有两三个人可以"获得良好的结果或达到完善的境地"。因而要因材施教，教师首先要了解学生的个性特点。对此，蒙田曾用教师指导学生走路来比喻指导学生学习，他说："教师最好先让孩子在他面前走几步，以便更好地判断他的速度，从而推测他能坚持多久，然后方能适应他的能力。如果我们不顾分寸，就常会坏事。"

（5）教师对学生的学习要多引导，发挥学生的主动性，切忌事事处处包办代替。蒙田要求教师有时候给学生"开条路"，有时候让学生"自己去开路"。他说："我不希望导师独自去发明，只是他一个人讲话，而应该容许学生有讲话的机会。"

（6）多练习。蒙田指出，人们要想学跳舞，不能只是看舞蹈家跳，而自己不去跳。学习也是一样，对所学的知识要多运用。蒙田说："不要让孩子多背诵功课，而是要他行动。他应该在行动中复习功课。"

（7）培养儿童探索事物的好奇心以及对学习的兴趣和爱好。蒙田说："最好的办法莫过于培养对学问的兴趣和爱好，否则我们将只是教育出一些满载书籍的傻子。"

4. 重视教师的作用

蒙田认为，儿童的教育和成长完全在于导师的选择。蒙田说："我还是喜欢有智慧、有判断力、习惯文雅和举止谦逊的人，而不喜欢空空洞洞、只有书面知识的人。"他主张教师应当让学生说话，让他们轮流来表达自己的观点。他说："教师的权威往往阻碍着好学的人。"他还主张教师不应只传授知识，学生不应只接受知识，更要注意让儿童理解所学的知识，提高儿童各方面的能力。

蒙田深刻揭露了当时儿童教育中的种种弊端，他的著作充满了睿智，闪耀着教育思想的火花。他的教育思想对后世教育理论的发展做了良好的铺垫，至今仍闪耀着耀眼的光芒。

通过本章内容可知，古希腊学前教育是西方学前教育的源头，形成了以斯巴达和雅典为代表的两种类型的学前教育。古罗马的学前教育大多在家庭中进行，父母承担着重要教育职责。在中世纪，学前儿童教育具有宗教性和等级性。文艺复兴时期，和谐发展被重新提出，在学前教育上开始研究、探讨儿童的身心特征。

思考与练习

1. 简述古埃及学前教育的内容和方法。
2. 简述古代希伯来家庭教育时期和会堂教育时期学前教育的状况。
3. 古印度佛教兴起时期的学前教育特征有哪些?
4. 简述斯巴达和雅典学前教育的状况。
5. 分别简述古罗马三个历史时期的学前教育状况。
6. 中世纪的儿童观有哪些不良影响?
7. 简述文艺复兴时期的儿童观。
8. 简述维多里诺的学前教育思想。
9. 简述伊拉斯谟的学前教育思想。
10. 简述蒙田的学前教育思想。

第八章　外国古代学前教育思想

学习目标

1. 了解柏拉图、亚里士多德、昆体良学前教育思想的内容。
2. 能够对柏拉图、亚里士多德、昆体良学前教育思想做出正确评价。

第一节　柏拉图的学前教育思想

一、柏拉图生平

柏拉图（Plato，前 427—前 347）是古希腊著名的思想家、哲学家、教育家。柏拉图从小就从智者那里受到各种教育，学习音乐、诗、绘画和哲学。当他 20 岁时就师从苏格拉底，但他不满足于苏格拉底学说，还研究过他之前的几乎所有著名哲学家的著作。对赫拉克利特、埃利亚学派、毕达哥拉斯派、阿那克萨哥拉等，他都进行过深入的研究，并且吸收了这些哲学家们的某些观点，形成了他自己的唯心主义思想体系。苏格拉底被处死后，他和苏格拉底的其他学生逃到麦加拉，之后又游历过埃及、小亚细亚、意大利。他在意大利拜访过毕达哥拉斯派学者，从他们那里研究了毕达哥拉斯的哲学，高价买下毕达哥拉斯派的著作。从西西里回到雅典后，柏拉图开办了一所学园。这所学园本来是为纪念雅典英雄阿加德米而修建的，学园中有林木花草，有体育馆。学园于公元前 387 年创建，到公元 529 年罗马皇帝封闭该学园为止，共存在了 900 多年。柏拉图在学园辛勤教学 40 年。在这期间，他曾三次前往西西里的叙拉古城邦，到狄奥尼修的宫廷做客。他试图借助狄奥尼修的力量，在这个国家实现他的理想的国家计划。但是狄奥尼修是个平庸的人，不可能真正接受柏拉图的政治理想。

柏拉图是古典时代著作丰富而作品大多都完整流传下来的唯一作家。他留给后人的 36 篇对话录中，《理想国》和《法律》较集中地反映了他的教育学说。他是最早运用苏格拉底问答法来阐述自己学说的思想家。柏拉图继承了苏格拉底关于概念的学说，也吸收了毕达哥拉斯派和埃利亚学派等学说中的某些成分，构建起西方哲学史上第一个庞大的唯心主义体系。这个体系以“理念”论为中心，包括他的宇宙论、知识论、政治伦理说、国家说和教育学说。

柏拉图把世界分为“现象世界”和“理念世界”两种。前者是指物质世界，后者是指精神世界。他认为，物质世界是不真实的、虚幻莫测的、变化无常的，精神世界才是真实的、永恒的、不变的。柏拉图认定物质的、现象世界的个别具体事物，是理念的精神世界的副本，理念世界是现象世界的原型，理念是万物的本原。最高的理念是“善”，它是其他理念所追求的目的，也是宇宙的最高目的。柏拉图力从具体、个别的事物中寻求一般、共性，这有助于寻求事物的规律，因而是人类认识发展史上的一个进步。但他的理念论把事物的一般概念绝对化，把他们变成脱离事物并先于事物而独立存在的精神实体，从而割裂了一般与个别、共性与个性的关系。

柏拉图的伦理学说和社会政治观在柏拉图的整个思想体系中占有极其重要的地位，是以理念论和知识论为理论基础的。理想国是柏拉图社会政治学说的核心，是他建立完美理想国家的蓝图。理想国是柏拉图教育思想的出发点。教育是被当作实现理想国的重要手段和工具来加以重视的。他强调教育是国家的重要职责，主张实施按能力而不是按出身选拔培养人才的筛选制度，构筑了一个从优生到成人教育的理论体系。学前教育是其中的有机组成部分。

二、柏拉图学前教育思想的具体内容

（一）论学前教育的意义和任务

在柏拉图式的社会里，最重要的公职是“教育部长”，由于其担任最负责任的职务，其应当是社会中最优秀、最杰出的人物。他重视由国家统一办理教育的经验，强调教育的系统组织。他还指出，学校必须有适当的建筑物和场地，所有的孩子必须每天上学，而不应听任父母的安排。

在西方教育史上，柏拉图是最早提出学前教育思想的人。他重视学前儿童的教育，这也是柏拉图教育思想中一个十分突出的特点。柏拉图认为，教育应从幼年开始。“一切事物都是开头最为重要，特别是生物。在幼小柔嫩的阶段，最容易接受陶冶，你想把它塑造成什么形式，就能塑造成什么形式”“每个人最初所受教育的方向容易决定以后行为的性质”。因为幼年时性格正在形成，任何事情先入为主而对以后留下深刻的影响。幼年时期印入儿童心灵的形象，在其一生中都是难以磨灭和改变的。基于柏拉图“儿童公有”的论点，幼儿教育理所当然属于国家的职责。

幼儿教育的主要任务在于对儿童施加合适的影响，在柏拉图看来，应着重于道德行为的熏陶，以形成良好的品质。他认为，人生来皆具行善禀赋，弃恶从善乃是人的本性，而个人是否这样做，关键在于首先要具有对善恶的辨别能力。一个人如果能知善，肯定会行善；如果能知恶，必然会避恶。人们应当通过坚持不懈地诱导和训练，把善的种子种到孩子心中，使之养成善良的品性。儿童起初或许不能认识善恶的性质，这就要依据幼儿的心灵特点给予启迪。按照柏拉图的意见，“痛苦”和“欢乐”是幼儿最早萌生的知觉，其实也是他们“善恶”观的最初表现形式。因为凡能引起人快乐感觉的事物，一定会引起人的美好情绪；同样，凡能引起人痛苦感觉的事物，人总会对之产生憎恶的情绪。教育者可以充分利用幼儿的这种心理，引导儿童恨他们所应恨的，爱他们所应爱的。这样久而久之，当他们理性的时候，就会自然地把感性的苦乐观和理性的爱憎观和谐地集于一身了。

在幼儿道德熏陶的具体做法上，柏拉图强调要利用儿童善于模仿这一天赋本性，从小就让他们模仿那些一生忠诚、勇敢、虔诚、节制的英雄的言行，使他们从小到老一生持续模仿，最后成为习惯。反之，凡与贤人勇士道德标准不相符合的言行，则严格防止儿童去仿效。

（二）学前教育阶段的划分

对于从出生到 7 岁的儿童，柏拉图依照儿童公育的思想做了以下年龄划分：

第一阶段：从出生到 3 岁。儿童从一出生就交给国家特色的育儿院养育，由母亲喂奶。夜间交给奶妈和保姆照看。要给孩子以有益的运动和空气，尤其不许他由于走路过早而伤害自己。这一时期还应用摇篮曲、儿歌对婴儿施加影响性教育。

第二阶段：3～7 岁。3～7 岁儿童要集中到附设在神庙里的国家儿童场里去，由性格温和、富有知识的保姆监护，并对儿童进行包括智、德、体、美和谐发展的教育，具体内容表现为讲故事、寓言、诗歌、音乐、艺术和进行体育锻炼，并强调寓教于乐，处处给儿童以道德的陶冶。这一阶段的孩子本性需要游戏，要使孩子和谐发展。

（三）学前教育的教育内容

1. 道德教育

在幼儿道德教育方面，柏拉图继承了其师苏格拉底“美德即知识”的思想，强调教育的最高目标是“智德统一”，德是一个人最重要的品质。教育的主要任务就是对道德行为的熏陶，以形成其良好的品质。他认为，在教育的初期，通过行动或实践来培养良好的习惯是特别重要的，实践做好事能养成美德，实践做丑事能养成邪恶。柏拉图指出，可以利用儿童的模仿心通过早期教育的内容发展儿童的德行。要引导幼儿从小模仿那些勇敢、节制、虔诚、自由的一类人物。凡与自由人的标准不符合的事情就不应参与或模仿。至于其他丑恶的事情就更不应模仿；否则，弄假成真，就变为真的丑恶了。总之，“从小到老一生连续模仿，最后成为习惯，习惯成为第二天性，在一举一动、言谈思想方法上都受到影响”。

2. 和谐发展教育

柏拉图还汲取了雅典教育的经验，倡导幼儿身心和谐发展。和谐的教育应当是“用体操来锻炼身体，用音乐来陶冶心灵”，也就是说，使身体的运动和声音的运动有共同的节奏，做到歌与舞的配合，达到载歌载舞的水平。音乐和体育二者是相互促进的。这里的“音乐”含义较为宽泛，不仅指弹琴奏乐、节奏旋律，也包括诗歌、文学等富有陶冶功能的内容。因此，要选择欢快、令人兴奋的音乐内容教授给儿童，以培养他们积极向上的精神，使他们养成良好的行为习惯。同时，儿童体育的目的是使儿童身体健康，更好地为国家奉献自己。因此，儿童的体育要简单，饮食要适当，生活要有规律，睡眠时间不能过多或过少，日常训练要量力而行，等等。

（四）学前教育的手段和方法

1. 游　戏

柏拉图十分重视游戏在幼儿教育中的地位。他认为，3～6 岁儿童的本性是喜欢做游戏，但应遵循一条原则，那就是游戏的内容和方式必须符合法律精神。因为游戏不仅仅是玩耍和娱乐，同时也是一种道德教育过程，为此，应该选派有经验的人去组织管理。游戏的内容和方法必须符合法律精神，要精心安排，不要经常变化，否则会影响其成人时对国家和法律的忠诚，也不利于国家和社会的安定。他强调说："我们的孩子必须参加符合法律精神的正当游戏。因为如果游戏是不符合法律的游戏，孩子们会成为违反法律的孩子，他们就不可能成为品行端正的守法公民了。"在符合法律精神的基础上，游戏活动要尽可能由孩子自己发明，但也要讲究一定的规则和秩序，否则就容易出现违反纪律的现象。由此可见，柏拉图关于游戏的见解表现出了一种自相矛盾的心态。他一方面认为儿童游戏很重要，游戏符合儿童的天性；另一方面又给儿童游戏的种类和方式加上了种种规则和法律的限制，其游戏理论具有局限性。

2. 讲故事

柏拉图认为，给幼儿讲故事是进行道德、政治教育的有效方式，可以塑造幼儿的心灵。但是，他主张讲给幼儿的故事要经过挑选，选择那些能激发幼儿勇敢、正义和高尚品德的故事。在当时希腊的一些诗歌等文学作品中，神与人是同形同性的，各种神和凡人一样有喜怒哀乐、悲欢离合，有凡人的许多弱点，如妒忌、以下犯上等。柏拉图指责这些作品把最伟大的神描写得丑恶不堪，他认为教材给幼儿的神的形象应是圣洁无瑕的，而英雄人物的形象则应是勇敢、节制和公正无私的。为了培养幼儿的美德，应鼓励母亲和保姆给孩子讲那些已经审定的故事。幼儿最初听到的应该是最优美、高尚的故事，要防止他们因受到不良故事的感染而成长为残暴、凶狠的狂妄之人。

三、对柏拉图学前教育思想的评价

柏拉图是西方古代最伟大的教育家，他首次提出了教育上的许多重要问题，对后世西方教育思想的发展产生了深远的影响。

柏拉图重视教育的政治意义。他所理解的教育基本上是一个个人和社会相互影响的过程。教育的影响并不限于受教育者个人，还必须不可避免地影响到社会本身的性质。因此，他主张由国家负责年轻一代的教育工作，实行儿童公育。

柏拉图是西方学前教育思想的奠基人。他最早提出优生优育的幼儿教育体系，提出儿童心灵与体制和谐发展的教育观点，指出故事、音乐、游戏在幼儿教育中的重要地位和寓教于乐、慎选故事教材等问题，这是教育性教学思想的萌芽。另外，他还重视幼儿道德习惯的培养。所有这些至今仍有一定的价值。但同时也必须看到，柏拉图作为一个奴隶主贵族思想家，受历史条件和阶级性所限，其教育主张中不乏许多神秘、保守、落后的观点。

第二节　亚里士多德的学前教育思想

一、亚里士多德生平

亚里士多德（Aristotle，公元前384—公元前322）是古希腊最著名的哲学家，也是一位博学的思想家、科学家、教育家和百科全书式的学者，恩格斯称其为“人类的导师”。亚里士多德出生于色雷斯的斯塔基拉，那是古希腊的一个殖民地，与正在兴起的马其顿相邻。他的父亲是马其顿国王腓力二世的宫廷御医。亚里士多德家庭环境优越，从小就受到良好的贵族教育。17岁时，他赴雅典在柏拉图创办的阿加德米学园就读长达20年。这一时期的学习和生活对他的一生产生了决定性的影响。在阿加德米学园中，亚里士多德表现得很出色，柏拉图称他是“学园之灵”。公元前347年柏拉图逝世后，亚里士多德在雅典继续待了2年，此后他开始游历各地。公元前343年，他受马其顿国王腓力二世的聘请，担任起太子亚历山大的教师。公元前335年，亚历山大继任王位后，亚里士多德重返雅典，创办了一所名叫吕克昂的学园，并在这里创立了自己的学派。这一学派的教师和学生们习惯在花园中边散步边讨论问题，因而得名为“逍遥学派”。亚历山大去世后，雅典人开始奋起反对马其顿的统治。亚里士多德受到牵连，因被指控不敬神而逃出雅典避难，他的吕克昂学园也转交他人掌管。亚里士多德一生涉足了众多的科学领域，建树颇丰。《政治学》和《伦理学》两部著作集中阐述了他的教育思想。

在哲学本体论方面，亚里士多德承认物质世界的客观存在。他批评了柏拉图的理念论，认为理念不能解释物质世界。他提出了形式和质料说，认为事物是形式和质料的统一。亚里士多德根据其唯心主义论，论述了灵魂和肉体的关系，认为二者密不可分。他认为，灵魂包括三部分：植物灵魂、动物灵魂和理性灵魂。与这些灵魂相适应，要进行三方面的教育，即体育、德育、智育。教育的最终目的是发展人的理智，使人得到和谐发展。在政治学和伦理学方面，亚里士多德认为人是政治动物，总是处在一定的家庭、部落和城邦之中。个人只有在城邦中才能实现自我成长，城邦也应培养有美德的公民，使其过上有德行的幸福生活。

二、亚里士多德学前教育思想的具体内容

（一）教育是国家的头等大事

亚里士多德和柏拉图一样，善于总结历史经验，把教育当作实现其政治目的的最重要的手段。还认为国家政治的优劣不仅取决于组成城邦的阶级及政体的形式，而且取决于城邦居民是否具有美德。对个人和集体而言，人生的终极目的是相同的，即追求幸福

生活和至善。优良的城邦，应该人人都是善人。而人之善，则有赖于教育去实现。因此，教育理应成为国家的重要事业，由奴隶主国家统一管理，决不能让私人插手，并要求把教育作为国家公共要务，专门制定有关法律，明确规定一定年龄的儿童必须接受国家给予的教育。他曾多次劝告国家的执政者，一定要经常过问教育问题，因为掌管好教育，就可以“维护这个政体的实力”，使公民的生活适合于政府的形式。忽视教育就会危害政体。亚里士多德意识到要使教育得到确实的发展，就必须把教育纳入国家法制的轨道，强调教育应由法律规定。这也是西方教育史上“教育立法”思想的开端。在亚里士多德看来，在国家政治生活中依据法律办教育，通过教育宣传国家的各种法律制度，培养人们遵纪守法的行为习惯，增强整个社会的法律意识，国家就易于治理，政令通畅，公民就能安居乐业了。

（二）体、德、智、美和谐发展的教育思想

亚里士多德的体、德、智、美和谐发展的教育思想是建立在其灵魂学说基础之上的。他把人的灵魂分为植物的、动物的和理性的三部分。其中植物的灵魂最低级，主要表现在满足身体的生长和发育的需要；动物的灵魂表现为人的情感和欲望；理性的灵魂最高级，主要表现为人的思维、推理等方面。与其灵魂学说相适应，亚里士多德提出了体、德、智、美和谐发展的教育思想。

亚里士多德认为，训练儿童的身体应该成为对儿童进行教育的前提。在他看来，教育练习的目的在于使人健康有力和勇敢，进而养成体育竞技的习惯，从而能够参加各种体育竞技活动。在德育方面，亚里士多德强调必须重视培养学生的习惯，德育的目的在于通过实际活动和反复练习逐渐养成中庸、适度、公正、节制和勇敢的美好德行。在智育方面，亚里士多德认为，阅读、书写乃至绘画的目的都是将来的实际效用。音乐教育是亚里士多德和谐发展教育思想的核心部分。在他看来，音乐不仅是实施美育的最有效手段，他还担负着智育的部分职能，而且是实施德育不可缺少的内容。音乐具有教育、净化心灵和供理智享受等功能。

（三）年龄分期与教育程序

亚里士多德十分重视对青少年身心自然发展特点的研究，首次提出了按儿童年龄划分受教育的阶段，并根据不同的年龄阶段实施不同的教育任务。他认为，人是由躯体和灵魂两大部分组成的，如同形式和质料一样密不可分地存在着。按人的成长过程，先是躯体的发展，然后是灵魂的发展。而灵魂又是以非理性灵魂和理性灵魂的顺序来发展的。他还认为，合理的教育，就应遵循人和自然行程，首先给予身体的养育，确保其有健壮的体魄；接着是给予情感的训练，培养其良好的思想意识；然后是给予理智的教育，促进思维、理解能力的发展。这就是亚里士多德所坚持的“效法自然”的一条教育原则。据此，他把一个人受教育的年龄按每七年为一自然阶段划分为三个时期，即从出生到 7 岁为第一个时期，7 ~ 14 岁（青春期）为第二个时期，14 ~ 21 岁为第三个时期。亚里士多德按照他的这一年龄分期和相应教育的总设想，对第一个时期即幼儿教育做了深入而

具体的论述，成为他全部教育理论的一个有机组成部分。

亚里士多德依据灵魂学说安排教育的程序及任务。人有肉体部分和灵魂部分，后者又分为非理性和理性两个部分。顺应这三个部分，就应由体育、德育和智育。亚里士多德把发展人的理性放在最高位置，但应首先重视体育，其次才是培养灵魂的本能。

（四）学前儿童的保育和教育

亚里士多德认为，人的第一个时期——幼儿教育又可以分为儿童出生前的胎教、出生到 5 岁的婴幼儿教育和 5 ~ 7 岁的儿童教育三个阶段。

1. 胎儿阶段的教育

亚里士多德主张的胎教主要体现在优生优育和孕妇保健两方面。

与柏拉图一样，亚里士多德主张优生优育。他说："父母具有何种体格对其子女最为有利，是我们讨论儿童教育时将充分考虑的问题。"经他长期考察、研究的结果显示，介于运动家和虚弱者之间的体格为好。在《政治学》一书中，他明确提出："儿童的生育，而以介于二者之间的最为适当"，因为"运动家的体格不一定比虚弱的人更适于一个公民的生活或健康"。

亚里士多德从生物学、解剖学、医学的观点出发，对孕妇的保健问题提出了比较详尽的建议。他说："孕妇应自己保重，她们应当从事运动，要有富于营养的食物。""每日步行到神庙礼拜生育之神。"另外，孕妇在心理上应能保持安定和平静。这是因为新生儿的天性多得之于其母，有如植物得之于土壤一样。即使如此，还有一个父母生育时期的最佳选择问题。亚里士多德认为，太年老的人和太年轻的人所生的儿童身心都有缺陷。那么，这一限度应当是智力旺盛之年。但当夫妇拥有的孩子过多时，可以在胎儿未有感觉与生命之前堕胎。亚里士多德的胎教思想受益于柏拉图的影响和个人的经验，对此问题能提出类似优生优育、胎儿保健和计划生育的见解是难能可贵的。当然也存在武断与不妥之处，如他认为结婚年龄女性为 18 岁，男性为 37 岁；而智力旺盛之年均在 50 岁左右，显然是不科学的。

2. 婴幼儿阶段的教育

婴幼儿阶段的教育应顺其自然，以孩子的身体发育为主。但同柏拉图一样，亚里士多德也主张对新生儿进行严格检验，国家要制定一种法律，规定只允许健壮的婴儿得以抚养，而不许养活畸形、残疾儿童。幼儿出生以后的抚养方法好坏对其体力发展有直接的影响，对此，亚里士多德要求人们给他们良好的营养和适当的锻炼。他强调婴儿的食物以及含乳成分最多的为最好，而乙醇的含量则越少越好。婴幼儿的体育活动也很必要，成人可以协助他们做一些适合婴幼儿所能掌握的动作进行运动，但应注意保护他们的脆弱之体，要借助于器械使其身体正直。此外，他认为是儿童在幼年习于寒冷是一种很好的锻炼方法，有助于健康并使他们坚强。

从出生到 5 岁这一阶段，亚里士多德反对儿童进行课业学习或劳作，而应有充足的活动，以免肢体不灵。他认为这可以用许多方法获得，游戏就是这些方法中的一种，但游戏不应是鄙俗的、易使人疲倦的或毫无生气的。至于儿童啼哭则不必禁止，因为啼哭时能扩张肺部，有助于躯体的发育。5 岁前儿童听故事是件喜闻乐见的事，但故事内容应由负责教育工作的官员做出精心的选择。不管是游戏还是讲故事，最好是为将来事业做准备，其中大部分应为对他们以后要认真从事的事业的模仿。

3. 儿童阶段的教育

按亚里士多德的意见，儿童 5 ~ 7 岁阶段的教育应以良好习惯的养成作为主要任务。他认为，这一时期的家庭环境对儿童性格的形成至关重要，所以要特别防止造成对儿童的不良影响。他强调，因为在 7 岁以前儿童必须住在家里，所以在幼年也可能从他们所听的、所见的沾染到不良习气。“没有一种事比取缔不洁语言更应注意，因为可耻的语言轻易出之于口，即导致可耻的行为。”同样，也不要让儿童看到不好的图画或戏剧。凡能引致邪念和恶毒性情的各种表演都应加以慎防，勿令其耳濡目染。那么，良好的习惯怎样培养呢？亚里士多德认为，应从决定儿童道德品质的天性、习惯和理性三个因素入手，其中习惯是最重要的。良好习惯的形成就是在日常言行活动中，让他们最先遇到美好的东西，经常接触好人好事，并让他们身体力行，反复练习。久而久之，良好的道德品质也就自然形成了。

三、对亚里士多德学前教育思想的评价

亚里士多德在幼儿教育思想方面既汲取了前人的宝贵经验，又总结了自己长期教育实践和研究的成果，提出了一些新的观点，例如，胎教思想、教育遵循自然说、和谐发展说、教育年龄分期说，以及注重幼儿道德习惯培养等，对西方幼儿教育理论与实践的发展产生了重要的影响。但他作为一个奴隶主贵族的思想家，其中不少观点带有明显的阶级偏见和时代局限。

第三节　昆体良的学前教育思想

一、昆体良生平

昆体良（Quintilianus，公元 35—96）是公元 1 世纪罗马最有成就的教育家。他出生在西班牙，其父在罗马教授雄辩术，颇有名声。昆体良少年时随父亲到罗马求学，受过雄辩术教育。他当过 10 年律师。公元 70 年他被任命为一所国立拉丁语修辞学校的主持人。由于在雄辩术方面的造诣以及在办学上的卓越成就，当罗马帝国在公元 78 年设立由国家支付薪金的雄辩术讲座时，他成了该讲座的第一位教师。昆体良在拉丁语修辞学校工作了 20 年左右，大约在公元 90 年退休。

在担任教师的同时，昆体良还兼任律师，这使他有可能以当律师的丰富实践经验充实教学内容，把理论与实践紧密地结合起来。

昆体良退休后，专门从事著述。经过 2 年多的努力，他写成了《雄辩术原理》(12 卷，约合中文 65 万字)。这部著作既是他自己近 20 年教育教学工作经验的总结，又是古代希腊、罗马教育经验的集大成者。昆体良的教育理论和实践都以培养雄辩家为宗旨。

文艺复兴时期，久已失传的昆体良的著作从积尘中被重新发现，立即光彩夺目，使厌倦了经验主义的人文主义者为之倾倒。

二、昆体良学前教育思想的具体内容

(一) 论教育的目的和作用

昆体良主张把培养善良而精于雄辩术的人作为教育所要达到的基本目的。他认为，一个雄辩家既要擅长雄辩，通晓各种有价值的知识，具有较高的才能，同时也应具有崇高的思想和高尚的情操，成为一个善良的人。对于雄辩家来说，才能与德行是相互联系的，缺一不可。在一定意义上，德行比才能更为重要。这是因为，雄辩术是一门高尚的学问，他的主要任务是宣传正义和德行，指导人们趋善避恶。雄辩术应当是为真理、为正义而战的战士手中的武器，而不应成为强盗手中的工具。

昆体良认为要成为一名合格的演说家，必须具备三个不易达到的条件。

(1) 应具备很好的道德品质。一个雄辩家首先必须是一个善良的人，他坚持把崇高道德的培养放在教育工作的首位。在昆体良看来，一个有能力而无道德的人，较之没有能力的人对社会的危害更大。因为，如果以演说的才能去支持罪恶，那么无论从私人的还是公共的角度看，没有什么东西比雄辩术更有害的了，而他自己竭尽全力帮助培养雄辩家的才干，就应当受到世人的谴责。因为他不是给战士提供武器，而是给强盗提供武器。如果一个人掌握了雄辩术却用于“教唆犯罪，压迫无辜，与真理为敌，倒不如生来聋哑，没有理智的好”。

(2) 应具有丰富的阅历、渊博的知识。只有以完备的学问作基础，才能使演说具有权威性、正确性，也就具有了说服力。而获得知识，就必须勤奋地学习、刻苦地钻研，绝不能马马虎虎，更不能三心二意，胡思乱想。因为一个头脑充满杂念的人，就不可能集中注意于追求高深的学问，只有当“头脑无挂无碍而成为自己的主人时，当没有任何别的事情妨碍、分散注意力时，才能集中精力于所要追求的目标”。

(3) 演讲风格要朴实自然、简洁优美、真切感人。要做到这一点，昆体良认为必须掌握丰富的精辟词汇，懂得应用他们的正确方法，学会一些修辞手法，这些修辞手法不是临时生造的，而是从自己的储备中水到渠成地取用的，就如同从百宝箱取用一样。要杜绝一切浮华之分，严防“滥用词汇自夸，或滥用幼稚的警句，或以装腔作势，扬扬自得……或把夸张看成崇高，或以自由演说之名，给狂人的胡言乱语套上花环”。要弄清楚这些，必须精通一切学问，洞悉他所要演说的主题，并且根据自己的特点，充分研究声调、手势、表情、仪态、用词、隐喻、修辞手段等，以便使演讲能获得最大的成功，达到“争取法官的同情，控制听众的情绪并打动他们的心弦”的目的。

只有完全做到以上的各项条件，才能培养出昆体良所要求的“伟大而不过分、崇高而不暴烈、勇敢而不鲁莽、稳重而不沮丧、有力而不懒散、生气勃勃而不放荡、外貌悦人而不放肆、庄重而不装腔作势”的雄辩家。这种雄辩家的培养不只是修辞学校的任务，而是包括学前教育、初等、中等教育在内全部教育工作共同的任务。

（二）儿童要及早接受教育

昆体良在《雄辩术原理》第一卷第一章开宗明义地提出：“当儿子刚一出生的时候，但愿做父亲的首先对他寄予最大的希望，这样，才会一开始就精心地关怀他的成长。”接着，他主张“凡是每个儿童都要学习的东西，就应该早点开始学”，因为“婴儿时期的所得是青年时期的收获”。他还告诫人们“早期年龄阶段的光阴不要浪费”“7 岁以前的收获无论怎样微小，都不要轻视它。诚然，7 岁以前学习的东西很少，但有了这个基础，到了 7 岁就可以学些程度更深的东西，否则到了 7 岁还只能从最简单的东西学起”。他认为未来雄辩家的培养和教育是伴随着婴儿的出生而开始的，他公开宣告：“我的计划是引导我的读者从咿呀学语开始，经过初露头角的雄辩家所必需的各个阶段的教育，一直到雄辩术的顶峰。”昆体良还从儿童心理和生理特征来强调学前教育的必要性。他说：“还有深一层的理由。愈是年纪小，头脑就愈易于接受小事情，正如只有在身体柔软的时期，四肢才能任意弯曲，强壮本身也同样使头脑对多数事物更难以适应。”另外，“因为初步知识仅仅靠记忆，而记忆不仅存在于儿童时期，而且儿童时期的记忆甚至更加牢固，正因为如此，就更没有借口浪费早期年龄的光阴”。他深信，教育在人的形成中起着十分重要的作用，认为人可以通过教育得到培养、完善和发展。天生畸形和生而有缺陷的人只是稀有的例外，绝大多数人都是可以培养也必须加以培养的。如果有人没有得到应有的发展，那么缺少的不是天赋能力而是培养。他认为一个未来雄辩家的培养绝不能等到 7 岁以后才进行，他列举当时两种相反的看法，一种认为“儿童在 7 岁以前，不要教他们认字，因为从 7 岁开始儿童才能理解所教的东西”；另一种认为“儿童时代没有哪个时间不应当受教育”。昆体良对此则表示：“我主张从婴儿时期起就示范我的雄辩家的学业。”他认为这如同对待一座建筑物，既要讲究其上层建筑，又要注重其坚实基础。教育上“除非我们首先从初步阶段做起，不然要想在任何一门学科上达到顶峰是不可能的”。他还认为儿童具有很大的发展可能性。他做了这样的比喻：“鸟生而能飞，马生而能跑，野兽生而凶残，唯独人生而具有敏慧和聪颖的理解力。”这种自然所赋予的特性有待于通过教育来发展。儿童生来就具有接受教育的积极性，因此，人的教育应该及早开始。

（三）论儿童的看护者

昆体良十分重视儿童周围的人所施加给儿童的影响。为此，他提出必须十分慎重选择儿童的看护者和教师，要求儿童的看护者必须身体健康、说话清楚正确。因为“儿童首先听到的是他们的声音，儿童模仿的是他们的语言”。他认为这些人整天和孩子接近，他们的一举一动、一言一行，都会直接或间接地影响儿童的言谈举止。他生动地举例说：“我们天生地能历久不忘孩提时期的印象，如同新器皿一经染上颜色，其色久不能改。”小时候进入脑海中的深刻印象会长久保存，不易忘怀。但值得注意的是，“好的习惯变坏是容易的，但要使坏习惯变好却不容易”。为此，他强调家长和家庭教师都要“在开始的时候给他们指出正路，而不要等到他们走错了路以后再把他们从迷途中叫回来”。要做到这一点，家长和教师自身最好是一个知识渊博、博古知今、道德高尚、言谈合礼的人，而无论如何绝不能是粗懂文墨而狂妄自满，更不能是愚昧无知而又装腔作势的人，“因为再没有什么比那种浅尝辄止、故步自封于自己在知识方面的错误偏见之中的人更有害的了”。他们往往是将自己的愚蠢无知灌输给孩童，致使儿童养成了某些坏习惯，于是，傲气、骄横甚至暴烈随之滋长。童年受教育直到长大成人，这些坏习惯都仍然难以改掉，家长和教师的愚蠢和失检行为带给孩子们无穷的危害。为此，昆体良深切体会到做一个学前教育工作者责任重大，从而对幼儿教师提出了一系列严格的要求：

（1）教师要热爱儿童，只有热爱儿童才能教育儿童。昆体良指出：“教师要以父母般的感情对待儿童……他应当严峻而不冷酷，和蔼而不放纵，否则，冷酷引起厌恶，放纵导致轻视。”教师只有以自己理智的爱才能赢得儿童的尊敬，儿童也就会视教师如父母”，就会从内心深处愿意接受教师的指导，“相信教师教给他们的东西，愿意仿效教师，当他们的错误被纠正时不会生气，但他们受到表扬时会感到鼓舞，他们会以种种的努力尽可能取得教师的珍爱”。

（2）教师要善于观察儿童、了解儿童。昆体良认为，“一个高明的教师，当他接受托付给他的儿童时，应当首先弄清他的能力和资质”。同时，教师要“善于精细地观察学生能力的差异……因为各个人的才能的确有不可思议的差别。人心之不同各如其面”。正是由于儿童的性格特征是千差万别的，所以教师就不应该用同一种方法去对待所有的儿童，而只有真正了解了每一个儿童，才能根据其个性禀赋适时教育，长善救失，比如“有些孩子是懒惰的，除非你激励他；有些孩子听到吩咐就发怒；恐吓能约束某些孩子，却使另一些孩子失去生气；有些孩子由于持续的勤劳得到陶冶，另一些孩子因短期的努力而成就更好”。儿童教育运用之妙就在于因材施教。

（3）教师要仔细考察儿童的接受能力，教学内容要通俗易懂、深入浅出。昆体良把儿童的学习生动地比作“正如紧口瓶子不能容受一下子大量流进的液体，却能为慢慢地甚至一滴一滴灌进的液体所填满……他们远远不能理解的东西是不能进入他们的头脑的，因为头脑还没有成熟到能容受它们”。为此，“教师本身要小心谨慎……在教育头脑尚未成熟的学生时，不要使他负担过重，要节制自己的力量，俯就学生的能力”。相反，“愈是无能的教师，愈是教得晦涩难懂”，而优秀教师的教学方法往往明白易懂，因而教学效果也最好。

（4）教师要正确运用批评和表扬。昆体良把它们看作是一种教育艺术，对于儿童尤为重要。他说：“有必要提醒教师注意，在纠正学生的错误时，如果吹毛求疵，学生就会丧失努力的信心，意志消沉，最后会憎恶他的功课，担心动辄出错，什么功课也不想做。”这正如“农民所熟知的现象：他们认为嫩枝不用砍刀”“因此，对这个年龄的学生，教师要尽量和蔼，不论对错误的纠正多么严格，也要以温和的方式进行”，而“对不同年龄的学生，纠正错误要用不同的方法”。孩子的错误要及早发现、及早纠正，因为“错误在年幼时得不到纠正，在以后的生活中就会成为难改的积习”。

关于对儿童的优点进行表扬或褒奖的问题，昆体良要求教师做到“既不吝惜，又不滥用”。因为吝惜表扬或褒奖会挫伤孩子的热情与积极性，而滥用表扬和褒奖又会滋长儿童的虚荣心或自满情绪。所以，教师对于儿童的良好表现，应该及时、恰当地做出评价，让孩子们懂得“获得表扬是一种巨大的荣誉”，要珍惜它。

（四）论娇惯儿童的危害及榜样的作用

昆体良对当时罗马社会风气之不良而造成不少混淆视听的现象深恶痛绝，例如，谩骂被当作言论自由，草率鲁莽被当作勇敢，挥霍被看作富裕等。尤其是一些富有之家和无知父母本身道德败坏、无原则地宠爱纵容儿童，使孩子们“所看到的是情妇和娈童。每次宴会时室内充斥着靡靡之音，人们羞于出口的事却触目皆是。若是从这样的实践中养成了习惯，以后就变成了天性。可怜的孩子在还不知道这些事是邪恶时就学会了这些邪恶。于是，他们变得放纵、娇气。长此以往，他们这样满嘴污秽是不足为奇的，这是我们自己教的，他们是在听我们说话时学会的”。一旦这些孩子进了学校，“把这些道德败坏带进学校的正是他们”。为此，昆体良要求家长们“本身应成为孩子们的有效榜样，只做一切应当做的事，避免邪恶的习惯。他们的生活本身如同一面镜子，通过这面镜子，就培养了孩子对恶言恶行的厌恶”。但是，“如果他们自己的生活就是邪侈不正的，他们就丧失了责备仆人的权利，更丧失了责备儿子的权利”。更有甚者，有的家长教唆自己的儿子变坏，因为“成年者是厚颜无耻的，未成年者也一定会如此”。昆体良鉴于以上触目惊心的惨痛教训，一再恳切要求家长们“要将心思用于培养一切有利于孩子健康成长的习惯”。

（五）论体罚

昆体良竭力反对儿童教育中的体罚现象，禁止对幼儿的体罚。他大声疾呼：“对于如此纤弱、如此无力抗拒虐待的幼年，不允许任何人滥用权威。”他愤慨谴责“那些宵小之辈是多么可耻地滥用了体罚的权利”，而造成众多不幸儿童的身体和心灵的创伤。他认为对儿童施行体罚是有百害而无一利的，为此，他专门列举了体罚的五大罪状：

第一，体罚“事实上无疑是一种凌辱”，是一种残忍行为。

第二，盛行体罚，孩子一旦对“鞭笞习以为常”，教育就难以起到作用。

第三，如果幼年时期遭受体罚，长大以后往往更难以驾驭。

第四，体罚只能造就奴隶的性格，不能培养雄辩之才。

第五，体罚的结果必然使儿童“心情沮丧压抑，使他不敢见人，经常感到抑郁”“产生恐惧心理”。

总之，昆体良认为体罚是一种无能的表现，是一种不光彩的行为，并再次重申：“我是无论如何不赞成的。”

（六）论游戏

昆体良十分重视学前儿童的游戏活动，认为儿童“爱好游戏，那是天性活泼的标志；那种迟钝麻木、没精打采的，甚至对那些年龄所应有的激动也默然无动的学生，我是不指望他能热心学习的”。在游戏活动的组织安排上，昆体良主张寓发展智力和培养德行于游戏之中，他认为游戏和娱乐“有助于发展敏锐的智力”。同时“在游戏中，学生的道德品质也能毫无保留地按照本来面目表现出来；在幼稚无知的年龄，当他还不知道弄虚作假，最愿意听从教师的教育时是最容易受到熏陶的”。昆体良要求教师充分利用游戏这一儿童喜爱的活动方式，把它变成既是一种娱乐，又是一种学习，也是一种教育的活动形式。

（七）论记忆力和创造性

昆体良明确指出，“儿童能力的主要标志是记忆力，记忆力包括两个方面：敏于接受知识和记得牢固”。他坚持认为，“从小就表现出真正有才能的孩子应该乐于接受教给他的知识并就某些事物提出问题”，从而表明儿童有接受教育的能力。

昆体良还十分重视儿童记忆力的培养，他认为对于每个儿童来说，“记忆力是头等重要的，它可以通过练习得到加强和发展”。他还特别强调，“记忆力是教师可以帮助促进其发展的唯一智能”，但是一个具有出众才能的儿童如果“没有根基深厚的而牢固的内在力量，他们不过像洒在土地表面而未熟即萌芽的种子，又像似稻而非稻的杂草，收获季节未到就早已枯黄结了空实”。所以，儿童应该从小就要逐渐养成渴求知识的意愿，而“意愿是不能通过强制得到的”。为了造就一个未来的雄辩家，昆体良希望他们在“儿童时代就要注意表现出勇敢、创造力，以创造为乐”，要“有一点蓬勃朝气”“虽然他们可能缺乏正确性和精确性。过头的精力旺盛是不难纠正的，麻木不仁则是不治之症”。

昆体良还借用西塞罗的话再次强调：“我真正希望年轻的学生能表现出丰富的创造性。”教师们切不可束缚孩子们的手脚，从一定意义上说，幼儿教师的主要职责就在于培养儿童的求知欲和创造性。为此，昆体良深切告诫，“我们要特别当心，使孩子在学习时避免麻木不仁的教师，正如嫩弱的幼苗要避开干涸的土壤一样”，要如同对待小鸟一样，“当他们的力量已经足够的时候，就让他们自由地飞向天空”。

三、对昆体良学前教育思想的评价

昆体良关于雄辩家教育的理论，曾为罗马帝国大批人才的培养起过巨大的作用，其中许多精辟的见解、深邃的言辞，曾经使后人叹为观止和深深折服。他的思想影响了几十代人。人文主义教育家维多利诺和伊拉斯谟都对昆体良深有研究，以至于他们被称为“昆体良式的人物”。

昆体良继柏拉图、亚里士多德之后详细而深入地探讨了儿童教育问题。其中有关儿童个性的培养、幼教师资的要求、榜样教育的作用、游戏教育方法等都是前人和他自己的长期教育工作实际经验的总结，予后人以启迪。特别在昆体良反对体罚的谴责中，可以看出他对儿童的深刻理解，对儿童人格的尊重，对正面教育的强调，以及对培养儿童生龙活虎般的积极性、创造性的追求。这一切富有哲理和实际指导意义的精辟见解，至今仍不失其借鉴意义，由此也更说明他不愧是一位有远见卓识的教育家。

当然，作为一个奴隶主贵族的思想家，他不可避免地暴露出种种阶级的偏见和唯心主义的思想方法。例如，昆体良总是把社会上流行的一切不良言行都归罪于奴隶或教仆，认为儿童变坏主要是受了他们的不良影响，这是一种十足的阶级成见。在儿童教育上，他竭力主张“孩子最好一开始先学希腊语”，声称“最没有前途的孩子是批评能力的发展早于想象能力发展的孩子”，又认为“婴儿时代四肢充足发展的孩子长大了往往变得体质孱弱”等，都是一种主观意念，缺乏科学的论证，有的纯属武断。

通过本章内容可知，柏拉图是西方学前教育思想的奠基人。他重视优生优育，主张和谐发展的教育，指出了游戏在学前教育中的意义，重视幼儿道德习惯的培养。亚里士多德继承了柏拉图的许多教育主张，重视教育的政治意义和人的理性发展，重视儿童游戏和故事材料的选择。昆体良重视教育在个体发展中的作用，重视道德品质的培养和学前儿童道德习惯及语言的发展。

思考与练习

1. 简述柏拉图的学前教育思想内容。
2. 简述亚里士多德的学前教育思想内容。
3. 简述昆体良的学前教育思想内容。

第九章　外国近代学前教育

学习目标

1. 分别掌握近代德国、英国、法国、美国、俄国、日本等国的学前教育状况及相关政策。
2. 了解福禄培尔幼儿园对各国学前教育的影响。
3. 能够比较德国、英国、法国、美国、俄国、日本的学前教育状况的差异。

本章介绍了近代各国学前教育发展的主要历程和重要历史事件。近代资本主义生产力的迅猛发展要求建立与之相适应的教育制度，在这一背景下，近代幼儿公共教育产生了。最早诞生的近代学前教育机构是英国欧文创办的幼儿学校，它一度成为欧洲一些国家学前教育的楷模。到 19 世纪中期，德国福禄培尔所创办的幼儿园又成为世界许多国家效法的榜样，福禄培尔的学前教育思想和实践经验很快流传到世界各国。到 19 世纪末，学前教育在西方各国教育制度中已初具规模，确立了基本的基础地位。

第一节　德国近代学前教育

德国是近代第一所幼儿园的诞生地，但其近代学前教育起步却晚于英法等国。17—19 世纪，德国国家不统一，国内小邦林立，资本主义发展相当缓慢，极大地影响了教育包括学前教育的发展，直到 1871 年建立了统一的德意志帝国，相关情况才得以缓解。

19 世纪的最初 20 年，德国学前教育主要解决妇女劳动时孩子无人看管的问题。各地建立了不少私立、冠以各种名称的学前教育机构，其目的是保护婴幼儿的安全和健康，这些机构多为季节性机构。19 世纪 20 年代中期以后，德国学前教育的发展受到英国幼儿学校的影响，但绝大部分机构仍属慈善机构，各邦政府对既有机构给予监督，但未从财政上给予必要资助。1840 年，福禄培尔幼儿园的产生，极大地推动了德国学前教育的发展，使德国的学前教育走在了世界前列，成为其他国家学习的榜样。

一、保育所与托儿学校

1. 巴乌利勒保育所

19 世纪初期，德国已经有了一些幼儿教育机构，其中最早出现的是由侯爵夫人巴乌利勒（Pauline，1769—1820）设立的巴乌利勒保育所。

巴乌利勒侯爵夫人从慈善家立场出发，致力贫民救济工作。她出于对贫穷母亲的理解和对穷苦孩子健康的关心，在法国帕斯特莱侯爵夫人创办育儿院的启示下，于 1802 年在多特蒙德设立保育所，作为其救济机构的组成部分。巴乌利勒保育所招收的对象是 1～4.5 岁的农村孩子，其是季节性的托儿所，从初夏开始到晚秋结束。每天的保育时间从上午 6 点到晚上 8 点。保育所的工作由 12 名贵妇人来承担。此外，还有一些从孤儿院和职业介绍学校招来的 12～16 岁的女孩子做保姆。巴乌利勒保育所把婴幼儿的健康摆在工作的首位，教育只是处于附带和从属地位。保育所有良好的卫生条件和营养丰富的饮食，鼓励户外游戏。其教学内容有语言训练、唱歌、社会道德训练和生活规律的教养。保育方式是经常对孩子进行监督，但不给他们任何束缚，让孩子们每天都在游戏中度过。巴乌利勒保育所为孩子们安排的这些有规律的生活促进了孩子们的健康成长。

2. 柏林最早的托儿学校

1819 年，德国的幼儿教育家、《柏林工农周刊》杂志编辑瓦德切克（Wozzeck，1762—1823）创立了柏林最早的托儿学校。

同巴乌利勒季节性托儿所不同，这所托儿学校面向的是城市劳动阶级的子弟，是常设托儿所，目的是为幼儿提供营养膳食、细心照料、良好管理和整洁环境。最初，托儿学校招收了 12 名 9 个月至 2 岁的婴幼儿，实行 24 小时保育。但出于更多家庭的迫切需要，托儿学校迅速扩大和发展，招生年龄扩大到 13 岁，并开始实行夜间保育。托儿学校的性质也由单纯的托儿所，转变成大规模的贫民教育机构。1821 年，普鲁士国王把这种机构命名为“瓦德切克”机构，由儿童学校、托儿学校和保姆养成学校构成。但由于托儿学校没有作为一所纯粹的学前教育机构发展下去，最后与普通孤儿院无异。

上述两所幼儿教育机构都是为了帮助父母安心工作而设的，以保护婴幼儿的健康为主，教育为次，这与英法两国的托儿所不同；机构所需费用主要靠慈善捐助；担任保育工作的大多是一些老妇人和从孤儿院与职业学校招来的女孩子。

二、弗利托娜的幼儿学校运动

弗利托娜（Fliedner，1800—1864）从 1822 年开始担任阿尔萨斯州威尔特城的新教派牧师，曾两次前往英国参观幼儿学校。1835 年 5 月，她在自己的教区建立了奥柏林式的编织学校，一年后更名为“幼儿学校”，招收 2 岁至义务教育年龄的贫穷工人子女 40 名。

幼儿学校校舍十分宽敞，房屋周围有极好的游戏场。弗利托娜的幼儿学校对以莱茵省为中心的地区产生了深远影响。在她的影响下，1842 年成立的幼儿学校多达 27 所。幼儿学校十分注重游戏的教育作用，教学内容有宗教、道德、读、写、算、图画、军事活动、直观练习和手工劳动等，且多以游戏的方式教给幼儿。幼儿学校重视宗教和道德教化，力图使幼儿养成礼貌、节制、服从命令、勤劳和卫生等习惯。受英国幼儿学校的影响，弗利托娜的幼儿学校注重读、写、算的教育。

弗利托娜十分重视幼儿教师培训，1836 年，她把“看护修女养成所”合并到她的幼儿学校。幼儿教师培训时间通常是 3 ~ 4 个月，经过培训的男女教师能承担音乐、算术、德语和地理等课程的教学。弗利托娜的幼儿教师培训提高了幼儿教育的质量，扩大了幼儿学校的影响。在她的影响下，1842 年，以莱茵省为中心的地区共设立了 38 所幼儿学校。到 1851 年，培训女幼儿教师累计达 400 多人。

三、福禄培尔幼儿园运动

（一）福禄培尔幼儿园的产生与发展

福禄培尔（Froebel，1782—1852），德国教育家，幼儿园运动的创始人。其教育理论以德国古典哲学和早期进化思想为主要根据，以裴斯泰洛齐的教育主张为教育思想的主要渊源。

1837 年，福禄培尔在德国勃兰根堡开办了一个旨在发展幼儿本能和自我活动的教育机构，并于 1840 年将该机构正式命名为“幼儿园”。福禄培尔幼儿园的创立使学前教育由“看管”转向“教育”，标志着真正的学前教育机构的诞生。19 世纪 50 年代的德国处于工业革命时代；19 世纪 70 年代，以德意志帝国的成立为背景，是资本主义大发展时代；19 世纪 80 年代，德国资本主义很快进入帝国主义阶段。在这一时期，工人阶级政党逐渐壮大，福禄培尔幼儿园也在这种形势下发展起来。

拓展阅读

福禄培尔幼儿园教育的任务

根据福禄培尔的设想，幼儿园有以下几项任务：（1）幼儿教育机构。福禄培尔认为，当时普通教育较注重儿童智力和直觉的发展，而忽视了其他各方面能力的培养。他继承了卢梭的教育思想，认为要使儿童的能力与知识同样得到充分的发展，使得知与行、理论与实践、能力与意志品格的发展统一协调。1843 年，福禄培尔在关于德国幼儿园的报告中指出，幼儿园的任务是促进幼儿的身体发育和精神上各种性能的发展，养成良好的生活习惯。幼儿园的任务具体为：促进幼儿身体的发育；发展幼儿的感觉器官，扩大幼儿对周围事物的认识；发展幼儿的语言和活动能力；认识成年人和自然界；使幼儿养成集体生活的习惯和一定的品德；在游戏、快乐和天真纯朴中做好求学的准备。（2）幼儿师资培训机构。幼儿园可为其他幼儿教育机构训练幼儿教育工作者。（3）幼儿教育宣传机构。创办《星期新闻》和《福禄培尔周刊》，发表幼儿教育论文，推广幼儿教育经验，介绍游戏方法。（4）幼儿教育研究机构。

1848 年，欧洲革命失败后，德国政府进入镇压一切自由主义运动的反动时代。普鲁士政府认为，福禄培尔幼儿园运动与革命的、反政府的运动和自由主义运动纠缠在一起，因此对其进行查封，直至 1860 年才取消禁令。幼儿园禁令解除后，德国各地相继成立福禄培尔幼儿园运动团体，把福禄培尔幼儿园推广到各处。1860 年，以马伦霍尔兹·别劳夫人为名誉会长的“柏林福禄培尔主义幼儿园促进妇女协会”成立。协会成立的第二年就经营起四个幼儿园和一个幼儿园女教员养成所。1863 年，为依据福禄培尔思想对学前教育进行全面改革，别劳夫人又在柏林成立了“家庭教育和民众教育协会”。该协会发展迅速，并开展了设立幼儿园、女教员养成所、保姆培养学校、儿童游戏场和“学童园”等多项工作。1874 年，上述两个协会合并成立“柏林福禄培尔协会”，进一步开展幼儿园运动和福禄培尔运动。

（二）别劳夫人的历史贡献

别劳夫人是一位家世显赫的侯爵夫人，1849 年与福禄培尔结识，此后走上追随福禄培尔宣传、推广幼儿园运动的艰辛道路。

别劳夫人是德国福禄培尔主义幼儿园的领袖，为支持福禄培尔幼儿园的普及，为根据福禄培尔方法全面改造教育和向国外宣传福禄培尔幼儿园做出了突出贡献。福禄培尔幼儿园被普鲁士政府禁止开办时，别劳夫人曾为撤销“幼儿园禁令”而奔走努力。福禄培尔去世后，她一方面在国内积极组建各种福禄培尔协会，宣传福禄培尔思想，并用这些思想指导幼儿园的实践；另一方面，还向国外宣传福禄培尔幼儿园。1850 年，她利用教育博览会的机会到伦敦讲演宣传；1851 年，她奔赴巴黎，耗时三年宣传并实践福禄培尔教育方法；1858 年，她应邀访问比利时、荷兰，在那里播下了幼儿园发展的种子；1860 年，她历访瑞士各个都市；1871 年，她走访意大利，将福禄培尔幼儿园引入意大利。

第二节　英国近代学前教育

英国是最早进行资产阶级革命的西方国家，但君主立宪政体的确立，使当时的英国教育保留着浓厚的传统教育色彩。18 世纪 60 年代，英国率先开始了以蒸汽机的诞生为标志的第一次工业革命。工业革命推动了生产力的巨大发展，但同时也带来巨大的社会变革。无产阶级登上了历史舞台，劳资关系拉开了帷幕。资产阶级依靠先进的生产技术大力发展生产，彼此展开激烈的竞争，从劳动人民身上榨取巨额财富。资产阶级贪得无厌地追求利润最大化，使得低工资的女工和童工的人数激增。这导致幼儿以及幼儿教育问题日趋严重，主要表现在三个方面：第一，幼儿的健康和保护问题凸显。劳动妇女早出晚归，无暇照顾孩子、哺育婴儿。当时生活贫困，居住环境恶劣，劳动阶级的幼小子女普遍缺乏基本的营养以及必要的保护。这些原因直接导致婴幼儿大量死亡。第二，让童工提前接受文化知识已经成为一种社会需要。工业技术的变革迫切要求一批掌握一定的文化技术知识的劳动者。由于广泛使用童工，劳动阶级子女受教育的机会很少，因此将初等教育的学习内容提前到学前阶段来学习，让童工提前接受一定的教育培训，这成为英国当时幼儿教育的基本特征。第三，幼儿道德堕落，成为社会问题。父母长时间工作，其幼小子女处于无人管教的状态。他们往往放任自流，甚至流落街头，极易受到坏人的引诱，导致道德堕落。幼儿教育问题日益受到关注。

出于对社会问题的关心和对贫困儿童的同情，从 19 世纪初开始，一些慈善家、开明工厂主和教会人士着手建立幼儿学校。英国近代的学前教育正是以欧文的幼儿学校为起点，形成了一场规模浩大的幼儿学校运动，一度波及欧美各国。19 世纪 40 年代后，政府开始重视幼儿教育，对幼儿学校加强了补助和控制。

一、贫民幼儿保育政策

17 世纪后半叶的英国开始了持续百年之久的“圈地运动”，大批农民被迫离开家园而聚集于城市成为城市贫民，并随着产业革命的发展而成为工人。在资本原始积累时期，对生活在城市的幼儿的隔离、保护和教育逐步被纳入英国政府的管理范畴。1696 年，时为贸易殖民地委员会委员的约翰·洛克（John Locke，1632—1704）写了两份咨询报告。一份报告主张开设“纺织学校”，对年收入不足 40 先令的家庭的 6 ~ 14 岁男女儿童全部施行免费义务教育。4~6 岁儿童可自由入学。另一份报告规定受教区救济的 3 ~ 14 岁贫民儿童在“劳动学校”接受义务教育。该报告认为从 3 岁起接受教育对母亲和幼儿都有好处：母亲能自由参加工作，幼儿能在教育机构中获得良好的劳动习惯。1678 年，托马斯·弗明（Thomas Firmin，1632—1697）主张设立救济院以帮助 3 ~ 10 岁的贫民儿童。由于英国贫民幼儿死亡率惊人，英国政府意识到必须致力贫民幼儿的生命保护而非教育。在产业革命之前，大众化幼儿教育设施尚未问世，但发端于英国的幼儿保育设施是近代欧洲幼儿教育设施的雏形。后来欧文创办的幼儿学校和怀尔德斯平创办的学前教育设施均属于贫民救济设施体系。

二、幼儿学校运动

（一）欧文及幼儿学校的创办

罗伯特·欧文（Robert Owen，1771—1858）是 19 世纪英国空想社会主义思想家和教育家。他于 1816 年创办的新兰纳克幼儿学校，是英国也是世界上最早的学前教育机构。欧文一生著述颇丰，主要有《新社会观》（又称《论人类性格的形成》，1813）、《致新兰纳克郡报告》（1820）、《新道德世界书》（1849）和《自传》（1857）。

1. 幼儿学校的创办

1800 年，欧文接任苏格兰新兰纳克一家大型纺织厂的经理，并开始在那里实施其社会改革及教育实验。当时工厂的环境非常恶劣，不利于儿童性格的形成。他分析了三个方面的原因：一是工人居住条件恶劣，狭窄的空间和简陋的设备都不利于孩子的成长；二是父母们忙于赚钱养家，很少有时间、精力考虑子女的教养和教育；三是父母缺少知识，不懂得如何养护和教育孩子，不利于孩子性格的形成。因此，欧文在推行一系列改善工人劳动和生活条件措施的同时，非常重视教育，为工人及其子女创办了一系列教育设施。

欧文幼儿教育的理论基础是性格形成学说，即环境决定人的性格。他说：“人可以经过教育而养成任何一种情感和习惯，或任何一种性格。”1816 年，欧文为 1 ~ 6 岁儿童创办了幼儿学校，其与初等学校、工人夜校、工人夜间俱乐部等合并为“性格形成新学院”。他希望建立幼儿学校，通过幼儿学校的教育，给幼儿打下合理的性格基础。他明确指出，幼儿学校的教育目的就是为儿童形成合理的性格奠定基础。总的来说，欧文是为了使工人阶级的子女摆脱不良的生活环境，培养他们开朗乐观的性格而开办幼儿学校的。他注重学校环境的影响，在学校周围建立游戏场，开设宽阔的娱乐房间，幼儿教室布置以动物为主的图画、地图和采集的自然界实物。幼儿学校以 3 ~ 6 岁孩子的保育和教育为中心，1816 年共招收 3 ~ 6 岁儿童 200 多名，幼儿学校成为世界上第一所真正意义上的幼儿园。

2. 幼儿学校的教学内容和教学方法

欧文的幼儿学校非常重视幼儿的智育和德育的教育。在智育方面，他提倡发展儿童的“推理能力”，还提倡让儿童学习实际有用的知识；要求教师顺从儿童的兴趣爱好，让他们多去认识周围的事物。为此，幼儿学校的教师经常带孩子们到户外活动，使孩子们对果园、田地、森林里的一切都产生浓厚的兴趣和亲切感。欧文要求幼儿教师要善于发现孩子们感兴趣的事物，并及时将这些事物教给他们，他希望孩子们能把学习当作一种娱乐或游戏，能喜欢学校，喜欢学习。欧文还提倡实物教学，在幼儿学校教室的墙上贴满了各种动物图画，还有地图，教室里经常放一些从花园里、田野里和树林里采集来的实物标本，供直观教学使用，从而增强了孩子们的学习兴趣。欧文提倡开放的教学形式，在他的幼儿学校里没有固定的室内活动时间，他主张应该让孩子们在户外的新鲜空气中玩耍；在游戏场里玩够了再把他们带回教室。游戏场是欧文幼儿学校的重要设施，它是幼儿户外活动的主要场所。幼儿学校还有供儿童娱乐的房间和教室，其中一间是专供舞蹈和唱歌用的教室。在德育方面，欧文提出的教育任务就是养成幼儿遵守纪律的习惯，培养他们能与小伙伴友好相处的能力。为此，他要求教师让儿童明白个人的幸福是和团体的幸福、他人的幸福不可分割的。

幼儿学校除进行智育和德育教育外，还开设了舞蹈、音乐和军训课程，并以“对整个人类表现出宽宏仁爱精神”的原理为指导。欧文认为，舞蹈、音乐和军事训练，能使孩子们精神愉悦、身体健康，培养他们对美的感受，并形成服从和守秩序的习惯。

在教学方法方面，欧文要求幼儿教师要以人道主义的态度对待孩子。他说：“对于幼儿和年龄较小的儿童，除用明显的示意动作、实物或模型或图画施教外，还应用亲昵的谈话循循诱导。”他要求幼儿教师热爱儿童、对儿童有无限耐心、热情温顺，绝不能在言语和行动上对儿童进行威胁或辱骂。

总之，欧文关注英国工业革命时期劳动阶级的悲惨生活和工作条件，以及贫穷、饥饿和愚昧对儿童生命、健康和道德的摧残。他从人道主义立场出发，基于性格形成理论，特别注重学前教育。他尝试把工人阶级的幼儿放到最好的教育环境里，通过集体合作的游戏、实物教学、教师的人道主义态度等教育形式和手段，促使幼儿合理性格的形成。欧文的幼儿学校在世界学前教育史上占有重要的地位，它被公认为世界上第一所学前教育机构，开启了近代真正意义上的学前公共教育的先河。他的幼儿学校至今仍是集体主义保育思想和实践的源泉。但是，由于欧文将发展教育的希望寄托在统治者身上，并试图仅仅通过教育来改造社会，因此他的思想和实践有一定的局限性。

（二）怀尔德斯平及幼儿学校运动

怀尔德斯平（Wilderspin，1792—1866）是英国19世纪幼儿学校的积极创办者，他一生致力发展学前教育事业，他倡导的“幼儿学校运动”推动了幼儿学校在英国的普及，并促进了世界学前教育的开展。怀尔德斯平早年曾得到欧文的教诲。1820年，他在伦敦斯平托地区开设了一所幼儿学校，在办学过程中形成了一套具有特色的教学内容和教学方法，对促进幼儿学校的发展做出了重要贡献。1825年成立的伦敦幼儿学校协会把普及幼儿学校的任务委托给了他。此后20年，怀尔德斯平不辞辛劳地奔波于英国各地，致力幼儿学校的普及。他在旅途中实地演示幼儿学校的教学方法，或指导各地幼儿学校的设立。

1. 幼儿学校创办的目的

怀尔德斯平创办的幼儿学校以贫民、工人阶级的子女为对象，以保证幼儿的安全和健康为目的。他说：“培养好的体质必须是我们在儿童管理上的第一目的。”他看到当时劳动阶级生活贫困，致使他们的子女畸形成长，幼儿身体受到严重的伤害；成人忙于生计将子女丢弃在家里，幼儿因为缺少照看而经常发生从楼梯上滚落、在家被火烧伤等意外。因此，怀尔德斯平开办幼儿学校的一个主要目的就是保障幼儿的安全和健康。

2. 幼儿学校的教学内容和教学方法

怀尔德斯平非常重视幼儿学校的智育教育。他为幼儿规定的智育内容主要有国语、算术、自然、社会、音乐、宗教等。这些内容实际上是把初等教育的内容下放到幼儿教育阶段。在这一问题上，怀尔德斯平背离了欧文反对对幼儿进行系统书本知识教学的主张，致使他的幼儿学校因具有主智主义性质而遭到批判。批判者认为，怀尔德斯平的教学内容不考虑儿童的兴趣和能力水平。但这一智育计划是有特定历史原因的，迎合了形势发展的需要。一方面，幼儿家长要求按照原来初等学校的方法教授读、写、算；另一方面，在当时的英国，贫民子女的教育期实际上被限制在8岁以内，因为8岁后他们就被迫参加各种形式的劳动以谋生。在智育教学方法上，怀尔德斯平反对传统的灌输知识，“鹦鹉学舌”式的教学方法，主张培养儿童独立思考的能力和独立获得知识的能力。他提出了“开发”教学方法，这种方法包括五个方面：一是激发好奇心；二是通过感觉教学；三是从已知到未知；四是让孩子们独立思考；五是把教学和娱乐结合起来。为实施以上教育方法，怀尔德斯平设计了“游戏场”“阶梯教室”“旋转秋千”“教学柱”“置换架”等教具，还研究编写了《发展课本》等教材。这些教具对幼儿智力开发的意义和作用是不可否认的。怀尔德斯平所设计的智育内容、智育方法和教具影响非常广泛，被很多国家的学前教育机构所效仿。

在德育内容上，怀尔德斯平幼儿学校的主要任务在于预防贫穷儿童的道德堕落，消除虚伪、下流、贪欲、残酷、粗暴等不道德行为，培养爱怜之心、服从父母、守秩序、正直、勤勉、节制和尊重私有财产等德行。在德育方法上，他强调“爱”和“赏”，即热爱儿童，以奖励代替惩罚，即使要惩罚儿童也要带着悲伤和遗憾的表情。怀尔德斯平的幼儿学校很关心幼儿的健康问题，将游戏场作为学校的重要组成部分，在幼儿学习感到疲劳、注意力开始分散时，组织幼儿进行放松活动。

3. 对幼儿学校教师的要求

怀尔德斯平对幼儿学校的教师也提出了要求，认为教师应有“受人欢迎的风采”“生气勃勃的气质”“很大的忍耐性、温顺、坚韧、冷静、精力旺盛，具有关于人性的知识，尤其是虔诚朴素的、诚实的”。另外，他还强调，幼儿学校的教师必须研究幼儿的心理状态及掌握知识的情况，以便更好地指导教学。

怀尔德斯平一生积极致力贫民幼儿教育，为幼儿学校在英国的普及做出了很大贡献。他强调关心幼儿健康，提出开发教育方法，为幼儿学校设计游戏场和各种教学用具，并极力主张教师要研究儿童，这些都是值得肯定的。但是，他过于注重智育，在教学中重视记忆而忽略了儿童的理解能力，这是违背幼儿身心发展规律的。

（三）幼儿学校的相关政策

1. 国库补助金政策

英国政府的幼儿学校政策是围绕着国库补助金的发放和接受督学官的检查而展开的。英国国会在 1833 年开始实行国库补助教育政策，承担劳动大众教育的幼儿学校本该属于其补助对象，但由于大多数幼儿学校都不属于补助金交付团体的两大协会（即全国贫民教育促进会和不列颠及海外学校协会），而且这两大协会都轻视学前教育，所以在 1839 年枢密院教育委员会成立之前，学前教育并未在国库补助政策中受益。1840 年，枢密院教育委员会宣布不通过两大协会也可以得到国库补助，这时，幼儿学校才成为国库补助的对象。同年 8 月，枢密院教育委员会视学官首次发出关于幼儿学校检查项目的训令，包括学校设备娱乐和身体锻炼、劳动、艺术模仿、学习音标、自然常识、阶梯教室的教学和纪律等 34 个项目。从视学官提出的这些项目便可以看出官方对当时大多数幼儿学校的设施、设备以及教育内容和方法的态度。

2. 教师等级考核制度

枢密院教育委员会还专门制定了“有资格教师”和“注册教师”等级考核制度，规定只有在能够反映幼儿学校教学实际能力的实地考试和口试成绩合格后，才能成为注册教师，而注册教师只有学完女子师范学校的全部课程，成绩合格，方可获得“有资格教师”称号，而其所在的幼儿学校也将得到补助金。这样，英国通过教师资格的考试，促进了幼儿学校教师质量的提高。英国政府通过国库补助、对幼儿学校进行检查和对教员考试的方式，加强了对幼儿学校的监督和控制，开辟了国家管理学前教育制度的道路，并有力地影响到世界各国学前教育的政策。

三、学前教育的发展

1. 福禄培尔幼儿园的引进

1851 年，德国流亡政治家哈勒斯·伦克（Johannes Ronge）及夫人将福禄培尔幼儿园引进英国。幼儿园初期以在伦敦居住的德国人的子女为招生对象，用德语进行教学。从 1854 年开始，幼儿园开始招收英国儿童并改用英语教学，其目的是有意识地在英国人中推广福禄培尔学前教育思想。同年，伦克夫人在伦敦教育博览会上发表关于福禄培尔幼儿园的演讲并获得巨大反响。从此，英国幼儿学校开始受到福禄培尔学前教育思想的影响。

1861 年，伦克夫妇返回德国。同年，英国公布的《修订教育法》开始推行“计件付酬制度”，即以初等学校读、写、算学力测验成绩的优劣决定国库补助额。该政策导致父母、教师和儿童对智力测验热衷不已，英国幼儿学校发展和福禄培尔教育思想传播进入停滞状态。1870 年，《初等教育法》颁布，学力测验作为指挥棒的影响逐渐淡化，福禄培尔学前教育思想再次得到发展。1873 年和 1874 年，在曼彻斯特和伦敦相继成立的福禄培尔协会，使幼儿园运动在英国获得了较快发展。伦敦福禄培尔协会后来成为全国福禄培尔联盟的组长，在国际上越来越受到重视。福禄培尔幼儿园的教育内容和方法相对系统、科学，以发展儿童智育、德育为主要目的，兼具保育和教育功能，迎合了中上阶层为子女提供良好教育的需求。

福禄培尔幼儿园的引入，使英国学前教育呈现双轨并存的局面：一轨是以工人阶级和贫困阶层子女为对象的幼儿学校，另一轨是以中上阶层子女为对象的幼儿园。学前教育两种制度并存，满足了不同社会背景家庭子女的需要，但也反映出教育上的不平等。此外，福禄培尔幼儿园思想逐渐渗透到英国本土幼儿学校，使得幼儿学校逐渐增加了游戏时间，减少了读、写、算训练。

2. 学前教育的复苏

1870 年，英国国会颁布的《初等教育法》（也称《福斯特法案》），标志着国民教育制度正式形成。该法案第七十四条第一款规定：“各学区有权实施 5～12 岁儿童的强迫教育。”从 5 岁开始进行义务初等教育的制度由此确立，幼儿学校也被正式纳入初等教育系统。该法案保障了 5 岁以上儿童入学，但由于政府允许当时已进入幼儿学校的 5 岁以下儿童享受免费义务教育，大量 5 岁以下儿童进入幼儿学校，这不仅使学校面临经费困难，也不利于儿童成长。《初等教育法》的颁布加剧了英国幼儿学校的小学化倾向，也给世人留下了学前教育事实上没有得到认可的印象。19 世纪 70 年代后，受福禄培尔运动的影响，英国政府在政策层面进一步加强了对学前教育的重视。在学前教育中，除读、写，算等传统的学力考试科目外，增加了实物、自然及与日常生活有关的课业，采用幼儿园的“恩物”和作业，注意手和眼的正确训练。英国政府后续对幼儿教师的资格也做了说明。由此可见，英国学前公共教育经历了自下而上发展路线，政府有关贫民幼儿的救济和保育政策也是被动出现的产物。但随着幼儿保育和教育政策对社会的积极影响越来越明显，政府也增强了对学前教育的关注。

第三节　法国近代学前教育

1789 年法国爆发资产阶级革命，推翻了波旁王朝。在随后的几次复辟与反复辟、前进与倒退的激烈的政治斗争中，学前社会教育逐渐建立和成长起来。1792 年，法兰西第一共和国建立，标志着资本主义制度在法国的确立。

法国的近代学前教育可以分为两个阶段。18 世纪 70 年代至 19 世纪中期为第一阶段，在这一阶段，出现的学前教育机构是具有慈善性质的贫民育儿院和幼教机构托儿所，在内容与教法方面深受英国幼儿学校运动思潮的影响。19 世纪中期至 19 世纪末为第二阶段，在这一阶段，政府日益重视学前社会教育，将其纳入中央集权的教育行政管理体制，加强财政资助，把托儿所视为公共教育体系的有机组成部分，确立了近代学前教育制度，此阶段受福禄培尔幼儿园教育理论的影响较大。

一、奥柏林的编织学校

1. 编织学校的创立

奥柏林（Oberlin，1740—1826）是法国新教派的一名牧师。自 1767 年担任布鲁德堡教区的牧师后，奥柏林积极通过经济、社会及教育方面的改革活动，改善该地区居民的生活和教养水平。他对教育方面的改革尤为重视，在教区内举办成人教育讲座，设立小型图书馆，增设学校数量和类型。1770 年，奥柏林创设编织学校。学校招生对象为 3 ~ 6 岁的幼儿。学校有两位指导教师，分别负责文化、游戏的指导和手工技术方面的指导。学校对 5 ~ 6 岁的儿童还教以历史、农村经济的常识以及缝纫、编织的方法。此外，学校还挑选了一些年龄较大的孩子当“助教”。由于该校对于年龄较大的儿童教以手工编织，故称“编织学校”。

2. 编织学校的教学目的和教学内容

编织学校专门在农忙季节收容幼儿和学童。学校设有两名指导教师，一名作为手工技术指导，另一名作为文化和游戏方面的指导。此外，奥柏林还在学校里挑选了一些年龄大的女孩担任助教。学校的教学内容包括标准法语、宗教赞美歌、格言、采集和观察植物、绘画、地理、缝纫和编织等。学校通过教授正确的语法，使孩子们理解法语的赞美歌和说教；通过手工的传授，培养孩子们的勤劳精神。编织学校的教学目的是让孩子们在有规律的监督下，创造出一种有秩序的生活。学校重视良好习惯的培养和方言的矫正，在教学方法方面，则重视直观教学和实物教学。学校开课时间为每周两次，功能以教育为主。

3. 编织学校的意义和历史地位

奥柏林的编织学校和当时普遍存在的教会学校有相同的性质，都是一种慈善机构，虽然它并没有得到政府的支持，但在当时却有一定的影响。在奥柏林去世以前，附近的 5 个村庄都办起了同类的学校。奥柏林创办的编织学校不仅对国内，而且对英、德等国的学前教育都产生了一定的影响。编织学校拉开了法国近代学前教育历史的序幕。

二、托儿所运动

帕斯特莱、柯夏和马尔波是法国 19 世纪上半叶的托儿所运动的代表人物，在推动这一时期学前教育的发展方面做出了重要贡献。

（一）托儿所的出现及发展

1. 帕斯特莱与托儿所

1801 年，法国著名妇女社会活动家及慈善家帕斯特莱（Pastoret）侯爵夫人在巴黎创办慈善性质的收容贫民婴儿的育儿院。育儿院产生了一些影响，但是教育意味不浓。1826 年，她又领导巴黎妇女会创办了法国最早的托儿所。

2. 柯夏与托儿所

柯夏（J.Cochin）是法国七月王朝时期巴黎第 12 区的区长。他曾多次到英国考察教育，对欧文创办的幼儿学校产生了浓厚兴趣。1828 年，他在法国创办了与英国幼儿学校性质相似的托儿所，称为“模范托儿所”。同时，他积极协助帕斯特莱夫人领导的妇女会开展托儿所运动，并在理论方面提供重要帮助。柯夏在他所著的《托儿所纲要》里对学前教育进行了论述。柯夏在《托儿所纲要》中说明了设立托儿所的必要性。该书指出托儿所招收 2 岁以上幼儿，是最有效的贫民救济设施和儿童教育设施，于国于民都有重要意义。同时，他讨论了托儿所的教育内容，强调把宗教和德育摆在首位。在教育方法上，他提倡人道主义态度，反对体罚。在智育方面，柯夏受到怀尔德斯平幼儿学校的影响，主张注重知识教育，教育内容包括读、写、算、几何、地理、历史、图画等。这同当时的初等学校的教育内容是完全一样的，只是在教学程度上有所区别。尽管柯夏的托儿所具有偏重智育的倾向，但在道德教育方面和对待孩子的方法上，比英国的怀尔德斯平幼儿学校更具合理性和人道主义。

3. 马尔波与婴儿托儿所

马尔波（F.Marbeau）是一位关心学前儿童保育和教育问题的巴黎政府官员。1844 年，他创办了婴儿托儿所，以年龄较小的乳婴儿为对象，以解决当时法国乳婴儿无处可收的社会问题，旨在保护 2 岁以下幼儿的生命和健康。他著有名为《关于婴儿托儿所》的小册子，其学前教育主张受到社会各界的欢迎，各地陆续开设同类机构，婴儿托儿所在法国得到了顺利发展，数量不断增加，其影响波及欧美各国。

（二）托儿所的管理及普及

法国是最早把学前教育纳入国民教育体制的国家。1832 年，法国《基佐法案》颁布后，政府将托儿所视为初等教育的基础，要求公共教育部给予财政资助，1835 年，公共教育部颁发《关于在各县设立初等教育的特别视学官的规定》，提出视学官对托儿所具有视察和监督的权利，成为国家正式管理托儿所的开端。1836 年，时任公共教育大臣的布雷向行政当局发出“传阅文件”和“备忘录”，明确托儿所与其他初等学校一样受各级教育委员会领导。此后，托儿所成为公共教育机构。1837 年，法国政府公布《托儿所管理条例》，明确规定了托儿所的性质、内容、教育方法和管理等。该条例作为世界上第一个有关托儿所教育敕令而载入史册。

除加强对托儿所的行政领导外，法国政府还加大了对托儿所的财政资助。1835 年，教育部对托儿所的补助金额达 25 900 法郎。1840 年，法国创设了由国库支付的托儿所基金。到 1840 年，除四个县外，法国所有的县都设有托儿所。有效的行政管理和大量的财政资助推动了法国托儿所的迅速发展。

三、学前教育制度的确立

福禄培尔幼儿园运动于 19 世纪中期传入法国，取得了许多重要成果。最早将福禄培尔幼儿园引进法国的是别劳夫人，她是福禄培尔的得力助手。为推广福禄培尔的教育理论和实践经验，她于 1855 年来到法国，在法国生活了 3 年。其间，她一方面系统介绍福禄培尔的思想，使法国人了解福禄培尔幼儿园；另一方面，向法国政府申请将福禄培尔教育方法引入法国托儿所，获得批准后，遂以“国际托儿所保姆培训学校附属托儿所”为试点，通过法国中央集权的教育领导体制，自上而下顺利地把福禄培尔的教育方法引入法国。

福禄培尔幼儿园教育思想及实践的传入，推动了法国学前教育事业的发展，使法国的学前教育开始注重儿童的游戏和户外活动。与此同时，法国的学前教育机构也开始向双轨制方向发展。福禄培尔幼儿园的设施、质量都比托儿所好得多，当然相应的费用也高，因而贫穷的市民和工人阶级家庭没有能力把自己的孩子送进幼儿园。因此，普通民众的儿童被送往专门接收劳动人民儿童的、数量较多的、简陋的托儿所；上层社会的儿童则被送往极为少数、条件优越的幼儿园。这样就形成了法国学前教育等级性明显的双轨制发展趋向。

1879—1898 年，法国温和共和派执政，其倾向自由主义和 18 世纪的启蒙思想，反对教会特权，主张改革和发展教育。温和共和派执政期间，费里（Ferry）三次担任教育部长。1881 年，法国颁布《费里法案》，确立了国民教育“免费”“义务”“世俗化”的三大原则。同年 8 月，政府颁布教育法令，宣布将托儿所等学前教育机构统一改称为“母育学校”，并将其纳入公共教育系统，以实施“母性养护及早期教育”为宗旨。在 1881 年颁布的文件里，还对母育学校做出了如下规定：母育学校是初等教育的设施，那里的儿童将共同接受体、德、智全面发展的教育；进入母育学校的儿童为 2 ~ 6 岁，母育学校的保育内容包括：初步的道德教育，如向儿童灌输对家庭、祖国和上帝尽义务的观念；日常生活中的实用知识；唱歌、绘画、书法、初步阅读、语言练习、儿童故事和地理的基础概念等；按年龄阶段进行的身体锻炼，母育学校偏重智育，学习范围较广，注意让儿童学习日常生活中的实用知识，根据儿童的身心发展水平进行教学，采取直观教学法，注意儿童的游戏活动。

1881 年颁布的《费里法案》及政令统一了各种学前教育机构的名称，将母育学校纳入公共教育系统；以道德教育取代宗教教育，以按年龄分班取代按性别分班。这些改变在法国近代学前教育史上具有重要意义，该政令的颁布意味着法国基本确立了近代学前教育制度，对法国近代学前教育产生了深远的影响。

1887 年，法国教育部发出指令，规定在 2 000 人以上居民的市镇设立一所母育学校，1 200 人以下的居民区可在小学里附设幼儿班；列举出了母育学校应具备的设施和设备条件。这项指令的内容反映出母育学校的设立得到统一规划，并在保留“主智主义”特点的同时采用了福禄培尔的玩具、教具和教育方法。

四、学前教育的进一步发展

（一）凯果玛的教育活动和教育思想

1. 凯果玛的教育活动

凯果玛（Kergomard，1838—1925）曾在法国公共教育部工作多年，从事学前教育改革工作。法兰西第三共和国成立后，政府设置托幼机构改革方案起草委员会，此后又专门成立负责编制母育学校教学大纲的委员会，凯果玛在这两个委员会中担任领导工作，具体领导了 19 世纪 80 年代法国学前教育机构的改革，促使政府将托儿所改造为母育学校并纳入国民教育体系，编写了母育学校的教学大纲。其主要著作是《母育学校的教育》。

2. 凯果玛的教育思想

凯果玛指出了学前教育机构教育的双重目的：社会目的和教育目的。社会目的要解决母亲不能照顾自己孩子的社会问题，教育目的是指学前教育机构要像一个聪明而诚挚的母亲那样施行教育。她把尊重幼儿个性和创造精神视为学前教育工作必须遵循的原则，强调母育学校和幼儿班的教学内容和方法都应适合幼儿的身心发展特点。她指出了游戏与活动的重要教育意义，认为幼儿体力和脑力活动具有发展双手灵巧性和陶冶智慧、心灵的重要作用。她把生活看作一切教育体系的基础，认为应使学前儿童了解外部世界，养成勤劳的品性，并反对向儿童进行宗教教育。凯果玛的教育活动和教育主张对法国近现代学前教育的发展产生了积极影响。

（二）塞贡的智力低下儿童教育方法

塞贡（Seguin，1812—1880）是法国著名的精神病医生、智力低下儿童教育家。1837

年，他在巴黎一家医院开创了一所智力低下儿童学校，为智力低下儿童首创了一种现代教育方法。在其影响下，欧洲出现了许多类似学校。1848 年，他应邀赴美国各地讲演，还为智力迟钝儿童建立学校、开办诊所，并著有相关著作。

塞贡教育方法的主要特点是着重感觉和运动神经的训练。他主张，早期教育的主要任务是发展感觉和运动训练；人体各个部分是统一整体，人的心理与生理机能是相联系的。儿童发展依次出现四个阶段，各阶段均有其特征及相应任务，第一个阶段发展器官的功能；第二个阶段以躯体训练为主，包括感知训练和运动神经训练；第三个阶段是智力训练，通过活动掌握知识；第四个阶是意志训练和道德意识训练。

第四节　美国近代学前教育

美国是资本主义国家的后起之秀。1775 年，北美独立战争爆发；1776 年，独立的美利坚合众国成立；其后，经过 1861—1865 年的南北战争，美国废除了南部的奴隶制度，成为近现代政治、经济发达的国家。

19 世纪以前，美国的学前教育是在家庭中进行的，父母重视儿童的精神及体能发展。19 世纪的美国学前教育经历了一个从无到有、由私立发展到公立、从局部扩展到全国的发展过程。19 世纪上半叶，出现了学前公共教育，各类公立幼儿学校得到了普遍发展。19 世中期，出现了福禄培尔幼儿园，这是美国幼儿园的初创时期。在 19 世纪 70 年代，幼儿园迅速发展，与此同时，出现了慈善幼儿园运动和公立幼儿园运动。到 20 世纪初，美国的学前教育已由当初的以私立幼儿园为主转变为以公立幼儿园为主，慈善幼儿园和私立幼儿园多种形式并存的格局，形成了比较完整的学前教育体系。

一、幼儿学校的兴衰与家庭学校的回归

在欧文的幼儿学校引入之前，美国流行的是裴斯泰洛齐的家庭式教育，强调运用直观教具和家庭式爱的教育影响幼儿。1806 年，裴斯泰洛齐的助手约瑟夫·倪夫（Joseph Neff）来到美国指导一所裴斯泰洛齐式学校。后来，陆续有一些裴斯泰洛齐式学校在美国开办，但这种学校并非严格意义上的学前教育机构，后来很快被欧文的幼儿学校的影响所淹没。

1. 幼儿学校的兴衰

美国最早的学前教育机构是在欧文影响下建立的幼儿学校。1816 年，英国空想社会主义者欧文创办的幼儿学校及英国的幼儿学校运动对欧美各国都产生了重要影响。1818 年，幼儿学校传入美国，欧文的幼儿学校主张也迅速在美国传播开来。幼儿学校招收 4 ~ 8 岁的儿童，强调幼儿的健康保护和户外活动。后来，由于教育当局不愿承担相应的经

费，教育对象也只是少数上层家庭的儿童，学校仅靠收费或慈善团体有限的捐款来维持。到 19 世纪中叶，美国的幼儿学校逐渐和初等学校合并为公立初等小学。从此，幼儿学校在美国各地逐渐衰微。

2. 家庭学校的回归

幼儿学校影响的高潮过后，19 世纪 30 年代美国兴起了“家庭学校运动”，这是裴斯泰洛齐家庭教育影响的回归。人们认为：幼儿学校环境恶劣不利于幼儿健康，教师素质不高，幼儿集中在一起不利于道德教育，幼儿学校夺去了父母和孩子相处的乐趣，幼儿学校不符合幼儿特征，其类似小学的做法存在问题。“家庭学校运动”的主要形式是教育家或教育爱好者通过出版《家庭指南》影响家长。但这种教育分散在各个家庭中进行，其效率很难保证。当时多数父母也不能真正理解和遵循裴斯泰洛齐的教育方法。不久，“家庭学校运动”被福禄培尔式幼儿园所取代。

二、幼儿园的初创与发展

福禄培尔式幼儿园在 19 世纪 50 年代传入美国并逐渐占据主导地位。这与当时政治、经济和教育等状况是分不开的。南北战争以后，美国迅速由农业国发展成为先进的工国。1894 年，美国工业生产跃居世界首位，许多新的工业部门，如电气、化学、汽车等工业发展起来，对劳动力技术水平的要求越来越高。经济发展也为学前教育发展提供了条件。幼儿园的设立，尤其是后来公立幼儿园的发展，还有其政治原因。在整个 19 世纪，美国历史发展有两大特点：一是其领土奇迹般扩大；二是欧洲移民潮水般涌入美国。为同化各国移民，缓和社会矛盾，美国政府日益重视公共学前教育事业。在上述背景下，美国引进欧洲先进教育理论并与本国实际相结合以促进教育发展。福禄培尔教育理论也被引进美国，其尊重儿童、天性本善、自我活动和重视培养社会合作精神等思想受到美国人的重视。

1. 幼儿园在美国的初创

1854 年，时任美国联邦政府教育官员的贝利 · 巴拿多博士出席了在英国伦敦举办的教育博览会。他在参观福禄培尔幼儿园的展览后深受启发，回国后就在《美国教育杂志》第二卷（1854）上发表了一篇介绍福禄培尔幼儿园的文章。这是美国历史上最早的一篇关于幼儿园的文章，在美国产生了很大的影响。之后出现了一批福禄培尔式的幼儿园和一批决心献身幼儿教育事业的有志之士。巴拿多博士成为美国幼儿园运动的倡导者之一。

美国最早的幼儿园是德语幼儿园，由德国移民玛格丽特 · 舒尔茨（Margaret Schurz，1832—1876）于 1855 年在威斯康星州瓦特镇创立，在舒尔茨夫人私人住宅中开设，以教授德语会话为主，教育对象是六个移居美国的德国移民子女。舒尔茨夫人是德国人，曾在德国受到福禄培尔的亲自指导，后因参加 1848 年革命而遭受政治迫害被驱逐至美国。幼儿园采用福禄培尔的教育方法，指导孩子们进行游戏、唱歌和作业。她的做法对当时美国的学前教育产生了很大影响。继舒尔茨夫人之后，1858 年，福禄培尔的另一个学生哥伦布在俄亥俄州开设了美国的第二所德语幼儿园。这所私立幼儿园采用双语教学，出现了向英语幼儿园过渡的倾向。到 1870 年为止，在美国由德国人开设的德语幼儿园已有十多所，这些幼儿园实施的都是福禄培尔式的教育。但这些幼儿园的开设仅限于局部地区，并且多是自发性的小规模学前教育机构，未能引起美国社会的足够重视。

2. 幼儿园在美国的发展

美国第一所英语幼儿园是美国妇女伊丽莎白・皮博迪（Elizabeth Peabody，1840—1894）创立的，她使美国的学前教育得到了普及和发展。因此，她被美国人誉为美国幼儿园的真正奠基人。皮博迪夫人是一位才华横溢、能力出众的，具有传奇色彩的人物。1859 年，舒尔茨夫人访问波士顿，与皮博迪夫人不期而遇。皮博迪夫人是美国幼儿教育的积极支持者，在与舒尔茨夫人的这次邂逅中，她得到了舒尔茨夫人在幼儿园教学方法方面的详细指导，并进一步坚定了她从事幼儿教育事业的决心。皮博迪夫人在对福禄培尔的著作及思想进行了深入研究后，于 1860 年在自己的私人住宅里开办了美国历史上第一所英语幼儿园。后来，皮博迪夫人又和妹妹一起，进一步宣传福禄培尔思想，她们发行刊物、演讲、撰写文章，并于 1863 年出版了《幼儿园指南》。该书着重分析了幼儿园与小学的区别，她强调应把幼儿园办成儿童的乐园，让儿童在其中自主地活动和游戏。

虽然皮博迪夫人的学前教育思想和她办的幼儿园在美国享有盛誉，但她自己认为还没有充分理解福禄培尔思想的精华，于是，她于 1867 年关闭了自己的幼儿园，专程赴德国学习。在福禄培尔遗孀霍夫曼斯特夫人的直接指导下，皮博迪夫人系统地学习了福禄培尔的教育方法；她到当地幼儿园参观实习，对幼儿园的许多问题进行了深入探讨。这期间，她还到欧洲其他国家参观幼儿园和师范学校，学习各国的办学经验。1868 年，皮博迪夫人在德国学习 15 个月后回国，在波士顿的幼儿园中开办了幼儿园教师培训所，这是美国历史上第一所幼儿教师培训机构。该机构为美国社会输送了大批优秀的幼儿园教师。这些教师成为幼儿园教育普及运动的骨干力量，为美国初期幼儿教育的发展做出了很大贡献。皮博迪夫人为自己心爱的幼教事业贡献了一生，成为美国幼儿教育事业的先驱和福禄培尔幼儿园运动的倡导人。

三、慈善幼儿园的兴起与幼儿园协会的发展

1. 慈善幼儿园的兴起

美国早期幼儿教育发展的另一种表现形式是教会和慈善团体主办的慈善幼儿园。这类幼儿园招收贫穷家庭幼儿，它们虽属于私立幼儿园，但大都免收学费。虽然教会幼儿园教育质量低下，但它们的建立却推动了幼儿园事业在美国的发展，为公立幼儿园的发展奠定了基础，后来的很多公立幼儿园就是从这些慈善幼儿园转变而来的。慈善幼儿园是在美国工业革命后贫富分化加剧，以及大量移民涌人城市，形成城市贫民群体的背景下出现的。贫民儿童体弱多病、无人照料，还有的流落街头、沾染恶习、道德败坏。针对这些社会问题，社会各界人士及团体出于不同的动机争相兴建慈善幼儿园。

1870年，在纽约出现了美国的第一所慈善幼儿园。1878—1889年，在昆西·肖（Quincy Shaw）夫人的资助下，开展了免费幼儿园运动。1879年，昆西·肖夫人亲自创办幼儿园师范学校。在其努力下，直到1883年，美国已经建立起包括30所免费幼儿园在内的幼儿园网。

美国教会出于人道主义精神，将学前教育作为教区内的一项事业，将幼儿园作为其进行示教教育和传教活动的场所，因此纷纷兴办幼儿园。教会幼儿园的主要目的是济贫以及进行宗教教育。1877年，最早的教会幼儿园在俄亥俄州托雷多市建立。到1912年，全美已经拥有教会幼儿园108所。此后，教会幼儿园就开始走下坡路了。

2. 幼儿园协会的发展

随着幼儿园数量的骤增和各种幼儿园运动的发展，幼儿园协会应运而生，它的出现又促进了美国幼儿园事业的发展。1870 年，美国第一个幼儿园协会在密尔沃基成立。1897年，美国幼儿园协会总数已超过400个。这些幼儿园协会成立的共同目的有三个：第一，为年轻的母亲提供解决有关幼儿教育的实际问题的指导和建议；第二，促进幼儿园的成立和幼儿园精神运动的发展；第三，在具体实践中培养现代社会所需的博爱精神。这一时期，全美各地的幼儿园协会都把母亲的教育提上日程，全国各地出现了母亲教室，1897 年组建了"全国母亲联合会"，给全国众多的年轻母亲以深刻的教育影响。1868年，在波士顿出现了美国第一所幼儿师范学校，随后幼儿教师培训机构在全国多数城市都设立了起来。慈善幼儿园的兴起推动了美国幼儿园的发展，在一定程度上为公立幼儿园的发展奠定了基础，同时，传播了福禄培尔教育思想。慈善幼儿园还对美国的社会发展起了重要作用，使贫民儿童的身体健康和安全得到了保障，降低了犯罪率，使得社会治安有所好转。

四、公立幼儿园的产生与发展

从19世纪30年代开始，以新英格兰为中心，在美国掀起了一场规模宏大的，以发展初等教育为目标的公立学校运动。这场运动建立起一大批由政府开办并提供经费的公立小学。这场公立学校运动也波及学前教育领域。19纪70年代，公立幼儿园运动在美国的中西部地区开始兴起，到19世纪90年代，公立幼儿园运动在美国各地都得到了蓬勃发展。

1. 公立幼儿园运动的兴起与发展

美国第一所公立幼儿园是由威廉·哈里斯（Willian Harris）和苏珊·布洛（Susan Blow）共同创建的。哈里斯曾任圣路易斯市的督学。他认真研读过福禄培尔的著作，意识到早期教育和福禄培尔方法的重要性。在皮博迪和布洛的支持下，哈里斯向圣路易斯市教育委员会提交了一份报告，要求把学前教育作为学校教育制度的组成部分，获得批准。1873年，哈里斯和布洛在圣路易斯市的德斯皮尔斯学校创办的第一所公立幼儿园（附设在该校内）正式建立，招收幼儿20名，布洛女士任第一任幼儿园教师。到1878年，该市已经有公立幼儿园53所；到1903年，则达到了125所。

圣路易斯市公立幼儿园实验成功后，各州纷纷效仿。一些私立幼儿园和慈善幼儿园也逐渐被纳入公立学校的教育系统。到1901年，全美公立幼儿园达到2 996所（同期私立幼儿园为 2 111 所）。到 1914 年，几乎所有美国大中城市都建立了公立幼儿园系统。这类幼儿园附设于地方初等学校，作为初等教育的第一阶段。

2. 苏珊·布洛的历史贡献

在美国幼儿园公立化运动过程中，布洛的贡献不能被湮没。作为圣路易斯市公立幼儿园的教师和监督人，她数十年如一日，努力贯彻福禄培尔的教育思想，在许多方面做出了贡献。1886 年，她曾因身体不适而中断了一段时间的教育工作。但当身体恢复之后，她又积极举办幼儿教育讲座、著书立说或进行实践指导，促使美国的幼儿园运动进入了一个全盛时期。因此，布洛被誉为美国公立学校的“幼儿园之母”。

3. 公立幼儿园运动的历史地位

发生在 19 世纪末期的公立幼儿园运动，是美国学前教育发展史上具有里程碑意义的事件。公立幼儿园运动之后，美国学前教育进入了新的发展时期。首先，幼儿园不再是单纯的民间慈善护理机构，而是发展为公立学校系统的组成部分；其次，该运动推动了幼儿园在美国的普及；再次，该运动在一定程度上改变了幼儿园和小学脱节的状况，一些幼儿园开设了与小学相衔接的统一课程，在一些小学也把幼儿园的某些教育方法，如游戏等应用到低年级，一些教师培训机构和大学还尝试对幼儿园教师和小学教师统一进行培训；最后，该运动对福禄培尔教育理论进行了理性分析和评价，促进了幼儿园的美国化，为后来的进步主义幼儿园运动的发展奠定了基础。

第五节　俄国近代学前教育

与西欧各国相比，俄国的经济和文化都比较落后。在“十月革命”之前，俄国的学前教育还处于萌芽或起步状态。在俄国农奴制被废除之前，幼儿教育的设施主要有两种；一是沙皇政府为解决弃婴和孤儿的收容问题而创办的教养院，另一种是社会慈善团体为外出谋生的母亲的幼儿设立的收容所和孤儿院。19 世纪下半期，由于强大的社会改革运动的推动以及福禄培尔幼儿园运动的影响，俄国学前教育有了明显的发展。20 世纪初至“十月革命”之前，沙俄政府依然不重视学前教育，但在大工业中心地区出现了一些社会团体，在宣传公共学前教育思想和训练学前教育教师等方面发挥了积极作用。

一、莫斯科教养院与葛岑教养院

（一）莫斯科教养院

1. 莫斯科教养院的开办

18 世纪下半叶，俄国封建农奴制度开始解体，城市工商业有所发展，市民阶层对教育提出了一定要求；法国资产阶级启蒙运动也影响到俄国。俄国女皇叶卡捷琳娜二世执政期间（1762—1796），在教育上实行了一些开明政策，邀请法国教育家来俄国帮助拟定俄国国民教育组织草案，任用进步教育家伊·别茨考伊（1704—1795）来从事教育改革活动。别茨考伊曾旅居法国多年，对医院和慈善机构的事务较熟悉，也曾撰写过儿童教育方面的著作。1763 年，他向女皇叶卡捷琳娜二世上呈奏折，要求在莫斯科开办教养院，收容弃婴和孤儿；同时，他还要求为贫民开办一所产科医院，附设于教养院内。别茨考伊的请求获得了女皇的批准，他被委托负责此事。1763 年，俄国的第一所教养院和产科医院在莫斯科成立，别茨考伊任教养院院长；1770 年，在彼得堡开设了一所分院，后来这所分院成为独立的彼得堡教养院。此后，教养院在各省市都开办起来。

2. 莫斯科教养院的教学内容和教学方法

别茨考伊负责的教养院主要依靠募集的慈善经费维持，收容 2 ~ 14 岁的弃婴和孤儿，分成三个年龄阶段来实施教育：2 ~ 7 岁的儿童主要参加适龄的游戏和劳动；7 ~ 11 岁的儿童主要是学习识字和计算，男孩子还要学习园艺和其他手艺，女孩子要学习编织、纺织和刺绣；11 ~ 14 岁的青少年主要是学习算术、地理、教义问答和图画等，男孩子还要学习菜园、花园里的工作，女孩子要学习烹饪、缝纫、家政管理等技能。

别茨考伊的教养院不只是单纯的慈善机构，还非常重视对儿童的教育工作，因为他希望通过教育改善社会。为此，别茨考伊很重视教养院的道德教育，特别注重给儿童灌输“敬畏上帝”的思想，还注意培养他们热爱劳动、勤俭、整洁的良好习惯，力图把他们培养成为有礼貌，富有同情心的新人。在知识教育方面，别茨考伊指出，学习过程对儿童来说应当是愉快的，不能强迫儿童学习知识，而应根据儿童的爱好进行。他还主张在学习活动中绝对禁止体罚，别茨考伊很重视儿童的体育锻炼，他主张让儿童多呼吸新鲜空气，多参加“无害的”娱乐和游戏，以保持心情愉悦。别茨考伊的这些教育主张不仅在他创办的教养院中得到了实施，还收录在《从出生到少年期的儿童教育论文选集》中，从而推动了俄国儿童教育事业的发展。

（二）葛岑教养院

1. 葛岑教养院的开办

为降低儿童的病死率，改善儿童的生活环境，1802 年，彼得堡教养院在彼得堡近郊葛岑村开设了葛岑教养院。从 1808 年开始，葛岑教养院将 7 岁以下的儿童交给保护人寄养。鉴于这些孩子的教育无法保证，1832 年，俄国进步教育家奥波多夫斯基、古里耶夫和古格里等人向教养院领导人提出建议，即在教养院内附设幼儿学校。凡是留在保护人家中的 7 岁以下的儿童，白天都应该到幼儿学校上学。由于教养院主持未采纳此建议，古格里和古里耶夫便自筹资金，在葛岑教养院内设立了一所很小的实验幼儿学校，招收了 10 名在葛岑村居民家中寄养的儿童。

2. 葛岑教养院的教学内容

实验幼儿学校建立后，为使各项管理更为规范，古格里又在原幼儿学校工作经验的基础上制订了新的葛岑村教养院组织的计划。自 1873 年起建立了如下制度：儿童 4 岁前交给保护人养育；4 ~ 8 岁的儿童住在宿舍内，每间房子住 5 ~ 6 人，男女儿童分住；儿童日间就学于教养院内为他们建立的幼儿学校，学校分为两班，4 ~ 6 岁的儿童在小班，6 ~ 8 岁的儿童在大班；儿童满 8 岁即可升入葛岑村与彼得堡教养院。古格里分别为小班和大班规定了不同的教学任务：小班内没有严格的作业和上课时间表，主要任务是发展幼儿的感受性与观察力，使之获得初步的道德概念，培养良好的行为习惯；大班则按照课表进行学习，主要任务是直观地研究外部世界的物体、智力练习，掌握朗读、计算和书写方面的熟练技巧。

（三）收容所与孤儿院

19 世纪上半期，俄国农奴制危机日益加重，农民及城市劳动者的苦难有增无减。俄国一些进步知识分子试图组织社会力量来帮助贫苦人民。他们组成各种慈善团体，以帮助农民、乞丐和孤儿。1837 年，彼得堡一所名为“劳动妇女救济院”的慈善机构开办了一个收容所，为在外谋生的母亲照管孩子，并教授儿童神学、阅读、书写、计算、唱歌、体操和手工等。因不久便人满为患，故该机构在 1838 年于彼得堡郊区开设了 4 个分所。

此后，在首都和其他城市中也出现了名为“孤儿院”的类似机构。孤儿院事业最初的领导者是 19 世纪上半期的一些进步教育家。其中，奥波多夫斯基是孤儿院事业最初领导者中的著名代表。他为儿童编写了许多有趣并富有教育意义的读物，如《伊里涅爷爷的童话》等。此外，他还撰写了一些总结初等教育经验的作品。

二、幼儿园运动

1. 福禄培尔幼儿园运动在俄国的发展

在福禄培尔幼儿园运动的影响下，1860 年，一批福禄培尔教育思想的追随者在彼得堡、莫斯科等大城市建立了俄国第一批幼儿园。早期的幼儿园为收费幼儿园，主要招收中上阶层子女。免费的平民幼儿园到 19 世纪末才出现。1869 年，在彼得堡发行了俄国最早的学前教育月刊《幼儿园》。这份杂志的发行对于促进学前教育学成为俄国教育学中的独立分支产生了积极的作用，也成为俄国学前教育史上的一件大事。1870 年，在彼得保、基辅等地成立了“福禄培尔协会”，随即便开展了普及福禄培尔学前教育理论和幼儿园的运动。1871 年，彼得堡福禄培尔协会创立了福禄培尔学院，各地纷纷建立类似机构，在“十月革命”之前，这些福禄培尔学院是唯一培养有资格的学前教育人员的机构，为俄国学前教育培养了一批合格的幼儿教师，推动了俄国学前教育的发展。

2. 近代学前教育活动家的涌现

19 世纪后半期，俄国涌现出一批学前教育活动家，如阿・斯・西孟诺维赤（1840—1933）、耶・恩沃多沃索娃（1844—1923）和耶・伊・康纳笛（1839—1898）等人。他们受到19世纪60年代的社会教育运动的鼓舞，并在福禄培尔和乌申斯基的影响下研究幼儿园教育，促进学前教育学从普通教育学中分离出来。在乌申斯基的影响下，他们强调“民族性原则”是幼儿教育的最重要的原则，主张俄国人民必须有自己的学前教育制度，重视祖国语言在学前儿童教育中的特殊意义，倡导采用反映乡土自然生活及俄国民众日常生活劳动的游戏和作业，并用俄国的民间歌曲和童谣伴随进行。

三、俄国学前教育的发展

1. 慈善教育机构大量出现

19世纪后半期，特别是19世纪90年代，俄国资本主义发展迅速，大工业急剧增长。参与劳动的妇女日益增多，她们无法照料和教育自己的子女。与此同时，工人生活贫困，卫生条件恶劣，儿童缺乏适宜的营养和照顾，婴幼儿的保育及死亡问题严重，这引起了整个社会的关注。在这种情况下，俄国政府继续兴办孤儿院；1891年开始设立农村孤儿院。据统计，到1901年，全俄已建立起80所这种孤儿院。各教区在19世纪后半叶也开始设立孤儿院，至19世纪末，在莫斯科和彼得堡共设立了50余所教区孤儿院。

2. 社会团体对学前教育发展的推动

20世纪初至“十月革命”前，沙皇政府仍然未将学前教育纳入国民教育系统，政府拨给学前教育的经费微不足道。由于政府不重视，俄国的学前教育明显地落后于同时期的西欧。但是，在大工业中心地区曾出现一些社会团体，大张旗鼓地宣传公共学前教育思想，并努力把教育科学的要求贯彻到家庭教育中。若干社团还开设了为数不多的学前教育机构并进行训练幼儿教师的工作。1908年，以培养高级幼儿教师为目的，在基辅福禄培尔协会的领导下，俄国又开办了三年制的学前教育专科学校，设置了教育学、心理学课程，并配有实验室，还有供教育实习的幼儿园。它是当时俄国规模最大的一所学前教育师范学校。

四、乌申斯基的儿童教育思想

乌申斯基（1823—1870）是19世纪60年代俄国著名的民主主义教育家，俄国国民学校和教育科学的奠基人，也是俄国师范教育制度的创始人。他一生追求真理，热爱人民，从事过较长时期的教育活动，有很多教育著作，对以后的俄国乃至苏联教育有很大影响，被称为“俄国教师的教师”。乌申斯基一生大部分时间从事教育事业，曾任孤儿院俄语教师并担任总学监；后来又担任一所贵族女子学校的总学监，兼任《教育部公报》的编辑。其间，他对教育问题进行了深入研究，逐渐形成了自己的教育思想，并对贵族女子学校进行了大刀阔斧的改革。丰富的教育教学实践经验，又为其独特的教育理论体系的形成奠定了基础。乌申斯基的教育代表作是《人是教育的对象》，此外，他还为俄国小学编写了俄语教材《儿童世界》（1861）和《祖国语言》（1864）。

1. 乌申斯基论儿童教育

乌申斯基运用当时的科学成就充分论证了教育学的心理学和生理学的基础，提出了以自然现象和精神现象的科学规律为依据的教育和教学方面的建议。他依据当时关于反射的心理学理论，重视儿童良好习惯的培养，并认为儿童的心理特点是缺乏耐心，因此，“在人身上培养合理的耐心是最复杂的和最重要的教育任务之一”。

乌申斯基重视儿童的自由活动和独立生活在其性格形成中的作用。他分析了影响儿童性格形成的两个因素，即天性与生活条件，反对把儿童整天关在学校里，提倡给儿童的心灵和意志的独立发展留有合理的空间。他不赞成对儿童采取放任自流的态度。他认为，培养儿童个性的主要因素是祖国语言和劳动，它们是构成人的生活的真正“大气层”。

关于教育儿童的方法，乌申斯基认为，儿童年龄越小就越需要在教育过程中考虑其年龄特征，教师只有保持“崭新的惊奇感”，才能和孩子接近并取得教育效果。他批评教师惯于恐吓孩子的做法，认为恐惧是种种缺陷的根源，勇敢才是人类心灵最伟大的品质之一，应培养和保护儿童可贵的勇敢情感，并使儿童通过克服恐惧的经验，把无理智的勇敢改造成理智的刚毅。乌申斯基反对福禄培尔教育体系中过分规定儿童活动细则的做法，主张对 7 岁前的儿童教育采取边学习边游戏的方法，而在此年龄之后就必须对教学采取严肃的态度。

2. 乌申斯基对俄国学前教育的影响

乌申斯基的教育思想对 19 世纪后半期俄国学前教育理论的发展产生了重要的影响。

首先，他从民族性原则出发，要求建立俄国自己的教育制度，当然也包括学前教育制度，并提倡男女儿童应享有平等的教育。

其次，乌申斯基重视儿童对祖国语言的掌握。他高度评价了儿童学习民族语言的作用，主张从幼儿期就应学习民族语言。他指出，本族语言不仅能使儿童获取大量的知识，还有助于儿童的智力及精神世界的发展。因此，儿童掌握本民族语言时，不仅要掌握词、词的组合和变化，还要掌握其中的观点，掌握语言中蕴含的民族精神、民族思想及民族情感，这有利于培养儿童的爱国主义精神及民族自豪感和责任感。

再次，他重视儿童的各种心理现象对教学的影响。乌申斯基分析了儿童的注意力容易分散、意志力薄弱、情感不稳定、性格不完善等特点，要求教师在教育过程中精心地培养。

最后，在教学方法上，他反对说教、限制、恐吓的做法，主张根据儿童的年龄特征，如爱好、兴趣、情绪和思维等特点，采取边学习边游戏的方法。

第六节　日本近代学前教育

日本是资本主义国家中后来居上的佼佼者，是一个在长期封闭后实行开放而迅速发展和富强的资本主义国家。明治维新之前，日本还没有出现社会学前教育机构和设施。

虽然德川幕府时代的佐藤信渊在其著作《垂统秘录》中曾提倡为4～7岁的儿童开辟游戏场，使之变成“小儿游乐之堂”，但仅限于设想，未能实现。1868年，明治维新运动开始，进行了具有资产阶级改良性质的改革。新生的明治政府推行“富国强兵”“殖产兴业”和“文化开化”三大方针，在政治、经济、文化、军事等领域进行全面改革。同时，日本进行各种教育改革试验，吸收欧美资本主义国家先进的教育思想和教育制度，从而开始了日本社会近代化以及教育近代化的进程。日本的学前教育也肇始于此。日本的学前教育较多地受到福禄培尔幼儿园教育理论和美国幼儿园运动的影响。到19世纪末，日本的学前教育已经初具规模，并逐步趋向普及。

一、日本学前教育机构的产生与发展

（一）《学制令》中有关学前教育机构的规定

近代日本政府一直把发展教育（含学前教育）作为促进资本主义政治、经济发展的重要途径。1871年，日本设立文部省，主管全国的文化教育事业。1872年，文部省颁布日本近代第一个教育法令——《学制令》，具体规定了日本教育的领导体制和学校制度，标志着日本教育进入了一个新的历史时期。《学制令》第22章对日本学前教育机构的设立做了明确规定，要求开设幼稚学校，招收6岁以下的男女儿童，实施入小学前的教育。虽然这项规定并未真正实施，但毕竟是日本近代有关学前教育机构设立方面最早的一个规定。

（二）国立幼儿园的创办

1874年，文部省决定成立以培养学前教育师资为目的的东京女子师范学校，这是日本第一所培养幼儿教师的机构。1876年，东京女子师范学校附设幼儿园，这是日本学前教育史上的第一所公共学前教育机构，在日本教育史上占有重要地位。东京女子师范学校附属幼儿园是以美国幼儿园为样板设立的，首批招收幼儿75人，大多是富贵官家子女，设行政监事（相当于园长）1人，首席保姆1人，保姆2人，助手2人。

1877年，该园制定幼儿园规则。其主要内容有：（1）幼儿园的目的是发掘学龄前儿童的天赋知觉，启迪其固有心智，滋补其健全的体魄，使其通晓交际情谊，具备良好的言谈举止。（2）入园年龄为3～6岁，特殊情况接受2岁以上或超过6岁的幼儿。（3）6月1日至9月15日，上午8时入园，保育4小时；9月16日至翌年5月31日，上午9时入园，保育5小时。（4）保育科目有物品科、美丽科、知识科，其中包括五色球等25个小项目，大部分是按照福禄培尔的“恩物”游戏来设计的。这一规则被后来的日本各地幼儿园所效仿，对全国幼儿园的兴办起了示范和推动的作用，但它并不是为广大民众子女所设立的幼儿园。这种只为少数特权阶级的子女服务的教育机构，在当时日本经济尚不发达、生产力水平还较低的情况下，自然是难以普及的。到1882年，全日本仅有类似学前教育机构7所。

（三）简易幼儿园的产生与普及

1882 年，为了扭转幼儿园发展缓慢的局面、增加幼儿园数量，也为了使一般贫民子女能接受学前教育，文部省在《关于幼儿园制补充规定》里明确规定，文部省所属的幼儿园，办园的一切费用完全由政府承担，各地方幼儿园也是这样。同时，文部省指出，幼儿园的规模不宜过大，办园的方式可以任意选择，并提倡设置简易幼儿园，认为这样就可以大量收容那些贫民劳动者的子女，或者说招收没有时间、精力照顾和养育孩子的那些人的子女。

文部省还规定，简易幼儿园在设施、编制上要从简。这一政策的实施，加速了幼儿园的普及，促进了日本学前教育的发展，1883 年，幼儿园增加到 13 所；1885 年增加到 30 所。1892 年，东京女子师范学校附属幼儿园建立了一个分园，以社会低收入阶层的子女为招收对象，并延长了保育时间。该园被视为日本第一所为贫穷阶层设立的公共保育机构。值得一提的是，这一时期，基督教会也为日本的学前教育做出了贡献。

简易幼儿园主要是为贫民子女所办的幼儿园，这种幼儿园收费低廉，入园可免费或只交少量入园费。而且它只需在小学校内附设，办园从简，其优越性逐渐被人们所认识，加上幼儿教育的必要性日益受到重视，幼儿园开始得到普及。

（四）托儿所的产生与发展

1. 私立托儿所的产生与发展

托儿所的产生与当时日本国内政局不稳、工人阶级队伍日益壮大和觉醒有密切关系。中日甲午战争及日俄战争之后，广大农民被迫背井离乡，大批流入城市，形成了处于日本社会最底层的无产阶级。以这些劳苦大众的孩子为招收对象的托儿所，旨在为不幸儿童提供良好的环境，施以教育，以缓解社会矛盾。1893 年，民间人士赤泽钟美夫妇于新潟市创办了日本近代第一个常设托儿所——新潟精修学校幼儿保育会。它是一所由私人出于慈善动机而开办的私立机构，专门招收平民子女，主要起看管孩子的作用。内务省对这类托儿所的发展表示关注。

1900 年，东京市成立了二叶幼儿园，1915 年改称“二叶保育园”，正式成为专门为低收入的贫苦家庭子女服务的社会保育机构，这对后来的托儿所产生了重要影响。最初托儿所是维持婴幼儿最低生存条件的一种社会保护机构，招收 0 岁至学龄前的婴幼儿，收费低廉，每天的保育时间为 11 ~ 12 小时，其目的是保护母亲和儿童。

2. 公立托儿所的出现

第一次世界大战以后，日本出现了公立托儿所，如 1919 年在大阪市成立的公立营鹤町第一托儿所。1920 年，内务部设置了社会局，将托儿所这一机构作为儿童保护工作之一，列为其行政工作的一部分。在各府县、市、镇、村也以救济科、救护科等名称成立了部局，把托幼事业作为社会事业来掌管。此后，日本学前教育事业走上了一个新的轨道，到 20 世纪初，形成了以幼儿园与托儿所为代表的双轨制学前社会教育机构，这一体制一直延续到今天。

二、日本学前教育思想的发展

1. 福禄培尔教育思想的传入

从幕府末年开始直到整个明治时期，随着欧美思潮的不断涌入，近代西方学前教育思想也影响到日本。其中对日本学前教育影响最大的是福禄培尔的学前教育思想。福禄培尔教育理论在日本受到高度评价，甚至被誉为“在保育学科中占有最高地位”。除了一些外来学者，许多日本人也发表译著或著述介绍福禄培尔的学前教育思想。1876 年，日本《新闻杂报》上刊登了时任东京师范学校协理的中村正直编译的《福禄培尔幼儿园理论摘要》，产生了良好的影响。除中村正直以外，这一时期推崇并积极宣传福禄培尔思想的，还有东京女子师范学校附属幼儿园的监事关信三。他曾留学英国，回国后从事女子教育和学前教育。1876 年，他发表译著《幼儿园记》。这本书被认为是日本有关幼儿园教育的第一本重要著作。1879 年，关信三编写了《幼儿园二十例游戏》，将福禄培尔的 20 种“恩物”予以图解说明，并建议幼儿园每天花 3 ~ 4 小时将这 20 种游戏逐一教给儿童。儿童倦怠时，交替进行唱歌、表演、体操等活动，以免减弱儿童对游戏的兴趣。日本学前教育界对福禄培尔“恩物”高度评价，在实践中遂对“恩物”进行照搬并将其作为教学的重点。

2. 学前教育思想的转变

从明治中期起，日本幼儿园的保育科目大大减少了“恩物”的比重，而增强了注重思想灌输的科目，出现这种情况主要有两方面的原因：一方面，这是日本根据本国国情有选择地取舍外国教育内容的必然结果；另一方面，这是保守教育思想复活的表现。1879 年，保守派以明治天皇的名义制定《教育大旨》，提出要加强传统道德教育。1882 年，日本颁发《幼学纲要》，指出儒家五伦道德乃教育之根本。革新派开始坚决抵制，最后向保守派妥协。1881 年，东京女子师范附属幼儿园修改了保育科目，开设“修身”一科，把保育科目引向了德育主义方向。

随着“恩物”地位的降低，唱歌和游戏在幼儿保育科目中逐渐占据主要位置，而且在唱歌和游戏中道德灌输的成分日益增多。1899 年，幼儿园规程将“涵养德行”的任务归于“唱歌”一类。1887 年，文部省音乐科编辑出版了《幼儿园歌曲集》，极力宣扬忠君报国的思想，其目的是培养“顺臣良民”。这是明治维新不彻底性在学前教育方面的表现。

三、日本学前教育制度的初步建立

1.《幼儿园保育及设备规程》的颁布

1879 年，日本颁布《教育令》，明确指出幼儿园属于文部省行政事业统管，是国家教育体系的一部分。1899 年，在社会各界的呼吁下，文部省颁布了《幼儿园保育及设备规程》(以下简称《规程》)，详细规定了开办幼儿园的目的、设施、设备和保育内容、保育时间等，是日本首次由政府颁布的有关幼儿园的正式法令。该规程的颁布，标志着日本近代学前教育进入了一个新的历史时期。

《规程》共有 7 条，内容包括：（1）幼儿园是为年满 3 岁至学龄前儿童开设的保育场所。（2）保育时间（包括吃饭时间），每日在 5 小时以内。（3）1 名保姆可保育 40 名以内儿童。（4）1 所幼儿园可招收 100 名儿童，个别情况可招收 150 名儿童。（5）对幼儿进行教育，是为了身心得到健全的发展，养成良好习惯，以及辅助家庭教育；保育方法应以坚持适应幼儿发展、教授其难易程度相当的事物为本职业的根本；要时常注意纠正幼儿的德行仪表；因为幼儿模仿能力极强，所以平素应使他们多接触嘉言善行。（6）幼儿的保育项目包括游戏、唱歌、绘画及手工作业。（7）幼儿园所需设备的规定，如园舍应为平房，保育室需人均 3.3 平方米以上，室内应备有“恩物”、绘画、玩具、乐器、黑板、桌椅、钟表、温度计、取暖设备等。

《规程》具有一定的合理性和可操作性，是日本近代学前教育走向制度化的重要开端，在日本教育史上具有重要意义。它不仅成为 19 世纪末 20 世纪初日本幼儿园设置和编制课程的标准，还成为日本幼儿园新章程的基本依据。此后，《规程》虽经多次修订，长期以来基本上保持了第一个幼儿园规定的本来面貌，直至 1947 年制定的《学校教育法》对幼儿园做了新的规定。

2.《幼儿园令》的颁布

文部省只在《小学校令》中附带提及幼儿园的做法令幼儿园工作者很不满意。1923 年《盲哑学校令》的制定，使得盲哑学校从《小学校令》中独立出来，这给幼儿园工作者很大刺激。他们更加团结一致地为制定幼儿园单独法令而努力。1926 年，文部省颁布了《幼儿园令》及其实施规则。这是日本第一个关于幼儿园的单独法令。该法令规定，幼儿园是为父母都从事生产劳动而无暇进行家庭教育的 3 岁以上的幼儿设立的，特殊情况下，不满 3 岁的幼儿也可以入园；应设立园长，明确园长和保姆的资格等。在具体内容上，《幼儿园令》与此前颁布的《规程》相差无几。《幼儿园令》的特点在于：第一，将幼儿园招收对象界定为劳动者子女，而不是富裕家庭子女；第二，招收 3 岁以下幼儿，使托儿所和幼儿园归于统一。《幼儿园令》的颁布是日本学前教育史上的一件大事，是日本学前教育逐渐趋向制度化的一个重要标志。

通过本章内容可知，德、英、法是西方较早出现社会学前教育机构的国家。德国的福禄培尔幼儿园、英国的幼儿学校对于推动欧美乃至世界的学前教育运动起到了不可替代的作用。美国通过公立幼儿园的创办和进步主义学前教育实验，逐渐形成了自己的特色。俄国建立的学前教育机构网所发挥的双重作用为社会发展做出了巨大贡献。日本由政府主导掀起的多轮学前教育振兴计划成为政府责任发展学前教育的示范。

思考与练习

1. 简述德国福禄培尔幼儿园的产生与发展过程。
2. 简述欧文幼儿学校的教学内容和教学方法。
3. 英国幼儿学校的相关政策有哪些?
4. 简述法国奥柏林的编织学校的教学目的和教学内容。
5. 简述法国近代学前教育制度的确立和发展过程。
6. 简述美国慈善幼儿园的兴起过程。
7. 简述美国公立幼儿园运动的历史地位。
8. 简述俄国福禄培尔幼儿园运动的发展过程。
9. 简述乌申斯基的儿童教育思想。
10. 日本《幼儿园保育及设备规程》的内容有哪些?

第十章　外国近代学前教育思想

学习目标

1. 了解夸美纽斯、洛克、卢梭、裴斯泰洛齐、福禄培尔、欧文的学前教育思想的内容。

2. 能够对夸美纽斯、洛克、卢梭、裴斯泰洛奇、福禄培尔、欧文的学前教育思想做出正确评价。

本章介绍了近代西方著名教育家夸美纽斯、洛克、卢梭、裴斯泰洛奇、福禄培尔和欧文的学前教育思想和理论。夸美纽斯在民主主义教育实践活动中对世界学前教育的发展做出了重要贡献，洛克在《教育漫话》中构建了一个完整的绅士教育体系，卢梭在《爱弥儿》中阐述了自然教育的基本思想，裴斯泰洛齐在斯坦兹孤儿院实践了其爱的教育、要素教育、教育心理化等重要教育思想和原则，福禄培尔通过创制"恩物"等活动玩具系统研究了幼儿园教育理论，欧文发展了人的性格形成学说，并通过创办欧文学校实践其学前教育理论。

第一节　夸美纽斯的学前教育思想

一、夸美纽斯生平

扬·阿姆斯·夸美纽斯（Johann Amos Comenius 1592—1670）是 17 世纪捷克著名的教育家。他一生致力民族独立、消除宗教压迫以及教育改革事业，曾先后担任捷克兄弟会牧师及兄弟会学校校长。

夸美纽斯生活的时代正值西欧从中世纪向近代社会的转型时期。在文化和思想领域，人权与神权、理性与信仰、现实与来世、科学与迷信、民主与专制之间发生了激烈碰撞。夸美纽斯具有强烈的民主主义、爱国主义和人文主义思想。他肩负历史重任，力图打破旧传统的闸门，让适应新时代的新教育思想汹涌奔流，但他并未能完全摆脱宗教神学的束缚，其教育观点具有一定的局限性。

夸美纽斯的各类著作共有 265 种，其中，《大教学论》是西方教育史上第一部体系完整的教育学著作，它全面论述了人的价值、教育的目的及作用、旧教育的弊病、改革教育的必要性和可能性、学制、教学法、体育、德育、宗教教育、学校管理等。《母育学校》是历史上第一本学前教育学专著，详细论述了学前教育的重要性、胎教以及学前教育的内容。虽然此书论述的是家庭条件下的学前教育问题，但给幼儿园的创立者福禄培尔以重要启迪，并构成其学前教育理论的中心思想。《泛智学校》是夸美纽斯以泛智论为指导，为其在匈牙利建立的实验学校所拟定的实施计划。夸美纽斯的泛智论是探索将一切有用的实际知识教给一切人的理论。这一理论适应了弘扬理性、尊重知识的时代潮流，表达了重视普及教育、普及知识的民主精神。这一计划部分地被付诸实施，其中许多观点和措施成了近代教育理论的重要组成部分。

在中外教育史上，夸美纽斯在教育理论研究和实践工作方面是一位集大成者，在幼儿教育方面同样贡献卓著，影响深远。

二、夸美纽斯学前教育思想的具体内容

（一）论教育的目的和作用

夸美纽斯认为教育应是成年以前的事情，“学习从婴儿期开始一直继续到成年；这24年的光阴……对于人生的责任有所准备”。也就是说，教育应是24岁以下的青少年对于人生所做的准备。

1. 教育的目的

夸美纽斯认为“今生只是永生的预备”“人的终极目标在今生之外”“人的终极目标是与上帝共享永恒的幸福”。既然今生只是永生的预备，而成年以前要为人生做准备，因此教育的目的就是使人为永生做好准备。那么，人究竟该为永生做怎样的预备呢？夸美纽斯认为“永生的预备有三个阶段：知道自己（并知万物），管束自己，使自己皈依上帝”，也就是说，人必须熟悉万事万物，成为万物的主宰，使万物为我所用，拥有良好的德行并笃信上帝，三者共同构成永生的基础。即为了永生，今生必须培养“博学、德行或恰当的道德、宗教或虔信”。

由此我们可以看出，夸美纽斯的教育目的具有明显的两重性：一方面，教育的最高目的是使人为永生做好准备；另一方面，教育渗透着世俗化的色彩，认为应通过教育，使人享受现世生活。

2. 教育的作用

受古罗马教育家昆体良和人文主义学者伊拉斯谟等人的影响，夸美纽斯高度评价了教育在社会生活和人的发展中的重要作用。

1）对社会生活的作用。

夸美纽斯高度评价了教育对于社会生活的作用，认为“教会与国家的改良在于青年得到合适的指导”，他希望通过教育改变社会道德普遍堕落的现象，从而得到光明与和平。他坚信受过良好教育的民族将善于利用自然力和地下宝藏，扫除愚昧和贫困，把土地耕种得像在天堂里那样好，从而使人们过上富足、幸福的生活。总之，夸美纽斯把教育当

作改良社会的一种重要手段，并为之奋斗、奉献了一生。

2）对个人发展的作用。

夸美纽斯高度评价了教育在人的发展中的作用。在他看来，“知识、德行与虔信的种子是天生在我们身上的；但是实际的知识、德行和虔信却没有这样给我们。这是应该从祈祷、从教育、从行动中取得的。实际上，只有受过恰当教育之后，人才能成为一个人”。他把人的心灵“比作一张白纸”或“一块蜡”，因此“什么都没有写，但是什么都能写上”，而且可以不断地书写。他还把人的心灵比作园地里的泥土，可以栽种各种花木。因此，只要教师像高明的画家和辛勤的园丁那样既努力又讲究工作艺术，那么人的知识和智慧可以得到无限的发展。

夸美纽斯同意昆体良的观点，认为人人都可以接受教育，“世上找不出一个人的智性孱弱到了不能用教化去改进的地步”。他满怀信心地说：“我们差不多找不到一块模糊的镜子模糊到了完全反映不出任何影像的田地，我们也差不多找不出一块粗糙的板子粗糙到完全不能刻上什么东西的地步。”而且就算如此，镜子还可以擦干净，木板也可以先刨平。同样，只要教师肯下力气，人都是可以教育好的。他告诫教师，不要对儿童的发展失去信心，更不要轻易武断地给儿童下一个难以教育的结论而放弃自己应有的努力。在《大教学论》中，夸美纽斯借助狼孩的例子来说明，人不论先天素质如何、聪明与否，后天的良好发展都要依靠环境与教育。他还进一步论述了不论后天的社会地位如何，要过理性的生活就离不开教育，凡是生而为人，为一个真正的人，都有受教育的必要。

（二）儿童观及学前教育的意义

在西欧中世纪，基督教以悲观消极的态度看待人生，儿童被看作与生俱有原罪的生灵，他们只能历经磨难，不断地赎罪，才能得到上帝的原谅及拯救。在这种观点的支配下，儿童缺乏快乐的童年，其个性受到压抑，身体遭受摧残。文艺复兴以后，人文主义者努力改变这一传统观念。在《母育学校》中，夸美纽斯指出，儿童是无价之宝，是“上帝的种子”，在上帝的眼中他们具有不能估计的价值，他们是清白无罪的。“不仅如此，上帝还警告那些要欺侮儿童的人，哪怕是最小限度，命令这种人尊敬他们像尊敬他一样，并且用严厉的惩罚谴责任何人对儿童的最小的一个冒犯”。在他看来，儿童比金银、珍宝还要珍贵。儿童“是上帝生气勃勃的形象”“是上帝指定给父母的独特财产”，永远在上帝的保护之下。他还把儿童比作一面镜子，“人们可以从中注视谦虚、有礼、亲切、和谐及其他基督徒的品质”。

由此可以看出，夸美纽斯充分认识到了幼儿的价值，他对儿童的认识完全不同于传统的“原罪论”认识下的儿童观。尽管带有一定的宗教色彩，那也正说明他对儿童的无比尊重与热爱。

夸美纽斯学前教育思想的另一个出发点，是他对于学前教育重要性的深刻认识。从他关于教育遵循自然的原则出发，他把儿童比作一株嫩芽、一块木头，“任何人在幼年时代播下什么种子，那他老年就要收获那些果实”。为此，夸美纽斯呼吁父母们都要承担起教育孩子的责任。人比其他动物更高贵，不能像动物那样只注意身体的养护和外表的装饰，更要注意人的灵魂；要以教育去滋补、抚爱和照管他们，对他们施以包括虔信、德行、知识和体育在内的全面训练，把他们培养成忠实的，能够智慧地管理自己的各种事务的有才能的人。

（三）论母育学校的教育

1. 母育学校的意义和任务

根据其民主信念和适应自然的思想，夸美纽斯构建了一个适用于一切男女儿童的 4 级单轨学制：（1）从出生到 6 岁（婴幼儿期），儿童在母育学校接受家庭教育。（2）6 ~ 12 岁（童年期），儿童由设在每个村落的国语学校进行初步教育。（3）12 ~ 18 岁（少年期），由设在每个城市的拉丁语学校实施教育。（4）18 ~ 24 岁（青年期），在省城或王国的大学接受高等教育。

在夸美纽斯构建的学制系统中，人生的第一所学校是母育学校。他在教育史上第一次从普及教育的角度以及儿童心理发展的连续性和阶段性的角度，提出学前教育阶段教育的重大任务。他认为，在母育学校里，应当把“一个人在人生旅途中所应当具备的全部知识的种子播种到儿童的身上”，奠定儿童体力、道德和智力的初步基础，为其将来进入学校学习做准备。在他看来，每一个家庭都可成为一所学校，孩子的父母（特别是母亲）便是教师。他认为上帝既然把儿童赐给了父母，那么父母就要承担起对他们的教育，如果父母在孩子 6 岁以前就将他托付给别人，那就是对上帝犯了罪。

2. 母育学校的教育内容

夸美纽斯认为母育学校的教育内容主要包括保育、德育和智育。夸美纽斯提醒父母们首先应关注的事情是儿童的身体健康，从胎儿时期就应注意保证其子女的健康。他提出孕妇的心理状态会对胎儿产生影响，指出如果孕妇不注意控制自己的感情，经常处于恐惧、愤怒、怨恨或伤感等不良情绪之中，就可能生出一个怯弱的婴儿，严重时甚至可能造成死胎。他还提出孕妇的饮食应富有营养，生活应有规律，行动应谨慎。夸美纽斯非常重视新生婴儿的锻炼和娱乐，认为要使婴儿的生活有规律，为婴儿建立合理的生活制度，使其保持愉快的心情。他还主张不要让儿童习惯于用药。

夸美纽斯十分重视儿童的道德教育，因为儿童生下来不是要做一头小牛或一头小驴，而是要成为一个理性的人。他强调教育必须在幼年生活中的头几年，在邪恶尚未占据心灵之前及早进行，为他们的良好德行奠定基础，“成年时还未受过管理的，到老年就会没有德行”。在道德教育的内容方面，夸美纽斯强调儿童应学习有关德行的初步知识：一是自幼培养儿童节制、整洁、爱劳动等良好的生活习惯；二是教育儿童要懂礼节、尊敬长辈、诚实、落落大方、不嫉妒、不损害他人等。道德教育的方法和手段主要有训斥、榜样和练习三种。他对中世纪以来家庭教育实践中广泛采用的体罚持反对态度，主张在万不得已时才可使用。

智育是夸美纽斯早期教育中最具特色的部分，他还将泛智教育思想贯彻到学前教育中，在西方教育史上第一次为学前儿童拟定了一个广泛而详细的大纲。夸美纽斯为母育学校制订的智育计划包括自然、光学、天文学、地理学、年代学、历史学、家务、政治学、算术、几何学、音乐、语言等学科，并确信通过这种启蒙性的教育，可以为儿童奠定各门科学知识的最初步的基础。根据幼儿的年龄特点，他认为这一时期智育的主要任务是训练幼儿的外部感觉、观察力并获得各类知识，同时发展他们的语言、思维，为他们以后在初等学校里的系统学习做准备。除此之外，夸美纽斯还认为感觉是知识的主要源泉，主张通过观察自然来促进幼儿感觉的发展。

3. 父母教育指导书及教材

在西方教育史上，夸美纽斯所著的《母育学校》是一本专门为父母所写的学龄前儿童的家庭教育指南，《世界图解》（1654）是世界上第一本有插图的对儿童进行启蒙教育的教科书。

在《大教学论》第 28 章中，夸美纽斯专门讨论了有关幼儿父母教育指导书和儿童读物的问题。他认为要帮助父母或保姆有效地教育好孩子，就必须考虑为他们编写一部手册，主要应包括的内容有：（1）父母及保姆的教育责任。（2）儿童所学各科的教学大纲。（3）教学方法，主要是指出教授每一科目的最佳时间以及所应采用的最佳言语和姿态。夸美纽斯的上述思想在《母育学校》里有详尽阐述。

夸美纽斯认为应当为儿童编写一本可直接供其观赏的图画书，把各门学科中最重要的事物以图像形式输送给儿童。这本书应包括物理学、光学、天文学、几何学等知识，还应画出高山、低谷、树木、鸟、鱼、马、牛、羊和不同年龄、不同高度的人等。总之，图画书中的内容正好和《母育学校》中提出的教学大纲相对应，可以配套使用。夸美纽斯不仅注意到图画书对发展儿童感觉的作用，而且注意到它能促进儿童语言的发展。他提出在每张图画的上端应写出它所代表的物体的名称，如“牛”“狗”“屋”“树”等，这种图画书有三个用处：（1）可以使事物在儿童心里留下一个印象。（2）可以使孩子形成一种观念，认为从书本上面可以得到快乐。（3）可以帮助儿童学习阅读，掌握语言文字。上述原则都体现在他后来出版的《世界图解》一书中，全书共计 150 课，由 187 幅插图及对插图加以解说的拉丁语、民族语的基本词汇组成。

4. 母育学校中的幼儿游戏及玩具

夸美纽斯对于学前儿童的游戏、玩具和作业也有许多宝贵的意见。在西方学前教育思想史上，夸美纽斯是第一个从幼儿的年龄特征来论证上述诸方面问题的教育思想家。他认为，儿童天性好动，血气旺盛，所以，对他们不应加以限制，而规定儿童应常常有些事情可做。他甚至规定了这样一条原则：“凡是儿童喜欢玩的东西，只要对儿童没有什么损害，那么就应该让他们去玩而且得到满足，而不应该阻止他们，因为儿童不活动比起不得闲对身心两方面的损害更多。”他认为给儿童以活动的自由有三大好处：一是锻炼身体，增进健康；二是运用和磨炼思想；三是练习四肢、五官，使其趋于灵活。至于活动方式，夸美纽斯认为，游戏这种活动方式最适合幼儿。因为游戏时，人的精神专注于某种事物，而这种事物又经常磨炼人的能力。用这种手段，儿童可以受到一种积极生活的锻炼而没有任何困难，因为自然本身在激发他们去做事情。他号召父母们积极行动起来，帮助和指导孩子玩游戏，陪着他们玩游戏。

夸美纽斯进而对玩具提出了详细的、切实可行的意见。他认为，真的工具常会给孩子带来危险，所以必须找些玩具以代替真的工具，如小的铁刀、木剑、锄头、小车、滑板、踏车、建筑物等，儿童也可以用自己喜欢的泥土、木片、木块、石头等搭建小房子，这样可显示他们建造房屋的一种初步建筑术。我们可以把夸美纽斯关于游戏及玩具的思想划归关于游戏的“劳动准备说”。因为在他所述的游戏的形式和手段中，有许多反映了狭义劳动的过程与结果。我们可从中看到某些“能量散发说”的因素，因为夸美纽斯强调儿童之所以需要游戏，是因为富有活力的儿童为了散发多余的能量。夸美纽斯还提议要为儿童的眼、耳及其他感官提供一些小的作业，认为这些作业对增强他们的身心力量将大有裨益。

5. 儿童进入公共学校前的准备工作

在《母育学校》一书中，夸美纽斯详细论述了儿童何时入小学，以及入学前应做些什么准备的问题。他认为，儿童6岁之前不应当进入公共学校，因为这时的儿童自理能力不强，需要更多的照顾和监护，同时其思维发展还不足以去学习公共学校的课程内容。但是，儿童到达一定年龄后，就应当离开母亲，进入学校接受教育。他说：“当幼苗从种子长大后，就必须把它移植到果园内，以利于成长和结果。同样，儿童在母亲关怀中长大，现在他们的身心既有了力量就应该按权宜之计把他们交托给教师。如此，他们便可以顺利地成长。”

在幼儿入学前，夸美纽斯要求父母必须认真做好入学前的准备工作。他要求父母鼓励儿童入学，告诉儿童上学是一件十分愉快的事情，就像赶集或收获葡萄一样令人快乐；在学校里会有其他孩子同他们一起学习和玩耍；可以给儿童看看为他们准备好的学习用品，赞扬未来教师的善良与博学，引起儿童对教师的信任与热爱的感情，如此等等。他告诫父母，千万不要用学校和教师来恐吓儿童，使儿童心怀恐惧，不愿入学。同时，夸美纽斯还指出，只有把握好入学时机，才能获得最佳的教育效果。“好的时机”（即儿童进入小学的能力标志）主要表现在：真正获得在母育学校所应学会的东西，对问题有注意、辨别以及判断的能力，有进一步学习的要求或愿望。

（四）论教学

1. 泛智教育思想

1605年，培根在《学术的进展》中提出了建立一个百科全书式的知识体系，夸美纽斯的泛智教育思想受到其深刻的影响。夸美纽斯在《泛智论》中以百科全书的形式概括关于上帝、自然和社会的普遍知识，形成了一个“泛智体系”。他在自己的另一本书《泛智学校》里希望设立一种对儿童进行广博教育的新式泛智学校，共设立7个年级，学习所需要的一切知识。他曾在匈牙利进行相关实验，但由于种种原因，计划未完全实现，只办成了前3个年级。

“泛智教育”简单来说就是将一切知识教给一切人。“不仅有钱有势人的子女应该进学校，而且一切城镇乡村的男女儿童，不分富贵贫贱，同样都应该进学校。”具体来说，包括以下几个方面：（1）学习广博的知识，把一切知识领域中的精粹的总和灌输给他们，使其知道一切必须熟悉的东西，理解一切事物的原因并学会运用。（2）所学的东西一定要对生活有用，“为生活而学习”。（3）基于学习有用知识这一原则，把对自然科学的学习提到重要地位。（4）训练学生的行动能力，为其将来的生活做准备，把青年培养成有活力、勤奋而又机敏的人，能胜任任何委托给他们的事情。（5）强调各种语言的学习，如拉丁语、希腊语、本民族语等，目的是使学生的语言达到完善的程度，并使这些语言成为学习相关知识的工具和与各族人民交际的手段。

2. 教学原则

夸美纽斯以教育适应自然原则为指导，以自己多年的教学实践经验为基础，建构了一个相当庞杂的教学原则体系。他所揭示的一些基本原则在相当程度上反映了教学工作的客观规律，对后世教育的发展有着深远的影响，至今仍具有鲜活的生命力。

1）直观性原则。

夸美纽斯认为直观性原则是教师教学必须遵守的一条金科玉律。“在可能的范围以内，一切事物都应该尽量地放到感官跟前。”他深信知识来源于感觉，因为“知识的开端永远须来自感官（因为所有的悟性都是先从感官得来的，没有别的）”“科学的真实性与准确性依靠感官的证明多于其他一切。因为事物自己直接印在感官上面”“感官是记忆的最可信的仆役，所以，假如这种感官知觉的方法能被普遍采用，它就可以使知识一经获得，就会永远记住”。因此，夸美纽斯认为教学中应尽可能让学生通过观察实际事物进行学习，“一切看得见的东西都应该放到视官的跟前，一切听得见的东西都应该放到听官的跟前。……假如有一件东西能够同时在几个感官上面留下印象，他便应当和几种感官去接触”。此外，如果找不到事物本身，则可以利用模型图像制造成范本或模型，代替实物以供教学之用，而无论实物还是图片模型都应本着先整体后部分的规则呈现给学生，在呈现之前必须首先引起学生的注意。对于自然科学知识的学习，要重视参观、实验等活动。学校的教室要布满图画，教科书要配有插图等。

2）循序渐进原则。

夸美纽斯认为，自然界的发展和人类许多活动的进行都是井然有序的，因此，学习也必须循序渐进。所谓的“序”有三层含义。

（1）学习过程之序。“假如能使孩子们先运用他们的感官，然后运用记忆，随后再运用理解，最后才运用判断，这样才会秩序井然。因为一切知识都是从感官的感知开始的，然后才由想象的媒介进入记忆的领域，随后才由对具体事物的探讨到普遍理解，最后才有对于业已领会的事实的判断。这样，我们的知识才能牢实地确定。”也就是说，学生在学习知识的过程中，要按其认识活动的特点，首先从感官的活动开始进行观察，在理解的基础上再去记忆，最后才是进行实际运用的练习。

（2）学习材料之序。要安排好教学科目的顺序，每一学科的内容要仔细分成阶段，材料的呈现要本着先易后难、从简到繁、由近及远、从一般到特殊的原则，“务使先学的能为后学的扫清道路，务使每年、每月、每日、每时，都有它的指定的工作”。

（3）学生的能力之序。教学一定要适合儿童的年龄特征，教学所运用的材料要按学生的年龄及其已有的知识循序渐进地进行教导，“无论什么事情，除非不仅是青年人的年龄与心理的力量所许可，而且真是他们所要求的，都不应该教他们”。

3）巩固性原则。

夸美纽斯特别强调学生学习的巩固性，他将学生是否巩固掌握的知识，并达到随时可以应用的程度作为衡量教学是否彻底的标准。他认为学了知识而没有巩固，就如同把流水泼到筛子上，是不会使人增长智慧的。他要求教师授课时要讲清原因，在理解的基础上知识才能被牢固掌握；同时，多做练习并经常复习，“通过实践把知识固定在记忆里面”，这样还有益于掌握书写、唱歌、谈话和推理的技能。为此，夸美纽斯建议，每个班级将所学书本的内容做成提要挂在教室的墙上，使学生的感觉、理解与记忆能力能够天天得到锻炼，从而巩固所学的知识。

3. 教学组织形式

在夸美纽斯看来，妨碍学校成功的原因在于工作的无计划性以及没有找到合适的方法。他以太阳为参照物，结合前人的经验，在《大教学论》中第一次从理论高度详细论述了教学组织形式——学年制、班级授课制等学校管理问题，后来在《泛智学校》《创建纪律严明的学校的准则》等著作中又进行了更为深入的探讨。

1）学年制。

中世纪时期的学校组织十分松散，学生入学或离校停学的时间都没有统一规定，为改变这种混乱无序的状况，夸美纽斯提出学校实行学年制的要求。他要求全体公立学校在一年里同时开学，同时放假，每年招生一次，秋季开学，学生同时入学，其他时间不应接收任何儿童入学，以使全班的教学进度一致，能同时升级。学生一经入学，必须坚持完成学业，不允许中途辍学或逃学。他将整个学年划分为月、周、日、时，教学科目要按儿童的年龄特点和认识的发展规律合理安排。他建议，每天保证 8 小时睡眠；每天有 4 小时用于上课，在学习 1 小时后要休息半小时；周三、周六下午是学生的自由活动时间；每年有 4 次较长的休假日，每次 8 天。此外，宗教节日的前后一周、葡萄收获季节的前一个月也是学生的休息时间。

2）班级授课制。

自宗教改革以来，班级授课制逐渐发展起来。夸美纽斯从理论上论述了班级授课制的必要性和可行性。他认为，“一个教师同时教几百个学生不仅是可能的，而且也是要紧的。因为对教师、对学生，这都是一种最有利的制度”。在教师方面，学生的人数越多，他的工作兴趣就越大，教学效率也就越高。具体来说，教师根据儿童的年龄特点和知识水平将其分成不同班级，每个班级有一个专用教室，安排一位教师，他同时去教所有的学生，不让任何一个学生单独走到他面前。教师要利用技巧，吸引学生注意听讲。

三、对夸美纽斯学前教育思想的评价

夸美纽斯对世界学前教育的发展做出了重要贡献。他在历史上第一次把学前教育纳入其充满民族色彩的单轨学制，撰写了历史上第一部学前教育专著《母育学校》和历史上第一本看图识字课本《世界图解》，首次深入研究了家庭条件下学前教育的完整体系，规定了其目的、内容和基本方法。他在论述学前教育时，不仅广泛吸取了以往和当时教育思想发展的成果，还力图在当时科学发展的水平以及他个人对儿童生理及心理发展的认识水平上，把学前教育建立在一定的科学基础上。夸美纽斯的学前教育理论，为近代西方学前教育理论的发展奠定了一定的基础，标志着西方学前教育研究从神学化向人本化的转变。

夸美纽斯的学前教育思想影响深远，近代著名幼儿教育家福禄培尔、蒙台梭利在创立自己的理论时明显受到了他的影响。由于受时代历史的局限以及科学发展水平的制约，作为一位新旧交替时期的历史人物，夸美纽斯的教育思想仍有其局限性，如他的教育思想（包括学前教育思想）仍受宗教观的束缚，但以其贡献而言，可称为“教育科学的真正奠基人”“教育史上的哥白尼”。

第二节　洛克的学前教育思想

一、洛克生平

约翰·洛克（John Locke，1632—1704）是 17 世纪英国著名的哲学家、政治思想家和教育家，是资产阶级唯物主义和西方自由主义的代表人物。

洛克出生于一个乡村律师家庭，幼时受到了严格的家庭教育。1652 年，洛克毕业于威斯敏斯特公学，随即进入牛津大学研究哲学、物理、化学、医学，于 1658 年获硕士学位并留校任教。1665 年，洛克离开牛津大学，被任命为英驻德公使馆秘书。翌年回国，他结识了艾希利勋爵（即后来的莎夫茨伯利伯爵），担任他的秘书兼家庭教师和医生。1683 年，因莎夫茨伯利反对詹姆士继承王位的活动败露，洛克受牵连遭迫害而出走荷兰。1688 年“光荣革命”后，洛克重返英国，在新政府中担任贸易和殖民地事务委员会委员等职。此后，洛克陆续发表了一系列重要著作，如 1689 年的《政府论》和《论宗教宽容的书信》、1690 年的哲学名著《人类理解论》，以及 1693 年的教育代表作《教育漫话》等。

在哲学上，洛克继承了培根和霍布斯的唯物主义经验论，论证了知识和观念起源于感性认识的基本原则，在《人类理解论》中提出了著名的“白板说”。在教育上，洛克通过深入细致地观察，了解他所处的那个英国绅士的世界，形成了自己的绅士教育理论，这一理论集中体现在《教育漫话》中。这本书为英国的绅士教育提供了一个完整的体系，对当时英国上层社会子弟的教育起到了重要的推动作用。洛克的哲学、教育思想对后世产生了深远的影响。

二、洛克学前教育思想的具体内容

（一）论教育的目的和作用

1. 教育的目的

洛克把培养绅士作为教育的目的，他认为，绅士是“有德行、有用、能干的人才”

“绅士需要的是事业家的知识，合乎他的地位的举止，同时要能按照自己的身份使自己成为国内著名的和有益于国家的一个人才”。具体来说，绅士应具有“德行、智慧、礼仪、学问”四种品质，他应善于处理自己的事务，赚取钱财，聚敛资本，具有德行与才干，并且有勇敢的精神，要懂得礼仪，具有文雅的风度。洛克劝告资产阶级和新贵族，为把自己的子弟培养好，一定“要把子弟的幸福奠定在德行与良好的教养上面，那才是唯一可靠的和保险的办法”。他坚信一旦绅士受到教育、上了正轨，其他人自然都能走上正轨。

那么，应该怎样培养绅士呢？一方面，洛克站在上层社会的立场，认为社会上“到处流行着粗野与邪恶”，反对资产阶级把子弟送到学校去，以免他们“日与顽童为伍，斗骗欺诈，无所不学”。另一方面，他认为当时的学校教学内容陈旧、教学方法单一，只知教授一些拉丁文知识，而不注重对学生进行道德教育。因此，洛克建议“凡是家里请得起导师的人，则导师教之学校里的任何人必定更能使他的儿子举止优雅、思想刚毅，同时又知道什么是有价值的、什么是合适的，而且学习也更容易，成熟也更迅速”，同时要求严格选聘教师，“做导师的人自己便应具有良好的教养，随人、随时、随地，都有恰当的举止与礼貌”“还应深知世故人情”，善于将人情世故的情况显示给学生。

2. 教育的作用

从“白板论”出发，洛克高度评价了教育的作用，尤其是教育在人的形成过程中的作用。他认为“我们日常所见的人中，他们之所以或好或坏，或有用或无用，十分之九都是由他们所受到的教育决定的。人们之所以千差万别，便是由于教育之故”。洛克尤其强调早期教育的重要性。在他看来，儿童好像一张白纸或一块白板，我们可以随心所欲地做出什么式样，幼年时所得的印象哪怕极其微小，都有极其重大长久的影响。他指出，教育上的错误就像医生配错了药一样，其影响是终身洗刷不掉的，错误的早期教育会给儿童日后的发展带来无法弥补的损失。他强调教育不应只是父母关心的事情，国家的幸福与繁荣也与儿童具有良好的教育密切相关。

（二）教育的内容和方法

1. 体育教育的内容和方法

作为一位从事过多年医学研究和自然科学工作的医生与教师，洛克十分重视儿童的体育教育，并对儿童身体的养护和体育锻炼提出了许多颇有价值的见解。

洛克认为，健康的身体既是精神快乐和生活幸福的保证，又是绅士事业的保证。在《教育漫话》中，它开篇就强调，“健康之精神寓于健康之身体”“我们要能工作，要有幸福，必须先有健康；我们要能忍耐劳苦，要能出人头地，也必须先有强健的身体”。由于当时许多贵族家庭都很溺爱子女，而洛克本人从小身体不好，曾花许多时间旅行以增强体质，因此，洛克以当时英国资产阶级开拓资本主义事业为着眼点，以他精湛的医学知识为基础，制订了一个锻炼小绅士的健康教育计划。

首先，对幼儿绝不能娇生惯养，身体锻炼要从小抓起。要让幼儿适应冷热变化，无论什么季节，衣着都不可过暖，每天用冷水洗脚，衣被要轻薄，睡硬板床，多过露天生活，经受风雨的考验。其次，在运动方面，除要求幼儿坚持每天的户外活动外，洛克还格外推崇游泳。他认为，学习游泳既有益于健康，也是一种特殊场合的应急技能。最后，洛克认为要培养儿童良好的生活习惯，养成节制的精神。幼儿的生活要有规律，保证充足的睡眠，并养成早睡早起、睡醒即起的好习惯；每天的饮食要简单、清淡，两三岁前最好不吃油腻的肉食和各种调味品，实行一日三餐，不吃零食；生病时也要少用药物，更不能滥用药物。

2. 德育教育的内容和方法

在洛克的绅士教育体系中，德育可以说是最重要的内容。他认为人的本性在于追求幸福，德行越高的人，其他一切成就的获得也越容易。因此，在绅士所应具备的各种品行中，德行应是第一位的。

1）绅士应有的美德。

洛克认为，青年绅士应具有理智、节制、礼仪、智慧、勇敢、公正等品质。他认为“一切道德与价值的重要原则及基础在于一个人要能克制自己的欲望,要能不顾自己的倾向而纯粹地顺从理性所认为的指导,虽则欲望是在指向另外一个方向”。我们人类在各个年龄阶段有各种不同的欲望，为使儿童具有“顺从理性”的品质，必须自儿童出生起就培养他们习惯于克制自己的欲望，及早培养他们管束欲望的能力。

洛克非常重视绅士良好的礼仪。对于一个绅士，“美德是精神上的一种宝藏，但是使它们生出光彩的则是良好的礼仪”。因此，青年绅士一定要懂礼节，讲礼貌，使自己的“容貌、声音、言辞、动作、姿势以及整个外表的举止都要优雅有礼”，这样，绅士“日后所得的好处是很大的，他凭着这一点点成就，门路就可以更宽，朋友就可以更多，在这事上的造诣就可以更高”。

在洛克看来，绅士应具有智慧的美德，即绅士要有善于处理各种事务的能力，这种美德是“一种善良的天性、心灵的努力和经验结合而成的产物”，它具体表现为绅士的足智多谋，具有多方面的学识。这是儿童难以做到的，对于儿童，智慧所能做到的一件大事就是尽力阻止他们变得狡猾。

2）德育的方法。

在如何进行德育教育的问题上，洛克提出了许多宝贵的意见。他认为，为了教育儿童，必须先了解儿童。“照料儿童的人应该仔细研究儿童的天性和才能”“人类的心理构造与气质彼此不同，并不亚于他们的面孔与体态方面的区别”。儿童德行的根基在心灵，导师必须了解儿童的心灵，细心观察他们的表现，“看他是强悍还是温柔，是勇敢还是羞涩，是善良还是残忍，是开朗还是缄默”，使教育符合他的心性，这样才能收到良好的效果。

“及早”是洛克的一个重要教育原则，他主张通过练习及早培养习惯。他认为“习惯有很大的魔力，凡我们所习惯做的事情都觉得顺利并且高兴，因此，它具有很强的吸引力”。在洛克看来，儿童不是用规则可以教得好的，规则总是会被他们忘掉。习惯的力量比理智更加永恒，更加简便。习惯一旦养成就会很自然地发挥作用，但在习惯的培养上应注意两件事：要和颜悦色地劝导以及同时培养的习惯不可太多。应由导师监督儿童反复练习某项行为以养成习惯，而不要让儿童死记规则。

在洛克看来，“善有奖，恶有罚，这是理性动物的唯一的行为动机，他们不啻御马的缰绳和鞭策”，也就是说，可以采取奖励与惩罚作为管理儿童的重要手段。但他认为，以身体上的痛苦与快乐来作为支配儿童的奖惩方法是不会有好结果的，只会助长和加强欲念。他主张另一类的奖罚，即尊重与“羞辱”，认为“儿童一旦懂得了尊重与羞辱的意义之后，尊重与羞辱对于他的心理便是最有力量的一种刺激”。他主张隐恶扬善，即奖励应公开进行，惩罚则私下进行。

洛克认为，儿童在很小的时候就希望被人看作是具有理性的，他们这种自信的态度应当得到鼓励，尽可能地利用这种态度，并将它作为支配儿童的最好的工具。洛克提倡说理要适合儿童的能力和理解力，对一个 3 岁或 7 岁的孩子，要用适合他们思想水平的、能够被他们接触到和感觉到的明白晓畅的道理。

洛克重视榜样的教育力量，他指出，人类是一种模仿性很强的动物，伴侣的影响比一切教训、规则和教导都大。所以，学习的方法与其依从规则，不如根据榜样，父亲与导师都应以身作则，绝不可以食言。

3. 智育教育的内容和方法

从培养资产阶级事业家的立场出发，洛克认为智育固然必要，但只能“作为辅助更重要的品质之用”。智育的目的在于培养儿童热爱知识的心性，“增进心的活动与能力”，而不在于学习知识。为了使未来的绅士善于处理自己的事业并有才干，洛克提出了一个范围广泛的学科体系，包括阅读、书写、绘画、本族语、法语、拉丁语、地理、算术、几何、天文学、年代学、伦理学、历史、法律等，甚至还有骑术、舞蹈、手工艺和园艺。

在教学方法上，洛克提出了许多积极、正确的主张。首先，洛克反对强迫儿童学习，提倡诱导儿童学习。他主张教学应采用游戏的方式进行，以启发儿童的求知欲望，激起他们对读书的兴趣，“教导儿童的主要技巧是把儿童应做的事也都变成一种游戏似的”。其次，洛克提出要鼓励和培养儿童的好奇心。如果儿童对于他们要学习的东西发生喜爱，那么他们自然会去用功学习。儿童的好奇心是一种追求知识的欲望，应当加以鼓励。成人不能对儿童提出的问题无视、嘲讽或者讥笑，而是要尽量答复，按照儿童的年龄特点和知识能力解释清楚。最后，洛克还指出，教师在教学中应能够集中和保持儿童的注意力，教学过程应遵循由简及繁、循序渐进等原则。

三、对洛克学前教育思想的评价

洛克的一个重大贡献，是提出了一个包括体育、德育、智育在内的教育体系。洛克对体育给予了高度的重视，洛克成为第一个提出精密的体育理论的资产阶级教育家。在德育方面，洛克强调道德教育要及早实践，对儿童要及早管教，强调以道德教育统领其他各育，强调德育的生活化和道德规范的践履，强调道德教育的自律和由外在他律向儿童内在自律的转化，所有这些都是具有积极意义的。在智育方面，洛克重视通过学问和知识的学习来培养和发展儿童的思维能力。后来出现的所谓“形式教育”与“实质教育”

之争，明显受到了洛克思想的影响。洛克强调智育的实际效用，反对空疏无用坐谈悬远的经验教育思想。

洛克继夸美纽斯之后进一步发展了世俗的、理性的新教育。他高度评价了教育在人的形成中的作用。他的“白板说”和功利主义的道德观对 18 世纪法国启蒙思想家的教育观点产生了深刻的影响。洛克十分重视儿童的早期教育，强调教育者必须考虑儿童的年龄特点和个性差异，并在体育、德育和智育方面提出了许多有价值的主张。他的锻炼说和儿童养护的观点对卢梭产生了很大影响。

洛克对体育、德育和智育的论述，不仅从理论上扩展了教育科学的研究领域，还在实践上为英国教育的双轨制提供了一定的根据。但是，洛克代表的是资产阶级新贵族的利益，他片面强调家庭教育而轻视学校教育，过分注重所谓绅士礼仪的教育，阶级性十分明显。

拓展阅读

夸美纽斯与洛克教育思想的比较

第一，教育对象。从两人教育思想的核心内容可以看出，夸美纽斯主张的教育对象是所有人。所谓的“泛智”，即认为一切人都能接受教育。所以，夸美纽斯希望让一切儿童，不分贫富、贵贱、男女，不论在农村或在城市，都能接受共同的初等教育。他曾将教育与教师比作天上的太阳，“我们应该模仿天上的太阳，他把光、温暖与生命给予世界”。这句话体现了夸美纽斯的教育理想与信念，从某种程度上也可以反映泛智论的核心内容。洛克关注的教育对象则主要是资产阶级和新贵族子弟，即他认为可以实行绅士教育的人，这是他绅士教育思想所关注的教育对象。在绅士教育之外，他又为劳动人民的子女设计了一种与绅士教育截然不同的劳动教育，主张为贫穷儿童设立劳动学校，使他们自食其力，同时也为其以后的劳动生涯奠定基础。从以上两人在教育对象上的对比可以看到，两人实际都没有排除教育对象的普及化，只是在夸美纽斯的理论中，更多地渗透着平等的思想，如太阳普照一般的光华将教育带给每一个人；洛克虽然也为劳动人民子女设计了一套劳动教育，但这套教育体系并不属于他绅士教育思想的范畴，他的绅士教育之“光”并不照耀社会中下层的儿童。

第二，教育目标。夸美纽斯认为教育的培养目标是把人类培养成具有广博知识以及终身为祖国服务的人；教育的目的就是给人以知识、德行和虔信，使人能理解万物和利用万物，并且提出了认识事物、行动熟练、语言优美三个所应达到的教育目标。洛克认为教育的目的是“培养有理性、有才干、有作为的绅士；教育的任务是创造健全肉体中的健全的精神”。夸美纽斯和洛克虽然在教育目的定位上各不相同，但他们所要培养的人都是当时新兴的资本主义社会所需要的人。

第三，教育内容。“泛智”，指的是教育对象的广泛性，人人都应接受教育，同时还包括了广泛的、全面的智慧这层意思。夸美纽斯在《大教学论》中对教育学内容做了详细的规定，他认为教育应包括博学、德行、虔信三个方面，儿童应学习的主要内容包括国语、“七艺”(文法、修辞、辩证法、算术、几何、音乐、天文)、自然科学知识、伦理学、神学等。他强调在选择教学内容时要注意知识的实用性。从教育内容的比较来看，在细节的内容上两者显然存在很大的区别。但可以看到，他们实际都强调教育在塑造人的过程中所起的作用，都十分重视教育内容的全面性以及知识的实用性。

第四，教育的组织形式。夸美纽斯提倡集体授课，他认为授课的主要场所应该设在公共的初等学校里，“学校是造就人的工厂”。这样的授课方式有很多好处：（1）儿童在班级中可以相互激励，互相促进。（2）学校有专门的教育人员从事教育工作。（3）可以用相应的制度化管理，有利于资源的利用。这种班级授课思想萌芽于昆体良，但夸美纽斯第一次从理论上对之加以论证和完善。这种形式至今仍是全世界教育机构正在使用的主要教学组织形式。在教育组织形式上，两位教育家的观点完全是相互背离的，这与他们所接触的教育对象以及教育实践经历是息息相关的。在当时的背景下，在他们所处的社会阶层，在他们所提出的教育目标、教育内容、教育原则下，产生了他们认为是最为恰当的教育组织形式。这也是两种教育思想最鲜明的特色之一。

第三节　卢梭的学前教育思想

一、卢梭生平

卢梭（Rousseau，1712—1778）出生于瑞士日内瓦的一个钟表匠家庭，由于母亲早逝，他从小受父亲的影响很深。1722 年，他的父亲因与人发生纠纷而逃离瑞士，从此，卢梭开始了不稳定的生活。

1722—1736 年，卢梭为了谋生，先后当过学徒、杂役、家庭教师、流浪音乐家等。长期的流浪生活使他熟悉社会，对贫苦人民有了深入的了解和深切的同情。1740 年，卢梭开始任家庭教师，自此激发了他对教育的浓厚兴趣。1742 年，卢梭来到巴黎，结识了启蒙运动学者狄德罗、伏尔泰等人，并从 1749 年起参加《百科全书》的撰写活动。1749 年，他因撰写《论科学与艺术》一文获奖而赢得了极大声誉，整个法兰西为之瞩目。以后，卢梭相继发表了《论人类不平等的起源和基础》（1755）、《新爱洛漪丝》（1761）、《社会契约论》（1762）、《爱弥儿》（1762）。《爱弥儿》是卢梭的教育名著，在书中，他斥责天主教会的传教士都是骗子，他反对传统教义，尖锐批判了腐朽的封建教育，提出追求个性解放的资产阶级教育思想。《爱弥儿》的出版，大大触怒了封建专制王朝和天主教会，巴黎天主教宣布当众焚烧《爱弥儿》，高等法院也下令通缉卢梭，卢梭因此被迫流亡国外。

在颠沛流离的逃亡生活中，卢梭仍然坚持创作，1770 年完成了自传《忏悔录》，1776 年写成《卢梭评判让·雅克：对话录》。1778 年，《一个孤独漫步者的梦想》尚未写完他便因病去世了。

卢梭基本上是一位自然神论者。他反对天主教会，即认为存在一个使物质（宇宙）运动并创造了自然规律（万物秩序）的所谓“上帝”，但又认为上帝并不能随意创造或消灭物质，肯定物质世界的客观存在。一方面，他认为由于上帝的恩赐，人生而有了自由、理性和良心，构成了人的善良的天性；另一方面，他又承认感觉是认识的来源，认为我们应借助各种感觉器官去认识事物。

卢梭在《社会契约论》中重点阐释了自己的民主主义政治思想，其中，人民主权和民主政治的哲学思想深刻影响了启蒙运动、法国大革命乃至现代社会的政治、哲学和教育思想。

二、卢梭学前教育思想的具体内容

（一）自然教育

1. 自然教育的含义

卢梭自然主义教育的核心是“归于自然”。“自然的状态”在卢梭关于人类不平等和国家的起源学说中固然是指人类的史前时代，但在教育上更侧重指人性中的原始倾向和天生的能力。它与人类的“自然状态”又是紧密联系在一起的：善良的人性存在于纯洁的自然状态之中，只因社会的文明特别是城市的文明才使人性扭曲、罪恶丛生。因此，只有“归于自然”的教育，远离喧嚣城市社会的教育，才有利于使人保持善良天性。因此，15 岁之前的教育必须在远离城市的农村中进行。

卢梭还从儿童所受的多方面的影响来论证教育必须“归于自然”。他说每个人都是由自然的教育、事物的教育、人为的教育三者培养起来的。只有三种教育圆满的结合才能达到预期的目的。但自然的教育人力不能控制，所以无法使自然的教育向事物的和人为的教育靠拢，只能是后两者向自然的教育趋于一致，才能实现三种教育的良好结合。因此，教育“归于自然”，即以自然的教育为基准，才是良好有效的教育。

要求教育遵循自然天性，也就是要求儿童在自身的教育和成长中取得主动地位，无须成人的灌输、压制、强迫，教师只需创造学习的环境，防范不良的影响。他的作用不是积极的，而是消极的。所以卢梭也常提及“消极教育”。

自然的教育主要是针对富人的。原因是穷人所处的环境特别是农村环境已经十分接近自然，而且他们被迫只能接受这种自然的教育，不可能得到其他教育。而富人从他的环境中所受的教育对他是最不适合的，对他本人和社会都是不相宜的。因此，卢梭认为针对富人子弟的自然教育至少可以挽救和培养一些人。

卢梭提倡的“自然教育”是针对专制制度下的社会及其残害人性的教育所发出的挑战，“归于自然”、遵从天性，就是开创新教育的目标和根本原则。

2. 自然教育的培养目标

卢梭在《爱弥儿》中表示，自然教育的最终培养目标是“自然人”。按照他的论述，“自然人”这个概念是相当于“公民”“国民”等概念来说的。卢梭认为，由于自然状态与专制制度的对立，所以培养“自然人”与培养公民是两个相互对立的目的，因此，不可能同时教育成这两种人。卢梭选择“自然人”而不是公民作为培养的目标，显然是由于他的人性论、社会发展观特别是他对封建制度的批判。他不无蔑视地说，当时专制的法国已经不像是真正的国家，而在没有国家的地方是不会有公民的，更不用说什么培养“公民”。

3. 自然教育的要求

卢梭对于当时的父母和教师向儿童灌输旧的道德和知识，摧残儿童天性的做法进行了猛烈抨击。他认为这种教育为了不可靠的将来而牺牲了孩子本应快乐的时光，使他们受到了各种各样的束缚，在哭泣、惩罚、恐吓和奴役中度过了童年。这种教育将造成一些年纪轻轻的博士和老态龙钟的儿童，这样的人缺乏分辨善恶的能力，缺乏实用的知识，是束缚在封建旧制度之下的公民。

卢梭反对在儿童心理成熟之前就向他们灌输成人的东西，以免摧残儿童的心灵。他对当时的贵族将儿童打扮成小绅士、小淑女，要求他们的言行举止像成人那样的做法不以为然，认为不适合儿童活动的衣着会使孩子失去自由和快乐，养成奢侈的习惯和产生贪图享乐等不良心理。

卢梭要求教育遵循自然天性，认为“儿童是有他特有的看法、想法和感情的；如果想用我们的看法、想法和感情去代替他们的看法、想法和感情，那简直是最愚蠢的事情”。他主张实施消极教育，给儿童以充分的自由，让他们在自身的成长和教育中取得主动地位，教师只需为儿童创造学习的环境，防范不良的影响。

（二）论教育阶段

卢梭指出，人生的每一个阶段都有其适当的完善程度，都有其特有的成熟时期。“如果我们打乱了这个次序，就会生成一些早熟的果实，它们长得既不丰满也不甜美，而且很快就会腐烂。”他要求教育者要按照学生的年龄去对待他，如果教育方法不太适合学生的个性、年龄和性别，要想取得成功是令人怀疑的。他说：“我的方法……它是根据一个人在不同的年龄时的能力，根据我们按他的能力所选择的学习内容而进行的。”

卢梭按照儿童年龄发展的自然进程，把儿童受教育的时期划分为四个阶段，并提出对不同年龄阶段的儿童实施教育的原则、内容和方法。这四个阶段分别是：0～2 岁婴儿期的教育，以身体的养护为主；2～12 岁儿童期的教育，以体育锻炼和感官训练为主；12～15 岁青年期的教育，以知识教育为主；15～20 岁青春期的教育，以道德教育为主。这里我们介绍前两个时期的教育。

1. 论儿童身体的养护和锻炼

卢梭认为，0～2 岁婴儿时期的教育，主要是让儿童的四肢和各个器官得到自然发展，保证儿童的身体健康，锻炼和增强儿童的体质。他特别强调，这一时期的教育要适应儿童身体的自然发育，对此他提出了许多具有建设性的主张。

他主张儿童的饮食最好是简单而清淡的，婴幼儿要多吃些水果、蔬菜，少吃油腻食物，而且婴幼儿食品不能单一，以免造成儿童偏食。他还特别提到要注意使儿童保持自然的饮食习惯。

在婴幼儿的着装方面，卢梭指出，为了适应儿童的自然发育，一定要给儿童穿宽松的衣服。他特别提到，切忌用襁褓捆缚婴儿的四肢，认为这样做剥夺了儿童的自由，有碍于婴儿身躯的自由伸展，阻滞了血液循环，这对儿童的发育是有害的。他说：“凡是襁褓包裹孩子的地方，到处都可看到驼背的、瘸腿的、膝盖内弯的、患佝偻病的、患脊骨炎的，以及各种各样畸形的人。”卢梭认为这种不合自然的习惯甚至会影响孩子的脾气和性格，使他们一生下来就产生痛苦的感觉，“他们比戴着手铐脚镣的犯人还要难过”，他们挣扎，他们愤怒地号哭，形成了坏脾气，卢梭认为这都是残酷的束缚造成的，因此，他要求改变这种错误的做法，建议用松软的法兰绒被子包裹婴儿，以便婴儿的四肢能自由活动。卢梭还指出，婴幼儿不宜穿戴过多，不要给他们裹头、戴帽，应让他们习惯于暴露在寒冷的空气中，以养成适应天气变化的能力。卢梭还主张儿童的衣服要朴素，他反对儿童穿华丽的服装。他指出，最平凡舒适的，并使儿童感觉最自如的服装，永远是儿童最喜欢的。

卢梭还对婴幼儿的睡眠问题进行了合理的论述。他认为儿童的睡眠时间一定要充足，因为儿童好动，活动量很大，而睡眠可以补偿活动的消耗。他赞成洛克的看法，认为儿童的睡眠应服从规律，即“日出而起”“日落而眠”，认为这是最科学的方法。但是他又指出，还需要对儿童的睡眠施以另一适当的训练，也就是“超乎”自然规律，“他必须能够睡眠迟而起身早，忽而被人唤醒或彻夜挺坐而不生病”。他强调应训练儿童的身体，使其能适应各种情况。

可以看出，卢梭有关儿童身体发育和养护的论述，大多借鉴了洛克的体育观点。

2. 论儿童的感觉教育

卢梭认为，2～12 岁这个阶段儿童的语言有所发展，但是理智还没有开发，因此教育的重点应放在儿童的感觉发展方面，他认为这个时期主要是进行感觉教育。

卢梭从其哲学的认识论出发，非常强调人的感觉经验的作用。他认为，感觉经验是理性发达的凭借，要培养人的理性，必须充实人的感觉经验。他又认为，儿童的感觉必须通过教育才能够发达。在这里，他强调了感觉教育的重要性。卢梭指出，在人身上首先成熟的官能是各种感觉器官，因此，应该首先训练的也是感官。感觉教育的重要作用在于它有助于儿童智力的开发，能激发儿童的智慧。可以说，感觉教育是儿童智力发展的先决条件。但是，感觉教育必须以体育（即儿童的体格锻炼）作为基础。

卢梭从多方面肯定了儿童身体锻炼的重要价值。他认为，不论是从儿童将来生活的需要出发，还是从儿童当前的爱好出发，儿童都是应该从小就进行身体锻炼的。他分析说，儿童自幼就应养成抵抗自然灾害的本领，要能够抵抗疾病和各种各样的疾苦，而这种本领的养成，必须通过坚持不懈的身体锻炼才能够达到。他还分析说，儿童的天性是爱好活动的，因此对于身体锻炼，儿童是易于接受的。卢梭强调，对儿童来说，身体锻炼是具有现实的和未来的多种价值的。所以，他主张从幼儿起便对儿童进行严格的身体训练，使其养成强壮的体格，能经受各种苦痛。卢梭同洛克一样，反对对儿童娇生惯养，反对溺爱儿童。他反对家长对孩子身体的过分保护和过分担忧，他主张当孩子跌倒了，或流了鼻血，或弄伤了手指时，家长不要表现出过于紧张的样子，以免使儿童“更觉害怕和更加神经紧张”，应该表现得若无其事，这样会使儿童很快安静下来。卢梭认为这是一种训练儿童忍受苦痛、培养儿童勇气的很好的办法。

在此基础上，卢梭又进一步指出对儿童如何进行感觉教育的问题。在西方教育史上，卢梭是第一位详细论述如何训练儿童感官的教育家。他认为，这个年龄阶段的儿童在认识上只能接受形象，而不能形成概念，即还没有达到理智的阶段，因此必须首先训练儿童的各种感觉器官，丰富儿童的感性经验。在触觉、视觉、听觉、味觉、嗅觉这几种感觉中，卢梭特别重视发展儿童的触觉和视觉。他认为，在人的各种感觉发展中，触觉发展得较早，而且可靠性比其他感觉高，通过触觉，儿童可以获得关于事物的形状、硬度、温度、大小、轻重等更准确的观念，因此应尽可能地多给儿童发展触觉的机会。他主张，在日常生活和游戏中，应采用以触觉代替视觉和听觉的方法来锻炼儿童的触觉。他主张通过一些活动来全面和充分运用儿童的触觉，并且训练儿童在黑暗中行路和分辨事物，而且他还主张让儿童养成夜间活动的习惯，这样可以培养他们的勇气和胆量。另外，他还主张可以用触觉代替听觉的方法来训练儿童的触觉，比如让儿童把手放在琴上，由琴木的震动来分辨声音的高低。除了触觉训练以外，卢梭还主张通过图画、几何形体和制图来训练儿童的视觉，培养其观察力；通过唱歌和听有节奏、有旋律的声音来发展儿童的听觉；对于儿童的味觉和嗅觉，卢梭认为不必特别训练，而应顺其自然。为了丰富和发展儿童的各种感觉，卢梭曾反复强调，在日常生活和游戏中，要尽可能地让儿童利用各种感官，并且还要尽量多地让儿童参加户外活动，以便使他们在活动中获得感性知识，塑造高尚的品德。

（三）论德育和智育

卢梭认为，2 ~ 12 岁这一年龄阶段的儿童是没有道德观念的，不要教他们道德观念，也不要强迫他们接受道德规则，不宜对其讲解抽象的道德概念，只应结合具体事物进行教育。在培养德育的方法上，卢梭反对说教和体罚，主张以儿童的行为所产生的自然后果去惩罚他，使儿童从自己的行为后果中得到自然教育，即“自然后果法”。他说：“我们不能为了惩罚孩子而惩罚孩子，应当使他们觉得这些惩罚正是他们不良行为的自然后果。”比如，当儿童打破了他自己房间的窗户时，不要忙着给他配玻璃，而要让他昼夜都受风吹，让他亲身体验自己犯的错误所带来的不便，从中受到教育并改正错误。

关于智育，卢梭指出，知识教育的目的是促进儿童理性的发展，让儿童学会如何独立地学习，并培养他们对各种学问的兴趣。关于知识教育的内容，卢梭要求让儿童学习实用的知识和与儿童个人经验相关的知识，从而使他们了解自然的变化和社会人生的意义。在教学方法上，他反对死记硬背和强迫灌输知识，主张实物教学，要求从自然现象中学习知识，要求儿童独立地观察事物，独立地思考问题。

三、对卢梭学前教育思想的评价

卢梭的感觉教育论很多方面是合理的，如将感觉教育作为儿童智力开发的先决条件，认为儿童的感觉只有受到正当的训练之后才会得以充分发展，由此主张加强对儿童的各种感觉的训练等。但是，他的理论中也存在缺点和错误，如过分强调对儿童感觉的教育，而忽略了儿童期的知识教育。正确的做法应该是把感觉教育和知识教育结合起来进行，绝不能离开学习具体的知识而孤立地培养感觉能力。而卢梭恰恰是把这两者割裂开来，这是错误的。

卢梭关于教育年龄分期的思想有较大的主观臆断性，缺乏严格的科学依据，因而没能阐明儿童发展的客观规律，而且还过分强调儿童各生长阶段的身心发展特征，把体育、感觉教育、知识教育和道德教育截然分开，分别集中在某一阶段进行，这是不科学的。但是他要求根据儿童身心发展的特点进行教育的思想，无疑具有极大的积极意义，而且在各个阶段教育中所提到的一些具体教育内容和方法有很多合理的方面。

卢梭作为资产阶级启蒙思想家，勇敢地对当时欧洲的封建没落思想进行揭露和批判，并且旗帜鲜明地表明了他的民主教育思想。他的自然教育理论在当时极具进步性，给人耳目一新的感觉。他的教育理论可以说开辟了资产阶级教育理论的新阶段。他在自然教育理论中提出，通过教育培养自然人，教育要顺应儿童的天性发展，把儿童作为教育的主体，这些思想具有很强的反封建性，反映了新兴资产阶级的要求。另外，他从教育内容和教育方法上对封建教育进行了全面声讨，主张改革封建教育，建立以发展儿童天性为目的的资产阶级的新教育。卢梭的教育思想对欧美近现代教育理论的发展产生过重要的影响，很多教育家，如裴斯泰洛齐、福禄培尔、杜威等都从他的自然教育理论中得到启发，在此基础上形成自己的教育观点。但是，卢梭的教育理论也有其局限性，在理论和实践方面存在一定的矛盾，如片面强调教育要顺应自然，把儿童的天性过分理想化，在教育的年龄分期方面缺乏科学依据，过分强调儿童的个人生活经验，过分强调感觉教育，而忽视理解知识的学习，等等。而最根本的缺陷是，卢梭还没有认识到教育首先受到社会、政治、经济等方面因素的影响，而他一味强调通过教育来改变社会，可以说这是资产阶级教育家的通病。

第四节　裴斯泰洛齐的学前教育思想

一、裴斯泰洛齐生平

约翰·亨利赫·裴斯泰洛齐（Johann Heinrich Pestalozzi，1746—1827）是 19 世纪瑞士著名的民主主义教育家，也是世界上享有盛誉的教育理论家、实践家和改革家。他热爱教育事业的奉献精神、对教育革新的执着追求、在教育理论上的许多独创论述，不仅为世界教育发展做出了重要贡献，还为后来的教育工作者树立了令人崇敬的榜样。他的学前教育思想对后来的欧文、福禄培尔都有深刻的影响。

裴斯泰洛齐出生在苏黎世的一个医生家庭，幼年丧父，他在母亲和女仆巴贝丽的爱护下长大。母亲勤劳节俭、巴贝丽无私奉献，她们高尚的人格、坚强的意志对裴斯泰洛齐起到了潜移默化的作用，使他从小就具有慈爱、信任、克己、无私等良好的品质。幼年时，裴斯泰洛齐经常随着祖父深入农村传道，对生活在封建地主和新兴资产阶级双重压迫下的农民抱有深刻的理解与同情，青年时代便确立了救民于水火、改造社会的人生奋斗目标。1768 年，裴斯泰洛齐在家乡附近建立了“新庄”示范农场，试图以此来影响和帮助农民掌握新的农业技术，提高产量，改善生活，但因经营不善，五年后农场便宣告破产。1774 年，他在“新庄”农场利用捐款创办了一所孤儿院，但又因缺乏充足的经费于 1780 年被迫停办。1798 年，瑞士发生资产阶级革命，这一事件成为裴斯泰洛齐一生活动的转折点。他先后在斯坦兹、伯格多夫、伊弗东研究儿童，从事教育实验，进行教育改革，其中在伊弗东学院获得了巨大成功，无数知名学者纷纷前来参观学习。1800 年，他在伯格多夫创办了一所寄宿学校，采用独创的直观教学法进行教学。1805 年，这所学校迁至伊弗东，不久就闻名于整个欧洲，成为世界儿童教育运动的中心。裴斯泰洛齐一生的著作很多，主要有《隐士的黄昏》（1780）、《林哈德与葛笃德》（1781—1787）、《斯坦斯通信》（1799）、《葛笃德怎样教育他的子女》（1800）、《母子篇》（1818）和《天鹅之歌》（1826）等。管理斯坦兹孤儿院期间，裴斯泰洛齐在孤儿院进行了教育实验，使该孤儿院表现出很多与众不同的特色，如教育内容上突出爱的教育和劳动教育，教育方法上坚持教育教学直观化，教育过程中注意尊重儿童的个性和人格，发展儿童的自主精神等。这些特色也使他的学校教育家庭化、教育与生产劳动相结合、教育心理化等重要教育思想和原则得到了进一步的发展。

二、裴斯泰洛齐学前教育思想的具体内容

（一）论教育的目的和作用

裴斯泰洛齐认为：“为人在世，可贵者在于发展，在于发展各人天赋的内在力量，使其经过锻炼，使人能尽其才，能在社会上达到他应有的地位。这就是教育的最终目的。”因此，教育的目的就是促进人的天赋能力均得到全面、和谐的发展。他认为人的本性包括智力、精神和身体三个方面，最值得我们关注的是精神的发展，也就是爱、信任、感激和责任等。智力的发展应该和训练动手能力及勤劳作风联系起来。以这种方式受教育的人，就能成为“完人”。为实现这个教育目的，裴斯泰洛齐提出了“教育必须适应自然”的原则，认为教育儿童应依据他们的天赋能力，按照人的天性及发展顺序加以培养，使其逐步发展成熟。他认为遵循自然的教育，必须使儿童各方面的能力得到均衡的、和谐的发展。

裴斯泰洛齐深受法国启蒙思想学家，特别是卢梭的影响，他相信教育具有巨大的能量，认为人民群众如果能受到合理的教育，成为健全理性的人，不仅能改善自己的生活，还能推进社会的改良和进步，因此他主张教育应成为全民的财富，应该让每个人都受到教育。裴斯泰洛齐要求改变当时不平等的教育制度，主张建立民主教育制度，使社会各个阶层的儿童都受到一种合理的、符合他们实际需要的教育。

裴斯泰洛齐接受了莱布尼茨的观点，认为人人都具有天赋能力，“即使最穷苦、最没有人照顾的孩子，上帝也给他们天生的能力”。他认为，要改良社会，就必须解放人的天赋能力，教育就是要挖掘潜藏在儿童身上的天赋能力，使他们得到发展。裴斯泰洛齐要求根据儿童的天性进行教育，但不像卢梭那样把他们的天性加以理想化，而是主张通过教育约束人的不良性格。

（二）论人的和谐发展

根据“教育适应自然”的原则，裴斯泰洛齐，认为教育的目的在于培养有道德、有智慧、身体强壮、能劳动并有一定劳动技能的身心和谐发展的完人。他在《天鹅之歌》中写道：“依据自然法则，发展儿童道德、智慧和身体各方面的能力，而这些能力的发展，又必须顾到它们的完全平衡。”这里所说的“完全平衡”，就是指德、智、体各方面能力的协调发展。为了实现培养身心和谐发展的完人，裴斯泰洛齐提出要开展体育、德育和智育及劳动等方面的教育。

1. 体育教育

裴斯泰洛齐重视体育，认为它是和谐发展教育的重要组成部分。体育的任务是通过各种活动把潜藏于人身上各种渴求发展的生理能力和力量充分发展起来。体育的活动应从弱到强，由简及繁，循序渐进。例如，体育活动先从手抓、脚蹬、走动等开始，再到打击、搬运、投掷、拖拉、旋转，等等。总之，体育要通过各种活动促进儿童身体的发展和生长。

2. 德育教育

裴斯泰洛齐非常注重道德教育，视其为“整个教育体系的关键问题”。道德教育的任务是发展潜藏于儿童心中的“信仰和热爱”的力量，培养他们对人类和上帝积极的爱。裴斯泰洛齐认为，爱的种子是天生的，“它们的主要根源是存在于婴儿和他的母亲之间的关系”。由于母亲对孩子无微不至的关心、体贴和照顾，感激、信仰、爱的种子就在孩子的心里发展起来了。儿童由爱父母而爱兄弟姐妹、爱周围的人，进而爱全人类，最后扩展至爱上帝，“这是道德的自我发展的基本原则”。在道德教育方法上，裴斯泰洛齐反对口头的道德说教，强调通过具体生动的事例激发儿童的道德情感，培养道德观念，形成道德习惯。在这一过程中，教师的示范作用和儿童道德行为的练习起着巨大作用。

3. 智育教育

裴斯泰洛齐非常重视知识教育。智育的任务在于不仅使儿童获得各方面的知识，还要发展他们的心智能力。裴斯泰洛齐所说的“心智能力”，既包括通过观察和经验接受印象、获得观念的能力，也包括比较、判断等思考能力，还包括语言表达能力。裴斯泰洛齐十分重视智力的发展，认为发展智力是教育“永恒不变”的任务。实物教学是开展智育的首要方法，即教育者必须时时刻刻用物体而不是用词语来进行教学。裴斯泰洛齐在教育史上还首次提出了“要编制训练感官的特定练习”，还“要创立这种练习的独特体系”，以发展和完善眼睛、耳朵等感觉器官。

4. 劳动教育

劳动教育是裴斯泰洛齐和谐发展教育体系中极为重要的方面。在他看来，“把学校与工厂结合起来”“使功课劳作合一，提倡职业训练，是提高人的工作能力，增加实际生产量的最好途径”。他认为把教育与劳动结合起来，是一个“伟大的主张，抓着了人生的真正需要，找到了造成幸福与保证生活的根源”。裴斯泰洛齐在自己创办的学校里实行学习与工农业劳动相结合，让孩子们边纺纱边读书认字，不仅提高了他们的文化水平，也培养了他们的劳动习惯，并使之掌握了劳动技能。

（三）论要素教育

为更好地适应儿童的自然本性，发展他们的天赋能力，裴斯泰洛齐要求简化教育教学工作，他费了很大力气寻找简化教学的基本要素，作为教育教学的起点。他指出：“初等教育从它的本质讲，要求普遍地简化它的方法，这种简化，是我一生所有工作的出发点。”他认为简化教学的结果，不仅可以在同一时间内很容易地教好许多不同年龄的儿童，而且完全可以使儿童在从事手工劳动的时候学到很多知识。

裴斯泰洛齐经过长时间的实验研究，认为体育最基本的要素是关节运动，因为自然赋予儿童关节活动的能力，这是体力发展的基础，也是进行体育锻炼的基础，儿童可以从简单的关节活动逐步扩展到全身的复杂活动。劳动是体力活动的一个方面，所以关节活动也是劳动教育的要素。

儿童对母亲的爱是进行德育的要素。裴斯泰洛齐认为爱的种子是天生的，主要存在于母亲和婴儿之间，这种爱表现得最早。教师要本着对学生的爱，把学校变成大家庭，培养儿童对教师的爱，由此扩展到全人类。

裴斯泰洛齐着重研究了智育的要素，他认为：“使从感觉印象得来的一切知识清楚起来的手段来自数目、形状和语言。”这样，他确信在任何学科的教学中，最好先从观察开始，进行感性知觉。学生在观察事物时，必须注意三点：（1）数目。在他面前有多少物体？有哪几种物体？（2）形状。它们的外貌、形状或轮廓是怎样的？（3）语言。它们叫什么名称？怎样用一个声音或文字表达每一个物体？要想顺利回答这些问题，学生必须具有三种能力：（1）具有按照外形来认识不同物体并认清它们内涵的能力。（2）具有说出这些物体数目，指出它们是一个还是多个的能力。（3）具有用语言表达物体，表达它们的数目和形状，并记忆它们的能力。裴斯泰洛齐认为，任何物体的外部特征都包含着它的外形和数量，因此数目、形状和语言是一切教学的最简单的要素。

在裴斯泰洛齐看来，要素教育法也适用于幼儿教育。他指出，“尽管我们缺乏幼儿教育的经验，但我们可以极其自信地说，要素方法简单的程序可使任何年龄的儿童都能够与其他儿童共享他们所学的东西”。

（四）论爱的教育

裴斯泰洛齐是西方教育史上提倡爱的教育和实施爱的教育最具代表性的教育家，可以说，爱的教育贯穿在他全部的教育观点、教育活动和教育实践中。在裴斯泰洛齐看来，“教育的主要原则是爱”。他从资产阶级人道主义的思想出发，认为“爱”是一种原始的能力，一种基本的感情，它只要在一定的条件下加以适当的指导，并进行适当的训练，就可以发挥其效力。因此，爱是人类发展的动力、起源、中心和终结。他进而认为，无论哪种形式的教育，只要是以爱的思想为前提，并把这种爱的情感贯穿始终，那么这种教育一定能够顺利进行。裴斯泰洛奇还提出了在家庭教育和学校教育中如何实施爱的教育的问题。在家庭中，父母要给予孩子充分的母爱和父爱，而且从孩子刚出生时就要体现出来。在学校里，教师要像慈祥的母亲一样热爱儿童、教导儿童，教师应当与儿童共同生活，产生深刻的感情，并通过良好的示范作用，全心全意地以母爱精神去感化儿童。

（五）论家庭教育

家庭教育思想在裴斯泰洛齐的教育体系中占有重要地位，他反复强调家庭在教育，尤其在早期教育中的重要意义，并详细研究了家庭教育的内容与方法以及家庭教育与学校教育之间的关系等问题。

1. 家庭教育的重要性

裴斯泰洛齐幼年时由母亲及女仆抚养成人，这使得他对孩子所受的家庭教育怀有一种类似崇拜的看法。他认为家庭是教育的起点，家庭生活是进行真正良好教育的天然基础，“在起居室这块圣地，人的各种力量在发展过程中仿佛自然地建立起平衡，并保持平衡”。家庭应当成为任何教育方案的基础，家庭教育应作为整个教育的第一阶段。要发展儿童的天性，家庭是最容易办到的。

2. 母亲的使命及责任

裴斯泰洛齐指出，“在长达半个世纪所取得的经验和我内心深处的信仰告诉我：只要我们经过改良的培养和教育制度还停步于儿童最早期的教育阶段之前，我们就远没有完成自己所肩负的重任”。他高度评价了母亲在早期教育中的作用，赞美母亲是“教育的第一位力量”，认为母亲在儿童教育中占有极其重要的地位，甚至断言除母亲以外根本就不存在能实施正确教育方法的人。他赋予母亲崇高的责任，要求她们“把孩子天生亲近母亲的情感，逐步引导为能为美好的事业放弃个人利益且不惜做出任何牺牲的仁爱之情”。母亲的义务就是在家庭中做那些学校无法做到的事情，细心地观察儿童，针对每个孩子的情况给予恰当而周到的关怀，以爱来获得教师的权威永远无法得到的东西。

裴斯泰洛齐要求通过提高父母的道德水准来普遍地改善每个家庭的生活，并利用合适的书籍来改善每个家庭的教育。他认为，当有足够多的人认识到正确的教学和教育方法时，就可以在起居室进行初等教育，并由母亲们进行这种教育。裴斯泰洛齐试图用教育的通俗读物影响广大民众，他于 1803 年出版的献给母亲们的《孩子直观和说话培养指南》就是这方面的有益尝试。

3. 必须从家庭教育中寻找教育科学的出发点

裴斯泰洛齐如此重视家庭教育的意义，甚至设想慢慢地在社会上做到取消学校，把孩子的教育权完全交到父母尤其是母亲手中，而后来的实际教育经验使他认识到学校的重要性。但他仍然认为，学校教育永远无法代替家庭教育，学校不可能包括对人教育的全部内容，不能替代父母、起居室和家庭生活的地位。学校只能作为家庭教育的辅助手段而为世界服务，学校教育必须与家庭生活相一致。

裴斯泰洛齐指出：“正是在家庭圣洁的感情中，自然本身为人类能力发展的和谐性和方法方向性做好了充分的准备，我们必须在家庭中寻找一种全国性的力量。”因此他力主根据家庭教育的原理改造初等学校，在学校教育和家庭教育之间建立起密切的联系。为此，他设想要建立实验性的学校，在这种学校中孩子们可以掌握智力和实践教育的要素，使他们每个人在离开学校后又能去教育他的兄弟姐妹。

三、对裴斯泰洛齐学前教育思想的评价

裴斯泰洛齐在教育史上第一次明确提出了“教育心理化”的口号，开启了 19 世纪欧洲教育心理化运动。他提出要素教育思想并在此基础上建立了初等教育分科教学体系，极大地推动了近代国民教育的普及与发展。裴斯泰洛齐十分重视家庭教育在儿童早期教育中的作用，他以和谐发展的理论及要素教育方法为依据，详细研究了学前儿童教育的内容和方法，并把游戏作为教育幼儿的重要方法。裴斯泰洛齐的学前教育思想对福禄培尔有直接的影响，欧文、赫尔巴特和第斯多惠等人也不同程度地受到裴斯泰洛齐学前教育思想的影响。

尽管裴斯泰洛齐的教育理论中有不尽完善和缺乏理论逻辑的地方，但他的教育实践和理论对欧洲各国的教育产生了极大的影响，并在 19 世纪的欧洲形成了“裴斯泰洛齐运动”，对以后的学前教育家产生了直接、重要的影响。

第五节　福禄培尔的学前教育思想

一、福禄培尔生平

福禄培尔（Friedrich Wilhelm August Froebel，1782—1852）是德国近代著名的教育家、幼儿园创始人和近代学前教育理论的奠基人。他不但创办了第一所称为“幼儿园”的学前教育机构，而且他的教育思想迄今仍主导着学前教育理论的基本方向。福禄培尔被公认为 19 世纪欧洲最重要的几个教育家之一，是现代学前教育的鼻祖。

福禄培尔出生在德国中部地区的一个牧师家庭，从小就受到了浓厚的宗教影响。他幼年丧母，父亲整天忙于教会的工作，对他并没有什么父爱表现。继母对他的虐待使他的身心受到了很大的伤害，这使他自幼就深刻体会到母爱和家庭对儿童发展的重要意义。成年后的福禄培尔先后两次前往瑞士的伊弗东学院，师从著名的教育家裴斯泰洛齐。为充实自己，他先后在耶拿大学、哥丁根大学和柏林大学学习。

1816 年，福禄培尔在家乡建立了“德国普通教养院”，按照裴斯泰洛齐的教育原则办学。他的主要著作《人的教育》（1826）就是总结这段教育经验写成的。1834—1837 年，福禄培尔在瑞士担任伯格多夫孤儿院的院长。1837 年，福禄培尔回到德国，在勃兰根堡创立了一所实验学校，招收 3 ~ 7 岁的幼儿。1840 年，他正式命名这所学校为“幼儿园”，确定了幼儿园游戏和作业的内容和方法。这也是世界上最早创立的命名为幼儿园的学前教育机构。同时，他又开办了讲习班，训练大批幼儿园教师。1843 年，福禄

培尔出版了幼儿教育专著《慈母曲及唱歌游戏集》，总结了他自己的幼儿教育工作经验。1852 年，福禄培尔在马林塔尔逝世。1861 年，福禄培尔的生前好友把他在 1838—1840 年的幼儿教育论文编成《幼儿园教育学》出版。

福禄培尔把自己的毕生精力都献给了幼儿教育事业，建立了比较完整的幼儿园教育体系。在他的倡导下，德国幼儿园发展迅速，也培养了一大批信徒和教师，在世界范围内形成了“福禄培尔幼儿园运动”。

二、福禄培尔学前教育思想的具体内容

（一）论教育目的和教育原则

福禄培尔教育思想的主要理论基础是德国古典哲学、早期进化思想以及自然科学成果。在创建幼儿教育理论体系过程中，福禄培尔既受到了裴斯泰洛齐、卢梭和夸美纽斯的教育思想的影响，又受到了费希特、谢林、克劳泽等人的哲学思想的影响。因此，他的教育体系既强调了人的发展和教育应适应自然的观点，又体现了万物有神论，带有一定的宗教神秘主义色彩。

1. 教育的目的

福禄培尔在《人的教育》中开宗明义地写道：“有一条永恒的法则在一切事物中存在着，主宰着。这条法则，无论在外部，即在自然中，还是在内部，即在精神中，或者在两者的结合中，即在生活中，都始终同样地明晰和确定。”“这个统一体就是上帝。”这是福禄培尔教育思想的哲学依据。他认为，“一切事物只有通过上帝的精神在其中发生作用才能存在。在每一事物中发生作用的上帝的精神就是每一事物的本质”。“上帝的精神”是全部生活和全部教育的出发点，教育的目的就是唤起和发展埋藏在人体内部的“上帝的精神”，把人身上潜藏着的上帝精神表现出来，而教育的作用就在于激发和推动这一过程的实现。

2. 教育的原则

福禄培尔对教育的原则进行了详细的论述，其中主要有以下几个方面。

1）统一的原则。

在福禄培尔生活的年代，欧洲的自然科学有了很大的发展。新的科学以新的事实证明宇宙是发展的，事物之间是互相联系的。与自然科学的发展相联系，人们形成了整体的观念，认识到人类与周围的世界是统一的，他们都服从相同的规律。这就使哲学有可能形成统一的与整体的观念，并在世界观与方法论的统一上有了进一步的认识。

福禄培尔深受克劳泽哲学思想的影响，提出了“神”“人”“自然”三位一体，“人”和“自然”从属于“神”的理论体系。“这个统一体就是上帝……一切事物只有通过上帝的精神在其中发生作用才能存在。在每一事物中发生作用的上帝的精神就是每一事物的本质。”福禄培尔强调他的观点不同于泛神论，“正如自然并非上帝的肉体一样，上帝本

身并不像居住在家里一样居住在自然中。但上帝的精神是存在于自然中的”。

福禄培尔试图用“力”来说明“上帝的精神”。“力”作为上帝的力量，“是一切事物的最终原因”，是一切事物的本质。一切事物的命运和使命就在于展现他们的本质，即展现它们的上帝的精神。人也不例外，不同的是，人是有自觉意识的最高贵的生灵，他能够感受、理解和认识存在于自身的上帝的精神。由此，福禄培尔提出教育的目的“是引导人增长自觉，达到纯洁无瑕，能有意识地和自由地表达神的统一的内在法则，并采用适当的教育方法和工具，使其成为一个有理想、有智慧的人”。

2）发展的原则。

福禄培尔在教育史上第一次把自然哲学中“进化”的概念完全而充分地运用于人的发展和人的教育之中。他认为，同一切事物一样，人类起初总是不完善的，儿童作为自然的产物，仍处在发展的过程之中。但人不同于自然，他能够清楚地认识到自己的重要性，即认识到存在于自身的神的精神。福禄培尔指出，儿童共有四种本能：活动的本能、认识的本能、艺术的本能和宗教的本能。教育的任务是遵循自然，提供帮助，引导儿童成长，使潜藏在他们体内的神的精神表现出来。

福禄培尔强调，发展不仅是分阶段的，更是连续的和联系的。每一个后继的阶段以一切和个别先行的生命阶段的强有力的、完全的和特有的发展为基础……因为只有每一个先行的发展阶段上的人的充分发展，才能推动和引起每一个后继阶段上的充分和完满的发展。他指出，一个人只有当他真正符合了他的幼年期、少年期和青年期的要求时，才成为成年人。那种希望儿童可以跳跃少年期和青年期，在各个方面表现得像一个成年人的想法，会给后面的教育带来不可克服的困难。

发展的结果是对立面的调和，教育归根结底是成长的过程。福禄培尔认为，如同万物生长一样，人的成长也必须服从两条相互补充的原则：对立与调和。对立调和法则是一切运动的原因，亦是人的发展的原因。在教育过程中，基本的对立物是内因与外因，即儿童天性与环境的矛盾。无论是一株植物、一个动物还是一个儿童，其成长都有两重的过程，“变内部为外部，变外部为内部，并把两者协调统一地表现出来”。儿童一方面接受外界刺激，发展自己的天性；另一方面又把自己对事物的认识通过活动表现出来。教育总是从内因和外因的矛盾入手，在两者之间发现调和的东西，克服差异，最终使二者达到统一。

3）适应自然的原则。

在福禄培尔看来，既然神性是人性的本质或根源，人性肯定是善的。人之初，“尽管犹如一个自然的产物还是无意识的，然而就其本身而言，却必然地、无疑地是要求至善的，而且甚至采取完全适合于他的形式来达到至善”。因此，“一切专断的、指示性的、绝对的和干预性的训练、教育和教学必然地起着毁灭的、阻碍的、破坏的作用”。教育、教学和训练的最初的基本标志必然是容忍的、顺应的，是保护性的、防御性的，否则会使存在于人身上的上帝的精神（自由与自决）丧失掉，而自由与自决正是全部教育和全部生活的目的与追求。

因此，在《人的教育》中，福禄培尔认为多次批判“一切专断的、指示性的、绝对的和干预性的训练、教育和教学”，因为它们会阻挠、破坏甚至毁灭儿童身上善良天性的发展。他认为人身上的不良行为就是由于他的善良的品性和良好的追求遭到压制或扭曲，被误解或往错误方向引导而产生的。因此，“只有对人和人的本性的彻底的、透彻的认识，根据这种认识，加以勤恳的探索，自然地得出有关养护和教育人所必需的其他一切知识以后……才能使真正的教育开花结果”。

4）创造的原则。

创造的原则是与统一的原则相联系的。在福禄培尔看来，上帝是富有创造精神的，“上帝创造了人，即创造了他自己的摹本，他按照自己的形象创造了人，因而人应当像上帝一样进行创造和发生作用”。人进行创造，是为了使存在于他身上的上帝的本质，在他自身以外以一定的形式表现出来。这样，他不仅可以认识他自身精神的、上帝赋予的本质，而且能以这种方式获得第二位的派生物——面包和衣服。因此，需要及早地给年轻一代以从事外部工作和生产活动的训练，使其能在行动中和工作中，在形态上和材料上，从外部表现出上帝赋予他的本质。

从上述观点出发，福禄培尔批评当时的学校教育脱离生活，“学生被排除出一切家庭业务之外，排除出一切以制造外部产品为目的的业务之外，乃是我们当今存在的学校，特别是所谓的拉丁学校和高级中学的最大缺点之一”。实际上，通过生活和从生活中学习，要比任何方式的学习更深入、更易理解；在生活中和行动中接受和理解失误，也比单纯地通过言语和概念接受和理解失误更有效。从另一个方面说，“智力活动及贯穿在其中的外部的，主要是身体的作业，从外部制造出作品和产品的活动，不仅能够增强身体素质，而且还能够在极大的程度上振作精神，加强精神活动诸方面的发展，以至于使精神在经过令人神清气爽的劳作之后能够以新的力量和新的生命去投入它的智力活动”。

（二）论教育分期与各时期的教育任务

福禄培尔根据发展理论，把人类初期的发展分成婴儿期、幼儿期、少年期和青年期四个时期，并详细讨论了前三个时期的教育。

1. 婴儿期的教育

婴儿期主要是养护的时期，也可称为“吸吮期”。在这一时期，婴儿发展外部感官，从外界吸收和接受多种多样的东西；他们的感官和四肢开始了最初的活动，也是最初的求知欲的体现。“在感官、身体和四肢活动发展的基础上，到儿童开始自动地向外表现内在本质的程度时，人的发展的婴儿期也告终止，并开始了幼儿期。”

2. 幼儿期的教育

幼儿期主要是生活时期，也是“真正的人的教育”开始的时期。这一时期应较多注意幼儿的心智发展，教育的主要任务从身体的养护转向智力的培育和保护。“游戏和说话是儿童这时生活的要素”。福禄培尔强调，幼儿期的教育对正在发展中的人来说至关重要。如果幼儿期教育不当，儿童本性和各种天赋潜能的发展受到阻碍，那么在未来“他必须付出最大的艰辛和最大的努力”才能克服这种损害给其发展所造成的不良后果。

3. 少年期的教育

少年期主要是学习时期。儿童开始为了创造物而活动，为了成果而生活，教育的主要任务就是通过对生活实际的理解使外部的东西内化。游戏和家庭生活仍是教育的主要形式，儿童的活动本能发展为创造的本能。这一时期应创造机会让孩子分担父母的工作，并开展诸如纸工、模型制作等作业活动，还可以通过开展有益于表达儿童内心世界的寓言、童话、故事、唱歌等活动来发展儿童的创造力。

（三）论幼儿园的作用和任务

福禄培尔非常重视学前教育在人的发展中的作用。他认为学前期是人生最重要的一个阶段，是儿童以后各个阶段教育和发展的基础，儿童这一时期的生活方式和所受的教育将影响其整个人生。同时，他还十分强调家庭和父母对儿童的教育作用。但是，当时多数父母不懂得如何正确教育子女，违背了儿童的本性发展倾向。因此，福禄培尔提出要建立学前教育的专门机构——幼儿园，这样不仅能对儿童实施社会的公共教育，也能为家庭教育提供一些帮助。

幼儿园教育的任务主要有以下三个方面：

（1）保护儿童身体和精神的健康成长。福禄培尔认为，幼儿园的主要目标不在于儿童能从中学到多少知识，而在于促进儿童的身心发展。因此，幼儿园教育要发展幼儿的体格，促进幼儿感官和语言的发展，培养幼儿良好的社会态度和民族美德，使他们认识自然和人类，等等。

（2）培养训练有素的幼儿教师。福禄培尔提出，幼儿园不应只关注幼儿的发展，还应关注教师的自我成长；要为幼儿教师提供与幼儿接触的机会，训练他们掌握合理的教育方法，精于照顾与指导幼儿的生活和发展。

（3）推广幼儿教育经验。福禄培尔很重视对家长的教育指导，认为幼儿园要定期向家长推广幼儿游戏和活动的教育经验，介绍适合幼儿的游戏和活动，帮助家长了解和掌握一定的育儿知识，以改善家庭教育现状。

（四）论幼儿园的课程

福禄培尔将他后半生的全部精力全都放在幼儿园课程的发展上。他指出，并非所有的活动和游戏都具有教育的意义，必须对儿童活动与游戏的内容和材料加以选择，并善加指导。根据感性直观、自我活动与社会参与的思想，福禄培尔建立起了一个以活动为与游戏为主要特征的幼儿园课程体系，包括恩物、作业、游戏、歌谣、自然研究等。

1. 恩　物

恩物，意为“上帝的恩赐”，是福禄培尔创制的一套专供儿童使用的教学用具。

他认为，恩物的教育价值就在于它是帮助儿童认识自然及其内在规律的重要工具。自然界的万物虽统一于上帝的精神，但在发展中又显示出外在的差异性、多样性。恩物作为自然的象征，能帮助儿童由易到难、由简及繁、循序渐进地认识自然。

福禄培尔于 1835 年正式研究游戏，次年创制出 1 ~ 5 种恩物。1850 年，他在《教育周刊》上正式公布“恩物与作业体系”时，明确提出了 8 种恩物，其余只是笼统的叙述。他对于恩物的种类与数目并未做出明确规定，尤其没有清楚地解释恩物与作业之间的区别，因而后来人们根据自己的想象演绎出的各种体系，其实并不一定符合福禄培尔的原意。

福禄培尔认为，真正的恩物应满足三个条件：（1）能使儿童理解周围世界，又能表达他对于这个客观世界的认识。（2）每种恩物应包含一切前面的恩物，并应预示后继的恩物。（3）每种恩物本身应表现为完整的有秩序的统一观念——整体由部分组成，部分可形成有秩序的整体。

第一种恩物是一个盒子里的 6 个绒毛小球，分为红、黄、蓝、绿、紫、白 6 种颜色，每个小球上系有两条线。福禄培尔认为球是万物统一体的象征和孩子天性统一的象征，是一切玩具中最有价值的。他认为这些球可以分成不同的等级，供不同发展阶段的儿童使用。6 种颜色的小球能发展儿童辨别颜色的能力；玩球能锻炼肌肉，训练感觉和四肢，培养儿童注意力和独立活动能力，持球和丢球的过程可使孩子获得存在、占有、空间和时间等概念的感性认识，还有助于发展幼儿的语言。

第二种恩物是硬木制作的三件一套的玩具：球体、立方体和圆柱体（后两个有穿孔，是福禄培尔于 1844 年才加进去的）。这种恩物可以使幼儿辨别 3 种物体的异同，以帮助儿童认识物体的各种形状和几何形体。此外，这种恩物还可以使儿童发挥自己的想象力，想出各种办法来玩它们。

第三种恩物是一个沿各方向对开一下，可分为 8 块独立小立方体的大立方体。福禄培尔将它作为一个整体介绍给儿童，通过教师的解释，可帮助儿童了解整体和部分、部分与部分之间的关系。儿童可以把这些立方体想象为“砖块”，激发他们的建造能力，利用 8 个小立方体构成宇宙中万物的形状。

第四种恩物是一个沿纵向切成许多平板的立方体，它能使儿童认识长方体与立方体的异同；获得长、宽、高的概念；帮助儿童明了算术的基本原理，他们因此不仅能掌握加、减、乘、除的基本规则，并能很容易地写出算术数字和符号。它同样能激发儿童的建造能力。

第五种恩物是一个可以分割成 27 个体积相等的小立方体的大立方体，其中 3 个小立方体再沿对角线二分，另 3 个则沿对角线四分。利用这种恩物，帮助儿童认识正方形、长方形和三角形的异同，以及不同角度的变化，有助于几何教学。

第六种恩物是 27 个砖形木块，其中 3 个纵向二分，6 个横向平分，也可组成一个大立方体。

第七种恩物是一个可以分成 64 个小立方体的大立方体。

第八种恩物是一个可以分成 64 个小长方体的大长方体。

这些恩物能发展儿童的创造力和想象力，给儿童提供练习机会，并可进一步发展“整体”和“部分”的概念。

2. 作　业

作业与恩物的关系十分密切，要求将此前所学的恩物的知识运用于实践，主要体现了福禄培尔关于创造的原则，但创造并不是臆造或滥造，它必须以对客观世界的认识为前提，否则可能不具有什么教育价值。

作业的材料很多，包括各种大小、色彩不同的纸和纸板，可用来剪裁或折成各种不同的形态；有供绘画、雕塑、编织一类工作的材料；沙、黏土、泥土等。做这些手工需要较高的技巧，必须在学会恩物后才能进行，比较适合幼儿园内年龄稍大一些的孩子。与恩物中的平面相对应的有剪纸、织席、编条、缝纫、串珠、图画等，与恩物中的立体相对应的有泥塑、纸板、折纸、木雕等。

作业与恩物既有区别又有联系：第一，从安排的顺序说，恩物在先，作业在后。第二，从作用上看，恩物的作用主要在于接受或吸收，作业的作用则主要在于发表或表现。第三，恩物游戏不改变物体的形态，作业游戏则要改变材料的形态。

3. 游　戏

福禄培尔认为，游戏在学前儿童教育体系中占有独特的地位，它既是组成儿童生活的一个重要方面，也是学前儿童教育的一个主要的教育手段。游戏还能预示儿童未来能力的发展倾向，“因为整个人最纯洁的素质和最内在的思想就是在游戏中得到发展和表现的”。为此，福禄培尔还制定了一个完整的游戏体系，力图使儿童通过游戏活动发展认识能力、创造力、想象力和体力，并培养良好的道德品质。

儿童游戏体系中的游戏分为两大类：一类是活动性游戏，即儿童对自然及周围生活中事物的模仿。这类游戏主要有行走游戏，即幼儿沿直线或曲线行进，在行进中边走边唱并注意观察身边的事物，将所见所闻编成故事相互交流；表演游戏，即幼儿手拉手、肩并肩地站成圆圈，按照螺旋形路线行进，观察身边事物并模仿生活中的事物；跑步游戏，即幼儿在操场、花园中赛跑，锻炼体力并加深与他人的关系。另一类是精神性游戏，即运用玩具进行游戏，主要帮助幼儿认识世界的基本特征，如质量、形态、弹性等，并形成对外部世界的思考与判断，发展幼儿的智力和道德品质。福禄培尔专门为这类游戏设计了玩具——恩物。

4. 歌　谣

1841 年，福禄培尔出版了名为《儿歌》的小册子。1843 年，他又将这本小册子扩充为《母亲与儿歌》。他编写该书的目的在于使母亲意识到自己对孩子的责任，帮助母亲教育好自己的孩子，帮助儿童运用他的身体、四肢发展自身的感觉。福禄培尔认为这本书奠定了他的教育原则的基本思想。后来，这本书也被用来作为训练幼儿园教师的主要教材。

在《母亲与儿歌》中，福禄培尔选择了 7 首“母亲的歌”，反映母亲对孩子的情感。接下来，他选择了 50 首“游戏的歌”，每首歌由四部分组成：一是指导母亲的格言，二是儿歌，三是与这首儿歌的内容相联系的图画，四是每首儿歌都附有适合儿童身心发展的运动方式的说明。

5. 自然研究

受裴斯泰洛齐的影响，福禄培尔幼儿园的课程中设有“自然研究”。他认为在幼儿园开展诸如观察自然的徒步旅行、园艺与饲养动物等活动，不但可以使儿童养成爱护花木、动物之品性，还有助于满足儿童的好奇心，培养其自制力和牺牲精神，促进知识的学习与智力的发展，以培养对自然科学研究的兴趣。

三、对福禄培尔学前教育思想的评价

福禄培尔是近代学前教育理论的奠基人、幼儿园的创始人，也是世界近代史上影响最大的学前教育家。在借鉴前人经验和长期从事学前教育实验的基础上，福禄培尔总结出了一整套幼儿教育新方法，创立了幼儿园教育体系，使学前教育成为教育领域中的一个重要分支和独立部门。他不仅为学前教育的理论和实践做出了卓越贡献，还在宣传公共学前教育思想、拓展幼儿园，以及培训幼儿师资等方面做出了不懈努力。

福禄培尔创办的幼儿园标志着学前教育机构的作用开始由“看管”转向“教育”，顺应了 19 世纪以来工业革命背景下要求发展学前社会教育的历史诉求,大大推动了世界学前教育的发展，对当前学前教育的发展仍有着重要的启示意义。但他的教育理论是建立在其唯心主义哲学基础之上的，因此不可避免地带有神秘主义和形式主义倾向。

第六节　欧文的学前教育思想

一、欧文生平

罗伯特·欧文（Robert Owen，1771—1858）出生于威尔士，年少时酷爱读书，父母很疼爱他。童年时期，欧文广泛阅读，勤于思考。此外，欧文小时候多灾多难、体弱多病，甚至多次性命堪忧，这些遭遇导致他后来比较注意饮食起居，养成了注意细节的习惯。

作为英国第一个创立学前教育机构的教育理论家和实践家，欧文认为，要培养智育、德育、体育全面发展的一代新人，就必须把教育与生产劳动结合起来。作为空想社会主义著名的代表人物，欧文的教育思想是他的空想主义学说的重要组成部分，其学前教育思想在其整个教育思想上占有很重要的地位。

二、欧文学前教育思想的具体内容

（一）论人的性格形成

人的性格形成学说是欧文从事社会改革和教育实践活动的出发点和理论基础。

欧文的性格形成学说继承了法国 18 世纪“人的性格是环境的产物”这一思想。他

曾说过："无论是具有神性的人的性格还是具有人性的人的性格，是由外力在他不知不觉中形成的，并且现在完全可以为所有的人从出生之日起就形成的。"欧文指出，一个人在他出生时就应该被置于优良的环境中，并对他实施正确的教育，这种教育应该持续到受教育者形成了能够抵抗邪恶影响的牢固品格。据此，他认为幼儿的语言、习惯和情感在他们诞生之后，就完全是由外围的人灌输的。如果受到不良环境的影响，他们的身心就会受到损害。另外，儿童幼儿时期生活中的印象极容易保留在他们的记忆里，"惯于仔细观察儿童的人一定能清楚地看出，许多好事和坏事都是在他们很小的时候被教会或学会的；许多好的或坏的脾气都是在 2 岁以前养成的；许多深刻而难忘的印象，则是在 1 岁以前甚至在半岁以前获得的"。所以，欧文认为，如果某种事情在儿童幼年时留下深刻的印象，就可能使儿童在以后的人生中养成一种习惯，会永远不忘并加以应用。另外，欧文认为儿童具有天赋能力（体、智、德等能力），并且有发展天赋能力的可能性。这个观点既是欧文强调儿童早期教育的出发点，也是欧文建立幼儿学校的出发点之一。

基于以上想法，欧文认为有必要建立一所幼儿学校，从很早的时候就对幼儿施以品行方面的教育。他曾在其著作中指出："我们发明并顺利地实际采用的幼儿学校，是为了走向开创一种组织和管理人类的合理制度，把人类引入尘世生活真正太平繁荣的境地而至今迈出的踏踏实实的第一步……按照原来的设想，这所学校是培养儿童的聪明、善良、仁慈和理性，以及训练他们适应新的社会状态的第一个实际步骤。"

（二）创办性格形成新学院

受雇为大工厂经理的欧文在大抓管理工作的同时，发现所在工厂与当时世界其他地方一样存在着童工，其和成人一样在恶劣的条件下进行繁重的工作。第一次工业革命在极大解放英国生产力的同时也引起了生产关系和社会阶级结构的大变动，无产阶级登上了历史舞台。资产阶级为极力从劳动人民身上榨取财富，劳动阶级的家庭生活普遍贫困，儿童问题日趋严重——营养不良、居住环境恶劣，童工普遍少有受教育的机会。劳动人民长时间的工作也导致其无暇顾及子女，致使孩子易受到坏人引诱并导致道德堕落，从而引发严重的社会问题。

1816 年，欧文耗资 1 万英镑在其工厂区建立了第一所相当接近现代标准的公共学校——"性格形成新学院"，为 2 ~ 14 岁的儿童、少年提供教育，另外还附设成人教育班。该学院是欧文为工人及其子女创办的一系列学校的合并，其中包括为 2 ~ 6 岁幼儿创办的学前教育机构——幼儿学校、为 7 ~ 10 岁的儿童开办的初等学校、为 11 ~ 17 岁少年开设的夜校以及为成年工人及其家属建立的业余教育机构。

该学院创办的宗旨是培养儿童的优良情操和实用技能，使他们成为有用的、幸福的人。这一方面可以改变幼小子女的悲惨处境，另一方面可以减轻妇女的负担。学校中的教学计划侧重于儿童性格的培养和儿童职业能力的提高。欧文的教学思想、教学理念和教学计划取得了巨大的成功，学校同时也成为对公众开放的社交和休闲中心。

（三）论幼儿学校

1. 幼儿学校的目的

幼儿学校希冀改变幼儿成长环境，能把幼儿培育成具有良好性格的新人。根据其“全面发展的新人”的教育思想，欧文强调幼儿学校应当通过德育、智育、体育、美育和劳动教育来合理地培养每个儿童。作为学龄前教育机构，幼儿学校必须扩大儿童的知识范围，发展他们的同情心，然后发展经济的和社会的习惯与特性。欧文认为，培养儿童为社会服务的精神具有重要的意义，应向儿童解释其行为，教育其形成团结友爱的品德，注意培养其爱好劳动的兴趣，最终使他们成为“身体健壮，具有实用知识和仁慈精神，并能利用科学所提供的一切措施参加社会的一种或两种劳动的人，也就是体力劳动和脑力劳动、理论与实践相结合的全面发展的新人”。

2. 幼儿学校的教学内容

学校拥有一间长 40 英尺（1 英尺=0.3048 米）、宽 40 英尺、高 22 英尺的教室，教室中布置着以动物为主的图画和地图，还有从花园、田野和树林中采集来的自然界的实物。天气不好的时候，学校还提供一间长 16 英尺、宽 20 英尺、高 16 英尺的幼儿娱乐室供幼儿娱乐。

秉持“尽力使小朋友快乐”的原则，幼儿学校的儿童不应只待在教室里。学校规定，儿童在教室的时间约为 3 个小时，其余时间在室外的大草坪上玩耍，或由年轻女工负责照顾。

1）体育。

体育教育包括幼儿的保育、体操和军训。

首先，欧文主张应该给孩子营养丰富的食品。他认为合理的营养是儿童健康成长的重要条件；要求儿童的衣服要宽松、肥大，以适应他们的生长发育要求和活动的需要。

其次，欧文重视儿童体操，欧文说过：“在游戏场上管理儿童的人应当能够指导和训练儿童的体操。”儿童通过体操的训练，可以锻炼身体，具有良好的体形，养成动作协调、精力集中和遵守纪律的好习惯，又可以逐渐适应以后军训的要求。

最后，欧文重视儿童军训。关于军训，欧文主张，游乐场上管理儿童的人应承担教导和训练儿童的任务。孩子们训练时可使用重量和大小合适的仿真武器，也可操练较为复杂的军事动作，为成为“祖国未来的保卫者”打好基础。

2）智育。

欧文从儿童知识的获得和智力发展两个方面阐述了智育问题。他认为这两个因素在治愈过程中互相依存，不可分割。

首先，欧文认为要用儿童最熟悉的周围的事物来唤起儿童学习的兴趣。他重视用实物、模型和图画等直观的方式掌握知识，使儿童获得正确的观点。另外，他主张教师用亲密的动作、友好的谈话等启发儿童思考，从而获得有用的科学知识。教师应该充分调动儿童学习的积极性，激发儿童学习的兴趣，发展儿童的推理能力和求知欲望。

其次，在智力发展方面，欧文非常排斥死记硬背的方法。他批评当时那种理论脱离实际的教学方法，认为它们严重损害和摧残了儿童的智力。他认为智育是发展儿童的想象力而非记忆力的。他强调发展儿童的思维能力和独立意志，认为“如果一个人的推理能力，从婴儿时期开始就得到适当的训练，而且他在儿童时期就受到合理的教育，知道要排除那些自己加以比较之后，认为是自相矛盾的印象或观念，那么这个人就可以获得真实的知识”。

3）美育。

欧文主张设置娱乐性课程，如音乐、乐器、唱歌和跳舞。欧文指出，无论男孩或女孩，都应在 2 岁学习舞蹈，4 岁学习唱歌，有音乐天赋的男孩，还要学习演奏乐器。欧文认为，通过舞蹈、唱歌的学习，可以使儿童身体健康，体态优美。

4）德育。

欧文十分重视对儿童集体主义精神的培养，所以他提倡在集体中培养儿童仁慈、正义、正直、诚实、有礼貌、守秩序等良好的品格。他认为集体主义精神是新道德的基础，要求儿童“从幼年起就受集体的道德教育”。在幼儿学校里，教师要把“尽力使小朋友快乐”当作每个儿童必须学习的一条原则，让儿童在集体生活中不断地强化这一原则，使之成为儿童的一种习惯、本能行为。“年纪大的儿童认识到根据这一原则行动所获得的无穷好处之后，就可以通过自己的榜样很快地驱使刚来的小孩遵守这一原则。”儿童就在乐趣无穷的集体生活中获得集体的道德教育。在谈到开展德育教育的方法时，欧文指出，对儿童进行德育的时候，不应该有任何形式的惩罚。除了用宽厚和仁慈的方式教育儿童外，欧文还指出一个方法：“诀窍在于幼儿学校 1 岁至 3 岁的第一部分。儿童们在那里产生了对教师的深厚感情；当他们有了这种感情以后，总愿意自动地尽量发挥他们固有的能力。”可见，欧文认为运用扎根于儿童之间的以及儿童和教师之间的那种依恋是进行德育教育的最好方法。

三、对欧文学前教育思想的评价

欧文从性格形成学说出发，认为儿童具有天赋的能力，并且有发展天赋能力的可能性，提倡对儿童进行早期教育。他试图通过幼儿学校来形成一种能促进幼儿全面发展的新的教育体系，培养出智、德、体、美全面发展的新人。欧文重视早期教育及儿童全面教育的思想在其创立的幼儿学校中得到运用。以后，这些思想又不断地被运用到幼儿学校的发展中。1818 年，英国上流社会人士在威斯敏斯特开办英国第二所幼儿学校，欧文幼儿学校的教师布坎南（J.Buchanan）应邀前去主持。1820 年，英国的怀尔德斯平（S.Wilderspin）开办了英国第三所幼儿学校，并设计各种教具、设备。欧文的幼儿学校及其学前教育思想紧紧地与当时的科学实践、教育实践相联系，推动了 19 世纪上半叶英国幼儿学校运动的兴起，对英国学前教育体制的完善产生了深远影响。

通过本章内容可知，近代西方学前教育思想的主要代表人物有夸美纽斯、洛克、卢梭、裴斯泰洛齐、福禄培尔、欧文。他们进一步发展了世俗的和理性的新教育，自然教育、自由教育、生活教育和教育心理化成为这一时期学前教育理论的基调。他们日益认识到学前儿童教育的相对独立性，重视探讨学前儿童身心发展的规律，逐渐明确地把学前教育与一般学校教育既区别开来又联系起来。

思考与练习

1. 简述夸美纽斯学前教育思想的内容和历史地位。
2. 简述洛克学前教育思想的内容。
3. 简述卢梭学前教育思想的内容。
4. 卢梭学前教育思想的积极作用和局限性分别有哪些？
5. 简述裴斯泰洛齐的学前教育思想。
6. 简述福禄培尔的学前教育思想。
7. 福禄培尔学前教育思想的积极作用有哪些？
8. 简述欧文的学前教育思想。

第十一章　外国现代学前教育

学习目标

1. 分别掌握现代英、法、德、美、苏（俄）、日等国的学前教育状况。
2. 了解英、法、德、美、苏（俄）、日等国的学前教育相关政策和制度。
3. 能够比较英、法、德、美、苏（俄）、日等国学前教育的差异。

本章介绍了现代各国学前教育机构的创立与发展的历史过程，以及各国现代学前教育机构的改革和发展状况等。进入 20 世纪以后，英、法、德、美、日等国先后成为发达的资本主义国家，伴随着经济的发展，学前教育事业有了长足的发展，并深刻地影响着当代社会教育；“十月革命”后，俄国（后为苏联）逐步建立起社会主义学前教育体系。20 世纪 60 年代以来，各国都越来越重视学前教育的社会地位和重要作用，认识到幼儿的教育问题不仅直接关系到每个家庭，也关系到整个国家的教育发展水平，必须加强和改进学前教育。因此，世界各国都根据各自的社会、经济、文化等特点，在幼儿教育方面提出了一系列发展措施、规划和部署并付诸实施。

第一节　英国现代学前教育

与其他发达国家相比，英国的现代幼儿教育发展是比较缓慢的。这主要是由于认识上的片面导致了行动上的迟缓。英国历届政府只重视初等教育和中等教育而不重视幼儿教育，只是在有限的人力和物力条件下去实施幼儿教育。1972 年 12 月，英国教育和科学部为此发表了题为《扩大教育计划》的教育白皮书，并制订了发展幼儿教育的计划。由于英国政府增加了对幼儿教育事业的投资（1981—1984 年，幼儿教育经费为 1.2 亿英镑），加上发展幼儿教育计划的实施，英国的幼儿教育提高到了一个新的水平。这极大地推动了英国社会上下对幼儿教育的关心和支持，从而在 20 世纪 80 年代掀起了“尽快行动起来普及幼儿教育”的热潮。

一、19 世纪末至第二次世界大战前英国的学前教育

（一）保育学校的出现

1870 年，英国颁布的《初等教育法》规定 5 岁为义务教育开始的年龄，国家所关心的是 5 ~ 11 岁儿童的初等义务教育，而把 5 岁以下幼儿的教育留给社会去解决。当时的学校出现了 5 岁以下儿童因无人看管而随其兄长或姐姐入学的问题，严重影响了 5 岁以下儿童的身心健康。1905 年，教育院提出要为 3 ~ 5 岁的幼儿设立保育学校。保育学校作为一种新颖的幼儿保育机构，掀开了英国学前教育史的新篇章。这项开创性的工作是由英国教育家玛格丽特・麦克米伦（Margaret McMillan，1860—1917）和拉歇尔・麦克米伦（Rachel McMillan，1859—1917）完成的。麦克米伦姐妹最初于 1908 年开设的是"实验诊疗所"，后来改名为"学校治疗中心"；在此基础上，1913 年发展成为"野外保育学校"。这所学校的宗旨是确保贫民和工人家庭子女的健康，预防流行疾病。

1. 主要目标及措施

麦克米伦姐妹开设的保育学校，其主要目标可概括为两点：一是确保学龄前儿童的身体健康；二是提供适应儿童心理发展的环境。玛格丽特认为：人是一个有机统一体，各种情感的发展都取决于身体健康和免于疾病与饥饿；只要把儿童从出生起的身体健康看作人类基本职责和社会工作时，教育的其他目标才能取得成功。为此，保育学校采取的措施有：（1）注重校舍环境设置。（2）配备医务人员协助工作。（3）注重幼儿生活细节并安排有规律的园内活动。为实现保育学校的第二个目标，玛格丽特采取的措施有：（1）注重活动教育，倡导感觉训练、运动神经的控制训练，以及蒙台梭利"实际生活训练"启发下的家政活动训练。（2）重视艺术教育。（3）注重儿童年龄差异，对不同年龄的儿童进行差别指导。

2. 办学特点

该校招生面向所有 5 岁以下的儿童，特别是贫民和工人家庭的子女。其办学特点是：融合欧文、裴斯泰洛齐、福禄培尔及蒙台梭利的教育方法，注重幼儿的手工教育、言语教育、感觉训练、家政活动训练及自由游戏；反对一切拘谨的形式主义教学；在郊外开设，注重采光、通风及环境的布置。

麦克米伦姐妹创办的保育学校成为欧洲新教育运动的重要阵地，其实践充分吸收了科学的学前教育观和儿童观，引起了公众及英国政府对学前教育的关注。1923 年，在玛格丽特等人努力的基础上，英国"保育学校联盟"成立，致力扩大和普及保育运动。

（二）1918 年《费舍法案》的颁布

第一次世界大战结束以后，由于政治、经济和文化发展的需要，英国再一次将改善国民教育的问题提上了议事日程，于 1918 年通过了新的初等教育法案——《费舍法案》（The Fisher Act），首次明确宣布教育立法的实施要"考虑到建立面向全体有能力受益的

人的全国公共教育制度”。

该项法案的目的是在英国建立完整的国家教育行政系统和初步确立一个包括幼儿教育、初等教育、中等教育和各职业教育在内的学制。该法案要求将小学分为 5 ~ 7 岁(幼儿部)和 7 ~ 11 岁两个阶段，正式承认保育学校属于国民学校制度的一部分，并把保育学校的设立和援助委托给地方教育行政部门处理。保育学校的教学内容以活动和艺术课为主，强调以“儿童为中心”，使儿童身心得到发展。除伙食费和医疗费外，保育学校实行免费入学，并决定对 13 所保育学校实施国库补助。但由于第一次世界大战后经济危机的影响，有关扶持教育学校的规定执行得并不尽如人意。

（三）1933 年《哈多报告》的发表

1933 年，以哈多爵士（Sir Hadow）为主席的调查委员会发表了《关于幼儿学校以及保育学校的报告》，又称《哈多报告》，成为推动学前教育理论和实践发展的重要文献。

《哈多报告》指出：良好的家庭是 5 岁以下儿童的最佳环境，但同时认为保育学校对城市儿童智力的发展具有重要作用，建议将保育学校作为“国民教育制度中理想的附属机构”，提倡大量增设麦克米伦式的保育学校、幼儿学校和幼儿部附设的保育班；5 岁以下不应区分儿童发展阶段的界限，而向 7 岁以上的少年学校过渡才是其重要的发展阶段，主张对 7 岁以上的幼儿实施一贯教育，成立以 7 岁以下幼儿为对象的独立的幼儿学校；幼儿学校的教师应遵循保育学校的原理，对 7 岁以下幼儿主要通过开展户外体育、游戏等自然性活动和会话、唱歌、舞蹈、手工、图画等活动让幼儿获得知识。

《哈多报告》立足于儿童中心主义，集欧文、裴斯泰洛齐、蒙台梭利、福禄培尔和麦克米伦等人的幼儿教育思想之大成，被认为是英国学前教育史上具有划时代意义的文献。但是。由于 1929 年经济危机的余波尚未平息，《哈多报告》暂时被搁置起来。直至 1936 年，教育委员会要求地方教育行政部门调查保育学校的情况，保育学校的发展才出现新的转机。

二、第二次世界大战结束后至 20 世纪 80 年代英国的学前教育

（一）1944 年《巴特勒法案》的颁布

第二次世界大战爆发后，因军需生产的需要，大批妇女参加了工作，同时带来了对幼儿教育的迫切需要。为了满足社会的需要，英国一些慈善机构和福利团体开办的保育机构应运而生，出现了全日制、半日制幼儿学校及附设的保育班等形式并存的学前教育机构，收效颇佳。第二次世界大战后，所有这些机构于 1946 年都移交地方教育当局。这时，幼儿保育机构已达 353 所，到 1948 年时则超过了 398 所。

1944 年，英国政府颁布了一个重要的教育改革法令，即《巴特勒法案》。该法案以 1918 年的《费舍法案》为蓝本，确定了英国现代教育体系的基础。这一法案的颁布，不仅加强了英国政府对于教育的控制，也在一定程度上完善了地方教育管理体制。它对幼

儿教育做了重要规定:“地方教育当局应当为那些未达 5 岁的儿童做好开办保育学校的准备，或在一些学校内设置幼儿班，以方便儿童入学。”此后，幼儿教育就处于国家和地方的双重管辖之下，促进了幼儿教育事业的发展。

《巴特勒法案》在法律层面上保证了保育学校的设置，并将其视为地方当局不可推卸的责任和义务，较之 1918 年的《费舍法案》有很大的进步。但是幼儿教育的连贯性还是被以 5 岁为分界的规定所打破，而且其对于幼儿教育的实际影响力并不理想，法案颁布后英国的学前教育并没有取得明显的进步。

（二）1961 年“学前游戏班运动”的开展

第二次世界大战后，英国经济衰退，幼儿教育设施不够，师资也极度缺乏。随着大城市逐渐出现高楼大厦，儿童失去了集体游戏的机会。在这种情况下，1961 年，家长们以大城市和工业地区为中心，自发兴起了“学前游戏班运动”。

学前游戏班有以下特点:（1）以为幼儿提供游戏场所为明确目的，幼儿游戏小组可收容 2 ~ 5 岁的幼儿。（2）几乎都没有自己独立的设施，而是无偿借用成人俱乐部、教堂、婴幼儿福利中心、旧学校等机构房屋设施的部分作为活动场所。（3）游戏小组的管理人员主要是中产阶级的家庭妇女，教师和保育员多半由孩子的母亲自愿承担，轮流值班。（4）多在早晨和晚上活动，保育时间为 2 ~ 3 小时，保育人数为每班 15 ~ 20 人，其设备、玩具和电费均由儿童救济基金会承担。（5）每次活动内容分成三个部分，分别是自由游戏、吃点心及自我服务、室外活动或室内活动等。

学前游戏班为当时的英国幼儿教育解决了难题，即便是到了现在，这一形式也没有消失，并且成为英国学前教育体系中重要的类型之一。到 2000 年，英国尚存学前游戏班 35.3 万个。直至最近，随着英国各地教育局扩大学前教育机构网，这一形式才开始衰退。

（三）1966 年《普洛登报告书》的发表

1966 年，教育咨询委员会委员长普洛登女士发表了一篇报告。该报告在第九章《为义务教育前的幼儿提供教育设施》中，呼吁大力发展英国的幼儿教育，尤其是在教育不发达的地区。该报告提议:（1）幼儿教育应以 20 人为 1 组化成 1 个“保育集体”; 1 ~ 3 个保育集体组成“保育中心”; 他们可以与保育所或者儿童中心的诊疗所结合起来。（2）在公立保育机构得到扩充之前，地方教育当局有权对非营利私立保育团体进行援助，以资鼓励。（3）最理想的是将保育集体在内的一切幼儿保护服务机构都统一在各个收容儿童的机构及小学校的领导之下，同时，在制订新的教育计划和对老区重新规划时，也应充分考虑幼儿教育。

（四）1972 年《教育白皮书》的发表

1972 年 12 月，教育和科学大臣撒切尔发表《教育白皮书》，提出将“扩大幼儿教育”定为内阁将要实行的四项教育政策之一。白皮书肯定了普洛登报告中具有实践意义的建议，并制订了实施计划，打算 10 年内实现幼儿教育全部免费，并扩大至 5 岁以下的儿童的教育。为此，白皮书提出以下要求：第一，要调动各方面的积极性；第二，确保有相当数量的教师；第三，政府为实现上述计划提供必要的经费援助。

三、20 世纪 80 年代以来的英国学前教育

20 世纪 80 年代以来，英国学前教育机构出现了多种形式并存的局面，其多样性的发展趋势是这一时期的主要特点。特别是 1997 年以来，英国政府颁布了很多重要的法案和计划，用以推行有利于弱势群体和落实教育公平的政策。

（一）1995 年幼儿凭证计划与学前教育目标提案的公布

1995 年，英国教育和就业大臣发布了幼儿凭证计划，规定发给有 4 岁儿童的家庭 1100 英镑的凭证，用以支付儿童在公立、私立或是民办学校的高质量的教育费用，教育期限为 3 个月。遗憾的是，由于财力等原因，没有涉及 4 岁以下幼儿的教育。

与此同时，英国学校课程的评定主席罗恩·迪林（Siry Ron Dearing）公布了关于 5 岁幼儿在义务教育开始时所要达到目标的提案。这项提案与幼儿凭证计划息息相关，因为提案规定，任何学前教育机构，如果想参加幼儿凭证计划，就要证明其有能力为 5 岁幼儿提供可以达到标准的教学能力。但可惜的是，提案因过于重视语言水平、识字量、数学和技能的培养而备受争议。

（二）1998 年确保开端计划的实施

英国政府承诺在 20 年内彻底根除儿童贫穷现象，确保开端计划是实现这一承诺的中心环节，主要内容包括：（1）为所有儿童提供早期教育。（2）为儿童提供高质量的养护。（3）开展有影响的地方计划。（4）继续在条件不利的地区向儿童提供服务。

（三）学前教育课程和师资的培养

1. 学前教育课程

在英国，国家一级的教育和科学部只负责制定学前教育课程的基本方针，地方教育当局负责根据国家方针结合本地特点制定课程目标和纲要，但是不对各学前教育机构做统一的规定，教师拥有很大程度上的教学自主权。教育旨在促进幼儿语言发展，培养幼儿社会交往能力以及倾听、观察和实验的综合能力，主要通过一日活动、游览活动和家庭以及社区资源来实现。在 2000 年，由英国资格与课程委员会和教育部共同颁布的面向 3 ~ 5 岁幼儿的《基础课程指南》使得学前教育机构的课程更加综合和以幼儿为中心。

2. 学前教育师资的培养

由于学前教育的发展，教育质量日益受到重视，师资培养也备受关注。英国对学前

教育师资培养很严格，学前教育师资主要分为两种：教育和托儿所保姆。一般来讲，教师的培养主要有四种机构负责，分别是大学教育系和教育学院、师范学院、技术教育学院、艺术教育中心。学位模式分为两种，一是教育学士学位，二是大学后教育证书模式。课程包括普通教育课程、职业教育课程和教育实习等内容。对于想从事托儿所保姆职业的人来说，只要年满 18 周岁，就有资格参加国家托儿所保姆考试局举行的考试；经过 2 年的课程培训（理论和实践，实践课程约占 40%）之后，从事与 0 ~ 8 岁儿童教育保育相关的工作。

纵观这一时期的英国学前教育的发展，其呈现出的特点有：（1）学前教育以 5 岁为界限，划分 2 ~ 5 岁和 5 ~ 7 岁两个阶段，后一阶段属于义务教育；学前教育机构的课程主要包括麦氏姐妹以游戏为主的课程和其他一些以培养知识技能为主的课程。（2）家长可以积极地参加学前教育机构的教育和管理工作，以实现机构功能的最大化。

四、英国现代学前教育政策

2004 年，由英国财政部、教育技术部和劳工部等部门联合发布的《家长的选择与儿童最好的开端：儿童保育十年战略》是“儿童保育十年战略”政策出台的标志性文本。“儿童保育十年战略”是在“每个孩子都重要”的规划基础上，对其中的关键部分——学前教育与保育问题制定的专门而深入的战略规划。该政策对 21 世纪第一个十年内英国学前教育发展的宗旨、原则、核心、目标等做出了阐释与规划，是指导当前英国学前教育发展的基本政策。“十年战略”提出了英国学前教育与保育改革发展的多项核心目标：（1）自 2007 年开始，将母亲带薪产假延长至 9 个月，此后远期目标则为 1 年。（2）从 2005 年开始，为家长提供更多的财政援助，增加“儿童保育个人所得税”减免额度（每个孩子 175 英镑）。（3）将 3 ~ 4 岁儿童免费学前教育服务时间从 2006 年起延长至每年 38 周，长远的目标是每周 20 小时。（4）到 2010 年，每个社区均要有“确保开端”儿童中心，提供整合的学前教育、保育和家庭服务活动。该政策对上述几项核心目标均有具体的推进措施与达标期限，对政策的细化、落实及其评价都极为重要。

英国政府先后推出的多项学前教育改革政策，往往是先前政策的有效性使后续政策不断对其进行强化与拓展，由此使得政策之间具有较好的衔接性，而保障这些政策实施效果的一个重要因素是英国政府十年来切实保障并连年增加对其财政投入。相关数据显示，英国对学前教育的财政拨款呈连年持续增加态势，2001—2002 年用于“确保开端”项目的联邦预算为 1.8 亿英镑，2002—2003 年、2003—2004 年、2004—2005 年该项预算拨款分别为 4.5 亿英镑、5.3 亿英镑和 8.9 亿英镑，2005—2006 年则攀升至 11.58 亿英镑。目前，英国学前教育已经取得多方面的显著成效。

英国政府在制定学前教育政策的过程中对英国社会、政治、经济、教育、文化等各方面因素进行了综合、全局的考察与权衡，将英国学前教育发展提升到事关英国社会政治稳定、经济繁荣、终身教育体系建构与国际竞争力增强的战略高度予以思考与谋划。可以说，英国学前教育政策制定的前提或者出发点就是为了保障推进强调公民责任、鼓励就业的积极福利政策的实施，促进英国经济发展、社会稳定。英国学前教育政策不仅着眼于当下的问题与困境，更着眼于对未来的挑战做出预测与应对，对未来发展远景做出积极规划，充分体现政策的前瞻性与预测性。基于学前教育的公益性、福利性、奠基性和长效性，英国学前教育政策体现出对儿童终身学习与发展，一生幸福与成就的高度关注；体现出对未来的英国公民培养及其国际竞争力的长远考虑；同时，更体现出对学前教育之于英国未来经济繁荣、社会稳定与国家人力资源储备及综合国力提升的高瞻远瞩。

五、英国学前教育机构的类型

从教育机构类型上看，目前英国已经形成以地方公立为主、社会志愿团体和私人为补充的多元发展格局。在公立幼教机构中，又以地方教育当局开办或资助的为主，部分为地方社会机构开办，但也有两者合办的。

1. 保育学校和保育班

保育学校是独立的幼儿教育机构，招收 2 ~ 5 岁的儿童。保育班附设在小学，招收 3 ~ 5 岁的儿童。根据 1945 年英国政府颁布的《保育学校规程》，保育学校和保育班的目的有：（1）为幼儿提供医疗服务。（2）培养幼儿良好的习惯和品行。（3）为幼儿提供良好的学习环境，使他们能够学到适合他们年龄的知识。在行政管理上，保育学校和保育班归国家教育和科学部及地方教育当局管辖。地方教育当局享有实际的自治权，负责提供保育学校和保育班的经费及教师的聘任。在教育内容上，保育学校和保育班没有正式的课程，教育内容主要由校长决定，幼儿以自由游戏为主，可根据自己的兴趣自由选择活动内容。有时，教师也组织一些唱歌、跳舞、讲故事等集体活动。保育学校和保育班的教学方法是以个别指导来进行的。

2. 日托中心

日托中心主要招收由社会救济部门送来的或母亲外出工作无人照管的 5 岁以下的儿童，一般属社会服务性质，由卫生部门领导。日托中心以照顾为主要目的，教育功能相对薄弱。日托中心以全日制为主，半日制极少，其经费来源是多种多样的，来自地方当局、工厂、私人等，是一种为少数幼儿服务的特殊机构。

3. 学前学校

1961 年，游戏团体应时代要求而产生。家长们的行动促使英国 20 世纪最富有活力、最成功的儿童和家庭组织诞生。这些游戏团体被称为“学前学校”。学前学校在很多方面都与公立幼儿园和托儿班非常相似，都是通过游戏课程教给儿童一些基本知识。学前学校一般都是由家长来经营和管理的，这为家长提供了参与整个社区活动的机会，家长可获得更多的知识，其经费几乎全由家长承担。

4. 幼儿玩具图书馆

20 世纪 70 年代前后，一些智力障碍儿童的家长自发组织起来，把各家的玩具、图书聚集在一起，形成了“幼儿玩具图书馆”。它集社区中心、收藏馆和学校为一体。玩具图书馆酷似图书馆，所不同的是书架上陈列的是玩具而非书籍。这一观念得到迅速传播，很快发展到大多数玩具图书馆都面向一般儿童。其经费主要来源于社会募捐。儿童可借玩具回家玩，同时鼓励成年人与儿童一起玩耍。

第二节　法国现代学前教育

19 世纪末，法国已基本确立了近代学前教育制度。进入 20 世纪，新教育和教育民主化思潮对政府学前教育政策和学前教育改革产生了积极影响。第二次世界大战后，法国政府更加重视学前教育，不断对学前教育进行改革，力图通过改革使学前教育更加适合社会发展和学前儿童身心发展，并使学前教育改革与初等教育改革协调起来。自 20 世纪 70 年代中期以来，法国公立学前教育取得许多重大进展，这些改革使法国学前教育在世界上始终保持领先地位。

一、学派之争与智力量表的出现

20 世纪初期以来，法国传统教育学派和新教育学派在基本观点上针锋相对。传统教育思想的主要代表阿兰（Alain）和涂尔干（Durkheim）等人认为，教育的基本职能是传播文化，学校应当脱离社会生活，学习过程是克服困难的过程，教学要有教师的参与。新教育思想则以弗莱内（Freinet）和库奇内（Cousinet）等人为主要代表，认为儿童是教育的中心，应尊重儿童个性，注重个人实际经验，提倡活动教学法。弗莱内的“活动教学法”和库奇内的“分组教学法”对母育学校的教学方法改革产生了一定影响。法国政府对上述两种观点采取折中态度，尽量采用有利于民族统一和社会稳定的教育内容；采用有利于发展儿童能力的新做法，不断增加科技教育比重，促进儿童个性发展。

比纳（Binet，1857—1911），法国心理学家，巴黎大学心理学教授，现代智力测量的创始人。1905 年，他与西蒙（Simon）一起编写出版了《比纳-西蒙智力测验量表》，以 3～13 岁的儿童为对象，重视对儿童个性差异的研究。首先，该量表是新教育的产物，重视儿童个性差异，主张根据儿童思维方式的差异因人施教。其次，该量表满足了当时法国实施义务教育的需要。1904 年，法国政府要求运用各种方法鉴别低能儿童，以便为其开设特殊学校或特别班，避免其不断留级带来麻烦。1905 年，智力测验量表问世后受到普遍好评，但也存在一些局限性，主要是不能明确简便地从年龄角度说明被试的智力超前或落后的程度。1908 年，比纳和西蒙发表了被称为“年龄量表”的第二份量表。该量表按年龄分组进行测试，引入“智龄”这一智力测验的重要术语。1911

年，他们再次修改量表，使其成为比较科学、系统的儿童智力发展的测验工具。他们的量表被迅速译成多种文字在世界上流传。

二、母育学校的改革与发展

1. 母育学校的改革

1905 年，法国教育部长对母育学校过于强调传授知识的倾向提出批评，指责母育学校小学化，认为对 2 ~ 4 岁幼儿进行阅读和书写教学并非母育学校的中心目的。1908 年，法国教育部长再次强调母育学校的目的是对学前儿童加以照料，满足其体、德、智发展的要求；母育学校不是一般意义上的普通学校，对于有流落街头的危险和家庭处境不良的孤独的幼儿来说，母育学校是保护儿童的避难所，要鼓励无人照料的儿童到母育学校来，并给予平等热情的接待和照顾。这一时期，学前教育机构管理已形成制度，公立母育学校由国家和地方自治团体开办并支付经费，实行免费制度。私立幼儿园的监督由教育部母育学校女视学官负责，多数私立幼儿班则由小学监督学官监督。母育学校的教师与小学教师一样都由初级师范学校培养。1949 年，法国公立母育学校有 3 653 所，私立母育学校有 217 所；公立幼儿班有 4 385 个，私立幼儿班有 397 个。

2. 母育学校的智育化倾向

法国从 1957 年开始把儿童入学年龄提前至 5 岁 9 个月。该决定得到初等教育视学官和学校当局的赞成，但对于提前入学是否有利于幼儿成长和人才选拔尚存在争议。1969 年，法国政府对母育学校学习计划和教育方法进行改革，主要目的是进一步加强幼儿全面发展。改革后的学前教育采取与小学相同的“三段分期教育法”。20 世纪 60 年代末，法国在初等教育阶段全面推行合科教育以代替传统的分科教学。与小学跨学科课程相类似，母育学校课程分为三大类：一是基础知识课，上午进行，每周 15 课时；二是各种启蒙教育课，下午进行，每周 6 课时；三是体育课，下午进行，每周 6 课时。新课程计划的主要目的是把各科目有机联系起来，使儿童统一、协调和整体地认识世界。这一新计划是当时重视智育的世界风潮的反映。基础知识课占去一半以上课时，4 岁以下儿童教育的重点是读、写、算，为进入小学做准备。

3. 母育学校的发展

1986 年，法国国民教育部发布《对母育学校的方向指导》，指出母育学校以教育为主，有别于以照看为主要职责的其他幼儿机构，其总目标在于使儿童的各种可能性得以发展，以便使其形成自己的人格，并为其提供在学校和生活中取得成功的最佳机会。其具体目标是：（1）使儿童受学校教育，以作为家庭教育的补充。（2）使儿童社会化，教会儿童与他人交往。（3）通过不同活动方式促进儿童的学习和练习。母育学校的活动可分为体育活动、交流、口头表达与书面表达活动，艺术与审美活动，科学技术活动等。教学活动分班进行。小班的教学以帮助儿童适应集体生活为中心，注重发展儿童的感觉和运动能力，训练其口头表达能力。中班的教学形式仍是游戏和玩耍，但渗入较多为学习文化知识做准备的内容。大班的教学注重培养儿童学习基础科学知识的正确态度，进行读、写、算基础训练，为进入小学做准备。

三、学前教育功能的扩展

法国政府将公立学前教育发展列为第七个五年（1976—1980）计划的重点任务之一。1975 年的哈比（Haby）改革涉及学前、小学和中学的整个普通教育领域。1976 年，政府颁布法令指出母育学校在普通教育中的重要意义，要求全面发展城市和农村的学前教育，所有 5 岁儿童进入母育学校和小学幼儿班。20 世纪 80 年代至 90 年代，法国教育改革涉及学前教育、初等教育、中等教育、高等教育、继续职业教育和社会职业培训。1989 年由总统正式颁布的《教育方针法》的附加报告明确规定了学前教育目标：“通过对美感的启蒙，对身体的意识、对灵巧动作的掌握和对集体生活的学习，发展幼儿的语言实践能力和个性，同时还应注意发现儿童在感觉、运动或智力方面的障碍，并做及早诊治。”这一目标实际上强调了法国学前教育的四重作用：启蒙教育、社会化、诊断和治疗，以及与小学的衔接。

法国一贯重视母育学校与初等学校的紧密联系，将学前师资和小学师资统称为“初级教师”，一律由省立师范学校负责培养。这是法国幼小衔接的一个有效措施。为使学前教育与小学教育既体现出合理的层次性，又反映出它们之间良好的过渡性，法国政府在 1978 年颁布的《哈比改革法》、1989 年颁布的《教育方针法》和 1990 年颁布的《教育法案实施条例》中都提出要加强“幼小衔接”工作。其具体措施包括：（1）1990 年，政府颁布政令决定推行基础教育改革，1991—1992 学年在 33 个示范省实施，1992—1993 学年在全国更大范围推行。（2）1990 年，法国政府规定合并母育学校和初等学校的视导监督工作。（3）增加男性教师比例，鼓励男性教师进入母育学校担任教师。其中，基础教育改革把学前教育与小学教育合为一体，2 ~ 11 岁儿童教育被分为三个连续的学习阶段，每个学习阶段一般由三个学年组成：初步学习阶段（2 ~ 5 岁）包括母育学校的小班和中班；基础学习阶段（5 ~ 8 岁）包括母育学校的大班和小学前两年；深入学习阶段（8 ~ 11 岁）包括小学的后三年。每个阶段的教学活动按学生的能力和水平实行同学科、同水平分组教学。学习阶段实验和改革的意义在于重视学生个体差异和幼小衔接，并以学生为中心组织教学。

四、学前教育机构的发展

在法国教育系统中，“学校”一般是指初等教育机构，包括母育学校和小学，都归教育部学校司管辖，有公立和私立之分，都不属于义务教育。从 1981 年开始，学前教育与小学教育一样免费。法国是当今世界上学前教育水平较高的国家之一，入园率很高。1990 年，2 ~ 6 岁儿童入园率为：2 岁 36.2%，3 岁 98%，4 ~ 6 岁 100%。在边远地区实行送教上门。即使只有三个孩子，也有流动车前来负责将相关儿童接送到学前教育机构对其进行教育。法国母育学校和小学幼儿班招收 2 ~ 6 岁儿童，一天开放的时间长达 10 小时。儿童一般按年龄分为三班：小班（2 ~ 4 岁）、中班（4 ~ 5 岁）和大班（5 ~ 6 岁）。班级的人数因地区而异。乡镇平均每班 10 ~ 15 人，城市每班 25 ~ 30 人。法国政府对母育学校的环境和设施有严格的规定，一般应设有游戏室、活动室、厕所、盥洗室、饭厅、厨房和运动场，以及接待室、教师宿舍、卫生室、贮藏室、主任办公室、露天活动场所和暖气设备。与其他国家相比，法国学前教育机构承担着更多职能，包括教育、保育、诊断和治疗，把社会、卫生和心理三者综合起来，重视幼儿身心健康的维护和学习习惯的培养，重视人格健康及各种潜能的发展，重视发现天才和防治低能。

五、学前师资的培养

为实现对母育学校所规定的任务，法国政府要求教师具有扎实的文化基础、关于不同活动领域的若干学科的知识及教学能力。教师既要了解儿童，真正关心儿童，了解儿童发展的个别差异，又应注意使儿童形成群属感，促使其社会化。教师应通过以科学为基础的知识等途径来很好地了解儿童，诸如遗传心理学、普通心理学、儿科学、营养学、神经学、精神分析学、社会学和学科教学法等。因此，对未来教师的培训计划应与此相一致，并与实践相联系。法国幼教师资的职前培养由师范学校负责，按规定名额择优录取，入学考试内容十分广泛，一般要经过初试、复试和自选考试三道关口。初试以笔试方式进行，考试内容涉及法国文学和语言、数学、科学与技术。复试以口试、实践和操作的方式进行，内容包括谈话、体育、造型艺术、音乐与朗诵。自选考试内容是笔头翻译一篇教育部规定范围内的用外文或方言写成的短文。被录取者一入学就成为国家公务人员并领取工资。

1986 年公布的《对母育学校的方向指导》，具体规定了师范学校的课程内容，要求培养能胜任母育学校和小学全部课程的人。它包括以下内容：（1）教育理论和实践，占总课时的 46.3%。（2）学科基础知识，包括法语、数学、科学与技术、历史、地理、公民教育、体育、艺术教育。（3）初等教育教师的行政和社会作用。（4）加深选修课。为满足残障儿童接受学前教育的需要，法国母育学校配备有特殊儿童教育师资。特教师资除接受一般教师培训外，还要经过全国性或学区性的专门机构培训，通过特教教师证书考试并实习一年。

20 世纪 70 年代以后，在终身教育思潮的影响下，法国在职教师进修有较大变化。政府肯定了教师培养应包括职前和职后两个部分。教育部规定每个初等教育教师从工作的第五年起到退休前五年止，有权利带薪接受累计时间为一年（36 周）的继续教育，分为长期（4 ~ 12 个月）、中期（1 ~ 2 个月）和短期（1 个月以内）三种，主要由本省师范学校负责实施。

第三节　德国现代学前教育

德国教育家福禄培尔于 19 世纪创办的幼儿园对西方学前教育产生了重要影响。德国非常重视家庭教育，教育孩子被视为家长的权利和义务，政府历来把学前儿童教育视为社会福利事业，交给教会、慈善团体和私人办理。德国各州幼儿园大多实行半日制，注重通过游戏等活动方式促进儿童身心发展，而不强调读、写、算教育。20 世纪后，德国幼儿教育的基本方针是由 1920 年的全国“学校会议”和 1922 年颁布的《儿童福利法》决定的。其主要特点表现为幼儿园不是教育制度的一环，而是社会福利制度的一环。这一直影响着德国现代幼儿教育的发展模式。20 世纪 70 年代以后，德国政府日益重视学前教育，把学前教育纳入整个教育体制，作为初等教育的一个组成部分，并给予指导和补助。德国统一后，学前教育的发展受到东部和西部文化差异的重要影响。

一、第二次世界大战前学前教育的变化

在第二次世界大战前，德国的学前教育机构承袭 19 世纪末的传统，呈多元化的趋势。除幼儿园外，还有沿袭下来的收容幼儿的慈善机构和幼儿学校等。第一次世界大战以后，德国废除了君主政体，建立了资产阶级的魏玛共和国。魏玛共和国按照民主的原则对教育进行改革，强调德国所有儿童都享有受教育的权利，使他们在身体、精神和社会方面都得到发展，成为有才干的人。同时，魏玛共和国决定设立公共儿童保护机构——儿童保护局，负责监督和指导民间儿童福利事业，承担为婴幼儿、学童等提供福利设施的任务，既要设立公立的幼儿园，又要鼓励民间慈善团体和宗教机构开办幼儿教育机构。

1922 年，德国政府制定了《儿童福利法》，其中强调建立“白天的幼儿之家”，包括幼儿园、托儿所及幼儿保护机构等；同时，还提出训练修女担任看护工作，要求加强幼儿教师的培训。此时期，幼儿园发展成为德国学前教育的主流。政府还颁布了《幼儿园条例》，提出建立各种各样的学前教育机构，指出凡招收 2 ~ 5 岁儿童者均可称为幼儿园。政府还规定，一切幼儿园的政府监督，均隶属于教育、卫生两部。幼儿园儿童具体由地方儿童局负责，学校教养儿童均需得到儿童局许可。

1933 年，中央集权的学校管理制度确立。各类学校，包括幼儿园，都必须进行所谓的“种族教育”，并在各种教科书中宣扬对法西斯的崇拜和对法西斯头子的盲从，幼儿教育遭到严重破坏。

二、第二次世界大战后学前教育的改革

第二次世界大战后，德国被一分为二：德意志联邦共和国与德意志民主共和国。两个国家遵循着不同的发展路线。受苏联影响，德意志民主共和国学前教育被纳入统一的

学校教育系统，成为公立教育制度的一个重要组成部分。德意志联邦共和国学前教育则恢复了魏玛共和国时期的传统。统一后的德国保留了德意志联邦共和国学前教育传统，但东部和西部的学前教育存在重大差异。

（一）德意志联邦共和国的学前教育

1. 学前教育地位的变化

德意志联邦共和国基本法规定教育儿童主要是个人的事情，家庭以外任何形式的教育都是次要的。哺养和教育儿童既是父母的权利也是其义务，这成为德意志联邦共和国有关家庭立法、学前儿童保育和教育有关的各种方针政策的基调。直到 1970 年以前，幼儿园一直被认为是社会福利机构。第二次世界大战后，为尽快恢复和重建教育事业，德意志联邦共和国制定了一系列教育政策。《关于德国学校民主化的法律》规定，幼儿园作为非义务教育机构属于国民教育体系。《德国教育民主化的基本原则》要求保证一切儿童享有同等受教育机会。《教育结构计划》要求大力发展学前教育。

1966 年以后，在美国及其他发达国家诸如开端计划、开发幼儿智力等计划及思想的影响下，德意志联邦共和国开始意识到学前教育的重要性。1970 年，德意志联邦共和国教育审议会公布了包括学前教育在内的全国教育制度改革方案。此方案把幼儿园 3 ~ 4 岁的幼儿教育纳入了教育体系的基础部分，列入了初等教育，把 5 ~ 6 岁的幼儿教育纳入了义务教育。20 世纪 70 年代初，围绕幼儿园是独立机构还是学校教育前期和准备阶段问题展开了大辩论。教育理事会主张在组织机构上应使幼儿园和小学相互衔接。1975 年，德意志联邦共和国教育和科学部在一项通知中提出，要把幼儿园教育纳入国家教育体制，使儿童能从幼儿园自然过渡到小学。德意志联邦共和国各州在过渡期教育内容上很快达成原则上的一致。20 世纪 70 年代，为弄清 5 岁儿童究竟应纳入基础学校教育还是纳入学前教育的问题，许多州都积极开展了相关实验。

2. 学前教育的办学形式

德意志联邦共和国的幼儿园主要是由教会、普通慈善机构和民间团体开办的，幼儿园的监督工作主要由开办幼儿园的团体自行负责。所有公、私立幼儿园的督查工作均由儿童局负责。幼儿园的入园制度大多由各州自行规定。在各类幼儿园中，公立的仅占 1/3，远低于教会所办的幼儿园。这是因为 19 世纪以来，政府对幼儿教育采取控制但不援助的政策，学前教育长期由市民或非政府机构自行管理；宗教团体的活动异常活跃，成为私立幼儿园的主导力量；幼儿园民办几乎成为一种传统，直到 20 世纪 60 年代中期后才有所改善。

德意志联邦共和国的幼儿园多数由教会和慈善团体开办并领取国家补助。公立幼儿园（主要由乡镇举办）占 30%，招收 3 ~ 6 岁儿童入园。到 1990 年，幼儿园可接纳新生人数占适龄儿童的 79%。10%是全日制幼儿园，其余都是半日制幼儿园。此后，不仅 5 岁以上的幼儿普遍入学，3 ~ 5 岁幼儿入园率也不断提高。据统计，1960 年，3 ~ 6 岁幼儿入园率为 33.3%；1977 年，3 ~ 5 岁幼儿入园率已达到 75%。德意志联邦共和国的地方分权制使各地区幼儿园的发展有很大差异。一般来说，南部幼儿园比北部幼儿园发达。如 1980 年，柏林的幼儿入园率仅为 55%，而巴登—符腾堡州的幼儿入园率却高达 98%，萨尔州的幼儿园儿童甚至超过了当地儿童的实际人数。但与欧洲其他国家相比，德意志联邦共和国幼儿园普及率仍较低。

3. 学前教育的教学大纲

德意志联邦共和国学前教育改革以地方或幼儿园为单位，没有全国统一的课程改革方案或课程大纲，甚至州一级也没有统一的教学大纲，教育目标与方案在很大程度上由幼儿园开办者自主决定，多以游戏等自由活动为主，不进行读、写、算教育。有组织的教学活动包括由教师讲故事、教唱歌、做劳作、会话和带儿童接触自然界等。20 世纪 70 年代，德意志联邦共和国政府确定初级教育改革目标。为实现既定目标，各种模式的研究方案在联邦德国应运而生。在学前教育研究方面出现了以功能论、学科论和情景论为代表的学前课程理论。

4. 学前教育的师资情况

德意志联邦共和国虽然也设有专门培训幼儿园教师的学校，招收初中毕业生和具有同等学力者（修业年限为两年），但由于学前教育不属于义务教育阶段，幼儿园教师无论是社会地位还是工资待遇，都不如其他教师。幼儿园教师仅仅是雇员，工资低于小学教师，这引起了幼儿园教师的不满，结果导致不但幼儿园严重缺乏教师，而且教师的素质也不高，因而阻碍了学前教育的发展。可以说，德意志联邦共和国在幼儿师资方面与其他发达国家相比有很大的差距。

（二）统一后的德国学前教育

1990 年，德国实现统一。同年，政府发布《儿童与青少年福利法》，规定幼儿园是为儿童提供教育和保育并帮助其发展成为有责任感的社会公民的机构，其课程与服务项目应在教育和组织上适应儿童和家庭的需要，要求各州承担扩建幼儿园的义务以满足需要。1993 年，德国联邦议会做出决定，要求地方政府大力发展幼儿教育设施。从 1996 年起，德国 3 ~ 6 岁儿童入幼儿园或法律保障，儿童入园人数增加。德国东部与西部儿童入园情况存在较大差异：西部习惯福禄培尔式半日制幼儿园，东部则受苏联影响，全托式学前教育机构更为普遍；西部为幼儿园缺乏发愁，东部情况却完全相反。受出生率急剧下降和高失业率的影响，东部许多幼儿看护机构面临关闭危机。

三、德国现代学前教育的发展

（一）学前教育的指导思想、内容、方法及组织形式

德国的学前教育深受幼儿教育家福禄培尔和蒙台梭利的影响，形成了约定俗成的观念，即倡导“自由发展”“自我教育”，注意为幼儿创造良好的环境，重视游戏与活动，

努力使幼儿通过各种活动发展体力、智力和道德感。各州在学前教育指导思想上不完全一致，但是有很多共识：认为幼儿园是协助家庭对幼儿进行教育的机构，应为培养幼儿优良的个性和全面成长打下良好的基础。

德国幼儿园教学的主要内容有两类：一类是语言教学，包括说、听、绘画、看图说话、唱歌、游戏活动等；另一类是对幼儿观察能力和思维能力的培养，包括日常生活中经常遇到的色彩、形态、数量、时间等概念的辨别能力的训练。在教育方法上，幼儿园除采纳福禄培尔的基本方法外，还吸取杜威的主张和蒙台梭利的教学方法，从做中学，注重丰富多彩的游戏，注重音乐教学，注重实际操作。在教学组织形式上，幼儿园主张个别教学、小组活动，不要求组织全班儿童进行集体教学。

（二）学前教育机构的发展

德国学前教育机构具有多元化的特点，名目繁多，形式各异，达 30 多种，但大致可归纳为以下六类：（1）传统幼儿园。传统幼儿园为 3 ~ 6 岁幼儿提供保育和教育，按照幼儿园的设立者及其接收政府补助及辅导的程度可分为公立幼儿园、私立幼儿园和独立自主幼儿园，实行混龄编班，分全日制和半日制。（2）幼儿俱乐部、游戏所和儿童店。幼儿俱乐部、游戏所主要由教会和福利机构开办，儿童店是 20 世纪 60 年代学生运动的产物。（3）以教育家名字命名的幼儿园，如裴斯泰洛齐幼儿园、福禄培尔幼儿园、蒙台梭利幼儿园等。（4）学校附设幼儿园和学前班，适合那些年龄已满或将达到 6 周岁但智力与体力均未达到入学标准的儿童。在这里他们接受一年特别训练，为进入基础学校做准备。（5）特殊幼儿园。它是为残障幼儿提供必要教育的场所，使其更好地融入社会。（6）其他托幼机构，如托儿所和父母管理中心等。

德国学前教育具有保育和社会福利性质，其法律基础是《青少年福利法》，不属于公共教育体制的组成部分。在联邦一级，由联邦青年、家庭和妇女部制定学前教育指导方针；在州一级，主要由社会部和卫生部管辖，少数由文化部代管；具体到地方，则由地方青少年福利局管理。国家对幼儿园的监督也由福利局执行。德国学校几乎都是公立的和免费的，但所有学前教育机构都要根据家庭收入多少来收费。另外，政府和民间资本对学前教育的投入非常可观。德国幼儿园数量很多，西部 11 州幼儿园规模较小，一般不超过 80 人；而东部幼儿入园率较高、幼儿园规模大，平均每所幼儿园有 642 名儿童。

（三）学前教师的培养

德国学前教师训练等级性很强，一般分为训练学院、技术学院和大学三个层次，但各州学前师资训练计划和内容五花八门。大学培养学前教育机构中为数很少的专注于社会教育的人，接受为期四年、学术性很强的“社会专科教育”专业训练；技术学院培养学前教育教师，接受为期三年的“社会教育专科学校”培训；培训学院培养学前教育机构的助理员，时间为 1 ~ 3 年。

第四节　美国现代学前教育

美国早年先后受到英国幼儿学校和德国幼儿园的影响。19 世纪末，美国学前教育开始本土化历程。公立幼儿园成为公立学校的阶梯，被纳入具有美国特色的单轨学制。在 19 世纪末开始的进步主义教育运动中，美国教育家对外来学前教育理论和方法进行了批判和反思，发展起具有本土特色的学前教育理论。20 世纪 60 年代以后，美国学前教育对世界各国学前教育的发展产生了重要影响。美国实行地方分权的教育领导体制，各州学前教育存在很大差异。第二次世界大战后，联邦政府基于教育机会均等和早期智力开发等考虑，加大了对补偿性学前教育的投入。在提高教育质量和标准化课程考试的压力下，联邦政府重视学前教育机构质量标准与认定体系的建立，以全面提高幼儿的整体读写能力。

一、进步主义幼儿园运动

1. 进步主义幼儿园运动的产生

19 世纪末至 20 世纪三四十年代，美国开展了进步主义幼儿园运动，强调研究儿童，注重幼儿教育与实际生活的联系。进步主义幼儿园运动的产生是具有美国特色的学前教育改革的开始。19 世纪下半叶，在美国的幼儿园中，福禄培尔的幼儿教育理论占据绝对统治地位，恩物和作业成为所有幼儿园的主要教学手段。但是很多人没有正确理解和把握福禄培尔所揭示的幼儿教育的真谛，曲解了游戏和恩物的意义，福禄培尔理论的合理因素逐渐被人们忽视，而其中的神秘主义、象征主义却被奉为至宝，恩物、作业的内容一成不变，趋向形式主义。到了 19 世纪末，随着美国经济和政治的发展，改变这种脱离儿童发展、脱离美国社会生活实际的幼儿园教育，根除幼儿园教育中形式主义的呼声日趋高涨。在此背景下，进步主义幼儿园运动应运而生。它是当时声势浩大的教育革新运动——进步主义教育的重要组成部分。

2. 进步主义幼儿园运动的理论来源

为进步主义幼儿园运动提供理论依据的是美国心理学家霍尔和哲学家、教育家杜威。霍尔提出了心理进化理论“复演说”，他赞同福禄培尔关于儿童发展阶段及游戏的一些观点，但认为恩物理论及象征主义是不科学的，幼儿园教师闭关自守的本位主义也是非常不合理的。他在调查和实验的基础上，指出美国的幼儿教育存在着脱离儿童生活实际、忽视儿童健康等方面的问题。该理论为进步主义幼儿园运动提供了心理学依据。杜威是美国进步主义教育运动的“精神领袖”，他的哲学思想、教育思想也给进步主义幼儿园运动以指导性的影响。他从“教育即生长”“教育即经验改造”“教育即生活”“做中学”等基本观点出发，认为教育的目的是培养儿童适应社会生活的能力，教育应以儿童为中心，让他们通过活动积累直接经验。杜威肯定了福禄培尔理论中关于儿童的自我活动、游戏及社会参与等原则，反对福禄培尔理论中的神秘色彩，指责恩物和作业脱离儿童的生活经验，主张把游戏和家庭日常生活联系起来，在现实生活中得到发展。

3. 进步主义幼儿园运动的领导者及其主要活动

进步主义幼儿园运动的主要领导人是安娜·布莱恩（Anna Bryan）和帕蒂·史密斯·希尔（Patty Smith Hill）。布莱恩是美国进步主义幼儿园运动的先驱。19世纪80年代，她最先公开批评福禄培尔式幼儿园的种种缺陷，并在自己的幼儿园里开始实验，用新的方法来教幼儿。她认为应将幼儿看成是主动的、活泼的人。教师应帮助幼儿自己思考而不是强迫幼儿领会恩物，将日常生活引入幼儿园，强调父母的责任，加强幼儿与父母的联系。希尔是美国进步主义幼儿园运动最杰出的代表之一，曾先后师从杜威和霍尔。1893年，希尔接管了路易斯维尔免费幼儿园协会和路易斯维尔师范学校的领导工作，经过十几年的努力，这里成为进步主义幼儿园运动的中心。1905年，希尔应邀前往哥伦比亚师范学校执教，在此后的30年里，她不停地教书、实验、写作、讲演，培养了大批学生，把进步主义幼儿园运动引向深入。她主张，儿童玩具应是积木、桌子、椅子等实在的东西，而不是符号化的东西，并设计发明了一组大型积木玩具，称为“希尔积木”，很快被各地幼儿园采用。

4. 进步主义幼儿园运动的意义和影响

进步主义幼儿园运动强调研究儿童，注重幼儿教育与实际生活的联系，开展多方面的实验活动，在实践中突破幼儿园封闭的局面，是幼儿园教育逐渐发展成为一种与小学教育紧密结合的新型机构。其强调家庭和社会的责任，主张对家长、教师进行培训。这些都是值得肯定的。

进步主义幼儿园运动也暴露出一些缺陷，主要问题是过分强调活动教学，某些解决问题式的教学方法超出了儿童的能力，不利于儿童进一步学习；对广大学前教育工作者来说，还没有能力将学术上的研究成果完全理解并运用到教育实践中，往往陷入缺乏科学性和实证性的经验主义泥潭。所以，进步主义幼儿园运动在20世纪30年代后受到许多非议。

二、“蒙台梭利热”

在进步主义幼儿园运动兴起之时，意大利女教育家蒙台梭利在罗马创办“幼儿之家”并获得成功。1910年，蒙台梭利教育方法及教具传入美国，蒙台梭利本人也在1912年和1915年两度访美。《蒙台梭利方法》于1912年出版，不到4天，5000本就被抢购一空。数百名美国学前教育工作者读了《蒙台梭利方法》后，兴奋地奔赴罗马拜访这位教育家。1913年，美国蒙台梭利协会成立，“蒙台梭利学校”纷纷成立，“蒙台梭利热”达到顶峰。在1913年召开的国际幼儿园联盟第20次大会上，美国进步主义代表人物之一的克伯屈指出，蒙台梭利法属于19世纪中期，其感官训练是“非强制不可的”“孤立的”“脱离幼儿生活实际和生活体验的”“缺乏创造性训练的”。1914年，克伯屈著书《蒙台梭利体系考察》，批评蒙台梭利的方法是落伍的，指责蒙台梭利教法脱离幼儿实际生活。

此外，蒙台梭利教学法还受到美国的机能主义、行为主义和精神分析等学派的批判。1915年以后，“蒙台梭利热”急剧降温、冷却。“蒙台梭利热”降温的重要原因之一是遭到个别声望甚高的进步主义教育家的批评。此外，在美国占主导地位的行为主义、精神分析等学派的心理学家们也对蒙台梭利法进行了批判。

“蒙台梭利热”昙花一现，但蒙台梭利在美国学前教育界的影响仍然是很大的。《蒙台梭利方法》的语言通俗易懂，引起了人们对学前教育的普遍重视。蒙台梭利强调“儿童的自由”及“自我活动”，促使人们重新探索福禄培尔的“儿童自动性原则”及“自由作业”的真正含义。她重视感觉训练和智力训练的思想，使人们深刻认识到智力开发的重要性。这些都是20世纪后半期“蒙台梭利热”再度升温的原因。

三、保育学校的传入

受英国麦克米伦姐妹创办保育学校的启发，芝加哥大学教授夫人团体自发地以集体经营的形式，于1915年开设了美国第一所保育学校。1919年，美国第一所公立常设保育学校成立，十年后成立了“全国保育协会”。初期的保育学校多作为教育实习或具有研究性质的实验学校。伊利奥特（Eliot）及怀特（White）为推动保育学校在美国的传播和普及做出了突出贡献。她们曾赴英国麦克米伦姐妹的保育学校学习办学经验。伊利奥特于1922年在波士顿创办“拉格街保育学校”。怀特在底特律麦瑞尔—柏尔玛母亲学校创办了一所附属保育学校，并从麦克米伦中心雇请了部分教员。她们遂成为20世纪20年代美国保育学校运动的主要领导人。

1933年，处在经济萧条期间的联邦紧急救助署宣布公立保育学校配合罗斯福的新政，为经济发展和儿童发展服务，全美设立的保育学校已达600多所。第二次世界大战期间，为了确保妇女投入到军事产业中来，联邦政府对保育学校实行经济援助，成立战时紧急保育学校，使保育学校数量猛增。到1945年，全美共有1 481所保育学校，招收幼儿69 000名。尽管此时的保育学校教师素质不高，但从社会效益看，这种措施还是成功的。第二次世界大战后，联邦政府停止了经济援助，公立保育学校在经营上困难重重。与此同时，私立的收费保育学校却急速发展起来，且占绝对优势。这种保育学校由于收费比幼儿园昂贵得多，因此其对象只限于认识到早期学前教育意义的少数知识分子阶层的子女。

四、学前教育机会均等运动的兴起

（一）机会均等运动兴起的历史背景

1957年，苏联成功发射人造卫星，这一事件促使美国开始对教育进行反思，开始了从1957年到1965年的10年教育改革运动，力图改变教育止步的状态。另外，第二次世界大战之后，美国贫富差距日益加大，种族歧视现象也日益恶化，黑人子女被排除在教育系统之外。在这种情况下，社会公众对此现象极为不满，要求改变，而且在教改后期，在布卢姆关于良好环境促进智力发展学说的影响下，教育政策委员会提出了给所有儿童以均等教育机会的主张。1963 年和 1964 年，美国政府提出了一系列福利措施和计划来使贫困家庭儿童能够享受到与富裕家庭儿童同等的教育环境和同等的教育机会。1966 年，全国教育协会和美国学校行政协会的联合组织教育政策委员会提出了对“所有 5 岁儿童和贫困而且没有文化教育条件的所有 4 岁儿童”扩大公共教育的提案，呼吁让幼儿享受均衡的教育机会。

（二）“开端计划”的制订与实施

开端计划是幼儿教育机会均等运动中重要的组成部分。1965 年，美国联邦教育总署提出开展开端计划，旨在对处境不利的儿童进行补偿教育，以缩小处境不利儿童在入学后与其他儿童之间的差距。

1. 实施措施

由联邦政府拨款将贫困而缺乏教育条件家庭的 4 ~ 5 岁的幼儿免费收容到公立小学或者是特设的学前班，进行为期数月到一年的保育，内容包括体检、治病、自由游戏、集体活动、户外锻炼、校外活动和文化活动等，来消除他们与其他儿童入学前形成的差异，实现“教育机会均等”。一般情况下，对 5 岁幼儿进行为期 8 周的培训，对 4 岁幼儿进行一年的长期教育课程。

2. 发展状况

伴随着时代的发展，1968 年，美国有关部门制订了“追随到底计划”，它被认为是开端计划的延伸计划。其对象是在开端计划中受益的小学低年级学生，目的是帮助这些儿童在入小学之后还能得到长足的发展。1978 年，开端计划面向所有儿童开放。

3. 评价反思

自 1965 年实行以来，开端计划在美国早期儿童教育中占有很重要的地位，对于它的评价褒贬不一。一方面，贫穷儿童的早期受教育权利得到保障。在政府的资助下，社会科学研究者和心理学家在早期教育领域中进行了研究，以使人们意识到早期教育的重要性。有研究表明，参加过开端计划的儿童在之后会获得更高的学历，减少以后犯罪的概率。但是，另一方面，也有人批评儿童早期获得的优势在入小学后就会消失殆尽，而且所受的早期教育被认为是揠苗助长的行为。虽说大众对开端计划的效果褒贬不一，但总的来讲，这一计划的实施无疑大大促进了美国学前教育的发展。

五、幼儿智力开发运动

在教育学家布卢姆（Bloom）的“三个任何”学说——“任何学科都可以用某种方式有效地交给处在任何发展阶段的任何儿童”的影响下，大规模的幼儿智力开发运动应运而生。学前教育界日益重视儿童科学素养的培养。1963 年，美国科学促进协会出版了适用于幼儿园和小学低年级的《科学教育见闻》。其目的是让儿童在时间、空间、观察、测量等概念和活动的操作中获得科学知识的技能。此外，各种促进幼儿智力发展的研究和实验计划不断涌现，其中以佩里的学前教育研究计划等为代表。

1. 佩里的学前教育研究计划

佩里学前教育研究计划是由 High Scope 教育基金会组织，儿童心理学家魏卡特（David Weikart）领导，探讨学前教育成效的一项长期跟踪研究计划。

1962—1967 年，魏卡特领导的课题组在密歇根州一个黑人贫民区招收了 123 名 3～4 岁、智商为 60～90 的黑人儿童作为被试对象。这些儿童被随机分为实验组和对比组，实验组的儿童接受全面的学前教育，对比组的儿童则顺其自然。在年满 5 岁以后将两组儿童送入同一所小学，后进行长期跟踪至 40 岁，记录他们在各年龄阶段的发展及表现并进行比较。结果表明，实验组的儿童在之后的发展过程中均胜过对比组。

2. 拉瓦特里的儿童早期教育方案和皮氏学前教育实验方案

20 世纪 60 年代之后，皮亚杰理论的影响在美国日益扩大，其推崇者将皮亚杰的认知发展理论应用于学前教育实践，比较有代表性的有拉瓦特里的儿童早期教育方案和威斯康星大学皮氏学前教育实验方案。

拉瓦特里儿童早期教育方案，是由美国伊利诺伊州的大学教授拉瓦特里领导设计的。拉瓦特里曾与皮亚杰合作研究，回到美国后，设计出这套方案。方案以 4～5 岁儿童为研究对象，系统地提供各种具体运算的内容，以帮助儿童获得逻辑思考的方式，迎合了智力开发运动的潮流。但这一实验却遭到了正统皮亚杰教育家的批评，认为它试图加速儿童的认知发展，严重背离了皮亚杰的立场。

威斯康星大学皮氏学前教育实验方案是由威斯康星大学幼儿研究中心设计，以 3～5 岁儿童为研究对象，尊崇皮亚杰的原始理论，以检查、探讨皮亚杰理论设计的学前教育实验方案对儿童的智能与社会发展的影响。教师通过提供适当的环境，通过向儿童提出探索性的问题，鼓励与同伴、成人社会及物质环境的交互作用来发展儿童的智力以培养儿童的能力。

六、学前教育观念的演进

20 世纪 80 年代以来，美国学前教育理论得到了进一步的发展。人们的学前教育观念较之前发生了新的变化。这些变化主要有以下几点：

（1）幼儿园逐渐成为公立学校系统的一部分。1986 年，密西西比州开始为所有 5 岁儿童开办幼儿园班，随后全美 50 个州都先后把幼儿园正式纳入公立学校系统。

（2）强调教育和保育的统一。随着儿童研究的逐渐深入及社会上的早出人才的要求，教育和保育可以分开的观念已经过时，各种类型的学前教育方案都强调教育与保育的统一。有些州已采取了协调措施将二者统一起来。例如，1989 年，艾奥瓦州的教育厅设立了“儿童发展协调处”，纽约的教育厅设立了“早期儿童服务办公室”，弗吉尼亚州的教育厅设立了“儿童保育与早期教育处”，等等。

（3）越来越强调儿童的整体发展。在儿童发展目标问题上，过去那种非此即彼的观念和做法不再流行，许多州的各种学前教育方案将幼儿的社会性发展、认知发展、情感发展和身体发展定为确立学前教育目标的基础。

（4）注重对学前儿童进行社会教育。为了使幼儿适应幼儿园生活及为以后参与社会生活做准备，美国学前教育注重利用社区资源、视听材料及操作材料（如制作美术品、绘制地图）等方式向幼儿进行社会的基本知识、基本态度和基本技能的传授，这是美国学前教育不同于他国的重要特点之一。

（5）强调学前教育面向全体儿童。学前教育要面向包括残障儿童在内的社会各阶层的所有儿童。到目前为止，在美国的幼教机构中，3～4 岁儿童的入学率在逐年以极大的比例增加，而 5 岁儿童的入学率几乎达到 100%。

第五节　苏联/俄罗斯现代学前教育

在“十月革命”以前，俄国的学前教育尚处于萌芽状态。1917 年，俄国爆发“十月革命”，沙俄政府崩溃，俄罗斯苏维埃联邦社会主义共和国成立，世界上第一个无产阶级专政的社会主义国家诞生了。1922 年 12 月 30 日，苏维埃社会主义共和国联盟宣告成立，简称“苏联”。当时加入苏联的有俄罗斯、外高加索联邦、乌克兰和白俄罗斯。苏联非常重视公共学前教育，强调学前教育机构对学前儿童进行教育的优越性，还制定了有关方针政策，采取了各种措施，以促进学前教育的发展。儿童从年幼时期开始，就在集体中通过教育实行统一管理，以达到解放妇女劳动力和保护、教育儿童的目的，学前教育机构担负教育和保育的双重任务。苏联因此被认为在世界上首先开创了“儿童的时代”。1991 年，苏联解体，俄罗斯联邦成为完全独立的国家，俄罗斯的文化和教育事业受到巨大的冲击。根据俄罗斯《教育法》的规定，学前教育发展开始受市场经济调节，必须满足家长的多层次需要。这使学前教育的福利性质发生了改变，教育机构逐渐向非国有化转变，学前教育也出现了民主化、人道化和非意识形态化的明显变化。俄罗斯还改变了苏联学前教育机构的封闭式管理模式，使家长、社会团体和企业等参与幼儿园教育委员会的工作。

一、苏联现代学前教育

苏联是 20 世纪公共学前教育发展较快的国家。以第二次世界大战为时间节点，苏联的学前教育发展和改革可以分为两个时期：第一个时期是“十月革命”以后至第二次世界大战以前，是苏联社会主义学前教育体系的奠基和建设时期；第二个时期是第二次世界大战以后至苏联解体之前，是苏联社会主义学前教育体系的改革和发展时期。

（一）社会主义学前教育体系的建立

1. 学前教育的奠基工作

1）确定苏联学前教育的地位和任务。

1917 年，苏联政府成立后，建立了教育人民委员会学前教育局。随后，教育人民委员会公布了《统一劳动学校规程》和《统一劳动学校基本原则》(又称《统一劳动学校宣言》)，指出苏维埃共和国的儿童公共免费教育必须从儿童出生时开始。学前教育制度是整个学校制度中的一个组成部分，从而把学前儿童的教育纳入了国民教育体系。1919 年 3 月举行的第八次苏共代表大会通过的党纲，规定了苏俄学前教育的两大任务：第一，按照儿童的年龄特征来实现儿童的全面发展和共产主义教育的任务；第二，解放妇女。苏联学前教育机构的这一职能构成了它与西方许多经济发达国家的学前教育机构的本质差别。

2）培养学前教育干部和教师。

教育人民委员会学前教育局成立初期，组织了每期为时 3 个月的训练班，培养学前教育的视导人员。1918 年 9 月，在彼得堡设立了世界上第一所国立的学前教育专业的高等学府“学前教育学院”。其任务是培养学前专业的高级干部。学院讲授蒙台梭利的教育理论并布置实习作业。该学院还兼有学前教育理论研究中心的功能。第二莫斯科大学也设立了学前教育系。到 1920 年年初，通过学前教育专业训练班培养出的教师达 3 280 人。

3）举行学前教育会议，讨论有关问题。

1919—1928 年，教育人民委员会学前教育局在莫斯科举行了四次全国学前教育代表大会和若干次临时代表会议，讨论了学前教育的任务、教育机构的设立、经费来源、教学法研究、学前师资培养和编写学前大纲等方面的问题。这些会议对推动苏联学前教育的发展起到了重要的作用。经过各方面的努力，学前教育机构的工作初见成效。1920 年，苏联已有 4 723 所学前教育机构，共收纳儿童 254 527 人。

2. 幼儿园教育的正规化

1930—1934 年，随着第一个五年计划的完成，工业的发展和农业集体化的实现为公共学前教育的发展创造了有利的条件。1930 年 6 月召开的第十六次苏共代表大会规定：“拥有一定规模的工厂地区有义务设置托儿所；幼儿园的经费筹措采取国家拨款与吸收社会资金两条腿走路的方针。”此后，苏联学前教育机构不仅数量增加了，还新增了长日班、晚班和夜班等服务项目，从而更适合女工的需要。

20 世纪二三十年代，苏联教育人民委员会不断制定和颁布关于幼儿园工作的规程、指南、规则，促进了幼儿园教育的正规化。1932 年，教育人民委员会颁布了第一部国家统一的《幼儿园教育大纲草案》，规定幼儿园教学内容包括社会政治教育、劳动教育、认识自然的作业、体育、音乐活动、美术活动、数学和识字等。这对于整顿幼儿园，促进幼儿园教学管理的正规化，提高幼儿教育质量具有重要意义。1938 年，苏联教育人民委员会制定了《幼儿园规程》和《幼儿园教养员工作指南》。《幼儿园规程》规定了幼儿园的教育目的、任务、组织、幼儿园的基本类型、对儿童的营养和幼儿园房舍的要求等，其中，包括要求以本民族语言进行工作和实行一长负责制等。《幼儿园教养员工作指南》是根据《幼儿园规程》编写的。它根据儿童的年龄特征，将幼儿园工作的任务、内容和方式等具体化了。

1944 年，教育人民委员会制定了《幼儿园规则》。该规则规定：（1）不论幼儿园由何团体或机构管理，必须根据《幼儿园规则》和《幼儿园教养员工作指南》开展工作。（2）幼儿园是使 3 ~ 7 岁儿童受到苏维埃教育的国家机构，目的在于保证儿童的全面发展，同时有助于妇女参加生产劳动、参与社会政治文化生活。（3）幼儿园应为儿童入学做准备。为此，要求幼儿园做到关心儿童的健康，发展儿童的智力，安排各类游戏、文化与艺术教学，组织儿童通过参观和散步去认识周围世界，培养儿童独立自我服务的习惯、卫生习惯、劳动习惯、正确使用和爱护物件的习惯，培养儿童守秩序、自制、尊敬长者和父母的品行，培养儿童爱祖国、爱人民、爱领袖、爱军队的情感。（4）开设幼儿园的任务属于国民教育科、生产企业、苏维埃机构、合作社和集体经济的组织，不允许私人开设幼儿园。

（二）社会主义学前教育体系的改革

1. 托幼一元化的发展

第二次世界大战期间，苏联新设置了很多幼儿园，以适应学前教育的需要。由于在儿童稀少的农村地区设置独立的托儿所和幼儿园不经济且有实际困难，因此，有些地方将两者合起来，不按年龄编班，进行混合保育，办成了“幼儿综合园”，但是保教质量不容乐观。托儿所和幼儿园在教育管理上分别属于保健人民委员会（卫生部）和教育人民委员部（教育部），从而导致管理上出现了一定的混乱。要消除这种不合理的现象，就得将托儿所和幼儿园合并起来统一管理。于是，托儿所和幼儿园的一体化成为苏联学前教育改革的重点。

1959 年，苏联公布了关于改革学前教育制度的决定——《关于进一步发展学前儿童设施及改善学前儿童的教育和保健工作的措施》。这一决定规定创设统一的学前教育设施“托儿所—幼儿园”，开始实行新的学前教育制度。新设的学前教育机构“托儿所—幼儿园”，以满 2 岁为界限，未满 2 岁的婴儿由保育员负责，2 岁以上的幼儿由教养员负责。合并的“托儿所—幼儿园”的指导权和监督权统一于教育部，卫生部则在儿童的保健方面负主要责任。1959 年以后，“托儿所—幼儿园”逐渐成为苏联学前教育机构中的主要类型。1973 年，最高苏维埃会议第六次会议通过《关于苏联及各加盟共和国的国民教育立法的基础》，根据这一基本法，上述三种“学前儿童设施”作为构成苏维埃教育制度的第一阶段，具有了正式的地位。

2.《幼儿园教育大纲》的制定与修订

为适应新设的学前教育设施，以俄罗斯联邦教育科学学院学前教育研究所第一任所长乌索娃为首，在医学科学院的教授洛万诺夫的协助下，对《幼儿园教养员工作指南》

进行修订，于 1962 年公布了《托儿所—幼儿园统一教学大纲》。这也是世界上第一部综合婴幼儿教育的大纲。该大纲有以下五个特点：

（1）将原来婴幼儿和学前儿童互相分离的教育内容系统化。将出生后 2 个月至 6 周岁的儿童按年龄阶段分为七个班：第一婴儿期班（出生后第一年）、第二婴儿期班（出生后第二年）、婴儿晚期班（出生后第三年）、学前初期班（出生后第四年）、学前中期班（出生后第五年）、学前晚期班（出生后第六年）、入学预备班（出生后第七年）。

（2）比原来的大纲更加注意游戏。

（3）恢复了以前大纲里被取消的劳动部分，在学前晚期班和入学预备班增添了劳动教育。

（4）在入学预备班里进行初步的读写教学，为进入小学做准备。

（5）重视教学方法的指导，在出版大纲时还另外出版了四本指导教学方法的书籍。

20 世纪 60 年代末至 70 年代末，苏联教育心理学家在儿童心理发展和教育实验研究方面取得了新成果，初等教育于 1969 年开始由原来的 4 年而缩短为 2 年。为了适应这一变化和改革对学前教育工作的新要求，苏联先后多次修订 1962 年的教育大纲。1970 年，修订后的大纲加强了婴儿期的护理和教育；加强了入学预备班的教育内容的知识性，将小学一年级语文、数学的部分大纲要求作为入学预备班儿童的教学内容。1978 年，修订后的大纲把学前期儿童分成四个年龄阶段：学前早期（0 ~ 2 岁）、学前初期（2 ~ 4 岁）、学前中期（4 ~ 5 岁）和学前晚期（5 ~ 7 岁）。修订后的大纲对各年龄阶段儿童的德、智、体等方面的发展提出了统一要求。

3.《学前教育构想》的提出

1989 年，苏联国家教育委员会批准和公布了《学前教育构想》，开始了学前教育的第三次改革。这轮改革开始纠正偏重智力的发展趋势，强调儿童个性的全面发展，提出了新的“个性定向式教育策略”。当时，在苏联幼儿园教育实践中占主导地位的是教学—训导模式，该模式主张用知识、技能和技巧武装儿童，成人与儿童相互作用的口号是：“请你像我这样做！”儿童往往被视为接受某种教育体系影响的客体。而“个性的定向式教育策略”强调教学的目的是促进儿童个性的形成。《学前教育构想》确定了苏联幼儿园改革的基本原则，明确了苏联学前教育改革的方向。这一时期，苏联学前教育机构主要有四种类型：托儿所、托儿所—幼儿园、特殊幼儿园和学校幼儿园。其中，最广泛的是托儿所—幼儿园，招收从出生到 7 岁的儿童。

4. 学前教育的师资培训与科学研究

苏联幼儿园的教师由幼儿师范学校培养。苏联学前教育研究的历史过程大致经历了以下三个发展阶段：第一阶段是苏维埃政权成立之初，主要是引进西方幼儿教育理论，西方的自由教育理论如蒙台梭利幼儿教育理论、杜威的实用主义教育理论及儿童学等曾经在苏联广泛流行；第二阶段是 20 世纪三四十年代反思西方幼儿教育理论，开始创建具有自己特色的苏维埃幼儿教育理论；第三阶段是卫国战争结束后，成规模、成系统地研究幼儿教育，自己的特色真正形成。

（三）苏联现代学前教育的特征

1. 学前教育统一领导与集中管理

1917 年，苏联建立了学前教育局，专门管理学前教育事务，以加强对这项事业的领导。这种国家统一领导的管理体制成为苏联学前教育最鲜明的特点。

苏联明确了学前教育在教育体系中的地位，把学前教育纳入整个教育体系之中，成为其中的一个重要环节。学前教育机构都是公立的，国家和集体负责学前教育机构的经费开销，入托儿童一年费用的 80%由国家承担。苏联明确了学前教育的目的和任务，制定了一系列政策法规，强调政治与教育的结合。政府颁发了各种法令，规定幼儿园规程和大纲。党和国家通过教育立法及幼儿园章程、规则和大纲等，对学前教育实行统一管理，认为有了统一的规定，就可以保证完成学前教育的任务，保证教育的质量。

尽管国家根据学前教育研究的进展不断修订相关政策，以适应发展的需要。但是苏联的学前教育领导体制存在明显的弊端。其主要的问题是这种过于集中的领导体制缺少灵活性，地方当局和幼儿园缺少自主权。由于不允许私人办幼儿园，而国家的力量又有限，因此幼儿园的发展有限，供不应求，儿童入托率一直不高。对于上述问题，苏联政府已有所认识。1989 年，《学前教育构想》的提出赋予了地方和幼儿园更多的自主权，使得多种形式和类型的学前教育机构并存。

2. 教育工作和保育工作紧密结合

苏联的学前教育机构从一开始就担负着解放妇女劳动力、保护和教育儿童的双重任务。为了让母亲从烦琐的家庭事务中解放出来，投入到社会主义建设中，苏联把发展托儿所和幼儿园放在同等重要的地位。不论是托儿所还是幼儿园，一年到头都可以入托，全年入托不间断。儿童的在园时间明显长于欧美国家，每天入托时间甚至长达 12 小时。很大一部分教育工作存在于保育工作中，既要对儿童的日常生活进行护理和照顾，又要对儿童进行全面的教育，做到了教育工作和保育工作密切结合在一起。教育工作者利用每个生活环节，如吃饭、睡觉等，对儿童进行文明卫生习惯和良好道德品质的教育。

3. 教学—训导型教学模式

在苏联的幼儿园实践中，教学—训导模式成为主要的教学模式。20 世纪 50 年代，在乌索娃领导的科研团体的研究支持下，苏联将系统的、有组织的作业教学正式引入幼儿园，希望通过幼儿园教学使儿童形成在小学生活和学习的某些技能和习惯，适应小学的要求。教学—训导型教学模式由此生成。

这种模式偏重面向全体幼儿的教学活动，强调教师的主导作用，儿童仅仅被视为接受教育影响的客体。教育者不得不完成教学大纲，以满足领导和监察机关的要求。教学的目的在于用知识、技能和技巧武装儿童并使之听话。儿童游戏不仅在时间上受限制，还受到成人的严格规定，即其时间和形式都受到成人限制。1969 年，苏联小学学制由四年改为三年以后，苏联学前教育界开展了新的实验，探讨将小学语文和数学教学的一半内容下放到幼儿园 6 岁班的可行性。实验结果促使幼儿园适应小学的变化和要求，学前儿童特有的活动如游戏和艺术创作活动受到排挤，教学—训导型教学模式进一步得到巩固。

教学—训导型教学模式带来的弊端是形式主义泛滥，成人和儿童的关系疏远，儿童主动性丧失，消极性大于积极性，进而出现抗拒等心理。一离开教师，儿童的行为便与期望、应该的行为毫无共同之处。针对教学—训导型教学模式存在的弊端，1989 年的《学前教育构思》提出了“个性定向型相互作用模式”，强调教学目的是促进儿童个性的形成。教师与儿童交往时应遵循“不平行，不在上，而在一起”的原则，以保证儿童的心理安全感，形成个性的萌芽。在新的模式中，儿童被看作合作条件下的平等伙伴。

4. 分科教学

受凯洛夫教育思想影响，苏联学前教育批判杜威的实用主义教育，强调教给幼儿系统的知识。与此相适应，苏联幼儿园实行分科教学。

苏联 1938 年制定的《幼儿园教养员工作指南》规定，幼儿园教养活动项目包括组织儿童的生活与教育儿童的品行、体育、游戏、国语、认识环境、绘画、泥工及其他使用材料的作业、音乐教育、计算（大班为计算及度量）及季节性的儿童工作（小班为季节性的儿童工作，中班为儿童冬季的游戏、观察和工作，大班为按照季节布置儿童的观察、作业、游戏），教学分科目进行。课程的组织采用纵向的发展序列，每科目都具有自己的体系。按照年龄大小提出要求，进行编排，然后制订严密的学科工作计划。分科教学与教学—训导型教学模式相适应，强调教师在教育过程中的主导地位和作用。教师通过系统传授、分科作业，帮助儿童获得系统化的知识。

二、俄罗斯现代学前教育

1991 年苏联解体，俄罗斯成为完全独立的国家，俄罗斯的文化和教育事业受到巨大的冲击。1992 年 7 月，俄罗斯出台了教育领域的根本大法——《俄罗斯联邦教育法》（简称《教育法》）。1996 年 1 月，经过修改的《教育法》生效。此外，还有《关于俄罗斯联邦国家教育管理体制的决议》《俄罗斯联邦教育发展国家纲要（草案）》，以及关于各级各类教育的法令和条例等，为俄罗斯教育改革提供了相关依据。2004 年，俄罗斯总统普京颁令取消教育部，新建“俄罗斯联邦教育科学部”。改革后的俄罗斯教育朝着经济化、非国有化、民主化、人道化、非意识形态化和多元化方向发展。根据《学前教育构想》和《教育法》的有关规定，俄罗斯学前教育也进行了艰难的改革。

（一）学前教育性质和目标的改革

1. 学前教育性质和目标的变化

苏联学前教育机构有两大职能，即社会生活职能和教育职能；学前教育被视为公益和福利事业，具有一定的政治色彩。从学前教育的目标来看，学前教育机构则更多关注对儿童集体主义精神的培养，忽视儿童的个性发展。苏联解体后，俄罗斯学前教育的性质和目标有所改变。俄罗斯《教育法》的颁布使学前教育受市场经济调节，教育必须满足家长的多层次的需要，并使儿童发展适应未来社会。这种状况使俄罗斯学前教育的福利性质发生了改变，不再是社会公益事业，家长可以根据自己的需要自主选择幼儿园。《教育法》指出，"教育的目的是造就独立的、自由的、有文化的、有道德的人"。学前教育的目标是："保证儿童免受一切生理和心理的伤害；满足儿童情绪交往的需求；保证儿童创造性才能和兴趣的发展；对儿童发展中的缺陷矫治予以帮助；保证儿童与个人特点相适应的发展权利；保证儿童的充分发展与家庭相互作用；促进儿童身心的和谐发展，使其做好入小学准备。"

2. 学前教育的进一步发展

根据《教育法》，俄联邦教育部学前教育司于1994—1995年制定了《学前教育标准（草案）》，对学前教育大纲进行宏观指导，提出改革学前儿童教育目标、教学模式和改善儿童发展环境的要求。其主要内容有以下几个方面：

（1）教育大纲的目标是激发儿童的求知欲，发展其能力和创造性想象，发展儿童的交往能力。幼儿园应能保护和加强儿童的身心健康、情绪的安定，为儿童个性和创造力的发展创设条件；向儿童介绍人类共同的价值；与家庭相互作用，以保证儿童的充分发展。

（2）幼儿园教育教学活动的组织形式。大纲应规定儿童生活的三种组织形式：作为专门的教学组织形式的作业；非严格规定的活动；在幼儿园一日生活中为儿童提供自由时间。大纲应体现儿童单独活动和共同活动的最优组合。大纲的编排应考虑学前儿童特殊的活动形式，如游戏、建筑、美工、音乐、戏剧表演活动等。

（3）大纲应考虑到实施个别对待儿童、照顾不同儿童群体的可能性；考虑儿童的年龄特征。

可见，俄罗斯的学前教育主要有以下两个变化：

（1）学前教育机构可在国家标准大纲的指导下结合本地、本机构的具体情况制定具体大纲，改变了以往统一大纲、统一教材和统一上课的局面，教育内容变得丰富灵活又富有特色。

（2）教学内容增设了舞蹈、外语、多样化艺术创造、计算机、民族文化等方面的知识和技能。

苏联学前教育重视以分科教学方式传授，趋向小学化，忽视儿童个性和创造性。俄罗斯学前教育改革则强调人道化、个性化和优化发展环境。

（二）学前教育体制和师资培训的改革

1. 学前教育体制的改革

俄罗斯政府致力建构适应并促进市场经济发展需要的新教育体制和办学制度。新的《教育法》提出教育管理的民主性、社会性和自主性原则，改变了国家对教育机构实行统一管理的僵化模式，把权力层层下放，赋予地方更多的自主权；充分考虑和尊重民族、地区文化经济发展的差异性，在保证俄罗斯教育政策的统一性的前提下，调动地方积极性，管理模式从微观向宏观，由直接向间接，由行政命令向依靠经济、政策、法律和市场调节等方式发展，把学前教育办理权交给教育机构，使其成为法人。根据上述精神，学前教育机构可具体制定发展目标。俄罗斯改变了苏联学前教育机构封闭式的管理模式，使家长、社会团体和企业等可以参加幼儿园教育委员会的工作，与学前教育机构一起制订教育计划，选择教育内容，共同实施管理，从而满足不同层次的教育需求。

2. 学前教育师资培训的改革

市场经济要求改变以往苏联师范制度单一、缺乏灵活性和竞争性的状况。1992 年俄罗斯科学部高等教育委员会发布的《关于在俄罗斯联邦建立多层次高等教育的决议》，要求建立多层次师范教育体系，包括中等师范学校、师范专科学校、师范学院和师范大学四个层次和类型。高等师范院校培养学前教育师资，课程分为普通教育科目、专门科目、教育科目和实习科目四大类。心理学、教育学、教育史、教学法和实习等教育科学类的课程占有重要位置。其他课程包括外语、生理学、解剖学、儿童文学、儿童语言发展方法、儿童身体训练、儿童音乐活动、学前教育学和各科教学法等必修课和选修课。教师培训学院的学前教育系主要负责培养学前教育机构的领导者、高年级教师和中等师范学校教师。这些未来专家将作为教师和家长的顾问并直接和儿童接触。新课程包括第一年的教育理论课，如解剖学、心理学、生理学、教育学、体育和语言发展等，第二年的教育儿童的各种方法，还有 15%的选修课，如韵律、合唱和木偶戏。另外，学院的学生要在幼儿园和中等师范学校实习两次，还要在地方教育机关积累作为视察官员的经验。

（三）学前教育机构的多元化发展

1. 学前教育机构类型的发展

为提高学前教育质量，1990 年，苏联国家教育委员会发布《学前教育构想》，要求根据当代教育科学研究成果改革学前教育体系，改善幼儿园办园条件，使学前教育机构呈现多元化态势。1992 年，俄罗斯联邦颁布《教育法》，要求对教育机构定期进行评估鉴定和资格认证。1994—1995 年俄联邦教育部学前教育司研制《学前教育标准（草案）》，对学前教育机构的活动场地、空间结构、设备材料等做出严格规定。俄罗斯幼教机构大多数由政府组建，少数由企事业单位兴办。其主要类型有四种：托儿所（招收 1 ~ 3 岁儿童）、幼儿园（招收 4 ~ 6 岁儿童）、托儿所—幼儿园联合体和家庭托儿所（祖母在家照看孩子）。企事业单位创办的学前教育机构的设施比政府创办的学前教育机构的设施要优越得多。各种私立幼儿园的教育方式相差不大。一般私立幼儿园都承诺对幼儿进行全面培养，但一些注重发展数学和技术能力，另一些注重教授外语。

2. 学前教育机构管理模式的发展

俄罗斯的学前教育机构开始实行新的收费制度。早从苏联解体前的 1990 年开始，所有的托儿所、托儿所—幼儿园和幼儿园均采用收费制，俄罗斯政府也沿用了这一制度，并对收费标准做出了详细的规定，而对于那些总收入在国家规定的标准以下的家庭，则给予免除其费用的照顾。此外，对于那些有四个以上孩子的家庭，每个孩子只需交付一般费用的 50%。开设特殊课程（如计算机、外语、高尔夫球、国外旅游、散打和骑马等）的幼儿园收费高达 1 000 美元，并要交纳 1 000 美元入学赞助费，而苏联时期由国家提供财政资助，家长一般只需负担 20%的费用。

3. 学前教育机构教学形式的发展

俄罗斯学前教育机构不再以上课作为其基本的教学形式，而是以教育人道化为宗旨，利用游戏及合作教育等发展儿童的积极性，促使儿童的个性充分发展。一日活动主要有游戏活动、教学活动、特殊活动、交往活动和自由活动五个方面构成，比苏联时期注重儿童体育。个性定向型相互作用的教育模式正在成为一种趋势。教师注意挖掘儿童自身的潜力和积极性，鼓励儿童创造性地对待自己所完成的活动。同时，教师以故事、情境游戏、角色游戏和儿童的即兴表演的方法进行教学，努力创造儿童情绪得以充分满足的环境，从而克服僵化的“填鸭式”教学。

（四）关于幼小衔接问题的思考

1. 苏联时期的经验与教训

在苏联时期曾有两次试图解决幼小衔接问题的尝试：第一次是 20 世纪 50 年代把有组织的作业教学引入幼儿园；第二次是将幼儿园 6～7 岁预备班作为零点班在 20 世纪 80 年代的教育改革中正式纳入小学学制，并探讨了如何将小学语文和数学教学的有关内容下放。这两次幼小衔接的探讨都把重点放在使学前教育适应小学的要求和变化上，结果强化了教学—训导型教学模式在学前教育中的应用，贬低了学前教育自身的教育价值。

2. 俄罗斯的反思与实践

20 世纪 90 年代，随着俄罗斯教育机构和教育大纲的多元化发展，幼小衔接的问题被重新提出。新的幼小衔接的特点在于：提出加强幼小教育衔接的双边措施，即幼儿园和小学共同努力，统一规划两个阶段的教育目标、内容和方法；反对以牺牲学前利益来换取入学后学习上短暂收益的做法，以成人与儿童及儿童同伴之间的对话交往来代替幼儿园作业课，取消幼儿园有严格规定的教学；丰富幼儿园的教养内容，帮助儿童做好入学准备，即儿童身体、智力、个性发展的“一般准备”和儿童阅读、计算初步技能等“专门准备”；挖掘儿童专门的活动类型，如有规律的游戏、各种儿童艺术创造活动等在入学准备方面的潜力。在解决幼小衔接问题上，俄罗斯努力纠正苏联时期幼儿园的教学扩大化倾向，重视学前教育价值，寻找更科学、更有效地促进儿童一般发展的教学内容、方法和形式。但是，上述措施的有效性还有待教育实践的进一步验证。

第六节　日本现代学前教育

日本明治维新后，经过 40 年的工业化进程至第一次世界大战时期，它已经发展成为资本主义列强和亚洲最发达的国家之一。日本的幼儿教育也在适应其政治和经济特别是军事上的起伏跌宕而不断变化。1926 年的《幼儿园令》是日本学前教育史上的第一个单独的幼儿园令。第二次世界大战后，日本政府采取特殊的保护措施大力恢复和发展教育，推动了幼儿教育的发展；日本进行了历史上的第二次教育改革，学前教育机构得到很大程度的普及，学前教育进一步法制化和制度化。在国际上逐渐处于领先地位。20 世纪 80 年代，日本进行了第三次教育改革，以适应新时代的需要，学前教育的发展也出现了新的变化。

一、学前教育制度的确立和机构的发展

1. 学前教育制度的确立

1926 年，文部省颁布了日本第一部较为完整而又独立的学前教育法令——《幼儿园令》及其实施规则。该法令的颁布标志着学前教育逐渐趋于制度化而进入一个新的发展时期。《幼儿园令》规定，幼儿园教育为学校教育中的一环，首次明确了幼儿园在日本教育体制中的位置；幼儿园是为父母都从事生产劳动、无暇进行家庭教育阶层的幼儿而设的保育机构；幼儿园以保育幼儿身体健康、培养善良性格、辅助家庭教育为目的；幼儿园招收对象为劳动者子女，而不是富裕家庭子女；放宽幼儿入园年龄，招收 3 岁以下幼儿，将托儿所纳入幼儿园体系。

1947 年，在日本国会通过的《学校教育法》第七章中规定，幼儿园是受文部省管辖的正规“学校”的一种，以满足 3 岁至就学前的学前儿童的教育，“幼儿园以保育幼儿，赋予幼儿以适宜环境，促进其身心发展为目的”。为实现这一目的，必须达到五项目标：（1）为了健康、安全和幸福的生活，培养日常生活必要的生活习惯，谋求身体诸机能协调发展。（2）通过园内集体生活，培养幼儿愉快参加集体生活的态度及协作、自主、自律精神的萌芽。（3）培养幼儿正确认识和对待周围的社会生活及事物的态度。（4）引导幼儿正确使用语言，培养对童话、画册等的兴趣。（5）通过音乐、游戏、绘画及其他活动，培养幼儿对创作的兴趣。《学校教育法》对幼儿园的这些规定与以往相比显然具有划时代的意义。这些规定表明了日本在战后力图摒弃战前注重效忠统治者的思想灌输，转而以民主主义教育观为指导来开展幼儿教育的趋势。

2. 学前教育机构的发展

第二次世界大战前，日本的托儿所和幼儿园是并行发展、各自独立的学前教育机构。日本从 1876 年建立第一所公立幼儿园开始，到 20 世纪初，公立幼儿园在日本幼儿园中一直占据主导地位，基本为富裕阶层的 3 ~ 6 岁幼儿提供教育。文部省从 1896 年开始，规定每年各知事向文部省呈报的学务统计诸事项中，增加对幼儿园结业升入小学的幼儿数统计一项。1900 年，日本政府修改《小学校令》，规定幼儿园开始附设在小学校里。这些规定刺激了幼儿园在小学校里的增设数量。然而，公立幼儿园仍发展缓慢。其原因主要有以下两个：

（1）经费问题。当时的日本政府重视义务教育，随着义务教育年限延长，地方政府财政用于小学教育的经费尚且不足，更无力顾及非义务教育的幼儿园。

（2）观念问题，有些守旧人士认为，儿童进幼儿园会削弱家庭教育，有损亲子之情，“幼儿园无用论”甚嚣尘上。

这使得私立幼儿园数量超过公立幼儿园，而且差距越拉越大。据统计，1926 年私立幼儿园达 629 所，而公立幼儿园只有 372 所。

托儿所承担起收容贫民幼儿的任务。托儿所招收 0 岁至学龄前期的婴幼儿，每日保育时间为 11 ~ 12 小时。托儿所开始只为母亲和儿童提供养护，后来还强调注重婴幼儿的精神教化。日本自 1893 年由私人建立了第一个托儿所以来，私人托儿所在日本托儿所中就占据主导地位。第一次世界大战后，日本妇女就业率空前提高，许多女士携婴幼儿子女上班，此时，婴儿病死率极高（1918 年达 18.9%）。这一状况引起了社会各方的普遍关注，要求办托儿所的呼声四起。1920 年，内务部专设社会局，以有组织地进行以托儿所为主的儿童保护工作。此后，托儿所在日本各地迅速发展，1922 年为 121 所，1926 年为 312 所，1936 年为 874 所，1944 年发展到 2184 所（其中公立托儿所 636 所）。可见，在第二次世界大战结束前，日本保育机构获得了长足发展。

二、学前教育思想的变化

1. 学前教育的儿童中心主义思潮

20 世纪初，儿童中心主义教育思潮在欧美兴起，日本一些受西方影响的人士不顾明治维新后期天皇《教育敕语》的专制主义及德育主义观，提出了与西方新教育相呼应的自由主义保育思想。1907 年，日本教育家谷本富（1867—1946）在第十四届京阪神联合保育会上做了题为《怎样办好幼儿园》的演讲。他说：“孩子是一个独立体，具有独立意志、独立人格，不应由成人随意摆布。”他要求幼儿园的保育工作必须以“遵循自然”为原则；幼儿园是自由游戏的场所，应禁止一切课业，应让幼儿随心所欲地去做游戏。1908 年，谷本富与中村五六合著了《幼儿教育法》。该书立足于“自然主义”原则，阐明了以游戏为中心的幼儿教育体系，主张幼儿教育要照顾幼儿年龄特征及因人制宜的办法。儿童中心主义的自由保育思想对 20 世纪初的日本官方幼儿教育政策一度产生影响。1911 年，在文部省修改的《小学校令》施行规则中，取消了过去对游戏、唱歌、谈话和手技等内容的具体指示，任凭各地自由安排；取消了保育时间为 5 小时的硬性规定，改由管理者或设置者自定，府县知事批准。

2. 学前教育的军国主义倾向

从明治维新后期开始，《教育敕语》的绝对主义教育思潮渗透到整个教育领域，要求培养学生强烈的国民意识，尤其是“义勇奉公以扶翼天壤无穷之皇运”的道德精神。明治维新后期，特别是 20 世纪 30 年代以后，日本学前教育也被笼罩上了军国主义精神，政界一些正规文件中极少出现“要在游戏或其他活动中培养幼儿守规矩的习惯和服从的品德”的语句。这是日本的军事封建帝国主义特性和法西斯侵略扩张特征在学前教育中的反映。值得注意的是，这一时期还出现了以科学、实证主义反对精神万能，反对以《教育敕语》为理念的教育的对抗性研究运动。1936 年，保育问题研究会成立，意图探讨和研究出一套科学的、来源于生活的保育内容，认为学前教育的目的在于培养学前儿童未来的独立生活能力。保育问题研究会的主张表达了日本学前教育界对法西斯主义霸占教育领地的一种抗议，但终归抵挡不住黑暗的军国主义势力。保育问题研究会会长城户幡太郎也因坚持“科学主义和生活主义”的教育观点在战争末期被捕。

1941 年（昭和十六年）太平洋战争爆发以后，美、英对日宣战，日本本土进入战争状态。日本很多幼儿园尤其是大城市的幼儿园或因空袭受灾，或被迫关闭，或转为战时托儿所，或改为军事设施和军工厂，学前教育发展严重受挫。武士道精神和军国主义思想渗透到学前教育领域。学前教育机构向幼儿灌输“忠君爱国”“皇民感情”和“炼成皇国之民”等思想。

三、学前教育事业的恢复与发展

第二次世界大战结束后，日本的经济、教育都处于混乱不堪的状态。许多小学和幼儿园变成一片废墟，收容和教育儿童的任务极为艰巨。日本社会在国际环境下认识到幼儿教育的重要性，从 20 世纪 50 年代开始加大对学前教育的投入，使幼儿园得到了迅速发展。1946 年，日本有幼儿园 1 033 所，1953 年已发展到 3 490 所，增加了两倍多。20 世纪 60 年代以来，日本政府推出了几项振兴学前教育的重要计划。1962 年，日本文部省根据政府提出的“培养人才”的政策，制定了从 1964 年开始的《幼儿教育七年计划》，其目标是使一万人以上的市、镇、村学前儿童入园（所）率达到 60%以上。1972 年，文部省又制定了《振兴幼儿教育十年计划》，其目标是实现 4 ~ 5 岁儿童全部入园（所）。为此，日本政府实行了学前儿童入园奖励制度，即对于将子女送入公立或私立幼儿园的收入微薄的家庭，实行减免保育费。日本全国学前儿童入园（所）率 1953 年仅为 14%，1969 年为 51.8%，1973 年为 60.6%；而到 1985 年时，日本 3 ~ 4 岁儿童入园（所）率为 70%，5 岁儿童入园（所）率已达 90%。至此，日本学前教育水平已跻身于少数最发达国家之列。1991 年，文部省又策划、制订了战后第三份幼儿教育振兴计划，其目标是确保今后十年 3～5 岁儿童有充分的入园（所）机会，并划拨了专项资金，供新建或改建幼儿园设施之用。这些计划的实施使日本学前教育事业发展更为迅猛。

四、幼儿园教育大纲的制定与修改

1948 年 3 月，文部省颁布了《保育大纲》，这是由国家编制的日本第一部学前教育大纲。1956 年，《保育大纲》被修订，并在此基础上推出了《幼儿园教育大纲》。1964 年，为配合“人才开发”政策，以满足产业界经济高速增长的需求，文部省对 1956 年的《幼儿园教育大纲》进行修订并予以颁布。修订后的大纲规定日本幼儿园教育的基本方针是：（1）力求幼儿身心得到协调发展。（2）培养基本的生活习惯和正确的人生态度。（3）激发关心自然和社会现象的兴趣，培养初步思考能力。（4）提高幼儿的语言能力。（5）通过各种表达活动丰富幼儿的创造力。（6）培养幼儿的自立性。（7）因材施教。（8）结合幼儿的生活经验、兴趣、要求，全面教育。（9）完善幼儿园生活环境。（10）突出幼儿园特点和幼儿家庭教育密切配合。大纲将幼儿教育内容系统化，概括为六个方面，即健康、社会、自然、语言、音乐韵律、绘画手工，并对每个方面都提出了“理想目标”，要求“无遗漏地全部予以指导”。

20 世纪 80 年代以后，日本已经成为经济大国。信息化社会到来，科学技术发展日新月异，日本政府更加重视国民教育的每个阶段。在 1984 年的日本教育改革中，政府把幼儿教育列为改革重点之一，要求培养创造型人才并注意全面发展。1989 年，日本推出了新的《幼儿园教育纲要》。新纲要提出：“幼儿园教育的根本方针是根据幼儿时期的特征，通过环境来对幼儿进行培养。”幼儿教育的目标是：（1）为了幼儿健康、安全和幸福地生活，要培养其基本的生活习惯和生活态度，奠定其身心健康发展的基础。（2）培养幼儿对人的爱心和信赖感，形成其自立和合作的态度及初步的道德观念基础。（3）培养幼儿对自然等身边事物的兴趣和爱好，使其产生对这些事物丰富的情感和初步的思考能力。（4）在日常生活中培养幼儿对语言的兴趣和关心，形成幼儿乐于通过说、听进行交流的态度和语言感觉。（5）通过多种多样的体验，培养幼儿丰富的感受性，使幼儿富于创造性。课程目标和内容围绕健康、人际关系、环境、语言和表现五大领域展开。总的来看，新纲要对幼儿园教育的方针、任务的规定较为简明，力求更符合当代社会对幼儿培养规格的需要。

五、学前教育研究和师资培训的发展

1. 学前教育研究

20 世纪 60 年代以后，日本学前教育研究也很活跃。诸如开发早期智力、幼保一体化、幼小衔接、幼儿园和家庭教育的联系、学前教育与终身教育的关系等课题都有不少学者进行研究并取得了重要成果。

井深大是日本著名实业家、幼儿教育家及日本早期发展协会创始人。他于 1970 年出版了《到了幼儿园的年龄就太迟了》，书中列举大量事例说明：人的品德或能力并非天生，而是取决于 3 岁前的教育方法；早期教育得法，就可以充分发掘儿童的潜在能力，而儿童早期的潜能几乎是无限的。其主张与国外有关早期智力开发的主张相呼应，在日本学前教育界产生了广泛的影响。

铃木镇一是日本的音乐教育家，早年留学德国，从 20 世纪 40 年代开始潜心研究学前儿童小提琴教学，后创立“铃木方法”。他认为，才能并非天生，而是后天培养的结果；重要的是循循善诱，耐心创造条件激发学前儿童的学习热情。根据该信念，他对幼儿进行音乐熏陶，3 岁后进行小提琴训练，开始时模仿唱片，熟练后学习识谱，6 岁毕业。该方法不仅让儿童掌握了优秀琴艺，还培养了他们良好的品格和意志力。20 世纪 60 年代后，铃木镇一的教育思想及其成果为国内外所瞩目。

2. 师资培训的发展

日本非常重视学前教育师资的培训与管理工作。第二次世界大战前，日本幼儿园及保育所的教师均被称为“保姆”。培养保姆的机构最早是东京女子师范学校开设的“保姆练习所”。1882 年，文部省发布的《关于幼稚园的规则》规定，“幼稚园的保姆，必须是具有小学教员资格的女子，或得到其他府县知事许可者”。1901 年，日本建立保姆资格鉴定制度，规定非保姆培训机构毕业的，经各府县小学教员鉴定委员会考核合格者，也可以取得保姆资格。第二次世界大战后，《学校教育法》将幼儿园的“保姆”改称为“教谕”“助教谕”，同小学教师视为一致。所有幼儿园教师都必须获得任职资格证书。给教谕发普通资格证并终身有效，可在相应学校通用。给助教谕发临时资格证，有效期为三年。保育所的教师至今还被称为“保姆”。根据《儿童福利法》的规定，合格的保姆（即取得资格证书者）必须具备下述三项条件之一：（1）普通大学、短期大学或保姆养成所毕业生。（2）高中毕业后，在都、道、府、县举行的保姆考试中合格者。（3）从事儿童福利事业五年以上，经过厚生劳动大臣特批者。其中，符合第一项条件者，占保姆人数的 60%以上。日本教师在职进修的途径很多，如插入大学相应的年级，当大学旁听生，参加开放大学学习，参加函授大学学习，进入教师研究院学习等。由此可见，日本对学前教育师资的质量要求是相当严格的。

通过本章内容可知，19 世纪末和 20 世纪以来，英、法、德、美、苏、日六国的学前教育发展迅速。这个历史时期学前教育的发展大致可以分为三个阶段，即新教育和进步教育阶段、智育中心主义占主导地位的阶段、强调儿童整体发展的阶段。由于国情不同，六国学前教育的发展都有自己的特点，但其发展和改革也呈现出一般趋势。

思考与练习

1. 英国保育学校的主要目标及措施分别是什么？

2. 1993 年发布的《哈多报告》的核心内容有哪些？
3. 简述 20 世纪 80 年代以来的英国学前教育状况。
4. 英国现代学前教育机构的类型有哪些？
5. 简述法国母育学校的改革与发展过程。
6. 第二次世界大战后，在德国学前教育方面的改革有哪些？
7. 简述美国进步主义幼儿园运动的意义和影响。
8. 简述美国机会均等运动兴起的历史背景。
9. 简述苏联现代学前教育的特征。
10. 俄罗斯学前教育机构的多元化发展表现在哪些方面？
11. 1989 年日本推出的《幼儿园教育纲要》中提出的幼儿教育目标是什么？

第十二章　外国现代学前教育思想

学习目标

1. 了解杜威、蒙台梭利、马卡连柯、皮亚杰学前教育思想的内容。
2. 能够对杜威、蒙台梭利、马卡连柯、皮亚杰学前教育思想做出正确评价。

本章介绍了现代著名教育家杜威、蒙台梭利、马卡连柯和皮亚杰的学前教育思想和理论。杜威在教育实践中对教育本质、教育原则、教学过程及教育主体等问题都提出了新的见解；蒙台梭利在“儿童之家”践行了其改良主义教育理想，为世界学期教育的发展做出了重要贡献；马卡连柯第一个建立了苏联家庭教育理论的完整体系，其独创的集体教育理论对各年龄段的儿童都具有重要的指导意义；皮亚杰构建了完整的儿童心理学理论体系，为儿童早期教育运动奠定了理论基础。

第一节　杜威的学前教育思想

一、杜威生平

约翰·杜威（John Dewey，1859—1952）是美国著名的哲学家、教育家、实用主义教育理论的创始人，也是实用主义哲学最有影响的代表人物之一。他的教育理论不但对美国，而且对许多国家的幼儿教育和学校教育都产生了巨大而深刻的影响。

1859 年 10 月 20 日，约翰·杜威在美国佛蒙特州伯林顿镇出生，他的父亲是一位零售商，母亲性格开朗，受过良好的家庭教育，对杜威及其兄弟要求严格。杜威从小较为羞涩，其兄长戴维斯善于交际，兄弟俩酷爱思考，经常一起到附近的山林、湖泊附近探险。这样的早年经历使得杜威对自然充满敬畏感，这在他早期的思想中可以充分体现出来。1875 年，杜威进入佛蒙特大学读书，在读期间对赫胥黎的生物进化论产生了兴趣，并由此逐渐对哲学产生了浓厚的兴趣。大学毕业后，杜威先后在两所中学任教，在这期间他仍然钟情于哲学，工作之余开始发表哲学论文，并跟随大学期间的老师托里继续学习哲学。

1882 年杜威进入约翰·霍普金斯大学进行研究生阶段的学习，广泛涉猎生物学、逻辑学、伦理学、教育学、心理学、哲学、政治学等多个研究领域。杜威在这一时期主要受到执教的黑格尔主义者莫里斯、哲学家皮尔斯、心理学家霍尔等人的影响，其中受莫里斯的影响最大。在莫里斯的影响下，杜威接受了黑格尔的哲学，并于 1884 年发表论文《康德的心理学》，获得了博士学位。从 1884 年毕业一直到 1894 年，杜威除了到明尼苏达大学短期工作之外，一直在密歇根大学教授哲学，在这期间他的哲学思想逐渐成熟起来。与此同时，杜威对教育问题产生了兴趣，1885 年发表了第一篇教育论文，从此走上了试图将教育、心理和哲学综合起来进行研究的道路。

1894 年，杜威应聘到芝加哥大学任哲学、心理学和教育学系主任，讲授哲学、伦理学、心理学、教育学等课程，从多个学科视角研究教育问题。直到 1903 年，杜威才离开芝加哥大学。在芝加哥大学的十年是杜威思想形成和发展的关键时期。1896 年杜威创办了包括幼儿部在内的芝加哥大学实验学校（也称作“杜威学校”），这所学校一直开办到 1903 年，在这十年中，杜威出版的重要教育著作有《我的教育信条》（1897）、《学校与社会》（1899）、《儿童与课程》（1902）。其中，《我的教育信条》是杜威关于教育的纲领性著作，是杜威教育理论形成的重要标志；《学校与社会》集中讨论了芝加哥实验学校的教育经验和理论。自 1904 年始直至 1930 年退休，杜威一直在哥伦比亚大学任教。在这期间，他出版的重要的教育著作有《教育中的道德原理》（1909）、《我们怎样思维》（1910）、《明日之学校》（1915）、《民主主义与教育》（1916）、《经验与教育》（1938）。杜威于 1919 年来华讲学，宣传他的实用主义教育思想，对我国教育学界产生了重大影响。胡适、陶行知、陈鹤琴等教育家的思想都在不同程度上受杜威思想的影响。

杜威是长寿教育大家，在其漫漫人生中，他以自己的勤劳和智慧建构的哲学和教育学理论不仅在当时对世界上许多国家产生了广泛而深刻的影响，还为后人留下了宝贵的学术遗产。在西方教育史上，杜威是幸运者，他不仅构建了牢固的理论大厦，而且有幸目睹了自己的思想对世界各地教育实践产生的影响。

二、杜威学前教育思想的具体内容

（一）理论基础

1. 实用主义哲学

实用主义哲学是杜威教育理论的首要理论基础。杜威将皮尔斯和詹姆士的实用主义哲学观点全盘吸收并进行了新的发展，他强调哲学作为思维的工具的作用。他把哲学看作人们用来适应环境、整理经验的一种工具。他认为，哲学必须与人们的实际生活发生联系，必须以促进社会和政治的发展为目的。杜威分析说，只有通过教育活动，使实用主义哲学所宣扬的世界观和方法论深入人心，普遍地使人们接受，哲学才能够发挥最大的效用。

杜威曾给教育下了一个定义：教育就是“经验的改造或重新组织”。他认为，一切学习都来自经验；教育必须从经验出发，即始终从人的实际生活的经验出发。

2.“社会个人主义”社会观

杜威的教育理论是以他的社会学观点作为理论基础的，杜威从资产阶级人性论的观点出发，并接受了19世纪实证主义者的“庸俗进化论”的社会学思想，他把个人与社会的关系比喻成字母与字句的关系。杜威强调，个人的发展在于适应社会环境的需要，也就是说，个人必须服务于社会。从教育这个角度来看，这一观点即表示通过对个人的教育来达到改良社会的要求。

3. 生物化的本能论心理学

杜威认为，心理活动的实质就在于有机体出于一种本能的需要而采取一定的行动来适应环境，从而满足自己的需要。这种心理学也叫作“机能主义心理学”。

杜威认为心理学还应研究意识的机能或功用，而反对仅仅研究意识的内容。用杜威的话来说就是心理学家应关心的是整个心理的协调作用，而反对心理学内的元素主义。他把这种生物化本能论的心理学作为他的教育、教学论的心理学依据，提出教育的任务就是按照儿童本能生长的不同阶段供给他适当的材料，促进本能的表现与发展。

（二）关于教育本质的论述

杜威从不同的角度，多方面地论述了教育本质的问题。他提出了三个重要论点来对教育本质进行概括，三个重要论点分别是“教育即生长”“教育即生活”“教育即经验的连续不断的改造”。

1. 教育即生长

杜威从其生物化本能论的心理学出发，认为教育就是促进儿童本能生长的过程，即教育的本质和作用就是促使儿童的本能生长。

在强调教育在儿童本能生长方面的本质作用这一认识的基础上，杜威提出了著名的“儿童中心主义”的思想，这是他实用主义教育理论的基本原则，这一思想成为他的教育理论甚至整个现代派教育理论中的一个核心要求。

杜威在批判传统教育弊病的基础上，明确提出以儿童为中心的响亮口号，他分析说，在传统教育中，“学校的重心是在儿童之外，在教师、在教科书以及在其他你高兴的任何地方，唯独不在儿童自己即时的本能和活动之中”。他提出书本、教师应是为儿童服务的，主张把教育的重心转移到儿童方面来，使儿童成为教育的主宰。

杜威强调，在教育过程中要重视儿童的本能活动，并把它们作为教育的出发点。杜威的“儿童中心主义”思想是对卢梭自然理论精髓的继承和发展。当然，儿童中心主义也存在一定的问题，它的主要缺陷在于，它是杜威在其生物化的本能论心理学基础上提出来的，是在把人的心理活动看成是生物化本能活动的产物，完全否定社会实践对人的心理发展的作用这一前提下提出来的，因而是不科学的。杜威一味强调教育要顺应并促进儿童心理本能的发展，要以儿童为中心，却忽略了社会因素对教育的制约性。

2. 教育即生活

杜威指出，儿童的本能生长总是在生活过程中展开的，或者说生活就是生长的社会性表现。在杜威看来，最好的学习就是“从生活中学习”，学校教育应该将儿童现有的生活作为其学习的主要内容。他认为应把教育与儿童眼前的生活结合起来，教儿童学会适应眼前的生活环境。

根据“教育即生活”的观点，杜威又提出“学校即社会”的思想。他要求把学校办成“一个小型的社会、一个雏形的社会”，以便培养出完全适应眼前社会生活的人，这是杜威社会个人主义观点的具体表现。

3. 教育即经验的连续不断的改造

这一观点是以杜威的主观唯心经验论的哲学理论为基础提出来的。在杜威看来，既然经验是世界的基础，因此教育就是通过儿童自身的活动去获得各种直接经验的过程。教育的主要任务并不是交给儿童既有的科学知识，而是要让儿童自己在活动中获取经验。按照杜威的观点，在教育过程中，儿童经验的获得要依靠儿童自身的活动去实现，由此他又提出另一个教育基本原则——“从做中学”，并把它作为教学理论的中心原则。

杜威关于教育本质的论述虽然有一些合理的见解，但他在论述教育的本质这一问题时，忽视了教育的社会基础和教育的阶级性，没有正确地阐明教育在促进社会发展和人的发展方面的重要作用。

（三）教学论

在批判传统学校教育的基础上，杜威提出了“从做中学”的基本教学原则和“教学五步”的教学过程。

1.“从做中学”的基本教学原则

在教学理论上，杜威提出了“从做中学”这一基本原则。他在论述教学中的一些主要问题（如教学过程、课程、教学方法、教学组织形式等）时，都是从自身的活动中进行学习；教学应该从学生的经验和活动出发。杜威提出“从做中学”的理论是以其主观唯心主义经验论作为理论基础的。

杜威的“从做中学”理论也是在他批判传统的学校教育弊端的基础上提出来的，他批判传统的教学是“三中心”的教学，即以前人的知识、课堂讲授和教师作用为中心，而唯独忽略了真正的中心，即儿童本身的活动，杜威要求现代学校要用活动教学来完全取代传统教学，用活动课程取代学科课程。

2.“教学五步”的教学过程

杜威认为，好的教学必须能唤起儿童的“思维”，即明智的学习方法。如果没有思维，就不可能产生有意义的经验。因此，学校必须提供可以引起思维的经验的情境。思维过程可分成五个步骤：一是疑难的情境；二是确定疑难的所在；三是提出解决疑难的各种假设；四是对这些假设进行推断；五是验证或修改假设。由此出发，杜威认为教学过程也相应地分为五个步骤：一是教师给儿童提供一个与现在的社会生活经验相联系的情境；二是使儿童有准备地去应付在情境中产生的问题；三是使儿童产生对解决问题的思考和假设；四是使儿童自己对解决问题的假设加以整理和排列；五是儿童通过应用来检验这些假设。

（四）儿童中心论

谈到儿童教育问题时，杜威深受卢梭的影响，倡导儿童中心论。杜威认为，学校生活组织应该以儿童为中心，使得一切主要是为儿童的而不是为教师的。他强调说：“现在，我们教育中将引起的改变是重心的转移。这是一种变革，这是一种革命，这是和哥白尼把天文学的中心从地球转到太阳一样的那种革命。这里，儿童是中心，教育的措施便围绕他们而组织起来。”“我们必须站在儿童的立场上，并且以儿童为自己的出发点。”在强调“儿童中心”思想的同时，杜威并不同意教师采取“放手”的政策。由于教育过程是儿童与教师共同参与的，是双方真正合作的过程，因此，杜威认为，教师不仅应该给儿童提供生长的适当机会和条件，还应该观察儿童的生长并给予真正的引导。他说：“教师作为集体的成员，具有更成熟的、更丰富的经验，以及更清楚地看到任何所提示的设计中继续发展的种种可能，不仅是有权而且有责任提出活动的方针。”杜威还特别强调了教师的社会职能，“教师不是简单地从事于训练一个人，而是从事于适当的社会生活的形成”，每个教师都应该认识到他所从事的职业的尊严。

三、对杜威学前教育思想的评价

杜威的教育理论基于哲学和心理学，产生于美国 19 世纪末 20 世纪初社会剧烈变革的大背景下，落脚于美国处于不断变革的社会之中。杜威试图通过教育领域的改革促进美国社会生活的变化。它的理论充满着美国特色与时代特点，体系庞大，涵盖了教育的各个领域。杜威重视幼儿阶段的教育，其幼儿教育的思想在其整体的教育思想中占了重要的部分，体现着他的基本教育纲领。杜威的幼儿教育思想俨然已经成为当下美国学前教育界普遍认可的观点，幼儿园的孩子们很少进行系统的知识学习，而是在“做中学”，从日常玩耍、游戏中学习和认识生活中的各种事物。

杜威的教育思想对中国产生了深远的影响。在胡适的邀请下，杜威于 1919 年到中国讲学并停留了两年之久，他的教育思想影响了当时包括胡适、蒋梦麟、陶行知、陈鹤琴等在内的一大批教育家。无论是陈鹤琴的“五指教育”，还是陶行知的晓庄师范学校，其中都蕴含着杜威教育思想的基本精神，蕴含着对儿童的重视，对实践和操作活动的重视。杜威的教育思想对我国当代的学前教育仍然有极大的指导和借鉴意义。目前，我国仍有不少幼儿园存在着重知识教学轻操作经验、重教师讲解轻儿童探索等不足。杜威在其幼儿教育理论中多次强调重视儿童的游戏和动手操作，主张儿童应通过自己的探索获得与日常生活相关的各种经验和认识，而不是让儿童过早地以小学阶段知识的学习方式进行系统的学习。

第二节　蒙台梭利的学前教育思想

一、蒙台梭利生平

玛利亚·蒙台梭利（Maria Montessori，1870—1952）是意大利著名的女教育家，医学博士，欧洲新教育运动的主将，也是继福禄培尔之后的杰出幼儿教育理论家和实践家，她独特的幼儿学前理论和方法，促进了现代学前教育的发展，对世界学前教育的改革实践和理论创新做出了重要贡献。

蒙台梭利出生在意大利安科纳省的希亚拉瓦莱镇，父母对她要求严格，特别是母亲对她的个人志向一直给予支持和鼓励。1886 年，中学毕业的蒙台梭利进入高等技术学院学习，出于对生物学的强烈兴趣，1890 年她又进入了罗马大学医学院，六年后成为意大利第一位医学女博士。在 1897 年起的三年里，她从事智障儿童的教育工作。1901 年，蒙台梭利离开意大利国立精神治疗学校，开始致力正常儿童的教育。1907 年，她在罗马圣洛伦佐区成立了第一所“儿童之家”。由此，她进行了系统的教育实验，创立了闻名于世的蒙台梭利教育体系。《蒙台梭利方法》于 1909 年出版后，蒙台梭利开始在国际上产生影响。为了进一步传播自己的幼儿教育理论和方法，她在意大利国内和许多国家开设了培训班，培养蒙台梭利学校的教师。1929 年，由她本人担任主席的“国际蒙台梭利协会”在丹麦成立，这个协会对蒙台梭利教育理论和方法在世界范围的传播起到了很大的促进作用。她曾被提名为“诺贝尔和平奖”候选人，也被荷兰阿姆斯特丹大学授予名誉博士称号。在从事教育实践的同时，蒙台梭利还撰写了许多论述幼儿教育理论的著作，除《蒙台梭利方法》外，还有《蒙台梭利手册》（1914），《童年的秘密》（1936），《有吸引力的心理》（1949）等。蒙台梭利对 20 世纪的教育，特别是学龄前儿童教育的影响十分广泛，几乎遍及世界上各个国家和地区。她的事业激起了人们巨大的热情，先后在美国和欧洲的许多国家兴起了蒙台梭利运动，蒙台梭利学校和蒙台梭利学会纷纷成立。她的教育理论和教学方法也为当时的公立中小学所普遍采用，她的学生和追随者遍布世界。

二、蒙台梭利学前教育思想的具体内容

（一）儿童的特点

1. 儿童存在着与生俱来的“内在生命力”

这种“内在生命力”是一种积极的、活动的、发展着的存在，它具有无穷无尽的力量。蒙台梭利认为，生长是由于内在的生命潜力的发展使生命力显现出来，生命力量是按照遗传确定的生物学的规律发展起来的。教育的任务是激发和促进儿童的“内在潜力”的发现，并按其自身规律获得自然的和自由的发展。她主张不应该把儿童作为物体来对待，而应作为人来对待，儿童既不是成人和教师进行灌注的容器，也不是可以任意塑造的蜡和泥。教育家、教师和父母应该仔细地观察儿童、研究儿童，了解儿童的内心世界，发现“童年的秘密”，热爱儿童，尊重儿童个性，在儿童自由和自发的活动中，帮助儿童实现智力的、精神的和身体的、个性的自然发展。

蒙台梭利的教育理论和方法是建立在较少（或尽量减少）干预儿童主动（或自发性）活动的基础上的。她的培养目标是：运用科学的方法，促进“人类的潜能”的发展，使儿童能够独立思考、独立判断和独立工作，并能适应现代科学技术和工业发展的时代潮流，

保持社会文明和科学进步，成为促进人类和平的强有力的新一代。

蒙台梭利在《有吸引力的心理》（1949）中系统地阐述了儿童生理和心理的发展进程，揭示了身体活动与心理活动、生理发展与心理发展的关系与联系。她指出，儿童的“心理胚胎”在发展过程中必须在它的周围环境中汲取营养，犹如“生理胚胎”在母体的胚胎内一样，两者不同的是：儿童的生理器官在母体内已开始形成；“心理胚胎”则是婴儿出生时才开始发育的，这时儿童的大脑空无所有，但它有一种积极的、能动的、从周围环境中吸取各种事物的印象的能力。因此，我们必须设置一种适合儿童内在需要和兴趣的、能够诱发儿童自发学习和自动作业的环境。

2. 儿童是发展着的个体，儿童的发展是个体与环境交互作用的结果

儿童由于内在生命力的驱使或生理和心理的需要而产生一种自发性活动，从而不断地与环境交互作用而获得经验、积累经验，促进生理和心理的发展，所以，儿童的发展是一个连续的、不断前进的过程，前一个阶段的充分发展是后一个阶段的基础，后一个阶段的发展是以前各个阶段充分发展的积累和延续。这种发展随着儿童生命岁月的增长，从无意识逐步进行到有意识，从自发活动进行到自由选择性活动；但是，儿童的无意识（或下意识）的自发活动在发展进程中始终存在着，只是生命的本能冲动在逐步减少，而心理的内在需要在逐步增加。蒙台梭利强调儿童早期的环境经验对于以后阶段发展的重要性，尤其是对儿童智力发展的重要意义。

（二）儿童发展的敏感期

蒙台梭利对儿童心理发展过程中的各种敏感期及其呈现和延续的时间进行了充分的研究。她认为儿童各种敏感期的出现具有一定的顺序性和延续性，儿童就是通过经历一个又一个敏感期不断得到发展的。

1. 语言的敏感期

蒙台梭利认为语言的敏感期是从出生后 2 个月开始到 8 岁，其中 1 ~ 3 岁是语言敏感期的高峰时期。儿童在学习语言的过程中，先是对人的声音感兴趣，在感受声音的基础上，对词最后是对复杂的语法结构产生兴趣。也就是说，在这一敏感期内，孩子都经历咿呀学语、说出单词以及将两个以上单词组成句子的阶段，后来进步到模仿更复杂的句子结构的阶段，最后学习和掌握复杂的语法形式和谈话技巧。

2. 感觉的敏感期

蒙台梭利认为，感觉的敏感期是从出生到 6 岁，其中在 2 ~ 2.5 岁达到高峰。她指出，孩子在 2 岁时对细微的物体，如对成人注意不到的小东西发生兴趣，并给予极大的注意。这种对细节的关心不仅使儿童有选择地注意周围的环境，而且引发了幼儿的有关活动，从而使幼儿的感觉更加敏锐。蒙台梭利认为，儿童在感觉的敏感期内可以毫不费力地学习几何形体，辨别颜色、方向、声音以及字母的形体等，而这些均可以为以后更高层次的智力发展奠定基础。

3. 秩序的敏感期

秩序的敏感期是蒙台梭利最先发现并论述的现象。蒙台梭利认为，在儿童的发展中，秩序的敏感期在儿童人格的形成中具有非常重要的意义。它最早出现于儿童 2 岁左右，大约持续 2 年，3 岁左右表现最为明显。“环境中的所有物体是否放在平常习惯放置的地方？”“一天的各种活动是否按照自己已经熟悉和习惯的顺序进行？”这些问题对于处于这一时期的儿童来说都是非常重要的事情，他们最大的喜悦是将物品整齐地放回原来的位置。

4. 运动的敏感期

蒙台梭利认为，运动的敏感期处于出生到 4 岁之间。在这段时间中，儿童喜欢活动而且其动作逐渐完美，为以后的发展奠定基础。如果儿童能在这一时期完全熟练某一动作，不仅对身体、精神的正常发展有所帮助，甚至对儿童的人格形成也有影响。反之，如果这一时期儿童缺乏运动，就会对运动缺乏自信，性格上缺乏协调性和精神上出现不满足。

蒙台梭利指出，在这一段时间，儿童开始喜欢爬，然后是学习行走；到 1.5 ~ 3 岁时，他们又喜欢经常地抓握东西，如打开、关上、放进、拿出、搭好、推倒等；到 4 岁左右，儿童又喜欢闭着眼睛靠手触摸来辨认物体，并用手和身体做各种较为复杂的动作。

5. 工作的敏感期

在蒙台梭利教育法中有一个非常重要的概念——“工作”。简而言之，蒙台梭利所谓的“工作”就是指儿童在有准备的环境中与环境相互作用的活动。蒙台梭利认为儿童必须通过自己的“工作”才能使自己的心理健康发展。蒙台梭利认为儿童“工作”的敏感期是 3 岁到六七岁，在这一段时间，儿童像一个“工作狂”一样以令人惊讶的热情投入“工作”。蒙台梭利不仅仅把“工作”的敏感期看作一个独立的敏感期，更认为“工作”是各种敏感期的主要特征，是儿童得到各种发展的基础。蒙台梭利关于儿童发展具有敏感期的思想是她儿童观的重要内容，也是她儿童观中颇具特色的部分。在她之前，卢梭、裴斯泰洛齐、福禄培尔等人也都对儿童早期教育的重要性进行过论述，但只有蒙台梭利从敏感期的角度展开论述了儿童早期教育的意义，并形成了自己独特的关于敏感期的教育思想和实践体系，为早期教育有效地适应儿童的特点、发挥儿童的主动精神提供了理论和实践依据。

（三）儿童心理发展的阶段性

此外，根据对儿童认真的观察和研究，蒙台梭利把儿童心理发展划分为三个阶段：

第一阶段是幼儿阶段（0 ~ 6 岁）。这一阶段是儿童为适应环境而自我变化并转换形象的时期。根据儿童是否有意识地适应环境，这一阶段可以分为无意识地适应环境的时期（0 ~ 3 岁）和有意识地吸收环境的时期（3 ~ 6 岁）。

0 ~ 3 岁是儿童身心各种能力发展的奠基时期。在这一时期，儿童在无意识之中通过旺盛的“吸收性心理”的作用，大量感受和吸收周围的环境，获得大量的关于周围环境的印象和心理各方面的进步。幼儿出生后的几周，由于身体活动尚未旺盛，因而最初获得的仅是感觉的使用。在获得感觉的使用以后，幼儿便开始使用感觉。

3～6岁是儿童在前一阶段发展的基础上各种能力进一步得到发展的时期。蒙台梭利认为，自然在儿童3岁时画了一条分界线，儿童满3岁以后，便开始有意识地吸收环境，最典型的表现就是从这时开始，儿童有了成为一生回忆的记忆。蒙台梭利认为，这一时期是儿童在前一阶段发展的基础上各种能力进一步得到发展的时期，她认为这一时期的儿童不像前一时期那样仅仅依靠感觉，更主要的是依靠手的活动有意识地吸收环境。他们有意识地用双手不停地做事，触摸和把握各种东西，有选择地模仿成人的动作，并通过这些活动一步一步地发展自己的心理，直至获得较为完整、系统的心理发展，使各种心理现象初步形成体系。同时，蒙台梭利认为这一时期儿童的学习欲望十分强烈，她认为儿童在3岁时会有书写的爆发，在这之后的一段日子里，儿童对读、写、算和动物学、植物学以及地理、历史知识表现出极大的兴趣和学习愿望，他们为了明了许多问题而不断地提出问题让成人解答。“是什么？”“为什么？”“怎么回事？”是这个时期的孩子经常提出的问题。另外，蒙台梭利把这一时期说成是性格形成的时期，认为儿童在各种能力均得到发展并初步形成系统的基础上，稳定的性格特征在这一时期就开始出现了。

第二阶段是儿童阶段（6～12岁）。蒙台梭利认为这一阶段是儿童在安宁幸福的心态下开始有意识地学习的阶段，是儿童增长学识和艺术才能的阶段。这一阶段儿童的主要特征有三个：一是要求离开过去那种狭小的生活圈子，二是开始具备抽象思维能力，三是产生道德意识和社会感。因此，蒙台梭利要求扩大他们的生活范围，而对他们的教育从早期的感觉练习转向抽象的智力活动，并用道德标准和社会规范来要求他们。

第三阶段是青春阶段（12～18岁）。蒙台梭利认为这一阶段是儿童社交关系的敏感时期。在这一阶段，儿童强烈地意识到自己是社会“团体的一员”，并开始具备自尊心、自信心。因此，蒙台梭利主张在个体发展的青春期，必须重视对他们进行社会性训练，帮助他们学习适应社会，成为合格的社会一员。

（四）感觉教育

感觉教育在蒙台梭利教育体系中占有重要的地位，并成为她教育实验的主要部分。蒙台梭利基于对感觉的极大重视，使感觉教育在她所提出的运动、感觉、语言和智力操练这一程序教学结构中处于十分重要的地位。

1. 感觉教育的内容

蒙台梭利的感觉教育包括触觉、视觉、听觉、嗅觉和味觉等感官训练。触觉训练在于帮助幼儿辨别物体是光滑还是粗糙，辨别物体的冷热，辨别物体的轻重和大小、厚薄、长短及形体。视觉训练则在于训练幼儿鉴别形状、颜色、大小、高低、长短及不同的几何形体。听觉训练主要使幼儿习惯于辨别和比较声音的差别，使他们在听声训练过程中培养起初步的审美和鉴赏能力。嗅觉和味觉训练注重提高幼儿嗅觉和味觉的灵敏度。蒙台梭利希望通过这种感觉训练使幼儿成为更加敏锐的观察者，增进和发展他们的一般感受能力，完成诸如阅读和书写等复杂的动作。

2. 感觉教育的原则和方法

蒙台梭利的感觉教育遵循着一定的原则和方法。她认为，感觉教育的实施应当遵循循序渐进的原则，应当根据幼儿在敏感期的特点，把肌肉练习作为感觉训练的基础，把对各种感觉的发展作为教育的重点；同时，应当根据幼儿的个体差异采取与之相适应的具有连贯性的步骤和方法，使感觉教育同读、写、算等教学活动联系起来，使之达到由简到繁的过渡。

蒙台梭利认为，感觉教育应当遵循自我教育的原则，提倡幼儿根据自己的能力和需要进行学习，使幼儿在感觉训练中通过自己的兴趣、需要和能力去进行自由选择、独立操作、自我校正，去努力把握自己和环境。所以，在她所设计的教具中设有专门的“错误检验”系统，使儿童在操作过程中能根据教具的暗示进行“自我教育”。同时，她还通过限制感觉教育指导者的活动去增强幼儿活动的积极性和主动性。

蒙台梭利进行感觉教育主要采取了提供教具的方法，按照由易到难的原则编排教具材料的顺序，并使每种教具分别训练幼儿的一种特殊的感觉，通过有针对性的、分步骤的反复练习，增强幼儿对物体的特殊性能的感觉能力，去识别接触到的、变换着的物体，去增进各种感知能力。

（五）自由和纪律教育

蒙台梭利还谈到自由与纪律的关系问题。她说：“自由与纪律是同一事物不可分离的部分——就像一枚铜币的两面一样。”她认为，自由不是放纵，纪律应该是一种主动的纪律，不是强迫形成的。她指出，当儿童在自由活动中专心于某一件事、某一种活动时，当他专注于表现自己的个性时，他就是在形成自己的良好纪律。因此，自由活动不仅是儿童发展的重要条件，也是形成良好纪律的重要方式。她认为，儿童一旦从活动中获得乐趣，便会专注自己的活动，儿童之间就没有了争吵，良好的纪律就体现出来了。由此可见，活动之所以能促进纪律的形成，根本上是由活动的性质和特点决定的。她主张通过自由活动的方式让儿童自觉地形成纪律。她明确地指出，纪律必须通过自由而来。

蒙台梭利批评传统教育理论把纪律仅仅看作“维持教育和教学的外部秩序的手段”，从而制定出一整套威胁、监视、惩罚、命令和禁止的方法，以压制儿童天生的“野蛮的顽皮性”。蒙台梭利指出，“我们并不认为当一个人像哑巴一样默不作声，或像瘫痪病人那样不能活动时才是守纪律。他只不过是一个失去了个性的人，而不是一个守纪律的人。有独立自主的精神的人，无论何时何地，当他意识到需要遵从某些生活准则的时候，他能够节制自己的行为”。她说：“活动、活动、活动，我请你把这个思想当作关键和指南：作为关键，它给你揭示了儿童发展的秘密；作为指南，它给你指出应该遵循的道路。”自发活动和自由活动不仅为人们揭示了儿童生命潜力和自然发展的规律，也为人们指出了培养儿童良好纪律的自由之路。

（六）教师观

在传统的幼儿学校，教师是主体，始终处于主动地位；儿童是客体，处于被动地位。蒙台梭利学校则以自我教育为主。在教育活动中，儿童是主体，是中心，儿童全神贯注地从事各自的“工作”，独立操作、自我发现、自我教育和自我发展；教师是儿童活动的观察者和指导员。

首先，幼儿教师应是一位观察者，应以科学家的精神，运用科学的方法去观察和研究儿童，揭示儿童的内心世界，发现童年的秘密，但教育科学的观察研究不同于一般科学，它的对象不是物，而是人，是富于情感和有思想的活生生的人，特别是活泼好动的儿童，其目的是激发儿童的生命活力，培养和发展其个性，使之成为适应现代社会和科学技术发展的独立自主的人。蒙台梭利强调必须在自然条件下，在儿童的自由活动中去观察研究“自由儿童”及其表现，而不是在“实验室”或在特殊控制下的儿童。她指出，人是社会的产物，教师不仅要观察研究儿童本身及其表现，而且要了解家庭和周围环境对儿童的影响。她着重指出，如果要使对儿童观察研究获得的结果准确、可靠，结论合乎科学，最重要的是必须与儿童保持亲切友好的合作。因此，教师要关心儿童，热爱儿童，尊重儿童的个性，经常与儿童在一起生活和工作。蒙台梭利在国立特殊儿童学校或在罗马圣洛伦佐“儿童之家”都整天和儿童在一起。

教师的观察研究及其成果是设计、安排及不断改进与更新教具材料和正确地进行指导的基础和依据，也是激励和促进教师更加热爱儿童、热爱幼儿教育事业，不断改进提高、日臻完善的动力。这是一种经常性的极其复杂的艰巨的工作，因此，教师必须具有坚强的意志、耐心、毅力和科学家的求实与献身精神。

其次，幼儿教师必须是一位明察秋毫、反应敏锐、冷静沉着、精明能干、有教育艺术才能的、儿童活动的自觉指导者。教师对儿童学习的指导，首先是准备好环境，把教室布置得美观、大方、整洁，一切陈设（包括教具）秩序井然，符合儿童的心理特点。

再次，教师应积极指导儿童运用教具材料独立操作。教师的指导大致可分为两种情况：如果儿童开始接触教具但还不会使用时，先鼓励其使用，教师可以做一次示范性操作；如果儿童已试用过某些较复杂的教具材料，但还不理解教具的内在结构及相互联系，使用起来碰到困难，这时教师可做适当解释，但必须简单、明了、准确。在儿童各自独立操作过程中，教师可坐在教室里全体儿童都能看得见的地方，也可以在教室里巡回走动等待儿童召唤，以便及时对他们进行帮助、指导、暗示和启发诱导。蒙台梭利特别指出，教师的指导要把握时机，恰如其分，避免直接纠正，以免抑制和代替儿童独立思考。

最后，教师应注意保持教室的纪律和秩序，制止不良行为。

（七）课程组织结构

蒙台梭利的课程组织结构是按照领域进行的。蒙台梭利为 3 ~ 6 岁儿童设计的学习环境分为 4 个基本领域：实际生活领域、感觉领域、语言领域和数学领域。此外，音乐、运动和戏剧等也被包括在蒙台梭利课程中。

1. 实际生活领域

实际生活训练通常被认为是蒙台梭利课程中的必要内容。儿童若在参与生活实践的过程中获得一些技能，形成一些意愿，则有助于他们在其他活动中专注学习。通过经历熟悉的、类似家庭生活的体验，如打扫、做针线活、整理花园，儿童开始学会把精力集中在一个活动上，并且学会按顺序从头至尾地做一件事，学会为实现特定的目标协调自己的肌肉运动，接受一项任务后确定并组织工作的步骤，通过自我指导的活动获得独立性。例如，像切胡萝卜这样的活动，虽然直接目标是削、切、煮，但潜在的间接目标是培养独立性、秩序感、专注能力、手眼协调能力、集体生活能力和树立自尊心。

在实际生活中，儿童可从事一些适合其年龄和生理特点的活动，具体活动包括自理（如刷牙、穿衣服、系各种扣子或带子、清洁鼻子、梳头），看护教室环境（如摆放花、擦桌子、整理花园），锻炼生活技能（如做针线活、准备食物），进行精细的肌肉运动（如倒水），参加集体生活（如摆桌子、说“请”或“谢谢”）等。

由于没有标准化的实际生活活动，所以在这一领域中教师们创造的活动最多。不同的蒙台梭利教室的实际生活活动存在很大差异，因为每个教师都根据本班的需要、兴趣和文化结构设计活动。随着儿童的成熟，实际生活领域包括了更复杂的活动。

2. 感觉领域

从出生之日开始，儿童就处于刺激丰富的环境中。儿童用感官无意识地接收各种经验，并纳入有吸收力的心灵中。根据蒙台梭利的观点，儿童满 2 岁后可借助为他们精心准备好的具体材料检验事物，同时开始具有秩序感，能对经验进行分类。感觉材料的设计本身就是出于这个目的。这些材料最初是蒙台梭利自己设计的。

感觉材料包括一系列操作材料，具有美感，而且设计简单，便于儿童记忆和分类。感官经验能改进并迅速增强儿童的感觉，为进一步的智力发展奠定感觉上的基础。

蒙台梭利设计的感觉材料涉及视觉、触觉、听觉、味觉和嗅觉。每套材料训练一种感觉，突出一个具体的概念或感觉。例如，长柱子突出长度，彩色写字板突出颜色，触摸式写字板突出结实光滑的质地，声筒突出音量，嗅罐突出特别的气味。

每套材料都是由简单到复杂。操作感觉材料时，最初要鼓励儿童按教师示范的方法比较或度量事物，但之后因激励儿童尝试各种可能的方法，发现不同的东西，或将活动推广到其他环境中。

3. 语言领域

在蒙台梭利教室，所有的环境设计都要考虑儿童语言的发展。例如，需要交际的社会环境和孩子之间的自由交谈，在课堂上由教师提供的准确的专门术语，歌曲、诗歌和小组间谈话，图书馆里值得一看的精品图书，为促进语言和文学水平发展而制作的专门的教学材料。蒙台梭利课堂为语言发展提供了丰富的背景材料，这些使得儿童最终掌握了书面语言的结构。

蒙台梭利还认为，儿童可以在操作自己的木质字母或用手触摸贴在石板上的用砂纸剪成的字母的轮廓等活动中，发展写字的机械运动能力。通过把这些运动与视觉、触觉、动觉和听觉（在儿童摆弄字母时，教师读出字母的发音）相联系，儿童可逐渐在头脑中形成字母的概念，并记住每一个字母，这些都是因为在吸收语言和通过触觉来探索物体的敏感期，儿童的视觉和触觉印象间发生了联系。有了这些符号及它们发音的记忆储备，儿童开始通过“书写”（用声音拼写）词汇和句子来表达自己的意图，起初是用一盒子木质字母（可移动的字母）来书写，后来他们就用铅笔或其他的书写工具来写这些单词了。蒙台梭利是想让儿童在关键的敏感期里熟悉书写语言的工具，这样，到了后来，儿童“爆发”式的书写语言就成为自发的过程，而不是辛辛苦苦地学习书写规则和机械练习的结果。

4. 数学领域

数学思考能力起源于许多在学习数学之前就经历过但看起来与数学毫不相干的活动。蒙台梭利认为，秩序、精确、注意细节和顺序感来源于生活，而感觉材料为她所说的“数学头脑”奠定了基础，在获得数学能力之前的这些活动为儿童准备好了获得数学能力所需要的准确性和逻辑秩序。例如，一对一的概念就可以包含在穿衣之中（一个纽扣对一个扣眼），包含在开锁之中（一把钥匙只能开一把锁），包含在所有的匹配活动中。

数学上的顺序开始于对熟悉的感觉经验的逻辑延伸。先前，儿童根据红色小棍的长度将它们排列起来，而现在，他们被引导着按照红色和蓝色把小棍分成两堆，并数一数每堆有多少根小棍。儿童按从短到长的顺序把这些小棍摆好，再把每一堆小棍的数目数清楚。然后，让儿童用视觉与触觉来感知数字符号（砂纸数字），再让儿童回到小棍活动中，把数字符号与小棍的数量对应起来。蒙台梭利所有的数学材料都是逐渐地从具体的熟悉的物体转变为抽象的不熟悉的符号，每一次都要解决一个困难的问题；数学材料是抽象概念或数学化抽象概念的物体表示。

蒙台梭利的数学材料分为四种类型：一是 0 ~ 10 的数字，二是线性数数材料（系统地由小到大数出连串的数），三是小数系统（用经典的金色小球表示数字中不同位置值的意义），四是算术运算（加、减等）。蒙台梭利鼓励孩子运用新的和富有想象力的方法，使用所学的概念把问题想明白。这种在解决问题时理解和使用概念的能力应当是所有教育的目的，而不应只是数学教育的目的。

5. 艺术表现力

蒙台梭利指出，环境中的审美质量和总体平衡对年幼儿童的发展起着重要作用。她喜欢用间接的环境布置法来对年幼儿童实施美育。她感到，在儿童成长的早期环境中，用优美的、精心挑选的艺术作品来布置环境十分重要。通过教室里的教学材料和通过自然界而获得的广泛而丰富的感觉经验，会为儿童以后爆发出创造性和自我表达提供丰富的素材。

三、对蒙台梭利学前教育思想的评价

蒙台梭利毕生献身于儿童教育事业，长期从事教育改革实验研究，对促进学前儿童教育理论与实践的发展做出了重要贡献。她热爱儿童，同情劳苦大众及其子女的悲惨生活处境。她寻求在“儿童之家”实现自己的改良主义教育理想。她的后半生为宣传这一思想而奔赴世界许多国家和地区，特别是一些贫穷落后的国家和地区。

蒙台梭利的教育理论和著作是她长期观察和研究儿童与教育改革的总结和概括。这些著作对于家长、教师、幼教工作者具有极大的吸引力，蕴含着巨大的鼓舞力量。但是，由于蒙台梭利所处历史和阶级的局限性，她的理论和著作中存在着唯心主义、神秘主义和宗教色彩，在方法论上也存在着一定的主观片面性。

第三节　马卡连柯的学前教育思想

一、马卡连柯生平

安东·谢苗诺维奇·马卡连柯（Makarenko Anton Semiohovich，1888—1939）是苏联著名的教育革新家、教育理论家、教育实践家和作家，是一个崭新的教育思想体系的创建者。

马卡连柯出生于乌克兰的一个铁路工人家庭。1914—1917 年，马卡连柯在波尔塔瓦师范专科学校学习，并在克留科夫铁路学校任教。1920 年，马卡连柯受波尔塔瓦省教育厅所托，为少年违法者和流浪者创建了一所工学团，名为“波尔塔瓦工学团”，1925 年改称“高尔基工学团”。由于工学团没有校舍和经费，更没有任何经验可循，马卡连柯决心向实践学习。他与工学团全体师生劳动、战斗在一起，克服了种种困难，使得工学团的物质条件大大改善，团员的精神面貌也焕然一新。1927 年，乌克兰保安部在哈尔科夫郊区建立了捷尔任斯基公社，由马卡连柯任领导。他运用已有的经验，将公社建设得有声有色。世界各地先后有 200 多个代表团到捷尔任斯基公社参观访问，都对公社的教育成就给予了高度评价。1938 年，马卡连柯分别撰写了《教育诗》和《塔上旗》两部著作，全面总结了捷尔任斯基公社的发展过程和教育经验。此后不久，他开始致力创作，对自己 30 余年的经验进行艺术性的总结，撰写了《父母必读》《儿童教育讲座》及《家庭教育问题讲演》等著作。

无论是从事教育实践活动还是总结教育实践经验，马卡连柯总是坚持辩证唯物主义和共产主义方向。他坚信，在社会主义教育制度的巨大作用和力量基础上，只要建立起积极的教育集体，施以共产主义教育，热爱、信任、尊重学生，实行社会主义人道主义，并不断提出要求引导学生前进，就一定能把他们教育好。

二、马卡连柯学前教育思想的具体内容

（一）教育的目的

马卡连柯认为，教育目的是教育理论中的根本问题。他强调，教育工作如果缺乏明

确的、人所共知的目的，就会脱离政治，脱离共产主义方向。教育目的应从社会和个人两个方面来考虑。从社会需要的角度讲，苏联教育的目的是从苏联社会的需要，从苏维埃人民的意向，从建成社会主义和实现共产主义的革命任务里产生的，这就是“培养有文化的苏维埃工人的朴素的理想”。他们是社会主义新人，是共产主义的积极而自觉的建设者，是精力充沛、有思想的社会主义社会的成员。从个人需要的角度讲，马卡连柯要求在全面发展的基础上还应当注意发展每个人的才能、爱好、特点和个性，认为不可能也不应该“把人硬套进一个标准的模型里，培养一系列同类型的人”。总之，马卡连柯强调教育目的既应当有统一性，又应当有特殊性。

（二）家庭教育

马卡连柯在家庭教育方面做出了独特的贡献。他综合、系统化了先进的家庭教育的经验，提供了严格和深刻的令人信服的关于家庭教育工作的内容和方法体系。他指出友爱的家庭集体是教育的必要条件，强调父母的行为如父母间的关系、他们的衣着和同儿童谈话的姿态将会更有力地影响儿童。他指出，家庭教育工作的真正实质，不仅在于与儿童谈话，还在于家庭生活和儿童生活的组织。儿童在家庭中就应养成遵守制度的好习惯。

1. 家庭中的集体主义教育

集体主义教育观是马卡连柯教育思想体系的基础和核心，如何组织和培养儿童集体是马卡连柯全部教育实践和理论研究的中心问题。在儿童的家庭教育问题上，马卡连柯同样强调了集体主义教育的重要性。马卡连柯认为，旧式的家庭是一种父权的家庭，孩子的生活完全服从父亲的意志。在社会主义制度下，家庭首先是一个苏维埃的集体，它与旧家庭的根本区别就在于此。每个苏维埃家庭，“都是由享有平等权利的社会成员构成的集体，家长与儿童的区别在于家长领导着家庭，儿童在家庭中接受教育”。儿童将成长为怎样一个人取决于儿童本人的能力和所受的教育。

为了使家庭教育得以顺利进行，马卡连柯要求家长们懂得：

（1）在家中，家长不是绝对的、不受任何约束的主人。家长必须从孩子幼年起，在孩子的一举一动中，在孩子的游戏中，培养他们集体生活的习惯，不可让孩子成为“利己主义者”。

（2）家长要为自己的家庭、为自己的孩子对“苏维埃的法律承担责任”。每个做父母的都应严肃地对待自己的生活，任何移情别恋造成的家庭的破裂都会病态地反映到儿童的教育上。

（3）家长应通过自己的心灵、自己的思想，把自己的喜怒哀乐传达给孩子，让孩子产生兴趣，让孩子为家长对社会做出的成就感到自豪，从而让孩子从小就融入社会的大集体。

（4）家长是家庭集体的领导成员，必须以身作则，这是最重要的和最主要的教育方法。

（5）家庭教育工作的实质不在于家长对孩子的直接影响，而在于家长是如何组织自己的家庭、自己的个人生活和社会生活，如何组织孩子的生活。

2. 家庭中教育的威信和尺度

马卡连柯指出，没有威信就不可能进行教育，在孩子的心目中，父母的威信就是父母的价值与力量所在。有些家长错误地认为，孩子听话就说明家长有威信，于是为了达到听话的目的而去追逐自己的威信，从而培养出了懦弱的孩子。马卡连柯在《儿童教育讲座》中分析了几种建立在这种错误基础上的威信。虚假的威信尽管有着形形色色的表现，但都是“以故意作为原则，力图用任何手段制造出‘听话’的假象”。马卡连柯指出，真正的威信应该是以了解、帮助和责任心获得的威信。

关于教育中的尺度和分寸，马卡连柯认为，进行教育工作并不是什么很困难的事情，只要具有健全的理智就可以了，健全的理智则表现为善于掌握尺度与分寸。一方面，家长本人要善于掌握尺度与分寸；另一方面，家长要从小培养孩子学会掌握尺度与分寸。马卡连柯直截了当地说，对孩子的爱“需要有尺度、有分寸”。爱，是人类最伟大的情感，但是爱超过了限度就成了溺爱，成为“造就拙劣的人”的原因。他认为“为孩子牺牲一切”是父母所能送给儿童的最可怕的礼物，他强调“无论怎样，绝对不做任何牺牲，相反，要让儿童向父母让步”。他在《父母必读》中写道：“在儿童的眼中，父母是有权先享受幸福的。”“最可怕的事情就是用父母的幸福来栽培儿童。应当教育儿童关心父母，培养儿童这样简单而自然的愿望，即在父母没有满足之前，拒绝自己的享乐。”家长应该培养孩子去追求为父母带来的幸福。

3. 家庭教育中应注意的问题

在谈到将子女培养成为什么样的人的问题时，马卡连柯指出，教育一个人，不仅要使他成为一个优秀的工作者，成为一个好公民，还要使他成为一个幸福的人。然而，他认为“这是一个最困难的问题”“因为幸福要由怎样的性格、怎样的习惯、传统、发展、信念来决定，以及什么是幸福等问题，在实践中从来没有得到解决”。针对这种情况，马卡连柯认为，在家庭教育中应该注意以下问题。

（1）马卡连柯强调了早期教育的重要性。他认为，“孩子将成为怎样的人，主要取决于家长在他 5 岁前把他造就成什么样子。如果孩子在 5 岁前没有得到应有的教育，那么以后就不得不进行再教育”。马卡连柯认为，这种再教育工作需要花费更多的时间，需要更多的知识、更大的耐心，并非每个家长都能胜任。因此，马卡连柯忠告每位家长“要始终做好教育工作，力争将来不必再做任何改造工作，力争在一开始就把一切都做对”。马卡连柯坚定地认为，在儿童的教育中不允许有任何一个不合格品，不使任何一个儿童由于不良的教育而成为废品。

（2）马卡连柯认为，纪律是教育的结果，而制度是教育的手段。为了培养出守纪律的人，必须做许多工作，其中包括建立合理的制度。家长在制定家庭的生活制度时首先要考虑制度的合理性、目的性、确定性。马卡连柯提醒家长们注意，“没有正确的制度，惩罚本身不能带来任何好处，而如果有了好的制度，即使没有惩罚也能如鱼得水，只是需要更多的耐心”。因此，马卡连柯提出要让孩子从小就在良好的秩序下活动，培养纪律观与秩序观。家长应教育子女在任何条件下都要始终善于选择正确的行为，选择对社会最有益的行为，让其能坚定地持之以恒，而不管会遇到什么样的困难和不愉快。一个人能愉快地去做自己不愿做的事，他就是一个守纪律的人。

（三）儿童游戏

1. 儿童游戏的发展阶段

马卡连科把儿童游戏划分为三个发展阶段，强调在每个阶段都需要特殊的指导方法。第一阶段是室内游戏阶段，儿童喜欢独自玩，以自我为中心，特别喜欢玩自己的玩具。第二阶段是群体游戏阶段，儿童开始寻求玩伴。马卡连柯建议家长在这一阶段主动关心儿童和儿童群体，关注儿童尽可能地寻找和平的办法解决伙伴间的各种冲突，增进家长之间的交往。第三阶段是集体游戏阶段，儿童已成为集体的成员，应努力培养儿童的集体意识。在这一阶段，家长必须特别关注儿童参与各种活动的热情，激发儿童的自豪感；同时，培养儿童对伙伴力量的尊重，直到他们对成功和失败都能泰然处之。

2. 儿童玩具类型的选择

马卡连柯把儿童玩具分为三大类。第一类是成品玩具，包括各种各样的汽车、轮船、马、娃娃等，这类玩具能使儿童了解复杂的思想和事物，把儿童引向技术问题和复杂的人类经济问题。第二类是半成品玩具，主要指各种各样的带有问题的画片、可以裁切的画片、积木设计箱、可拆卸的模型等，这类玩具的优点是能提出某种任务，要求儿童做出一定的努力才能完成，可以有效地培养儿童的动手能力和意志力等。第三类是玩具材料，包括黏土、沙子、硬纸板、树枝、纸张、铁丝等，这类玩具最接近人类的正常活动，可以展现很多很好的现实主义的东西，还可以为儿童提供广阔的想象天地。马卡连柯认为，应该根据儿童的年龄、性别、兴趣等有针对性地选取儿童玩具，最好是三类玩具结合使用。

3. 儿童游戏环境的创设

首先，要构建和谐的家庭环境。良好的家庭环境不仅可以发挥其隐性教育作用，也有利于家长对游戏的组织，以及更好地发挥游戏的正向教育作用。家庭环境可分为物理环境和心理环境两部分。其次，要组织良好的周边环境。马卡连柯认为，家长对儿童游戏的指导不仅仅在家庭环境内部，还包括其生活和玩耍的其他周围环境。例如，家长应了解儿童的玩伴都是什么样的人，儿童在外面和伙伴发生争吵应怎样解决，家长之间应该加强沟通，共同组织和指导儿童游戏。

三、对马卡连柯学前教育思想的评价

马卡连柯把自己的一生献给了人民的教育事业，为人类留下了丰富的教育学遗产。他从苏联的实际情况出发，以高度的责任感和创造精神从事教育新方法的探索与实验。他所独创的集体教育理论对于各个年龄阶段的儿童教育都具有重要的指导意义。马卡连柯第一个建立了苏联家庭教育理论的完整体系。他强调儿童集体活动的教育意义，重视家庭教育在儿童发展中的重要性，详细研究了游戏和劳动教育等问题，这些思想在苏联学前教育理论中占有重要地位。

由于马卡连柯培养的集体与苏维埃一般学校集体在本质上是一致的，加之马卡连柯以马克思、列宁主义为指导，对教育实践活动做了高度的科学概括，因此，他的教育思想的精华又具有普遍指导意义，在一定程度上揭示了社会主义教育规律。但是，马卡连柯实际上未能很好地解决全部教育问题，他的论述仍存在片面性和绝对化的问题。

第四节　皮亚杰的学前教育思想

一、皮亚杰生平

皮亚杰（Piaget，1896—1980），当代著名的儿童心理学家和教育家。生于瑞士的纳沙泰尔，幼年时对生物学产生了浓厚的兴趣，并表现出突出的才能，11 岁时即在老师指导下发表了一份动物调查报告。中学毕业后他进入大学主修生物学。

在攻读博士期间，皮亚杰的学术兴趣发生了转向，开始着力探究“人是如何获得对世界的认识”这类哲学问题。对于这个问题，他以为生物学知识和方法不足以解决，于是先求助于逻辑学，后来试图从心理学角度来探讨认识的发生和发展。

在取得博士学位后，皮亚杰先是在苏黎世一所心理实验室及精神病诊所工作。工作期间，他对弗洛伊德的精神分析学说很感兴趣，但又认为这是思辨，不是科学。1920 年，他转入西蒙（和比奈共同开发智力量表的心理学家）在巴黎的儿童心理实验室工作。皮亚杰在对法国儿童进行智力检测的过程中，注意到儿童的思维与心理发展可能是他探索认识论问题的一个“突破口”。20 世纪是儿童的世纪，皮亚杰深受卢梭、福禄培尔、蒙台梭利和杜威等人，以及 20 世纪上半叶“儿童中心论者”教育思想的影响，开创了自己独特的儿童心理学研究之路，以“日内瓦学派”闻名于世，其对普遍的教育观念和学校机构教学方式的变革影响至深。

1921 年，皮亚杰返回瑞士，任教于日内瓦的卢梭学院，教授教育学和儿童心理学。随着三个孩子的出生，皮亚杰在夫人的协助下观察儿童。研究婴幼儿心理发展，发表了《儿童的语言与思维》（1923）、《儿童的世界表象》（1925）。1929 年皮亚杰转到日内瓦大学教授实验心理学，随后发表了《智力的发生》（1936）、《智力心理学》（1947）和《发生认识论概论》（1950）。

二、皮亚杰学前教育思想的具体内容

（一）发生认识论的基本观点

1. 儿童认知结构与智力发展

1）结构与结构主义。

结构与结构主义是皮亚杰理论的逻辑起点。

皮亚杰认为，所谓结构，也称“整体”“系统”或“集合”，“是具有整体性的若干转换规律组成的一个有自身调整性质的图式体系”。结构具有三个基本性质，即整体性、转换性、自我调整性。

皮亚杰根据自己的理解，总结出结构主义的两个共同特点：第一是试图在每一个研究领域里找出能不向外寻求解释说明的规律，也就是说，能够建立起自己说明自己的结构；第二是实际找出来的结构要能够形式化，能够作为公式进行演绎法的应用。

2）儿童认知结构与智力发展。

皮亚杰依据结构主义的原理，从研究儿童智力与思维的整体发展着眼，提出了儿童思维发展结构理论。这一理论又称为“认识结构发展心理学”，其核心是“发生认识论”，主要研究儿童认识发展的过程和结构，涉及“图式”“同化”“调节”“平衡”四个基本概念。

（1）图式。图式即人类认识事物的主观上的结构。皮亚杰指出，图式不是神经系统的物质生理结构，而是一种主体活动（包括外部动作和内部思维）的功能和心理结构。一个图式就是一个有组织的行动系统。如果行为是外显的运动行为，就叫作感知运动图式；如果行动是内化的，就叫作认知图式。每个人所具有的图式就构成他们理解现实世界和获得新经验的基础。皮亚杰认为，儿童最早的图式表现为遗传式的本能动作。后来，儿童在适应环境的过程中，不断使图式得到改造和发展。在皮亚杰看来，儿童心理发展的过程就是儿童动作的图式不断完善，由较低水平达到较高水平，从而也使认知结构由较低水平到较高水平不断发展的过程。

（2）同化。皮尔杰认为，主题活动对环境的能动适应性，或者说主体图式在适应活动中的功能，包括两种形式，其中一种是“同化”。同化是个体把客观事物纳入主体的图式。同化会影响图式的生长，引起图式量的变化，但不会导致图式质的改变。

（3）调节。当个体不能把客观事物纳入主体的图式时，就会产生主体活动对环境能动适应的另一种形式——调节。儿童借助与新奇知识或观念接触，促成既有结构、图式发生改变的过程，或创立足以容纳新事物的图式；或修正原有结构、图式以容纳新事物的过程，均谓之调节。如果说同化只是图式的量变，那么调节能使主体图式发生质变。

皮亚杰认为，儿童对于外来刺激一旦发生调节，就会再度用调节后的图式去同化刺激。这是因结构已发生变化，可以同化刺激了。同化总是儿童主动追寻的副产品。

（4）平衡。在主体对环境的能动适应过程中，同化和调节两种机能活动之间存在着一定的稳定状态，可谓之“平衡”。皮亚杰认为，人们的认识活动从出生到成年的每一发展阶段都依赖下述过程：儿童每遇到新事物，在认识中便试用原有图式去同化，如获得成功，便得到暂时的认识上的平衡；反之，便做出调节，调整原有图式或创立新图式去同化新事物，直到达到认识上的平衡。这种平衡不是绝对的或静止的，而是在同化、调节、平衡之间不断进行的。在此过程中，个体的图式不断发展、不断完善，个体的智力即从最初的感知活动逐步发展为高级理性思维活动。

2. 认知的基础及结合点——动作

皮亚杰认为，形成主体的结构或认识客体结构的基础是主体的“动作”，或称“运算”“操作”。主体动作在皮亚杰的学说中占有极其重要的地位。他指出，在认识之前，主客体尚未分化，认识不可能单独起源于主体和客体，只能起源于二者的相互作用，即主体对客体的动作（活动）。他认为应当在行动中找到一切认识的来源。

皮亚杰把主体动作，即主体与客体的相互作用看作是一切经验和知识的源泉。这也是皮亚杰认知理论的重要特点之一。皮亚杰认为，作为认识主体的儿童自身的思维结构是在与客体相互作用的活动过程中逐步建立、发展和完善的，可以更有效地把握客体特征，故他的理论被称作是一种动态的“建构”理论。

3. 制约儿童心理发展的因素

皮亚杰对制约儿童心理发展的各种因素进行了分析，认为制约因素主要有以下四种：

（1）成熟。成熟主要指神经系统的成熟。皮亚杰认为，儿童（尤其是婴幼儿）某些行为模式的出现与生理的发展（主要是神经系统的发展）有直接的关系，因此成熟是儿童心理发展的必要条件。

（2）物体经验。物体经验指“个体对物体做出动作中的练习和习得经验”，包括物理经验及逻辑数理经验。前者指个体作用于物体，获得物体的特性知识；后者指个体作用于物体，从而理解动作与动作之间相互协调的结果。

（3）社会经验。社会经验指个体与社会的相互作用及社会传递，包括社会环境、社会生活、文化教育、语言等。皮亚杰认为环境、教育能促进或延缓儿童心理的发展，因此社会经验同样是儿童心理发展的必要条件，但不是决定条件。

（4）平衡化。平衡化指儿童自我调节的过程。皮亚杰指出，平衡就是不断成熟的内部组织和外部环境的相互作用。这种不断的自我调节及动态的平衡，使得儿童的思维结构或心理结构不断地变化、发展。他认为，平衡化或自我调节是儿童心理发展中最重要的、决定性的因素。

4. 儿童思维发展阶段理论

1）认知发展的连续性与阶段性。

皮亚杰认为，儿童自出生开始就具有感知运动图式，在环境教育的影响下，经过不断的同化、调节和平衡的过程，就得到了发展，最终形成了本质上不同的心理结构。他还指出，这一过程不但具有连续性，而且具有阶段性。从总体上观察其具有以下几个显著特征：

（1）认知发展表现为几个不同水平的连续阶段。每一个阶段都是一个统一的整体，都具有特殊的主要行为模式，标志该阶段的智力特征。

（2）前一阶段的行为模式总是要整合到后一阶段的行为模式之中。前者是后者的准备，并为后者所取代。前者具有一定程度的交叉重叠，但其次序不能互换。

（3）各阶段出现的年龄可因个体和环境的差异而有所不同，可提前或推迟；但无论差异多大，也不能改变智力发展的定向性。

2）儿童思维发展的阶段及特点。

皮亚杰在大量实验研究的基础上，提出了儿童从出生到青年初期思维（包括智力、心理）发展的路线。他把儿童的发展划分为既相互联系又具有质的差异的四个阶段。

（1）感知运动阶段（0 ~ 2 岁），相当于婴儿期。这个时期儿童尚未掌握语言，他们主要是通过感觉运动图式来和外界相互作用（同化和调节），并与之平衡。其行为发展经过本能反应、习惯形成和智力活动出现三个层次。

（2）前运算阶段（2 ~ 7 岁），相当于幼儿期。这个时期，儿童的各种感知运动图式开始内化，成为表象。语言的出现是这一时期的一件大事。随着语言的出现，儿童开始用表象和语言描述外界事物，用语言与人交谈。随着生理的成熟，儿童也开始重视外部活动。但这个时期儿童的主要心理特点之一是“自我中心主义”突出，即考虑一切事物都只从自己的角度出发，以自己为中心，想象每一件事物都与自己的活动相联系。儿童从 4 ~ 7 岁开始从表象思维向运算思维过渡，但仍要依赖直觉活动的帮助，表现思维的直觉性。

（3）具体运算阶段（7 ~ 12 岁），相当于小学阶段。儿童发展到这个阶段，出现了具体运算的图式，能够进行初步的逻辑思维，但是这个时期儿童的运算思维一般还离不开具体事物的支持，要依靠具体事物的帮助才可以顺利解决问题。

（4）形式运算阶段（12 ~ 15 岁），相当于初中阶段。这个时期的儿童思维发展迅速，与成人思维接近。这个时期的儿童能用抽象符号进行逻辑思维及命题运算，形成认知结构的整个体系，它属于儿童思维的高级形式。

（二）儿童教育的目的、原则和方法

1. 儿童教育的目的

皮亚杰认为，为儿童确立教育目的是社会的职责。他指出，历来社会通过两种形式来确立教育目的：一是根据“当权者”的意愿确定社会本位的教育目的；二是根据习俗舆论，即“按照前辈们那种静止的或变动的模型塑造新生一代的方法来规定教育目的”。他对这两种传统的外在的教育目的论进行了批评，指出其立足点是根据社会去改造人的生理和心理结构，关心的仅是目的，不关心儿童及其发展规律。皮亚杰认为，在确定教育目的时，一方面应服从“社会科学可以分析的规律”，另一方面要认识到它更是“心理学的职责”。他提出，“教育的主要目标就在于形成儿童的智力的和道德的推理能力”。他认为，形成和发展儿童的认知结构是教育的根本任务或最终目的。

2. 儿童教育的原则

（1）教育应配合儿童的认知发展顺序，符合儿童的年龄特征。首先，在实际教学中，要按儿童的认知发展顺序编制课程。据此原理编制的课程称为“皮亚杰式课程”或“发展本位的课程”。其次，教材应不显著超越儿童现有的认知发展。他认为，儿童接受有关的知识，必须具备能同化它们的结构，否则会事倍功半。最后，传授教材时，重点不宜放在加速儿童的学习进度上。教育的理想不是以传授最多的知识为唯一目的，而是以儿童学会学习并得以发展为正途。

（2）以儿童为中心，大力发展儿童的主动性。皮亚杰认为，儿童的认知能力不能是外部的，只能从内部形成；教育必须致力发展儿童的主动性，只有儿童自我发现的东西

才能积极地被同化。

（3）正式活动在教育中的作用。皮亚杰认为，认识的形成主要是一种活动的内化作用，儿童只有具体地、自发地参与各种活动，才能获得真正的知识。例如，物理知识是通过作用于客体的动作而形成的；逻辑数学知识的构成同样来自对客体的动作，仅凭听和读是不可能形成诸如数量、长度和面积等概念的；社会经验知识的构成也取决于儿童与他人之间的相互作用。

3. 儿童教育的方法

（1）注重科学实验及视听教学。教师应为儿童提供合适的器材，供他们自由研究、实验。

（2）重视游戏在儿童（尤其是幼儿）学习过程中的作用，根据不同年龄阶段安排不同的游戏。皮亚杰认为，对于学前儿童来说，无论何时，只要能成功地把初步的阅读、算术或拼读改用游戏方式进行，儿童就会热情地沉迷于这些游戏中，并获得真正有益的知识。

（3）每个学科都必须提供产生大量探索活动的可能性，并使之与一定的知识体系相联系。首先，要善于应用认知冲突推动儿童思维发展。教师应推崇发现法，强调兴趣，重视儿童学习的内在动机；其次，要重视儿童之间交往的教育意义。儿童间的交往有利于促进儿童认知的发展。交往过程不可避免地涉及辩论、讨论、推理和思考，有利于儿童养成批判性地、客观地思考问题的习惯，摆脱自我中心。

（三）儿童道德发展与道德教育

1. 儿童道德发展的阶段性特点

（1）0～2岁。这一时期在认知发展上属于感知运动阶段。就道德发展而言，则属于道德情感萌生阶段。

（2）2～7岁。这一时期在认知发展上属于前运算时期，是儿童道德发展的最初阶段，可称作道德的“他律”阶段。“他律”是指儿童的道德判断受他自身以外的价值标准所制约和支配。

（3）7～12岁。这一时期在认知发展上属于具体运算阶段，在道德发展上则属于“自律”阶段。

（4）12～15岁。这一时期在认知发展上属于形式运算阶段，在道德发展上则属于“公道”阶段。

2. 儿童道德教育理论

皮亚杰肯定了儿童认知发展是其道德发展的必要条件。在他看来，无论是儿童道德判断、道德情感，还是对道德规则的学习和理解都要受到认知水平的制约。因此，发展智力和自我评价能力是提高儿童道德认识的必要条件。皮亚杰丰富和发展了儿童道德发展的阶段理论，并确定了教育的适当作用。他指出，儿童的道德发展阶段是一个不可跳跃的和不可逆的连续过程，儿童道德认识的提高是一个渐进的发展过程。作为教育者，应很好地理解儿童，努力使德育内容适合儿童的认识水平，不能超越发展阶段对儿童提出不切实际的要求。

三、对皮亚杰学前教育思想的评价

皮亚杰在长期从事儿童心理实验研究的基础上，建立了完整的儿童心理学理论体系，明确提出了儿童思维发展的阶段说，为儿童早期教育运动奠定了理论基础。他长期使用临床方法，在儿童的思维、语言的形成和发展等方面做了大量的研究，从中发现了一系列新的教学原则和方法。这些都为美国心理学家、教育家布鲁纳所吸收。

皮亚杰的理论和实践在国际教育界备受重视，是 20 世纪世界教育改革和发展的重要内容。他是当时著名的心理学家中对世界教育影响较大的一位，以他为代表的日内瓦学派也是当时对教育有较大影响的一个学派。但是，皮尔杰仅仅把教育局限在心理学的视角上，没有从社会、文化等广阔视野上做考察。因此，他提出的许多教育观点带有经验描述性质，缺乏全面性。

通过本章内容可知，杜威的实用主义教育理论要求教育应以儿童为中心，强调教育与生活和社会的联系，促进了学前教育新的变革。蒙台梭利教学法强调以幼儿的“工作”代替传统的教学，以材料代替传统教具，以幼儿的自动教育代替传统的“受教”，开启了学前教育理论的新篇章。马卡连柯建立了苏联家庭教育理论的完整体系。皮亚杰则建立了完整的儿童心理学理论体系。

思考与练习

1. 简述杜威的学前教育思想。
2. 杜威的教育思想对中国的学前教育有哪些影响？
3. 简述蒙台梭利的学前教育思想。
4. 简述马卡连柯的学前教育思想。
5. 简述皮亚杰的学前教育思想。

参考文献

[1] 李召存，祝贺. 学前教育简史[M]. 上海：华东师范大学出版社，2015.
[2] 蔡军，刘迎接. 学前教育简史[M]. 北京：北京师范大学出版社，2012.
[3] 何晓夏. 简明中国学前教育史[M].3 版. 北京：北京师范大学出版社，2014.
[4] 郭法奇. 外国学前教育史[M]. 北京：北京大学出版社，2015.
[5] 王宜鹏，夏如波. 中外学前教育史[M]. 南京：南京大学出版社，2013.
[6] 胡金平，周采. 中外学前教育史[M]. 北京：高等教育出版社，2011.
[7] 杨汉麟. 外国幼儿教育史[M]. 北京：人民教育出版社，2011.
[8] 刘彦华，但菲. 中外学前教育史[M]. 北京：科学出版社，2016.
[9] 于冬青. 中外学前教育史[M]. 长春：东北师范大学出版社，2013.
[10] 田景正. 学前教育史[M]. 长沙：湖南大学出版社，2015.
[11] 周采，杨汉麟. 外国学前教育史[M].2 版. 北京：北京师范大学出版社，2012.
[12] 陈文华. 中外学前教育史[M].3 版. 北京：科学出版社，2016.
[13] 商玉兰. 中外学前教育史[M]. 沈阳：辽宁大学出版社，2014.
[14] 周玉衡，范喜庆. 学前教育史[M]. 上海：复旦大学出版社，2009.
[15] 王雁，梅花. 学前教育简史[M]. 北京：北京出版社，2014.